economía
y
demografía

VIOLENCIA Y DESPOJO DEL CAMPESINO: EL LATIFUNDISMO EN AMÉRICA LATINA

por

ERNEST FEDER

siglo veintiuno editores, sa
CERRO DEL AGUA 248, MÉXICO 20, D.F.

siglo veintiuno de españa editores, sa
EMILIO RUBÍN 7, MADRID 33, ESPAÑA

siglo veintiuno argentina editores, sa
Av. CÓRDOBA 2064, BUENOS AIRES, ARGENTINA

traducción de
roberto r. reyes mazzoni

primera edición en español, 1972
segunda edición en español, 1975

primera edición en inglés, 1971

publicado por anchor books doubleday & co., inc., garden city, n.y.
título original: the rape of the peasantry: latin america's landholding system

la traducción española es una versión completa del original,
mientras que la edición inglesa es reducida.

impreso y hecho en méxico
printed and made in mexico

ÍNDICE

A MI ESPOSA,
MARIA KELSEN-FEDER

GLOSARIO

Minifundio	propiedades rurales que tienen tierra insuficiente para satisfacer las necesidades mínimas de una familia o permitir la utilización de su trabajo durante todo el año.
Propiedades agrícolas familiares	propiedades rurales que tienen tierra suficiente para sostener a una familia mediante el trabajo de sus miembros y la aplicación de los métodos agrícolas que predominan en la zona (hasta cuatro trabajadores).
Propiedades agrícolas multifamiliares de tamaño medio	propiedades agrícolas que tienen tierra suficiente para emplear varios trabajadores que no pertenecen a la familia (5-12 trabajadores).
Propiedades agrícolas multifamiliares grandes (latifundios)	propiedades agrícolas con suficiente tierra para dar ocupación a un grupo de trabajadores más numeroso que la familia del propietario (más de 12 trabajadores).
Haciendas	En el texto se emplea para referirse a todas las propiedades agrícolas multifamiliares.
Trabajadores agrícolas	Miembros de la fuerza de trabajo rural, incluyendo trabajadores contratados y miembros de la familia (incluye los miembros trabajadores de la familia de los propietarios de haciendas). Pueden ser propietarios o productores, arrendatarios, aparceros o trabajadores asalariados.
Élite terrateniente	Se usa en el texto como referencia general a los propietarios de haciendas.
Administrador	Gerente de la propiedad rural, por lo común de una hacienda.

PREFACIO

Dos grupos con opiniones casi irreconciliables se enfrentan actualmente por lo que toca al problema del desarrollo agrícola: los tecnócratas y los reformadores. Aunque ambos desean lograr un mejor funcionamiento de la agricultura latinoamericana —la cual, como todos están de acuerdo, no presenta un buen desempeño— y mejorar el bienestar de la población agrícola, proponen políticas diametralmente opuestas para lograrlo.

Los tecnócratas pretenden estimular la producción y su eficiencia mediante la canalización de más recursos, incluyendo (quizá de manera principal) maquinaria moderna e innovaciones hacia la agricultura, y la mejora de la administración de las propiedades agrícolas, sin hacer cambios importantes en la estructura agraria. Defienden cambios dinámicos en los procesos de producción, pero no en el *statu quo* de las instituciones políticas, sociales y económicas que constituyen el sector agrícola latinoamericano. Patrocinan costosos proyectos de irrigación y drenaje, una colonización igualmente costosa de zonas selváticas o desiertos deshabitados, la importación o el ensamble interno de maquinaria y equipo modernos, la distribución de mejores semillas y fertilizantes y un mayor crédito. También propugnan una mayor educación para la población agrícola basándose en la teoría de que una población con mejores niveles de educación gana mayores ingresos. Por supuesto, se considera que esta educación sólo la necesitan los pobres del campo, no los ricos terratenientes.

La mayoría de las políticas y programas nacionales e internacionales para el desarrollo agrícola están inspiradas por estas opiniones y cuentan con un buen financiamiento. Debido a que la mayoría de los recursos agrícolas están controlados por un pequeño número de propietarios de grandes haciendas, parece claro que tales políticas y programas beneficiarán en primer lugar a esta élite terrateniente, y sólo en segundo lugar a los campesinos mediante el "efecto de goteo" aunque, como demostraremos posteriormente, tal goteo parece no existir. En consecuencia, los tecnócratas favorecen a la élite consciente e inconscientemente.

Los reformadores parten de un enfoque distinto. Por supuesto, no se oponen a la tecnología moderna, pero ven en la estructura agraria actual un obstáculo casi insuperable para un uso eficiente de la técnica y un drástico incremento de la producción agrícola que alterara las tendencias de la nutrición o la situación adversa de la reserva de divisas, o ambas; más aún, para la rápida eliminación de la pobreza. Por lo tanto, proponen eliminar la estructura agraria actual como un paso previo y necesario para que el sector agrícola en rápida expansión sea capaz de distribuir beneficios más cuantiosos a los campesinos que forman la inmensa mayoría de la población rural del hemisferio. Por eso, puede decirse que los reformadores *están del lado de los campesinos.* Debido al contenido político, sus opiniones son en ocasiones populares y en otras impopulares, según la situación política. En este momento no cuentan con un fuerte apoyo de los políticos de carrera ni, obviamente, de quienes tienen un gran interés en la preservación del *statu quo* (y esto incluye a muchos norteamericanos que influyen en el proceso de decisión), aunque parecían haber ganado en atractivo a principios de la séptima década. Después de que la Revolución y la reforma agraria cubanas crearon por primera vez en la historia latinoamericana un gran sector socialista en la agricultura, y después de la Alianza para el Progreso de 1961, pareció durante cierto tiempo que la séptima década se convertiría en una década de liberación de los campesinos, a través de reformas agrarias sistemáticas y pacíficas. La reforma agraria cubana eliminó casi de un golpe las haciendas de propiedad privada. La Carta de Punta del Este, que estableció la Alianza, fue una advertencia por acuerdo mutuo de que si no se eliminaban las desigualdades existentes en la distribución de los recursos e ingresos agrícolas, la pobreza rural y la opresión de los campesinos, no podía esperarse que ocurriera el desarrollo a la tasa deseada, y los conflictos políticos serían inevitables. Pero si campesinos y reformadores esperaban tal liberación, se han visto desilusionados. Es verdad que hubo reformas agrarias de distintos géneros, pero para finales de la década una fuerte reacción a las reformas estructurales había terminado con sus esperanzas.

La estructura económica, social y política de la agricultura latinoamericana en el presente es tal que, probablemente (aunque por supuesto sin una seguridad total), el enfoque del desarrollo agrícola planteado por los reformadores es el correcto. Durante la última década —en parte como respuesta al estímulo intelectual que proporcionó la difunta y nunca muy viable Alianza para el Progreso— se dispuso de tal cantidad de información detallada sobre la estructura agraria y su relación con el desarrollo agrícola, que parece casi evidente que en las condiciones actuales los campesinos de Latinoamérica no pueden esperar un futuro mejor sin una reforma agraria real, sino todo lo contrario. Hay pocos aspectos de la estructura institucional de la agricultura latinoamericana que no hayan sido examinados o reexaminados con cuidado y en gran detalle durante los últimos diez años. Esos análisis muestran, de manera convincente según parece, que el latifundio está firmemente arraigado en Latinoamérica y que incluso se ha ampliado en los años recientes a expensas de los campesinos. Como sucedió en el pasado, el latifundio aún es capaz de funcionar bien para el beneficio de los grandes terratenientes —la élite rural—, pero ya no puede hacer frente a las demandas de los intranquilos campesinos, cuyo número aumenta día con día. Más aún, parece representar el obstáculo más importante para un rápido desarrollo general económico, social y político.

Los capítulos siguientes presentan en términos simples un análisis de las características y funcionamiento de la agricultura latifundista de América Latina y de las vacilaciones de las así llamadas reformas agrarias de la séptima década. Se ha hecho un intento por observar los problemas agrícolas desde el punto de vista de los campesinos, aunque quizás es imposible para un extraño apreciar qué sienten realmente, pues su única experiencia ha sido por generaciones la pobreza y las humillaciones. Algunos lectores podrían objetar que gran parte de este libro se dedica a la crítica de una reducida clase de terratenientes, y una parte muy pequeña a los campesinos; después de todo, ellos también son humanos. Pero debido a las circunstancias en que trabajan los campesinos, lo contrario sería añadir un insulto a los males que padecen. Quizá el libro sea parcial, pero también lo es la agricultura latinoamericana debido a que está controlada en una medida tan grande y en todos sus aspectos por esa pequeña élite terrateniente.

Para escribir este libro me he basado en gran medida en el inagotable material preparado por el CIDA,[1] en especial sus detallados estudios sobre tenencia agraria, que en su mayoría son desconocidos

[1] El CIDA (Comité Interamericano para el Desarrollo Agrícola) fue organizado en 1962 por mandato de la Carta de Punta del Este de 1961, y sus miembros eran la FAO, la Comisión Económica para la América Latina (CEPAL), el Banco Interamericano de Desarrollo (BID), la Organización de Estados Americanos (OEA) y el Instituto Interamericano de Ciencias Agrícolas (IIAS). Entre 1965 y 1966 publicó 7 informes —cada uno de un país distinto— con el título general de *Condiciones de la tenencia agraria y desarrollo socio-económico* en: 1. Argentina; 2. Brasil; 3. Chile; 4. Colombia; 5. Ecuador; 6. Guatemala y 7. Perú. Los informes pueden obtenerse por medio de la Unión Panamericana, Washington, DC. En el texto las referencias a los informes se hacen de la siguiente manera, por ejemplo: CIDA, *Argentina report, op. cit.*, p. 0.

Un resumen (informe regional) de los informes de los siete países fue publicado por S. Barraclough y A. Domike, *Agrarian structure in seven latin american*

por el público.[2] En conjunto, los informes del CIDA pueden denominarse *El drama latinoamericano* debido a que son una de las más importantes contribuciones al conocimiento de la agricultura latinoamericana, comparables al *El drama asiático* de Gunnar Myrdal. Los informes del CIDA son únicos porque se basan en parte en innumerables estudios de campo y, por lo tanto, pudieron presentar un panorama detallado de las condiciones en que viven y trabajan los campesinos de América Latina, además de proporcionar información sobre la forma en que el funcionamiento de la agricultura se ve afectado por las instituciones rurales.

Pero no podemos empezar este análisis sin agradecer a un pequeño grupo de colegas y amigos cuyo trabajo y puntos de vista refleja en parte este pequeño estudio. Ellos son Solon Barraclough, C. Clyde Mitchell, Arthur Domike, Edmundo Flores, Andrew Pearse, Rodolfo Stavenhagen, Carlos Alberto de Medina, Gerrit Huizer, Peter Dorner, Ray Penn, Rafael Baraona, Marion Brown, Eric Jacoby y Juan Ballesteros.

Las opiniones expresadas en este libro son del autor y no representan necesariamente las del organismo en que trabaja.

countries, en *Land Economics* (Madison), noviembre de 1966, pp. 391 *ss*, y en español en *El Trimestre Económico* (México), vol. 33 (130), pp. 235 *ss*.

En el futuro próximo, el CIDA publicará informes sobre México, Venezuela, Bolivia y los países de la América Central. También se están preparando varios apéndices a los informes sobre los siete países ya estudiados.

[2] Los estudios del CIDA se realizaron antes de 1965 y parte de la información estadística se basa en los últimos censos disponibles entonces. En lo posible, he puesto al día la información estadística. En algunos casos, sin embargo, usé los datos del CIDA sin ningún ajuste, para dar una presentación uniforme. Como las relaciones fundamentales en la agricultura latinoamericana no han cambiado significativamente, las diferencias no afectarán de modo importante a las conclusiones a que he llegado.

CAPÍTULO I

LATIFUNDISMO: LA AGRICULTURA DE LA DESOCUPACIÓN

Si grupos enteros de campesinos se rebelaran contra las enseñanzas preponderantes del conservadurismo, y demostraran ser todo menos conservadores, la razón básica de esa actitud se encontraría probablemente en las condiciones económicas y políticas de su vida y en su propia respuesta directa a esas condiciones... y, cuando menos, el testimonio que sobre el problema de la "propaganda" dio uno de los campesinos que compareció ante un juez después de los disturbios de 1902 tiene visos de realidad: "Nada oí sobre folleto alguno —declaró—. Creo que, si viviéramos mejor, esos folletos no tendrían importancia, sin que importara lo que hubiera escrito en ellos. Lo terrible no son los folletos, sino la falta de pan".

G. TANQUARY ROBINSON, *Rural Russia under the Old Regime*, cap. IX: "The Revolution of 1905: The Rising Tide", p. 144.

La agricultura latifundista de América Latina es una agricultura de la desocupación. No emplea plenamente la tierra, los recursos de capital y la mano de obra disponibles, o lo hace de una manera ineficaz.

A. ASPECTOS HUMANOS

Un resumen breve de la pobreza rural

La desocupación o la subocupación de mano de obra se refleja en el gran número de pobres que forman una gran parte de la población rural total. Los pobres rurales son de dos clases: están los millones de pequeños propietarios, que por definición son pobres debido a que apenas logran subsistir de parcelas demasiado pequeñas para proporcionarles ocupación plena y un ingreso familiar adecuado. Algunas parcelas —llamadas en algunos países "microfincas"— son tan pequeñas que en cualquier mapa catastral de una escala adecuada tendrían que delinearse con ayuda de un microscopio. En 1960, de 17.2 millones de familias rurales en 19 países de América Latina, aproximadamente 5.7 millones eran familias de pequeños propietarios.

Por otro lado están los *trabajadores sin tierra*. Representan otras 6.9 millones de familias pobres que reciben por su trabajo salarios muy bajos en efectivo o especie. Con frecuencia no perciben ninguna remuneración debido a que en muchas regiones los campesinos aún tienen que proporcionar días de trabajo sin remuneración, o casi como "tributo" a los grandes terratenientes, esto es, para mostrar su gratitud porque se les permite trabajar el resto del tiempo a salarios de hambre.

Estas 12.6 millones de familias rurales pobres representaron en 1960 cerca del 73 % del total de 17.2 millones de familias dedicadas a la agricultura. Se calcula el incremento neto anual [1] del número de familias agricultoras en casi 271 000 familias. Por lo tanto, para 1970 el número de familias campesinas pobres habrá aumentado desde unos 12.6 millones hasta cerca de 15.0 millones, en el supuesto (que demostraremos más adelante) de que la mayoría de las nuevas familias ingresarán a los estratos inferiores de la población rural. En otras palabras, de una población rural total de 114 millones en 1970, cerca de 86 millones vivirán a niveles de subsistencia y para 1980 habrá 18 millones de familias rurales pobres.

[1] Esto es, una vez deducida la migración rural a las ciudades.

CUADRO 1

POBREZA RURAL EN 19 PAÍSES DE AMÉRICA LATINA EN 1960

Países	*Familias rurales (en millones)*	*Familias rurales pobres (en millones)*	*Nuevas familias al año (en miles)*
10 países con datos fidedignos [a]	12.0	8.7	185
2 países con datos bastante aceptables [b]	3.5	2.7	50
Los 7 países restantes [c]	1.7	1.3	27
Los 19 países	17.2	12.6	271

[a] Argentina, Brasil, Chile, Colombia, Ecuador, Guatemala, Perú, El Salvador, Honduras, Nicaragua.
[b] México, República Dominicana.
[c] Bolivia, Costa Rica, Haití, Paraguay, Panamá, Uruguay, Venezuela. El número de familias pobres en estos países se calculó con base en las relaciones que se encontraron en los países mencionados en *a*.

Brasil y Guatemala demuestran que el supuesto de que la mayor parte de las nuevas familias son pobres es real. Según las estadísticas de los censos brasileños de 1950 y 1960, bastante conservadoras, eran pobres cuando menos el 65 % de 1.2 millones de familias rurales, que representan el incremento neto de la población rural. Parece claro que ocurrió de la siguiente manera. Entre 1950 y 1960 el número de minifundios aumentó de golpe de 465 000 a 1 056 000 —excediendo con mucho el incremento natural posible de las familias minifundistas durante la década. Muchas unidades pequeñas surgieron en las regiones fronterizas del Brasil; otras en comunidades antiguas. La subdivisión de antiguos minifundios explica así muchos nuevos minifundios. Como no todas esas nuevas tenencias agrarias pudieron originarse de las antiguas familias minifundistas, provienen sin duda de las filas de los trabajadores sin tierra. De hecho, el número de trabajadores sin tierra disminuyó un poco durante la década. Por supuesto, el asentamiento de estos últimos en los minifundios no significa una gran mejora en sus niveles de vida, aunque en muchos casos podría representar un pequeño aumento de su seguridad. En realidad el aumento de los minifundios es una expansión de los caseríos pobres rurales y en algunos casos, como se explicará posteriormente, sólo es el preludio de una nueva generación de trabajadores sin tierra.

Si se aceptan los datos del censo, la proporción de familias rurales pobres dentro de todas las familias rurales disminuyó del 65 %

en 1950 a cerca del 61 % en 1960. Sin embargo, las estadísticas del censo deben interpretarse con cuidado. En primer lugar, hay excelentes razones para creer que el número de trabajadores sin tierra era mayor que lo informado por el último censo, y no casi igual que en 1950, debido a que en los últimos años se presentó una notoria tendencia, por parte de los grandes terratenientes y patrones de mano de obra rural a no informar sobre toda su tierra ni toda su mano de obra para aparentar que el latifundismo no es tan común como lo es en realidad. Pero esa falla no se debe solamente a los propietarios de latifundios. Los censos agrícolas sistemáticamente dejan de captar información en el nivel inferior de trabajadores agrícolas, en parte debido a que muchos de ellos no tienen una residencia fija. Como en los últimos años se incrementó mucho la movilidad de los trabajadores agrícolas, es probable que en el último censo no aparezca una proporción creciente de la fuerza de trabajo rural. Además, algunos trabajadores rurales que carecen de tierra viven en zonas urbanas en donde continúan dependiendo del trabajo agrícola, pero no se incluyen dentro de éste en el censo. Un mayor número de trabajadores sin tierra implicaría que en realidad no disminuyó la proporción de familias pobres en la agricultura brasileña, o que no disminuyó tanto como muestran las cifras del censo.

Una razón más importante que parece indicar que no se redujo la proporción de familias pobres es que muchas de las llamadas propiedades agrícolas familiares no proporcionan en realidad ingresos o niveles de vida que superen a los de los minifundios, aunque tienen un poco más de tierra y una fuerza de trabajo familiar.[2] En estas propiedades agrícolas familiares, los productores no pueden utilizar toda su tierra debido a que no logran obtener capital ni ayuda técnica suficientes. Se puede obtener un cálculo del número de esas propiedades agrícolas familiares, que deberían clasificarse dentro de los minifundios de la siguiente manera:

El incremento natural (neto) del número total de familias pobres entre 1950 y 1960 se calcula en 807 000 familias, sobre el supuesto bastante real de que la descendencia de las familias pobres que sigue en la agricultura continuará siendo pobre, ya que no tienen acceso más que a pequeñas parcelas de tierra. Si estas 807 000 familias se añaden a los 3.5 millones de familias que existían en 1950, en 1960 el número total de familias pobres será de aproximadamente 4.3 millones, o sea, el 65 % de todas las familias rurales. Por supuesto, las 807 000 familias exceden en 307 000 el total de familias

[2] Se encontró que éste era el caso en una importante comunidad rural del noreste y que es característico de zonas en que predominan las pequeñas propiedades rurales. Véase CIDA, *Brazil report, op. cit.*, pp. 452 *ss.*

pobres, minifundistas o desposeídas, que se añadieron durante la década (recordemos que el número de familias de trabajadores sin tierra no calificados decreció en 100 000 de acuerdo con los censos).[3] ¿Qué ocurrió con estas 307 000 familias? Si el número de trabajadores sin tierra no aumentó, entonces sin duda se les incluye en las propiedades agrícolas familiares, principalmente en las más pequeñas, cuyo número también aumentó (al igual que el de los minifundios) de manera significativa durante la década.

CUADRO 2

LA CAMBIANTE ESTRUCTURA DE LA POBREZA RURAL EN EL BRASIL Y GUATEMALA
(en miles de familias)

Status de las familias dedicadas a la agricultura	*Brasil*		*Guetemala*	
	1950	*1960*	*1950*	*1964*
Productores				
Minifundios	465	1 056	308	365
Propiedades agrícolas familiares	807	1 281	33	44
Todas las propiedades agrícolas multifamiliares[a]	792	997	8	8
Todos los productores	2 064	3 334	349	417
Trabajadores sin tierra	3 340[b]	3 306[b]	69	149
TOTAL	5 404	6 640	416	566

[a] Propiedades agrícolas multifamiliares de medio y gran tamaño.
[b] Incluyendo respectivamente 274 000 y 337 000 trabajadores calificados.

Entonces, si estas interpretaciones son más o menos correctas, la proporción de las familias pobres no ha disminuido en el Brasil. Ésta es una conclusión importante.

En Guatemala, las tendencias fueron diferentes, pero con resultados semejantes. El número de familias sin tierra aumentó mucho

[3] El cómputo es como sigue: el incremento natural estimado en el número de familias con minifundios y de familias sin tierras de 1950 a 1960: 807 000. El incremento real en el número de minifundistas y desposeídos (deduciendo los trabajadores con calificación técnica) fue de 3 531 000 a 4 025 000 de familias, o sea, casi 500 000 familias.

entre los años censales (1950 y 1964) en parte debido a que el incremento natural (neto) en el número de familias que viven en minifundios excedió con mucho el número de pequeñas tenencias que se crearon durante el período de 14 años. En consecuencia, la estructura agraria se deterioró de dos formas desde el punto de vista de los campesinos: mediante un aumento de las pequeñas tenencias y un incremento en el número de trabajadores sin tierra. Obsérvese que cerca del 92 % de las nuevas familias rurales de Guatemala eran familias pobres y que la proporción que representaban aumentó del 90 % en 1950 al 91 % en 1964.

Ya que el Brasil y Guatemala parecen ser casos representativos para la agricultura latinoamericana, y aunque hubo diferencias importantes en la forma en que cambió en los dos países la estructura de la pobreza, está claro que la pobreza rural de la América Latina aumentó en términos absolutos y cuando menos permaneció igual en términos relativos. En los países en que no se ha presentado una notable expansión geográfica de la agricultura, el aumento natural de las familias rurales ha producido un aumento de las familias sin tierra. Donde la agricultura extendió sus tierras, aumentaron los minifundios y pudieron absorber, como en el Brasil, a una parte de las familias sin tierra. Prácticamente en ningún país ha existido un programa sistemático y eficaz para eliminar la pobreza, como veremos posteriormente.

La pobreza rural

Es necesario pasar a explicar ahora con más detalle de qué se está hablando al hacer referencia a la pobreza rural que afecta a 15 millones de familias del hemisferio. En otras palabras, debemos ocuparnos brevemente del problema de la desigualdad de la riqueza y de los ingresos dentro del sector rural (en otra parte nos ocuparemos del problema de la distribución de la tierra) y de la difusión y gravedad de los bajos niveles de vida que se encuentran entre los trabajadores agrícolas y los minifundistas.

Distribución del ingreso e ingresos de subsistencia. Las desigualdades en el ingreso no son por sí mismas injustas o un obstáculo al desarrollo económico. Las diferencias en las capacidades, gustos y responsabilidades de las personas pueden explicar y justificar las diferencias en los ingresos. Pero no se pueden tolerar fácilmente las desigualdades cuando las diferencias son grandes y persistentes, donde la mayor parte de la población vive incluso sin los alimentos y abrigo necesarios para subsistir, y donde las disparidades son perpetuadas por la exclusión sistemática de la mayoría de la población de los medios de subsistencia, educación y poder político necesarios para mejorar su situación. En la mayor parte de la América Latina rural la distribución del ingreso es un problema precisamente por el desigual acceso que tiene la población a las oportunidades de progreso y mejora personal.

Por supuesto, el origen de las desigualdades en el ingreso y de los medios para perpetuarlas está en el control sobre la tierra y otros factores esenciales de producción. Quienes dominan la tierra en economías subdesarrolladas cuando hay pocas oportunidades de ocupación fuera de la agricultura, controlan los medios de obtención del poder e incluso de subsistencia. Los bajos ingresos de la mayoría de la población tienen consecuencias obvias aparte del sufrimiento de los individuos. Los mercados de todo tipo de bienes, excepto los necesarios para la subsistencia, no pueden ser amplios donde los ingresos de tanta gente son tan bajos. La pobreza rural afecta de manera directa la eficiencia productiva debido a que las condiciones en que se obtienen los ingresos de los campesinos no les dan ningún incentivo para mejorar su trabajo.

Se calculó, para los siete países en que se tiene datos más o menos pormenorizados —Argentina, Brasil, Chile, Colombia, Ecuador, Guatemala y Perú—, que dos terceras partes de la población agrícola activa (sin incluir los miembros no trabajadores de las familias agrícolas) son pequeños productores o minifundistas y trabajadores rurales asalariados de varios tipos, aunque en algunos países la proporción era mucho mayor. Por ejemplo, en Chile, 73 %; Ecuador, 87 %; Guatemala, 83 %, y Perú, 89 %. Es evidente que la pobreza rural ha llegado a cifras alarmantes.

Al analizar la distribución del ingreso en el sector rural es importante distinguir entre la distribución del ingreso entre "productores" —la medida usual— y entre "todos los trabajadores agrícolas". En el primer caso se excluyen los ingresos de los trabajadores asalariados. Pero en ambos casos los ingresos obtenidos de fuentes no agrícolas y que no aparecen en la estadística, tienden a disminuir las diferencias en los ingresos de las diferentes clases de agricultores debido a que los pequeños productores y los trabajadores agrícolas sólo en raros casos obtienen ingresos provenientes de actividades no agrícolas —y cuando los obtienen su cuantía es pequeña—, mientras que con frecuencia los ingresos no agrícolas de los grandes productores exceden con mucho a sus ingresos agrícolas. Por lo tanto, las mediciones de distribución del ingreso no reflejan de una forma correcta las diferencias en el poder de negociación y en el *status*, que están tan relacionados con los ingresos monetarios de los individuos.

Pero incluso las disparidades en los ingresos agrícolas son subestimadas por los datos disponibles, ya que no tienen en cuenta —o lo incluyen de una manera poco satisfactoria— la propiedad de varias haciendas, fenómeno muy común en el hemisferio. Aunque estos factores tieden a ocultar la medida real de las desigualdades del ingreso, queda en claro que las diferencias en las cantidades de tierra controlada por los grandes y pequeños productores bastan por sí solas para originar las grandes diferencias de ingresos.

No es fácil disponer de estadísticas adecuadas para estudiar la estructura de la distribución del ingreso en la América Latina rural sobre una base global, y debemos depender de unos pocos ejemplos que parecen reflejar verazmente la mala distribución del ingreso, cuando menos en los siete países mencionados. Debe tenerse presente que la importancia de los datos citados no se debe tanto a que demuestren las grandes brechas en los ingresos, sino porque comprueban los niveles de ingreso extremadamente bajos de los trabajadores agrícolas y los pequeños productores. Por ejemplo, en Chile los trabajadores rurales, una clase que representa el 87 % de las personas dedicadas a la agricultura, obtuvieron aproximadamente el 34 % del ingreso agrícola total de 1954, en tanto que el 12 % restante obtuvo cerca del 66 % del ingreso agrícola total. Y, según cálculos más recientes, la situación no ha cambiado mucho en ese país. Los minifundistas y los trabajadores agrícolas (cerca del 71 % de la población activa en el campo) obtuvieron en 1960 el 33 % del ingreso agrícola (incluyendo los ingresos en efectivo y los imputados), mientras que los grandes productores (3 %) obtuvieron casi el 37 % del ingreso total. En consecuencia, se calculó que en Chile los minifundistas y los trabajadores agrícolas tendrían que trabajar en promedio 26 años para obtener el ingreso agrícola anual de un gran productor. Como es claro, la brecha entre los ingresos tiende a incrementarse con la calidad de la superficie cultivada. Por ejemplo, en el sur de Chile, en la región de Valdivia, de ocho haciendas que se estudiaron con detalle, los "inquilinos" tenían que trabajar entre 80 y 218 años para obtener el ingreso anual de sus patrones. En 1962-63 el ingreso anual familiar de los trabajadores varió entre 300 y 485 escudos, mientras que el de los patrones varió entre 32 500 y 80 800 escudos.[4] En Colombia, se utilizó la distribución del valor del producto agrícola total, un cálculo del ingreso bruto entre los productores agrícolas, para estimar la distribución del ingreso en todo el país. Los productores de los minifundios (64 % de todos los productores) obtuvieron el 21 %, mientras que los latifundistas (1 %)

[4] CIDA, *Chile report, op. cit.*, pp. 33, 181-4, 211-3. Un escudo es igual a 0.95 dólares.

representaron casi el 15 % del valor total de la producción. El ingreso agrícola bruto de las familias minifundistas era en promedio $^1/_{45}$ del de las familias latifundistas. Sin embargo, un cálculo de los promedios para todo el país oculta el hecho de que existen mayores diferencias de ingreso, e ingresos muy pequeños para los minifundistas, en las mejores zonas agrícolas del país. En una comunidad del fértil valle del Cauca, 1 054 pequeños productores en propiedades agrícolas menores de 10 hectáreas obtuvieron en promedio $^1/_{480}$ del ingreso neto de 22 hacendados que controlaban en promedio cada uno 1 220 hectáreas. El promedio del ingreso agrícola anual de los primeros era de menos de 1 700 pesos, lo que se consideraba insuficiente para sostener a una familia campesina.[5] En tres comunidades de la misma zona en que se hizo un amplio muestreo, el ingreso neto anual de las familias con propiedades agrícolas de hasta 0.96 has (20 % del total de fincas investigadas) arrojaron un promedio de 568 pesos, y el de propiedades rurales de 0.96 a 4.8 hectáreas (el 46 % del total de propiedades agrícolas) fue de 2 080 pesos, o sea, el $^1/_{473}$ y $^1/_{127}$ respectivamente del ingreso neto de las propiedades agrícolas que excedían las 96 hectáreas. Las pequeñas propiedades de hasta 9.6 hectáreas (78 % del total) obtuvieron sólo el 9.3 %, mientras que las grandes haciendas que excedían de 96 hectáreas (menos del 4 %) obtuvieron casi el 63 % del ingreso neto total agrícola generado en esas comunidades. Parecería que, al igual que en Chile, las mayores desigualdades en la distribución del ingreso se encuentran en las mejores zonas agrícolas de Colombia.

Los ingresos familiares totales de 35 trabajadores agrícolas colombianos entrevistados variaban en su mayoría entre 3 000 y 5 000 pesos al año. El ingreso per cápita familiar más bajo de estos trabajadores era de 216 pesos, y en la mayoría de los casos no excedía de 800 pesos cuando la familia era numerosa.[6] Las excepciones estaban entre los trabajadores organizados de las plantaciones de caña de azúcar que ganaban ingresos más satisfactorios.

En Guatemala, la distribución del ingreso rural también se calculó indirectamente por medio del valor de la producción de nueve artículos principales en las 349 000 propiedades agrícolas de diferentes clases. Las mayores haciendas produjeron cerca de 350 veces más que los minifundios, que eran cerca de 234 000; pero 925 veces más que las 74 300 "microfincas", pequeñas parcelas en las que viven

[5] E. Feder y A. J. Posada, *Análisis socioeconómico de recuperación de zonas de tierras en el valle del Cauca*, en *Economía Colombiana*, Bogotá, noviembre (p. 41) y diciembre (p. 24), 1964.

[6] CIDA, *Colombia report, op cit.*, pp. 202 *ss.*, 211 *ss.*, 371 *ss.*, 517 *ss.* Un dólar es igual a 10 pesos.

la mayoría de los indígenas. En su gran mayoría estas "microfincas" se localizan en el Altiplano. La mayor parte de la población agrícola —esto es, los productores de los minifundios, los trabajadores y los miembros de sus familias ganan ingresos que apenas son suficiente para proporcionarles alimentos y ropa, y muchos de ellos reciben ingresos que parecen ser insuficientes incluso para eso. El producto bruto anual medio por "microfinca" se calculó en 45 quetzales, o sea, 9 quetzales per cápita al año. Según varios casos estudiados en Guatemala, el ingreso bruto total por las ventas y el consumo doméstico imputado de un minifundio característico del Altiplano ascendía a cerca de 324 quetzales al año, o sea, 54 quetzales anuales per cápita para una familia de seis, es decir, cerca de 4.50 dólares per cápita al mes. Incluso si se añaden 196 quetzales por familia como un ingreso promedio derivado de otras fuentes, el total sigue siendo bajo. En la costa, el ingreso de un minifundio característico ascendía a un promedio de 967 quetzales, y variaba de 110 a 4 700 quetzales, pero en la costa el número de minifundios es relativamente pequeño. En la mayoría de los países los ingresos de los trabajadores tienden a ser menores que los recibidos por los pequeños propietarios, aunque en el caso de Guatemala tales diferencias no eran grandes. De 35 trabajadores entrevistados, 18 recibían un ingreso promedio de 248 quetzales, mientras que el ingreso medio de las 35 familias (incluyendo otros ingresos ocasionales) era de 327 quetzales por año. Esto no incluía lo producido en parcelas rentadas o propiedad de 10 trabajadores, ni en las asignadas por los patrones a 6 de ellos. Pero se calculó que la producción promedio de esas parcelas era de sólo 48 quetzales. Esto aumentó el ingreso medio de las familias de los 35 trabajadores a 396 quetzales al año, obteniendo más de la mitad ingresos considerablemente menores a los 400 quetzales.[7] Al respecto debemos recordar que en 1964, de 566 000 familias rurales, 514 000 eran pobres. De éstas, casi el 30 % eran familias de trabajadores sin tierra, cerca de una quinta parte familias propietarias de "microfincas", y el resto minifundistas.

Es difícil obtener para Brasil los cálculos globales nacionales del ingreso rural. Algunos casos estudiados arrojan cierta luz sobre las condiciones que existen en algunas comunidades rurales seleccionadas. Por ejemplo, en 1962, en Garanhuns del Agreste de Pernambuco, donde hay muchas pequeñas propiedades agrícolas, 8 de cada 9 (de las que tenían hasta 12 hectáreas), incluyendo minifundios y propiedades agrícolas familiares, obtuvieron un ingreso agrícola

[7] CIDA, *Guatemala report*, *op. cit.*, pp. 59, 85, 104 s., 171. Un quezal es igual a un dólar.

neto[8] que variaba de —52 000 cruzeiros hasta 189 000, o de —187 000 a 63 000 cruzeiros per cápita, obteniendo cuatro de las propiedades agrícolas un rendimiento per cápita considerablemente inferior a los 20 000 cruzeiros. El ingreso medio de las ocho propiedades agrícolas era de 66 000 cruzeiros, pero después de considerar todos los gastos en efectivo que los productores hacían en alimentos, ropa y otros artículos indispensables, cuatro de los ocho agricultores operaban con déficit en efectivo, y sólo uno tenía un saldo positivo en efectivo de importancia. Los bajos ingresos de estas propiedades agrícolas parecen ser en gran parte el resultado de tierra o recursos de capital inadecuados. Una novena propiedad agrícola de 4.2 hectáreas estaba bien administrada, tenía tierra irrigada y producía un ingreso agrícola neto de aproximadamente 530 000 cruzeiros. Los ingresos de los trabajadores también variaban en torno a un nivel muy bajo. Tomemos por ejemplo a los aparceros del Noreste. En una comunidad del estado de Ceará, 10 aparceros en 4 latifundios —todos con familias numerosas— obtenían, después de restar los gastos de operación agrícola, un ingreso per cápita en efectivo de 12 000 cruzeiros, o 21 000 cruzeiros si se incluyen los artículos proporcionados por el terrateniente y el consumo doméstico. Como los entrevistados habían logrado que se les asignaran parcelas algo más grandes, estaban un poco mejor que sus compañeros que trabajaban en las mismas haciendas. Después de restar los gastos en alimentos, medicinas y ropa, el saldo promedio en efectivo era de 1 000 cruzeiros al año (cerca de 2.50 dólares). Si se excluyen los ingresos de otras fuentes de 2 aparceros, uno de los cuales trabajaba como carpintero, el saldo en efectivo del grupo sería en realidad negativo. Veamos otro caso. Catorce trabajadores permanentes de la rica zona del cacao de Itabuna, en el estado de Bahía, ganaban en promedio un salario en efectivo anual de 59 000 cruzeiros y 8 000 cruzeiros adicionales de ingreso efectivo por trabajos no agrícolas. Después de restar los gastos en artículos de primera necesidad, su saldo promedio en efectivo fue de 37 000 cruzeiros y en realidad 10 de 12 trabajadores tenían gastos que superaban a sus ingresos en efectivo. El ingreso en efectivo per cápita de nueve trabajadores casados, con hijos, era de 15 000 cruzeiros anuales. Las casas proporcionadas por los terratenientes y el consumo de alimentos cultivados por la familia en parcelas cedidas no bastaba para impedir que los trabajadores contrajeran deudas. Se cree que los ingresos de los trabajadores temporales que no residían en las plantaciones de cacao de la zona eran considerablemente menores, ya que sólo se les empleaba

[8] Los ingresos brutos en efectivo de las propiedades rurales, menos sus gastos de operación, más pequeñas cantidades de otros ingresos.

parte del tiempo. En una comunidad de Minas Gerais, el ingreso en efectivo per cápita de 8 familias de trabajadores variaba desde 14 600, cruzeiros para los que vivían en la propiedad agrícola, hasta 27 700 cruzeiros para los que vivían en sus propias parcelas en una pequeña aldea. Pero los beneficios de ingresos en efectivo un poco mayores que los de los trabajadores del norte se compensaban con los mayores costos de vida en Minas Gerais.

En el estado de São Paulo también son muy bajos los ingresos de la mayor parte de casi un millón de aparceros, colonos y otros trabajadores contratados. Según un informe del gobierno, los trabajadores que sólo obtienen ingresos por salarios ganaron en 1959-60 menos del 50 % del salario mínimo legal. Al evaluar esta estadística debe recordarse que los salarios mínimos se establecen a un nivel que intenta proporcionar a los asalariados un ingreso de subsistencia. Incluso en las zonas de colonización del Brasil meridional, como Santa Cruz en Río Grande do Sul, los ingresos de los pequeños agricultores y de los asalariados son completamente insuficientes. Con respecto a los proyectos de colonización en general se ha observado que "las condiciones de vida de los colonos son muy semejantes a las de los trabajadores rurales más pobres".[9] En este contexto debe recordarse que durante la séptima década fue muy notoria en el Brasil la disminución de los ingresos reales.

Por otra parte, los propietarios de haciendas informaron de ingresos considerablemente mayores. En la antes mencionada comunidad de Garanhuns (Agreste), tres grandes haciendas informaron ingresos netos que variaban desde 880 000 hasta 3 700 000 cruzeiros. En las cuatro comunidades mencionadas, 7 propiedades agrícolas con 500 hectáreas o más tenían un ingreso bruto promedio de 10.7 millones de cruzeiros y un ingreso neto de 3.5 millones, siendo los dos ingresos netos más altos de 5.9 y 9.0 millones de cruzeiros. Es obvio que esto no incluye ingresos de otras propiedades agrícolas de los propietarios o de fuentes no agrícolas.[10]

Para el Perú no tenemos disponibles datos globales sobre la distribución de los ingresos agrícolas entre las diferentes clases de productos o trabajadores rurales. El estudio de varios casos de pequeños productores y de trabajadores agrícolas nos da, sin embargo, cierta luz sobre su situación económica y financiera. Por ejemplo, el ingreso neto promedio anual (ingreso agrícola bruto menos los gastos agrícolas corrientes) de 16 productores en minifundios de la costa ascen-

[9] CIDA, *Brasil report, op. cit.*, pp. 463 *ss.*, 434 *ss.*, 408 *ss.*, 482, 546. El cruzeiro se devaluó de 318 a 475 por dólar a la tasa oficial en 1962, pero en el mercado libre estaba a 800.

[10] *Ibid.*, pp. 459 *ss.*

dió a cerca de 14 000 soles; el de 27 pequeños productores independientes de la Sierra a cerca de 9 500 soles; el de 30 miembros de comunidades indígenas aproximadamente a 8 000 soles, y el de colonos a 2 300 soles. Los productores de la costa cultivaban en promedio 1.8 hectáreas y los de la Sierra 2.5, 1.6 y 1.2 hectáreas respectivamente. Los ingresos agrícolas netos en efectivo per cápita más usuales de la Sierra variaban de 831 a 1 313 soles al año para los trabajadores y pequeños productores agrícolas, pero después de considerar sus gastos en efectivo en alimentos y otros bienes indispensables, su saldo en efectivo per cápita era en realidad cero. También se obtiene un panorama significativo del sexto Censo de Población de 1961, según el cual el 90 % de los trabajadores asalariados rurales ganaban ingresos anuales menores de 10 400 soles, y el 55 % menos de 5 200 soles al año. Debe observarse que dichos ingresos anuales estimados de los trabajadores rurales se basan en tasas semanales de salarios que por lo normal sobrevaloran los ingresos totales de los trabajadores rurales, ya que una gran parte de ellos sólo trabajan parte del año.[11]

En la Sierra del Ecuador, al igual que en el Altiplano de Guatemala, los ingresos de las familias indígenas agricultoras son muy bajos. En la Sierra se encuentran cerca del 80 % de todos los minifundios y, por lo tanto, de la población agrícola indígena; la producción rural anual por minifundios, que es un indicador del ingreso bruto obtenido, se calculó en 4 900 sucres; el de las propiedades agrícolas familiares en 34 000 sucres. En la zona costera era respectivamente de 10 000 y 53 800 sucres. Los casos estudiados de huasipungueros y otros trabajadores indígenas de la Sierra muestran que los ingresos brutos familiares son incluso menores a los 4 900 sucres. En una gran hacienda, un huasipungo característico tenía un ingreso agrícola de 1 788 sucres y el huasipunguero y las personas que vivían con él obtenían cerca de 2 700 sucres por salarios en efectivo. El ingreso per cápita era mínimo ya que son comunes las familias con 6 u 8 niños. En otra hacienda, el ingreso anual de un huasipungo, ya fuera efectivo o imputado, ascendía a 3 700 sucres más 1 000 sucres en salarios obtenidos por toda la familia. De acuerdo a un estudio que hizo recientemente el Fondo Especial de las Naciones Unidas, los ingresos totales anuales de todas las fuentes de dos huasipungueros típicos fueron de 2 878 y 3 153 sucres respectivamente. Donde los trabajadores agrícolas obtenían mayores parcelas de tierra o tierra irrigada, o donde podían complementar sus ingresos con otras actividades lucrativas como el tejido, los ingresos tendían a ser

[11] CIDA, *Perú report*, *op. cit.*, pp. 71, 139, 266 y 273 *s.* Un dólar es igual a 26.80 soles.

un poco mayores. Por ejemplo, dos pequeños arrendatarios, padre e hijo, que trabajaban 1.48 hectáreas de tierra irrigada que correspondía a una hacienda, producían principalmente tomates y tenían un ingreso agrícola neto (después de los gastos de operación) de 24 515 sucres. Como la familia estaba formada por 11 personas, el ingreso per cápita seguía siendo de sólo aproximadamente 2 000 sucres. En una comunidad indígena, un miembro "próspero" consumía toda la producción de sus siete pequeñas parcelas de tierra erosionada y recibía 5 400 sucres por la venta de tejidos, ahorrando cerca de 2 000 sucres. Pero una familia pobre de cuatro personas en la misma comunidad, con 0.35 hectáreas de tierra, no cultivaba suficiente alimento para su consumo doméstico, vendía 788 sucres de hilo de cabuya y tenía un déficit de 34 sucres después de los gastos necesarios para la subsistencia, incluyendo comida adicional.[12]

Si resumimos este panorama desolador, queda claro que las estadísticas nacionales sólo pueden caracterizar en parte la pobreza en que viven millones de agricultores de la América Latina. Los cálculos disponibles de los datos globales y de los casos estudiados en determinadas comunidades, revelan niveles de ingreso que implican un nivel de vida de subsistencia o incluso por debajo para millones de campesinos. Si se acpetan las cifras que podemos obtener con más facilidad sobre la distribución del valor del producto bruto por propiedad agrícola como un indicio aproximado de la distribución del ingreso entre los *productores,* parece que la brecha entre el reducido núcleo de grandes productores y la gran cantidad de pequeños campesinos es considerable. En promedio, en los siete países, los propietarios de las, más o menos, 129 000 haciendas tenían casi 340 veces más tierra cada uno que los productores de los 2.1 millones de parcelas subfamiliares. Los miembros de este último grupo tendrían que trabajar, según el país, entre 36 y 400 años, para producir en sus parcelas el producto bruto de los latifundios promedio.[13] El cuadro no incluye los ingresos de los trabajadores contratados. Desde el punto de vista de su ingreso los trabajadores contratados tienden, como grupo, a estar en peor situación que los productores minifundistas, aunque hay diferentes clases de trabajadores y diferentes términos de empleo. A unos trabajadores se les asig-

[12] CIDA, *Ecuador report, op. cit.*, pp. 148 *ss.*, 314 *ss.*, 241 *ss.* Un dólar es igual a 25 sucres.

[13] El cuadro incluye datos de censos anteriores, pero como se demostrará posteriormente, la discrepancia no sólo no ha desaparecido, sino que es muy probable que haya aumentado. El cuadro no permite hacer comparaciones entre los países debido a las diferencias que se encontraron en las definiciones y tabulaciones de los censos. Debe suponerse que las variaciones en la disparidad de los ingresos entre las distintas localidades de un país son importantes.

nan parcelas de tierra para que siembren cultivos de subsistencia, y no por eso se les incluye como "productores". A otros se les contrata a cambio únicamente de salarios. La evidencia disponible tiende a confirmar la opinión de que los trabajadores exclusivamente asalariados, cuyo número aumenta en todo el hemisferio, están peor que los productores que tienen propiedades agrícolas subfamiliares debido a la mayor inseguridad de su ocupación y a la carencia de una oferta segura, aunque pequeña, de alimentos cultivados por la familia. Sin embargo, podrían estar en una situación un poco mejor en términos de acceso a dinero en efectivo. Es obvio que los promedios del cuadro que aparecen a continuación ocultan discrepancias mucho mayores de los ingresos existentes en determinadas localidades, como aquellas donde residen los indígenas, o las zonas muy fértiles en que se cultivan cosechas especializadas, como ya se indicó antes.

CUADRO 3

MEDICIÓN DE LAS DIFERENCIAS DE INGRESO ENTRE LOS PEQUEÑOS Y GRANDES PRODUCTORES DE SEIS PAÍSES
(1950-1960)

País y año	*Cantidad de tierra de los latifundios como un múltiplo de la tierra de los minifundios (en base a la propiedad rural)*	*"Ingreso" por latifundio como múltiplo del "ingreso" por minifundio (en base a la propiedad rural)*
Argentina	269.2	66.2
Brasil	545.8	61.1
Chile	1 549.0	71.5
Colombia	491.3	36.3
Ecuador	617.7	165.0
Guatemala	1 731.6	399.4
TOTAL	339.1	—

Debe hacerse hincapié, una vez más, en que las estadísticas sobre distribución del ingreso no revelan las limitaciones financieras en que se encuentran los pequeños productores y los trabajadores agrícolas asalariados. Con frecuencia sus ingresos no sólo no son mayores que sus gastos de subsistencia, de modo que no pueden hacer ahorros, sino que son inferiores a sus gastos, lo que los deja con un déficit anual en efectivo. Otro indicador es la importancia de los gastos para las necesidades indispensables —en especial alimentos—, incluso donde se cultivan alimentos para el consumo doméstico. No es raro que los gastos en alimentos representen el 60-70 % de todos los gastos en efectivo, dejando poco o nada para salud, educación y ahorros. Por lo normal, los déficit en efectivo son "financiados" con préstamos o anticipos de los patrones, comerciantes o prestamistas y renovados año tras año. Esto perpetúa el círculo vicioso de ingresos bajos, la intensidad de la necesidad de comprar alimentos para sobrevivir y la necesidad de contraer deudas para adquirirlos. Una situación de deuda permanente hace aún más precaria la ya difícil situación financiera de los pequeños productores y trabajadores agrícolas. Es obvio que la penuria financiera de los minifundistas y asalariados agrícolas no es el resultado de una vida extravagante o deseos anormales: Es resultado de ingresos insuficientes.[14]

A esto debemos añadir que, en la mayoría de los países latinoamericanos, una inflación aguda ejerce una presión continua para reducir los ingresos reales, debido a que los incrementos en precios que reciben los productores o en sus tasas de salario, tienden a ser más retardados que los aumentos de los precios de alimentos y de otros bienes de consumo.

La acumulación de riqueza y su distribución. La incapacidad de los pequeños propietarios y de los trabajadores agrícolas para ahorrar una parte de sus ingresos con el fin de comprar bienes domésticos duraderos o semiduraderos, o para hacer inversiones en empresas agrícolas, se refleja en su carencia —a veces total— de posesiones materiales. Como la riqueza es resultado de la acumulación de ahorro durante años, debe suponerse que en el campo la distribución de la riqueza es mucho más desigual que la distribución de los ingresos. La escasa información disponible demuestra que la mayor parte de las familias rurales pobres tienen pocos y primitivos instrumentos agrícolas y de otro tipo para realizar el trabajo en la agricultura o para una vida doméstica cómoda. Exceptuando los propietarios de minifundios, las familias campesinas por lo general no poseen una casa. Los trabajadores agrícolas que reciben una parcela de tierra encuentran allí con frecuencia una modesta vivienda —por lo general de adobe o madera— que pertenece al terrate-

[14] ¿Pueden los campesinos tener ingresos "inferiores a los de subsistencia"? Una definición literal sugeriría que los ingresos de esa clase no les permitirían subsistir a sus perceptores, al menos durante largo tiempo. Si usamos como criterio los salarios mínimos establecidos por ley, entonces prácticamente todos los trabajadores asalariados tienen ingresos menores a los de subsistencia. Las tasas de salario mínimo se definen como los salarios que les darán apenas un ingreso de subsistencia, y los trabajadores rurales nunca reciben las tasas de salario legal.

niente. Si no hay una casa, se acostumbra que los terratenientes le permitan al trabajador construir una, utilizando su trabajo y el de su familia. En algunos casos tienen que comprar el material de construcción con su propio dinero, aunque sepan muy bien que la propiedad de la construcción es de los terratenientes. Pero deben aceptar esta condición, porque si no están de acuerdo con ella no tendrían trabajo. Es característico que la riqueza total de las casas de los trabajadores agrícolas esté formada por algunos muebles, ropa y unos cuantos utensilios de cocina. En ocasiones tienen una máquina de coser que permite a la esposa ganar pequeños ingresos extras. En otros casos los trabajadores agrícolas asalariados deben comprar con sus propios ingresos sus instrumentos de trabajo, incluso si trabajan exclusivamente para los cultivos del terrateniente. Si los patrones les permiten tener animales —un permiso que de ninguna manera es seguro— podrían contar con algunas cabezas de ganado, pero éstas siempre serán ovejas, cabras o cerdos. Con el fin de asegurarse de que su número sea pequeño, los terratenientes exigen a menudo que les sean entregados algunos de los animales que nacen.

Podemos dar algunos ejemplos de recientes investigaciones de campo para demostrar lo antes dicho. En Ecuador, en una hacienda patriarcal bien administrada, el equipo agrícola del huasipunguero consistía en unos cuantos instrumentos y utensilios de fabricación doméstica. Su ganado estaba formado por unas cuantas ovejas, cerdos y gallinas. El valor de los capitales fijo y circulante, incluyendo la casa, de un huasipunguero característico de esta hacienda ascendía a 32 400 sucres, de los cuales sólo 11 600 eran del capital de trabajo; aunque éste es un cálculo muy burdo debido a la dificultad de calcular el valor de activos muy antiguos. En otra hacienda, 40 familias de huasipungueros, de las cuales 16 tenían ovejas, poseían entre todas una total de 1 444 ovejas, que en apariencia eran la principal fuente de su ingreso. Ocupaban 180 hectáreas de tierra muy agotada en la que sembraban sus cosechas, y disponían de una cantidad no especificada pero pequeña de ganado y cerdos. En otro caso, el capital total de dos arrendatarios (padre e hijo) que rentaban 1.48 hectáreas de tierra (y consideraban que tenían un ingreso ligeramente superior al promedio) se calculó en sólo 9 810 sucres, consistiendo el capital de trabajo en unos cuantos instrumentos, panales artificiales de abejas y un rociador. Otro trabajador de la misma propiedad agrícola al que se le habían asignado 0.74 hectáreas de tierra, tenía un capital total fijo y de trabajo de 4 800 sucres.[15]

[15] CIDA, *Ecuador report, op. cit.*, pp. 215, 286, 315, 320.

En Brasil, la mayoría de los trabajadores agrícolas, con o sin tierra, incluyendo pequeños propietarios y aparceros, carece prácticamente de activos. Los peores casos son los miles de trabajadores emigrantes sin hogar que se trasladan de hacienda en hacienda buscando trabajo sin nada más que un "atado" que contiene sus pertenencias. Estudios hechos en once comunidades muy alejadas entre sí revelaron, por ejemplo, que los minifundios, que forman el 25 % de todas las propiedades agrícolas, reportaron sólo el 2 % del capital total fijo y de trabajo, mientras que los latifundios (3 % de todas las propiedades agrícolas) reportaron el 33 % del capital. Estas cifras se basan en el censo agrícola de 1960 sobre la tierra, construcciones, vehículos, animales, maquinaria y equipo. Sin embargo, subestiman la proporción de los activos controlados por los grandes hacendados debido a los bajos valores que éstos dieron a la tierra y otros bienes de capital.[16] Esta subestimación distorsiona por completo los datos disponibles sobre la distribución de la riqueza. Un ejemplo fue un hacendado que valuó sus 2 788 hectáreas de tierra en 5 millones de cruzeiros y sus activos totales en 8.1 millones de cruzeiros. Un productor vecino calculó el valor de sus 44 hectáreas en 5 millones y sus activos totales en 7 millones de cruzeiros. Es interesante especular en términos cuantitativos sobre los efectos de las subestimaciones del valor de la tierra, la mayor fuente potencial de una subestimación de las desigualdades en la distribución de la riqueza, aunque no sea la única. Si se valuara la tierra de las grandes haciendas a la misma cifra por hectárea que informaron las propiedades agrícolas familiares de las 11 comunidades, el valor de toda la tierra de las haciendas aumentaría de 4 mil millones a cerca de 9.5 mil millones de cruzeiros.

Debe observarse que en los 9 municipios que se incluyen en el cuadro 4 (esto es, excluyendo las zonas de colonización) los minifundios no informaron de un solo tractor, aunque uno de los municipios tenía miles de minifundios. Menos del 1.5 % de los *jeeps* y camiones y sólo el 8 % de los tractores eran propiedad de tenencias agrícolas familiares. En cuatro de los municipios no había ningún arado en los minifundios, y todos los minifundios informaron de sólo el 6 % de los arados. Por otra parte, los latifundios reportaron el 73.36 y el 54 % de todos los tractores, arados y *jeeps* o camiones respectivamente. Por supuesto, ninguna de estas cifras incluía las posesiones de los trabajadores contratados.[17]

[16] Los datos también subestiman la brecha en la distribución de la riqueza debido a que, de los once municipios, dos son zonas de colonización donde la distribución de la riqueza era significativamente más equitativa.

[17] CIDA, *Brazil report, op. cit.*, pp. 372, 348 *ss.*

CUADRO 4

EFECTO DE LA SUBESTIMACIÓN DE LOS VALORES DE LOS BIENES RAÍCES SOBRE LA DISTRIBUCIÓN DE LA RIQUEZA EN ONCE COMUNIDADES DEL BRASIL

(*en millones de cruzeiros de 1960*)

Clase de tenencia	*Valor de todos los activos*	*Valor de la tierra únicamente*	*Porcentaje de distribución de toda la riqueza* (1)	(2)[a]
Minifundios	387	263	2	2
Propiedades agrícolas familiares	5 429	2 987	30	23
Haciendas medianas	6 330	4 878	35	27
Haciendas grandes	5 909	3 963	33	—
Haciendas grandes[a]	11 437	9 491	—	48

[a] Si la tierra de las haciendas grandes se valuara con el mismo valor por hectárea que las propiedades rurales familiares.

NOTA: Dos de los municipios eran zonas de colonización en donde la distribución de la riqueza era significativamente más equitativa.

CUADRO 5

VALOR DEL CAPITAL DE TRABAJO EN LAS PROPIEDADES AGRÍCOLAS PRIVADAS Y EN EL SECTOR EJIDAL DE MÉXICO, 1960

Sector agrícola y tamaño	*Número de productores*	*Valor de la maquinaria, equipo y vehículos* (%)	*Valor de instrumentos agrícolas sencillos* (%)
Privado			
Propiedades agrícolas mayores de 5 ha.	371 445	67	25
Propiedades agrícolas menores de 5 ha.	756 915	2	27
Todas las propiedades agrícolas privadas	1 128 360	69	52
Ejidatarios	1 455 225	31	48
Todas las propiedades agrícolas	2 573 585	100	100

Es interesante observar que en México, donde el número de pequeñas tenencias es excesivo, la distribución del equipo agrícola también es muy desigual. Las propiedades agrícolas privadas menores de 5 hectáreas informaron sólo del 2 % del valor de la maquinaria, equipo y vehículos, mientras que las propiedades agrícolas privadas mayores de 5 hectáreas informaron del 5 %. Los ejidatarios, que en su mayoría tienen tenencias pequeñas, informaron del 31 %. Como resultado, el valor promedio de todo el capital de trabajo en todas las propiedades agrícolas mayores (más de 5 hectáreas) era de aproximadamente 8 000 pesos; de las pequeñas propiedades agrícolas (menos de 5 hectáreas) sólo 228 pesos; y de los ejidos cerca de 1 000 pesos (el tipo de cambio es de 12.50 pesos por 1 dólar).

En Guatemala el capital de los minifundios es muy pequeño, ya que el ganado escasea y prácticamente se carece de maquinaria.

Según el censo de 1950 sólo había un arado por cada mil propiedades agrícolas en un Departamento del Altiplano. En 31 minifundios que se estudiaron no se encontraron maquinarias o instrumentos, excepto machetes y azadones. Estos últimos eran el único capital de trabajo de los indígenas. El ganado está compuesto por unos pocos cerdos y gallinas. Las casas están mal construidas y casi no tienen valor. La tierra es el principal concepto de capital, pero debido al tamaño de las parcelas su valor no supera los 200 o 400 quetzales. Por otra parte, el capital fijo promedio de un grupo de grandes haciendas del sur de Guatemala, incluyendo los bienes raíces y el valor de las plantaciones permanentes, se calculó en 175 000 quetzales y el capital total promedio en 420 000 quetzales.[18]

La evidencia disponible tiende a corroborar el supuesto de que la distribución de la riqueza es considerablemente más desigual que la simple distribución de los recursos agrarios y del ingreso, y que de hecho casi todo el capital fijo y de trabajo está en manos de los grandes hacendados. Es significativo que después de años de trabajo —con frecuencia generaciones— los pequeños productores y los trabajadores agrícolas no tienen prácticamente nada que mostrar en términos de posesiones materiales.

Niveles de vida y distribución del ingreso. La nutrición, la ropa, la habitación y la sanidad está a niveles inferiores a lo normal entre las personas poco privilegiadas de las comunidades rurales. Sin embargo, como observó un sociólogo brasileño, ninguna descripción puede presentar adecuadamente la pobreza en que vive la mayoría. En Colombia, por ejemplo, la mayoría de la pobla-

[18] CIDA, *Guatemala report, op. cit.*, pp. 102, 73.

ción sufre de un "alarmante subconsumo crónico de alimentos" en comparación con las dietas que consideran adecuadas los expertos colombianos, aunque debido al favorable clima tropical no hay grandes zonas mal alimentadas. No obstante, el 46 % de las familias rurales y urbanas tiene un consumo insuficiente de calorías, y el 48 % consume una cantidad insuficiente de proteínas. Según estudios realizados por el Ministerio de Salud Pública, el consumo promedio per cápita era de 1 907 calorías (lo recomendable es 2 300) y el consumo de proteínas 46.3 g (lo recomendado es 69 g). En una comunidad rural cerca de Bogotá el consumo de proteínas era de 50 g, de los cuales dos terceras partes eran de origen vegetal. En otra comunidad en Narino, a una altitud de 3 000 metros, el consumo per cápita de calorías era de 2 036, y el de proteínas 47 g, siendo igualmente dos terceras partes de origen vegetal. Estos promedios ocultan diferencias considerables entre las dietas de los grupos con altos ingresos y los de bajos ingresos. Por ejemplo, en una comunidad de Caldas, la dieta promedio consistía de 1 863 calorías, pero los pobres sólo consumían 1 401 calorías, mientras que los grupos de altos ingresos consumían 2 889. El consumo de carne era mínimo.[19]

En Ecuador, la dieta de la población indígena es notoriamente pobre y monótona. De acuerdo con ciertos casos estudiados, el consumo de bebidas alcohólicas, propiciado por los comerciantes y patrones del pueblo, es una parte importante del presupuesto de alimentos aunque en realidad las cantidades que se gastan en bebidas alcohólicas son muy pequeñas (las bebidas alcohólicas tienen bastantes calorías y ofrecen alguna protección contra el frío). Los alimentos producidos por los trabajadores agrícolas en sus pequeñas parcelas son insuficientes para proporcionar una dieta adecuada a sus familias. Con frecuencia deben venderlos para obtener dinero en efectivo con el cual satisfacer necesidades urgentes, y comprárselos después a precios más elevados. La mayoría de los alimentos son féculas y contienen principalmente carbohidratos. En una comunidad indígena, una familia pobre integrada por cuatro miembros tenía un gasto anual de 822 sucres para las necesidades vitales, de los cuales casi dos terceras partes se destinaban a comprar alimentos y bebidas alcohólicas, quedando el resto para ropa, festividades religiosas y caridad.[20]

En Brasil, los cálculos oficiales muestran un total adecuado de alimentación en términos de calorías por persona. Sin embargo,

[19] CIDA, *Colombia report*, pp. 217 s., 219.

[20] CIDA, *Ecuador report*, *op. cit.*, p. 243. En zonas de la región andina se obliga a los campesinos a entregar como contribución una parte de sus ingresos a los sacerdotes.

esas estadísticas contradicen las investigaciones y observaciones en el campo sobre el estado de la nutrición, en el sentido de que el hambre y la subnutrición sí existen en grandes zonas del país, en especial en el sector rural. Esta extraña contradicción en un país que tiene más de 260 millones de hectáreas de tierra agrícola y otros 600 millones de hectáreas de tierra no explorada sólo puede ser resultado de una distribución muy desigual del ingreso. No son raros los casos en que las familias rurales carecen periódicamente de alimentos. Por ejemplo, un pequeño agricultor al que se entrevistó en el estado de Pará no tenía disponible ningún alimento el día en que se hizo la encuesta. La dieta común reportada para grandes regiones del país consiste en café (sin ningún valor alimenticio), yuca, camotes, sólo en contadas ocasiones carne seca. En el estado de São Paulo las familias rurales informaron que tomaban café para el desayuno; en la comida arroz, frijoles y vegetales, y en la cena una sopa hecha con las sobras de la comida. En ocasiones consiguen carne, pero ésta es de la clase más barata (en su mayor parte huesos). En Paraíba los doctores informaron que el 80 % de la población está mal nutrida. En el estado de Espíritu Santo, del 35 al 80 % de la población, dependiendo de la zona, padece enfermedades causadas por la falta de alimentos o vitaminas; del 50 al 80 % de las personas no comen carne con frecuencia (por lo general, sólo una vez a la semana). En Rio Grande do Norte una considerable parte de la población sólo comía una vez al día, o cuando mucho dos veces, y su dieta se basaba (durante la cosecha) en azúcar no refinado con cereal en las mañanas, frijoles y cereal y en ocasiones carne seca. Debe observarse que el Brasil, que según las estadísticas oficiales tiene un excedente de carbohidratos, necesita no obstante complementar su, en teoría, suficiente oferta de calorías con importaciones de carbohidratos adicionales durante varios años. Se calcula que el déficit total de proteínas y de grasas, que según las estadísticas existe en la actualidad, aumentará si la producción de alimentos y, en consecuencia, la composición de la oferta nacional de alimentos no sufre cambios radicales. Además, se estimó en 1963 que una familia de 4 o 5 personas en Río de Janeiro que ganaba el salario mínimo legal y gastaba el 50 % de su ingreso en una dieta que consistía en un 74 % de carbohidratos, 11 % de proteínas y 15 % de grasas consumiría, a los precios que prevalecían el 1 de junio de 1963, un promedio diario de 1 200 a 1 500 calorías. Como por lo normal los trabajadores rurales ganan mucho menos que los salarios mínimos legales, su dieta debe considerarse, por lo tanto, inadecuada. Incluso en la zona de colonización de Rio Grande do Sul se encontró que la situación de los trabajadores rurales asalariados es lastimosa; viven en una gran miseria y apenas tienen lo suficiente para comer y vestirse, aunque trabajan de sol a sol.[21]

En Guatemala, el maíz es el elemento más importante en la dieta de las familias minifundistas y representa casi el 55 % de los costos (imputados) de la dieta semanal de una familia del Altiplano, representando los carbohidratos otro 12 %. En algunas ocasiones se come carne dos veces a la semana, pero lo más común es que sólo se coma una vez cada semana, si hay dinero para comprarla. En las palabras de varios campesinos: "Si no hay bastante, sólo comen los niños".[22]

Estas malas condiciones con respecto a la dieta son igualadas por las condiciones de habitación, sanidad y educación. La mayoría de la población campesina vive en chozas sin ventanas, recubiertas de paja o tierra, con pisos de tierra. Los adultos y los menores se aglomeran en uno o dos cuartos. No hay un abastecimiento directo de agua y con frecuencia el agua potable se obtiene de canales o arroyos que también sirven como drenajes. Por lo general, la fuente del agua está a una distancia relativamente grande de la casa. No hay retretes interiores o exteriores, y sólo se cuenta con pocos doctores y hospitales en los pueblos a que tiene acceso la población rural. Los casos en que los trabajadores se benefician de seguros y servicios médicos son escasos y están muy alejados entre sí. En caso de enfermedad aún se sigue practicando la hechicería, y por lo usual se emplean, cuando mucho, las "medicinas" más primitivas. Los pequeños productores y los trabajadores sin tierra rara vez envían a sus hijos a la escuela, excepto, en el mejor de los casos, durante un par de años a la escuela primaria. En muchas regiones ni siquiera se tiene esa oportunidad.

La mala distribución de la tierra es una causa fundamental de la continua y aguda estratificación social, que data del período de la conquista y esclavitud coloniales y que se caracteriza por una "deformación" en la distribución del ingreso y la riqueza. A su vez, esta distribución muy desigual del ingreso favorece la conservación de una rígida estructura de clase. Excepto en las pocas regiones en que existen oportunidades alternas de ocupación o en que los contratos de arrendamiento son desusadamente buenos, los ingresos anuales equivalentes a cerca de 250 dólares son comunes; en algunas zonas su promedio es menor de 100 dólares. Se informa que en partes de la Sierra del Perú el ingreso per cápita es de 15 a 20 dólares al año, creando uno de los niveles de vida más bajos de todo el mundo.

[21] CIDA, *Brazil report, op. cit.*, pp. 33 ss., 550 ss., 296. El ejemplo de Río de Janeiro se basa en la dieta nacional promedio.

[22] CIDA, *Guatemala report, op. cit.*, pp. 113 s.

De la mitad a las tres cuartas partes de los ingresos de los pobres se destinan a alimentos, dejando poco para ropa y otras necesidades. En realidad no hay un excedente (ahorros) con el cual comprar productos artesanales o de las incipientes industrias cuyo crecimiento depende del aumento de los mercados internos.

Por otra parte, los ingresos de los grandes hacendados son lo suficientemente grandes, según los patrones de los países industrializados, para permitirles hacer considerables inversiones en la industria y agricultura latinoamericana.

Si queremos que las futuras generaciones de la mayoría de la población rural estén en mejores condiciones que la presente, deben eliminarse esas grandes diferencias.

Desocupación rural y sus manifestaciones

En el contexto latinoamericano, la ocupación (en su sentido más amplio) es el principal mecanismo institucional para distribuir el ingreso y las oportunidades entre la población.[23] En otras palabras, la pobreza rural se puede atribuir en una medida considerable, si no casi exclusivamente, a la desocupación y subocupación rural de los países latinoamericanos dotados de recursos naturales nada escasos y aun superabundantes y una élite terrateniente rica (en algunas ocasiones fabulosamente rica). En los siguientes párrafos examinaremos con brevedad el grado de subocupación o desocupación y sus manifestaciones, y después estableceremos por qué éstos son inseparables de una agricultura latifundista.

Aunque los conceptos de subocupación y desocupación han causado una preocupación considerable e interminables discusiones teóricas, en la actualidad se admite por lo general que una gran parte de la población rural de América Latina no se emplea con provecho en una ocupación de tiempo completo o no tiene ninguna ocupación, y que aunque hay un aumento en la fuerza de trabajo rural, las nuevas oportunidades de ocupación son escasas y probablemente serán más escasas en el futuro. Se observan con facilidad excedentes en la oferta de mano de obra en casi todas las regiones agrícolas de América Latina. Son difíciles de medir con exactitud en términos cuantitativos, pero hay unos cuantos índices cuantitativos y varios cualitativos que reflejan su magnitud.

Un índice aproximado de la desocupación es la aglomeración de la fuerza de trabajo rural en pequeñas tenencias. Es significativo

[23] Solon Barraclough, *Employment problems affecting Latin American agricultural development*, en *Monthly Bulletin of Agricultural Economics and Statistics*, FAO, Roma, julio-agosto de 1969.

que en la agricultura de América Latina existe una distribución muy desigual de la fuerza de trabajo con respecto a la tierra agrícola. Por ejemplo, en siete países que representan aproximadamente dos terceras partes de la agricultura latinoamericana, cerca de 10.6 millones de trabajadores rurales, incluyendo familiares y trabajadores asalariados, trabajaban en pequeñas propiedades agrícolas (minifundios y propiedades agrícolas familiares) con una superficie total de 113.5 millones de hectáreas de tierra, incluyendo cerca de 37 millones de tierra cultivada. Los minifundios informaron de 5.3 millones de trabajadores, aunque controlaban sólo cerca de 11.4 millones de hectáreas, de las cuales 6 3 millones eran de tierra cultivada. Por otra parte, las haciendas informaron de menos de diez millones de trabajadores, aunque controlaban cerca de 376 millones de hectáreas de tierra agrícola y 80 millones de hectáreas de tierra cultivada. De hecho, las grandes haciendas que controlaban cerca del 40 % de toda la tierra agrícola (probablemente una burda subestimación) sólo informaron de 3.7 millones de trabajadores rurales. Por lo tanto, se calcula que cada uno de los mayores *productores* tiene a su disposición en promedio 400 veces más tierra que un pequeño propietario y que en promedio cada *trabajador agrícola de las grandes haciendas* tiene 44 veces más tierra que un trabajador de las pequeñas propiedades. De este modo, la tierra es un recurso escaso sólo para los pequeños propietarios. Si la relación entre tierra y trabajadores hubiera sido aproximadamente igual en las grandes haciendas y en las pequeñas propiedades agrícolas, y suponiendo además la misma calidad de la tierra [24] y los mismos niveles de administración agrícola y de tecnología en ambas clases de empresas, las haciendas podían haber dado ocupación a 35.1 millones de trabajadores en vez de los 9.7 millones que emplearon en realidad. Evidentemente, las pequeñas propiedades contribuyen más que las grandes propiedades a la "ocupación" rural en relación con sus recursos. Sin duda la concentración de la gente en las pequeñas propiedades rurales aumentó durante la séptima década.

También vale la pena observar que casi el 80 % de los trabajadores contratados estaban empleados en haciendas y que en las más grandes de éstas los trabajadores asalariados superaban a los trabajadores de la familia por 8 a 1.

El exceso de oferta de mano de obra en las parcelas más pequeñas sólo puede estimarse aproximadamente usando la relación tierra/

[24] Este supuesto no es real, ya que las grandes propiedades rurales ocupan, con mucho, la mejor tierra. En realidad puede atribuirse mucha desocupación o subocupación a que la tierra de los minifundios sea por lo general de menor calidad, agotada y erosionada debido a los años de intenso cultivo.

CUADRO 6

DISTRIBUCIÓN DE LA TIERRA Y DE LA MANO DE OBRA EN VARIAS PROPIEDADES AGRÍCOLAS Y COMPOSICIÓN DE LA FUERZA DE TRABAJO[a]

Clase de propiedad agrícola	Tierras aptas para el cultivo (millones de hectáreas)	Tierra cultivada (millones de hectáreas)	Fuerza de trabajo total (millones)	Trabajadores de la familia (millones)	Trabajadores contratados (millones)
Minifundios	11.4	6.3	5.3	4.4	0.9
Propiedades agrícolas familiares	102.1	29.4	5.3	3.9	1.4
Haciendas medianas	118.1	39.5	6.0	2.5	3.4
Haciendas grandes	257.9	40.7	3.7	0.4	3.3
TOTAL	489.5	115.9	20.7	11.2	9.0

[a] En Argentina, Brasil, Chile, Ecuador, Guatemala, Colombia y Perú.

FUENTE: Las cifras se refieren al período 1950-1960, basadas en las estadísticas del CIDA. Las cifras de censos más recientes muestran que la distribución de la tierra y la mano de obra es incluso más dispar. Para cifras más recientes sobre la mano de obra, véase el capítulo II.

trabajador en las propiedades agrícolas familiares y comparándola con la que prevalece en las primeras, con el supuesto de que en las propiedades agrícolas familiares se emplea a los trabajadores casi a tiempo completo todo el año con las técnicas actuales de cultivo.[25] Si usamos ese criterio, de los 5.3 millones de trabajadores que viven en los minifundios (sin incluir los miembros que no trabajan con sus familias), 4.2 millones, o sea, cerca del 79 % "sobrarían" en los siete países (algunos de esos trabajadores podrían en realidad emplearse a tiempo parcial en las grandes haciendas).

Se obtuvo un cálculo más preciso de la desocupación en la agricultura para Chile.[26] En ese país, en promedio, se estimó que una tercera parte o más de la oferta disponible de mano de obra estaba desocupada, en el sentido de que se podía haber obtenido la misma producción con las técnicas y capital existentes, pero con menos

[25] Si los trabajadores de las propiedades agrícolas familiares no están empleados a tiempo completo (como sucede en Chile según se verá posteriormente en el texto), entonces los cálculos serán más complejos debiéndose añadir el excedente de trabajadores de las propiedades agrícolas familiares.

[26] CIDA, *Chile report*, *op. cit.*, pp. 515 *ss.*, y cuadro XI-8.

CUADRO 7

MEDIDA APROXIMADA DE LAS NECESIDADES DE MANO DE OBRA DE LOS MINIFUNDIOS

Número actual de trabajadores en los minifundios	5 269 000
Número calculado de trabajadores en los minifundios [a]	1 079 900
Diferencia (número de trabajadores excedentes)	4 190 000

[a] Calculado sobre la base del número de hectáreas por trabajador en las propiedades agrícolas familiares de cada uno de los siete países que aparecen en el cuadro anterior.

mano de obra si cambiara un poco la organización. En especial, de aproximadamente 536 000 trabajadores rurales activos en la agricultura chilena en 1955, se consideró que 173 000 excedían al número que se requería para obtener la misma producción. Es interesante observar que en Chile hay un excedente de trabajadores en todas las clases de propiedades agrícolas. Los trabajadores de los minifundios sólo laboraban en promedio cinco meses al año; los de las propiedades agrícolas familiares, siete; los de las haciendas de tamaño medio, ocho; y los de los latifundios, nueve.

La evidencia de otros países es muy parecida,[27] y en la actualidad se acepta por lo general una cifra del 30-40 % de desocupación. Si se aplican las tasas que se encontraron en Chile a los otros seis países, se podría obtener la misma producción agrícola en los siete países con 14 millones de trabajadores, o sea 7 millones menos que los ocupados en la actualidad. Recientemente se ha demostrado lo general que es la desocupación en América Latina al estudiarse tres países

[27] Por ejemplo, en el Ecuador se encontró en una zona que el número promedio de días que un trabajador adulto podía trabajar potencialmente en tres huasipungos de la Sierra se calculaba en 212, 245 y 221 días al año respectivamente, aunque no fue posible asegurarse del trabajo que en realidad se hacía en las parcelas. El trabajo en éstas se complementaba con el trabajo en las haciendas, que en apariencia sería una partida de poca importancia, pero que sin duda tiene una importancia decisiva para el ingreso total. La capacidad de los huasipungueros y de quienes vivían con ellos era superior al esfuerzo de trabajo realizado y, por lo tanto, se debía buscar trabajo adicional en las haciendas. Como a menudo en éstas no hay trabajo adicional, se ven obligados a trabajar en las parcelas, *aunque su participación en ese trabajo no sea esencial.* Es decir, el trabajo en las parcelas es parcialmente innecesario (CIDA, *Ecuador report, op. cit.*, pp. 215 *ss.*). En México, S. Eckstein (*El marco macroeconómico del problema agrario mexicano*, Centro de Investigaciones Agrarias, México, 1968, pp. 171 *ss.*) calculó que la desocupación también es muy alta debido a la existencia de pequeñas parcelas.

centroamericanos. Por ejemplo, El Salvador tiene una tasa estimada de desocupación del 56.8 %, Nicaragua del 29.6 % y Costa Rica del 3.2 %. En este último país la oferta y demanda de mano de obra rural era en apariencia más pareja, pero ésta es una situación excepcional para América Latina, además de que la fuerza de trabajo rural total de Costa Rica es muy pequeña.

Por supuesto, la desocupación rural no debe considerarse como prueba de que la agricultura latinoamericana no puede emplear un número considerablemente mayor de personas en la actual tierra agrícola. Tampoco es superfluo recalcar que la mano de obra excedente no implica la correspondiente necesidad de que los trabajadores emigren de la agricultura, como algunos estudiosos han argumentado. Hay muchas oportunidades de ocupación no aprovechadas en las propiedades agrícolas existentes, en particular en las haciendas, y las reformas de la tenencia agraria tienen precisamente la función de proporcionar trabajo a la mano de obra desocupada en el presente, así como a las nuevas generaciones de trabajadores rurales. De hecho, dado el alto nivel de desempleo urbano, no podemos señalar, en las condiciones actuales, los desplazamientos de la fuerza de trabajo de las ocupaciones primarias a los sectores de servicios e industriales como un signo de progreso o desarrollo económico. Es cierto que durante los últimos decenios millones de campesinos *han* emigrado a las ciudades y pueblos y ha disminuido la proporción de la población rural. Esto ha ocurrido tanto en países con un incipiente desarrollo industrial como en aquellos que no han tenido prácticamente ninguno. Pero gran parte de la población rural que vive en barrios miserables de las ciudades está desocupada o subocupada. En el contexto latinoamericano, el progreso puede ocurrir sólo después de que haya aumentado radicalmente la ocupación en la agricultura. Hasta ahora, la migración del campo a las ciudades no ha eliminado la desocupación rural.

Es razonable suponer que, a pesar de la continua migración de las familias rurales a las zonas urbanas, la desocupación en la agricultura está aumentando en vez de disminuir, y que los factores que en el pasado han contribuido a producirla, y de los cuales nos ocuparemos posteriormente, también contribuyen a intensificarla en el transcurso del tiempo. Por desgracia, es difícil conseguir estadísticas comparativas para un período significativo. Pero los censos recientes del Brasil parecen confirmar nuestro supuesto. En ese país el número de trabajadores rurales aumentó de 12.6 millones en 1950 [28] a

[28] En realidad, el censo de 1950 informó de 11 millones de trabajadores, pero el CIDA, después de un cuidadoso estudio de la estadística disponible, calculó que el censo subestimó en cerca de 1.6 millones a los trabajadores rurales.

15.4 millones en 1960, si se usan las cifras preliminares del censo de 1960, o de 12.6 a 15.6 millones si se usan las del censo final de 1960.[29] De cualquier forma, la mayor parte de la mano de obra adicional se localizaba en las propiedades agrícolas pequeñas; *la desocupación en las grandes propiedades agrícolas disminuyó un 35 %*. De este modo, las propiedades que controlan más de la mitad de la tierra agrícola del Brasil redujeron su fuerza de trabajo; y la proporción de la fuerza de trabajo en las empresas más pequeñas aumentó mucho, aunque sólo lograron una pequeña parte de la tierra agrícola adicional que se obtuvo de la expansión geográfica de la agricultura. Por ejemplo, en 1950 los minifundios informaron del 11 % de la fuerza de trabajo, y en 1960 informaron del 20 %.

¿Cuál puede ser la causa, en el Brasil, de la notoria disminución de la mano de obra en las haciendas más grandes? De manera principal hay tres razones. La primera es el considerable cambio hacia la ganadería extensiva que ocurrió durante la sexta década en las grandes propiedades rurales localizadas tanto en las zonas tradicionales de cultivo como en las zonas fronterizas abiertas recientemente. Otra razón es la mayor extensión de los cultivos permanentes que requieren menos mano de obra. La tercera es el uso de maquinaria: entre 1950 y 1960 el número de tractores había aumentado casi ocho veces, estimándose que cuatro quintas partes de los tractores eran propiedad de haciendas.

[29] El censo preliminar de agricultura de 1960 se publicó en 1963 y el censo final en 1967, después del golpe militar de 1964. Por lo normal las cifras del censo final difieren de las cifras preliminares muy poco, después de las revisiones normales de los cómputos y tabulaciones. Pero en el caso del censo final del Brasil, se hizo un "ajuste" general de las estadísticas que dio un panorama radicalmente diferente de la agricultura brasileña. La diferencia más importante consistía en las cifras de las tenencias de tierra de las grandes propiedades rurales. Mientras que el censo preliminar mostraba un gran incremento de las tenencias de las grandes haciendas (por ejemplo, las propiedades de 1 000 hectáreas y más habían aumentado en 7.5 millones de hectáreas, con el resultado de que cada una de las pocas propiedades rurales adicionales de ese grupo contaba con una enorme cantidad adicional de tierra), el censo final mostró que estas mismas propiedades habían perdido 7.8 millones de hectáreas. La expansión total de la agricultura superó los 33 millones de hectáreas según las cifras preliminares; cerca de 17 millones según el censo final. En la clasificación que usamos aquí (minifundios, propiedades agrícolas familiares, propiedades agrícolas multifamiliares o haciendas medianas, y propiedades agrícolas multifamiliares o haciendas grandes) las grandes haciendas perdieron cerca de 5.4 millones de hectáreas, mientras que las haciendas medianas obtuvieron cerca de 14.7 millones de hectáreas, según las cifras del censo final.

Quien conozca el desarrollo de la agricultura brasileña encontrará estas cifras finales de dudosa utilidad, pero pocas personas conocen la existencia de los informes preliminares del censo. En estas circunstancias, se debe considerar a los informes preliminares del censo como los más fidedignos.

CUADRO 8

DESPLAZAMIENTO DE LA OCUPACIÓN RURAL EN EL BRASIL, 1950-1960

Clase de propiedad agrícola	*Tierras aptas para el cultivo (millones de hectáreas)*		*Fuerza de trabajo (millones de trabajadores)*	
	1950	*1960*	*1950*	*1960*
Minifundios	1.2	2.7(2.7)	1.4	3.3(3.2)
Propiedades agrícolas familiares	13.9	20.8(20.8)	3.3	5.0(5.0)
Haciendas medianas	78.9	93.6(85.3)	5.2	5.4(5.4)
Haciendas grandes	138.2	132.8(155.6)	2.7	1.9(1.8)
TOTAL	232.2	249.9(264.4)	12.6	15.6(15.4)

NOTA: Las cifras de 1960 para la tierra y la fuerza de trabajo son las del censo final de agricultura. Las cifras entre paréntesis se basan en el censo preliminar, habiéndose hecho estimaciones en la distribución de la fuerza de trabajo.

En conclusión, la contribución de las propiedades rurales medianas y grandes a la nueva ocupación rural ante una fuerza de trabajo en rápido aumento ha sido negativa o desproporcionadamente pequeña.[30] De manera general, puede decirse que en el Brasil la ampliación del empleo disminuye al aumentar el tamaño de la propiedad agrícola. En resumen, parece seguro que no se ha logrado ningún progreso hacia una mayor ocupación en la agricultura durante la década y por la evidencia parecería que en realidad aumentó la desocupación global. Ésta debe considerarse como una tendencia de malos augurios desde el punto de vista de los campesinos.

Una de las manifestaciones más notorias de la desocupación rural es la *movilidad geográfica forzosa de los campesinos* —signo exterior de un profundo mal de la América Latina rural y no evidencia de una población campesina dinámica que trata de mejorar su situación económica y social. En su mayor parte los campesinos no andan buscando *mejores* trabajos de los que tienen; sencillamente andan bus-

[30] Según el censo final, las haciendas medianas aumentaron su tierra y su mano de obra (esta última poco). Los ajustes que se hicieron en las estadísticas del censo (véase la nota anterior) hacen aparecer como si las haciendas medianas, que controlan cerca del 40 % de la tierra de cultivo, tuvieran en la actualidad la misma importancia que las haciendas grandes. No obstante, la proporción de la fuerza de trabajo en las propiedades agrícolas más pequeñas (minifundios y propiedades rurales familiares) aumentó significativamente, aunque la tierra que controlan sólo es una pequeña proporción de toda la tierra de cultivo.

cando *trabajo*. La movilidad geográfica forzosa de los campesinos se conoce en parte mediante la continua corriente a las zonas urbanas de la población rural excedente que no puede encontrar trabajo en las zonas rurales. Una considerable proporción de esta migración se hace en etapas hasta las grandes ciudades. Es demasiado conocida para que sea necesario explicarla aquí.[31] Su efecto global fue reducir la tasa de incremento de la población y fuerza de trabajo rurales entre el 1.5 y el 2.5 %, pero aún no es lo suficientemente grande para originar una disminución en el número de campesinos. Por lo tanto, el número de campesinos aumentará en términos absolutos durante la octava década, y cuando menos también en la siguiente. De hecho, en la octava década podría empezar de nuevo a incrementarse a una tasa más alta si, como es probable, la ocupación en los sectores no rurales —industria, comercio y servicios— crece a una tasa reducida y si las condiciones cada vez más hostiles de los barrios pobres y la desocupación de las ciudades desalienta algunos desplazamientos de la población rural a las zonas urbanas. El efecto de la menor migración a las ciudades sobre los campesinos podría ser muy grave.

Otro desplazamiento de la fuerza de trabajo rural que ha tenido cierta importancia durante la última década, aunque no es por fuerza de naturaleza geográfica, ha sido el de las ocupaciones no agrícolas en el campo. Estas ocupaciones proporcionan por lo general mejores ingresos con menor esfuerzo. Los amplios márgenes de utilidad han dado incentivos a muchos campesinos para "salirse de la agricultura" y dedicarse a empleos más remunerativos y prestigiosos como "tenderos", camioneros e intermediarios. No obstante, sin cambios radicales en la tenencia agraria, la producción y la estructura de los mercados, es probable que ahora estas oportunidades de ocupación ya estén saturadas y sean menos remunerativas.

La probabilidad de que aumenten las ocupaciones no agrícolas tanto en las zonas rurales como en las urbanas a una tasa considerablemente menor, aumentando aún más la presión que ejercen los campesinos sobre la tierra en la próxima década, no puede excluirse en absoluto.

Aun de mayor magnitud es la *migración periódica o permanente* de los campesinos en busca de trabajos de una zona rural a otra. Es un índice impresionante de la desocupación rural, aunque sea un aspecto de la vida rural de la América Latina sobre el cual sólo tenemos todavía insuficiente información. La mayoría de las migraciones periódicas se relacionan con las cosechas de exportación o industria-

[31] Entre 1950 y 1960, cerca de 10.2 millones de personas emigraron del campo a las ciudades en Brasil, Colombia, Chile, Guatemala, Ecuador y Perú.

les —café, cacao, caña de azúcar, algodón y otras. Los trabajadores rurales desocupados que emigran de las comunidades en que residen en busca de trabajo hacia las comunidades en que se cultivan esas cosechas, casi nunca están organizados, aunque parte del transporte de los trabajadores es organizado por contratistas o por los mismos patrones —naturalmente, casi siempre a cambio de una cuota que se deduce después de los míseros salarios de los trabajadores. Los trabajadores, que por lo general tratan con los patrones sobre una base individual, deben aceptar los salarios que se les ofrecen. Es usual que la oferta de mano de obra exceda con mucho las necesidades locales reales y que los patrones alienten una migración excesiva difundiendo rumores de que hay una escasez de mano de obra. Muchos trabajadores se quedan sin ingresos. En la mayoría de los casos los emigrantes deben deducir de sus bajos salarios los costos de transporte, y pagar cuotas o sobornos a los contratistas y administradores de las propiedades agrícolas. Desde el punto de vista de los campesinos, la ocupación periódica es una forma de empleo degradante y poco satisfactoria.

En la actualidad, los grandes movimientos periódicos de la mano de obra son comunes desde México hasta el extremo sur del continente. En Guatemala se calculó que cada año descienden 200 000 personas del Altiplano a las regiones costeras para ayudar en las cosechas de café. Según otras estimaciones, la migración periódica total de Guatemala llega incluso a los 300 000, o sea prácticamente todos los indígenas, de los cuales la mitad emigra a la cosecha de café y el resto a la del algodón y el azúcar. Si utilizamos sólo la cifra menor de 200 000, esto representa cerca de una tercera parte de la fuerza de trabajo rural total del país y casi la mitad de la mano de obra de los minifundios. Si ocurriera el mismo desplazamiento en los otros seis países latinoamericanos para los que hemos presentado estadísticas en los cuadros precedentes, hasta 2.5 millones de personas de la población rural —esto es, cerca del 50 % de la fuerza de trabajo de 5.3 millones que tienen los minifundios— viajaría cada año en busca de ocupación estacional. Éste podría ser un cálculo razonable, ya que la mayor parte de esos países tienen zonas importantes en que se cultivan cosechas de exportación e industriales.

Pero no toda la migración dentro de las zonas rurales es periódica. Una gran parte de la fuerza de trabajo se traslada constantemente de propiedad en propiedad, como "migrantes profesionales", por así llamarlos. Es probable que su número no aparezca registrado en ningún censo o en otras estadísticas. Por ejemplo, se informa que en el noreste del Brasil miles de trabajadores pobres se trasladan de un lugar a otro con sus pocas pertenencias guardadas en un saco (*"bomba"*).[32] Esto también es común en el resto de América Latina. Otra clase de migración podría ser más constante, cuando los miembros desocupados de las familias de pequeños propietarios buscan trabajo no periódico en otras comunidades. Una tercera clase de migración rural ocurre cuando los campesinos se trasladan espontáneamente a zonas no desbrozadas en busca de tierra y sustento. En Brasil, como vimos antes, han ocurrido asentamientos en gran escala en esas zonas, pero en la mayoría de los países ese movimiento es muy pequeño en comparación con otras clases de migración.

En resumen, todos estos movimientos demográficos atestiguan un traslado continuo y en gran escala de los campesinos pobres en busca de trabajos o tierra e incluye cada año a muchos millones de personas en el hemisferio *—sin duda, el mayor movimiento migratorio de la historia.* La mayoría de las personas no están conscientes de esta marcha silenciosa de los pobres.

La movilidad geográfica forzosa de los campesinos tiene, como saldo, un efecto cada vez más dañino sobre las comunidades rurales y es probable que sobre los mismos campesinos desarraigados, aunque en apariencia esto se vea compensado por las ventajas a corto plazo. La migración periódica resulta en una distribución geográfica del ingreso. Sin embargo, sólo en unos cuantos casos implica un aumento significativo del nivel de vida en el lugar de origen de la migración, como ocurre con los "braceros" de México, cuyos viajes a los Estados Unidos en el pasado permitieron a unas pocas familias acumular ahorros para reinvertirlos en sus parcelas agrícolas. Por lo normal no basta para aumentar el status de las comunidades de origen por encima de un nivel de pobreza, aunque en Guatemala, por ejemplo, tiene la importante función de impedir más hambre y miseria. El que los trabajadores migratorios, a pesar de los bajos salarios en las zonas de cosecha, puedan traer a sus hogares una parte de sus ganancias es testimonio de la frugalidad y economía de que son capaces los pobres. En las comunidades que reciben a los trabajadores migratorios, los patrones obtienen mayores ingresos en la medida en que los salarios que pagan a esos trabajadores son menores que los que pagan a los trabajadores locales. Estos últimos se ven perjudicados por el efecto depresor sobre las tasas de salarios y por una mayor desocupación.

En las condiciones actuales, el trabajo migratorio es casi una ventaja ilimitada para los patrones rurales. Desde su punto de vista es muy útil, porque conserva a su fuerza de trabajo local desocupada, sometida y barata. En resumen, los "beneficiarios" son los trabaja-

[32] M. Correia de Andrade, *A terra e homem do Nordeste*, Ed. Brasiliense, São Paulo, 1963, p. 116.

dores migratorios y los patrones, aunque es obvio que los beneficios son de naturaleza muy diferente y se distribuyen desigualmente. Sólo son reales para los últimos.[33]

Con respecto a los aspectos sociales, políticos y psicológicos, es grave el efecto negativo de la migración sobre la vida familiar, las actividades comunales (incluyendo las políticas) y el status de tenencia de los campesinos. La migración es un precio muy elevado que pagar por el "progreso". Muchos emigrantes dejan a sus familias para que cuiden sus casas o tierra, a veces durante muchos meses. Esto perturba la vida familiar, aunque algunos hombres se ven obligados a llevar consigo a sus familias, dependiendo de la naturaleza del trabajo agrícola que harán —por ejemplo, cuando también deben poner a trabajar a los miembros capacitados físicamente de sus familias (*e.g.*, en la "pizca " del algodón). Esto ocurre, por ejemplo, en los trabajos "a destajo" o cuando se contrata a los hombres debido al trabajo "gratis" de sus hijos y esposas. Sus continuos viajes les impiden tomar parte en las actividades de su comunidad y hace muy problemática la vida organizada de ésta. Es obvio que los emigrantes no pueden participar en las actividades de los pueblos a los que emigran, ya que se les considera forasteros indeseables. De más importancia es que la migración termina con la mayor parte de los esfuerzos de los trabajadores rurales para organizar sindicatos o ligas. Sin duda la mayoría de los emigrantes son hombres frustrados y sin esperanza.[34]

[33] En la actualidad se habla mucho de "aumentar la movilidad de la mano de obra" en relación con los proyectos de integración regional internacionales. Es obvio que no hay necesidad de aumentar la movilidad geográfica de la mano de obra rural. Pero si se establecieran políticas conscientes como resultado de acuerdos internacionales, para permitir el movimiento internacional de la mano de obra rural, esto podría tener en las condiciones actuales un efecto que disminuyera los salarios, e impidiera aún más la organización de la fuerza de trabajo rural.

[34] Sin embargo, es importante observar que muchos trabajadores migratorios que pueden trabajar en empresas agrícolas que usan métodos avanzados de administración de la propiedad rural y de la mano de obra, han adquirido técnicas importantes. Por ejemplo, algunos de los "pizcadores" de algodón no son sólo trabajadores rápidos, sino que también se han instruido por sus viajes. En un estudio reciente en México, se encontró que muchos trabajadores migratorios pueden discutir de modo inteligente importantes problemas polticos, económicos y sociales y que están mucho mejor informados que los trabajadores agrícolas que no salen de su comunidad. Por supuesto, esto no mejora necesariamente su status económico. En una zona algodonera de México (Apatzingán) se obliga a los trabajadores migratorios a dormir en la plaza pública y los patrones no les ofrecen ninguna facilidad. Aunque es muy conocido el calor de esa zona, los patrones no tienen instalaciones hidráulicas en sus propiedades y los trabajadores se ven obligados a comprar gaseosas a precios exorbitantes.

Por supuesto, la élite terrateniente no desconoce todas estas consecuencias de la migración. Un proletariado rural marginado, descuidado, es su mejor aliado en la campaña contra el trabajo organizado, la cual discutiremos posteriormente. Una comunidad diezmada, de la cual emigran muchos miembros y en donde los hombres están ausentes la mayor parte del tiempo, puede ser controlada con facilidad. Los trabajadores migratorios pueden ser supervisados por la policía o los militares en una zona que no es la de ellos. A medida que se amplíe la proletarización de los campesinos, aumentará sin duda su situación de marginados durante la octava década.

Otra evidencia visible de la desocupación y descontento campesinos es el gran número de *invasiones de tierras* que poseen o reclaman los latifundistas, o de tierras públicas. Las invasiones agrarias han sido muy frecuentes en la séptima década, en particular en los primeros cinco años, y ocurrieron en toda América Latina. Su origen está en la creciente falta de acceso al recurso de la tierra por parte de una fuerza de trabajo rural cada vez mayor o, lo que es lo mismo, al creciente control de una pequeña clase de terratenientes sobre estos recursos, incluso los de zonas periféricas que aún no se abren al cultivo. En algunos casos la tierra es invadida porque los campesinos tienen derechos históricos sobre ella. Gran parte de la tierra agrícola ha sido —y continúa siéndolo— adquirida por los hacendados mediante la fuerza o el engaño, arrojando a las comunidades indígenas o a los campesinos individuales, apropiándose de las tierras que les pertenecían por la fuerza o el fraude. En otros casos, los campesinos sin tierra se unen para apoderarse de tierras no utilizadas en zonas de fuerte presión demográfica debido a que "no cumple sus funciones sociales". La mayoría de las invasiones son en pequeña escala, pero en ciertas épocas las invasiones son tan numerosas que obligan a los gobiernos a tomar importantes medidas de reforma agraria (como en Venezuela) o grandes represiones (como en Perú a principios de la séptima década). Por lo general sólo son una fase transitoria de la larga lucha que por generaciones ha hecho el campesino para adquirir tierras.

Las invasiones de tierras demuestran que los campesinos pueden hacer con éxito acciones colectivas en favor de su propio bienestar. La mayoría de las invasiones se planean y ejecutan con cuidado. Los participantes están bien integrados y conscientes de que las "cartas están marcadas" contra ellos desde el principio: la ley y los organismos legales protegen a los propietarios o poseedores de bienes raíces incluso si tienen la tierra ilegalmente, pero, en particular, si poseen grandes haciendas. Con frecuencia los invasores se concentran en propiedades en que su estrategia puede obtener un máximo apoyo público —aunque no necesariamente gubernamental o policiaco. Las invasiones de una hacienda en Algolan (Perú), por ejemplo, capitalizaron la hostilidad originada en la región por la administración de la empresa. En Colombia, el primer proyecto de reforma agraria se hizo en una zona en que los campesinos habían invadido tierras que sus propietarios no trabajaban ni visitaban. Por lo general, los campesinos invasores hacen un cuidadoso estudio de la situación legal y de hecho de la tierra, y conocen sus debilidades. En algunos casos, la tierra invadida es vendida por los hacendados a la oficina de reforma agraria, como en Venezuela, donde una gran parte de los beneficiarios de la reforma agraria fueron en un principio invasores, y donde los propietarios de tierras fueron compensados por el gobierno mediante altos precios de expropiación.

En algunos casos los invasores están dispuestos a considerar sus actos como simbólicos y a retirarse de las tierras si llegan la policía o los militares a sacarlos, con el fin de evitar derramamientos de sangre. Están "probando" la ley y la vigencia de la ley y están dispuestos a actuar dentro de ésta, en una forma pacífica. La redistribución de la tierra —real o simbólica— a los campesinos demuestra un buen conocimiento de las condiciones ecológicas y del potencial agrícola y con frecuencia los planes de los campesinos están al mismo nivel que los proyectos más complejos y caros preparados por los institutos de reforma agraria o colonización. Esto no debe sorprender, ya que los campesinos conocen las condiciones agrícolas locales mejor que los forasteros. También hay ejemplos en que los militares no desean oponerse a la opinión pública que apoya a los desposeídos, o incluso actúan en favor de éstos, en cuyo caso los campesinos siguen en la tierra que invadieron. Pero estos ejemplos son raros.

Pocos autores se han ocupado del carácter y amplitud de las invasiones campesinas, la mayoría de las cuales no son conocidas por el público general.[35] Por ejemplo, en México se mantienen secretas las estadísticas de invasiones de tierras, pero es sabido que todos los años ocurren con mucha frecuencia. Se informa que en Venezuela ocurrieron 500 casos probables de invasiones de tierra expropiable a principios del proceso de reforma agraria, a finales de la sexta década y principios de la séptima. Con frecuencia las tierras invadidas eran las que se habían arrebatado a los campesinos después de 1948. Se conocen casos en que la policía ayudó a los líderes campesinos para que las ocupaciones se hicieran ordenadamente. En Colombia, el

[35] Para un relato reciente de varios casos de invasión de haciendas, véase Alfonso Alamino y otros, *Movimiento campesino chileno*, ICIRA, Santiago de Chile, 1970, vol. II, pp. 107 *ss*.

Instituto de Reforma Agraria ayudó a legalizar varias invasiones organizadas en tierras que se disputaban los campesinos y los terratenientes, pero que básicamente eran propiedad pública. Por ejemplo, a lo largo del río Magdalena, en la costa del Atlántico, varios curas locales y la organización católica de trabajadores (FANAL) dirigida por Eugenio Colorado ayudaron a organizar la invasión pacífica de esas tierras. Tales invasiones fueron justificadas por FANAL sobre la base de que los campesinos que reclamaban la tierra la necesitaban realmente.

Las mayores ocupaciones de tierra que fracasaron ocurrieron en el Perú a principios de la séptima década. No tuvieron éxito porque este movimiento fue sometido usando la fuerza militar y no resultó en una reforma agraria nacional, ni en un proceso regional de expropiación a la élite terrateniente. Como las grandes operaciones militares contra los invasores fueron acompañadas por un control de las noticias, pocos son los detalles disponibles y su historia aún no se ha escrito. Empezó en una región semitropical del estado de Cuzco (Valle de la Convención) y se propagó a la mayor parte de la región andina, participando aproximadamente 300 000 campesinos. Por lo tanto, fue el mayor movimiento campesino de esa década. Los campesinos sostenían que recuperaban las tierras de que se les había desposeído y que les habían sido prometidas por el candidato presidencial.

La ocupación de la gran hacienda Algolan, a la que ya nos hemos referido, ocurrió después de que los propietarios les prohibieron a los indígenas que pastaran a su ganado, como lo habían hecho tradicionalmente. Comunidades enteras, incluyendo hombres, mujeres y niños y su ganado, cruzaron las cercas recién construidas y construyeron simbólicamente habitaciones en las tierras invadidas, donde vivieron hasta que la policía llegó a sacarlos. Esto se repitió en varias partes de la hacienda en tan gran escala por un grupo de comunidades organizadas en una federación que no quedó otra solución que llegar a un acuerdo con los campesinos. La hacienda fue comprada por el gobierno y se convirtió en uno de los pocos proyectos de la reforma agraria peruana (un movimiento de igual magnitud había ocurrido en Bolivia en la sexta década y resultó en una reforma agraria nacional). También se informó de invasiones en Chile, Brasil y la América Central. Por lo normal sólo se da publicidad a las grandes invasiones y muchas no se conocen, aunque ocurren continuamente.

Las invasiones de tierra seguirán. Durante la séptima década muchas invasiones han sido reprimidas por la policía y la acción militar, pero puede predecirse que aumentarán en magnitud y severidad durante la próxima década si no se satisface la necesidad de tierra de los campesinos.

Por último, debemos hacer algunos comentarios sobre la *colonización espontánea* que se mencionó antes con relación a la continua migración en gran escala de la población agrícola en busca de ocupación y tierra. Este asentamiento espontáneo de los campesinos en las regiones periféricas ha ocurrido durante generaciones en América Latina, aunque poco se sabe de su magnitud exacta, la suerte de los colonos, y su efecto sobre las comunidades de las cuales provienen o en las que se establecen (si se puede hablar de comunidades en esas regiones en el sentido aceptado del término). Sin duda, la colonización espontánea es una "válvula de escape" para los campesinos que viven en zonas agrícolas sobrepobladas donde la desocupación es considerable. Pero no debe exagerarse su importancia como medio para disminuir la desocupación: sólo puede absorber una pequeña parte del incremento neto de la población rural.

Algunas personas tienen una opinión utópica sobre este tipo de expansión agrícola, la cual se debe a una exagerada opinión de las virtudes de la "libre empresa". Creen que los campesinos se dirigen a terrenos agrestes, limpian la tierra de árboles y rocas, y en unos pocos años se convierten en agricultores prósperos. Sin duda, hay algunos casos aislados de esa clase, pero con más frecuencia la realidad parece ser diferente. En primer lugar, sólo los campesinos más vigorosos o aventureros, o los más desesperados, pueden emigrar a las zonas vírgenes sin carreteras, escuelas, hospitales, médicos y vecinos. Aunque se supone que poseen algunos ahorros, antes de que puedan hacer el viaje a una zona alejada de su hogar, por lo general empiezan su nueva vida casi sin nada en términos de recursos de capital. Su lucha contra la naturaleza es incesante. La verdad es que la mayoría de esos colonos empiezan y terminan su vida en esas zonas alejadas en medio de una gran pobreza, si es que sobreviven a la lucha, debido a que con sus primitivos métodos de cultivo agotan muy pronto los suelos; además, los mercados están muy alejados, por lo que su capacidad de ahorro es casi nula.

Aunque la colonización espontánea es muy pequeña en comparación con otras formas de migración, sí es lo suficientemente grande para causar una preocupación considerable con respecto al desperdicio de los recursos de suelos y bosques. Los métodos agrícolas necesariamente primitivos de estos colonos han destruido y continúan destruyendo valiosas zonas de bosque además de originar una considerable erosión de los suelos cuyos efectos se dejan sentir muy lejos de las zonas de colonización. Pero mientras los campesinos sigan desocupados en las comunidades agrícolas tradicionales y se les impida el acceso a la tierra en ellas, continuará la colonización espontánea. Es difícil concebir una política agrícola práctica distinta a una reforma agraria real, que dé tierra y ocupación a los campesinos y que pueda terminar con este desperdicio de recursos humanos y físicos.

En realidad, a largo plazo, los principales beneficiarios de la colonización espontánea no son los colonos, sino la élite terrateniente y los inversionistas en bienes raíces. Desde su punto de vista, la colonización era y sigue siendo un instrumento conveniente para ampliar sus tenencias mediante la compra, ocupación o denuncia de las zonas despejadas (con frecuencia coludidos con los funcionarios locales o estatales), y cultivarlas o utilizarlas como pastizal para sus grandes hatos de ganado. Entonces los colonos deben trasladarse a nuevas zonas vírgenes y empezar de nuevo el mismo proceso, si tienen la energía y el deseo de ser pobres pero libres; o convertirse en aparceros o trabajadores asalariados de los nuevos propietarios. Arrojar a los colonos de las tierras a ocasionado en algunos casos derramamientos de sangre, cuando los colonos se enfrentan a los pistoleros de los nuevos propietarios que tratan de desalojarlos. La verdad es que la colonización espontánea ha sido un instrumento barato y sencillo para ampliar el sistema de latifundios hasta nuevas zonas. Sólo con la desaparición del sistema en las comunidades agrícolas tradicionales podrán explotarse y colonizarse las zonas vírgenes de América Latina para el beneficio a largo plazo de los campesinos.

B. EL PROBLEMA DE LA TIERRA

Cuando, como sucede en América Latina, la agricultura depende mucho del trabajo manual, del cual hay una oferta muy abundante y hasta excesiva, la cantidad de ocupación depende de la forma en que se distribuye la tierra entre los agricultores y del uso intensivo de la mano de obra. Los nuevos empleos dependen de la redistribución de la tierra cultivable y de la ampliación del uso intensivo de mano de obra en la tierra. En consecuencia, debemos estudiar ahora la estructura de la distribución y del uso de la tierra y su relación con la ocupación de mano de obra agrícola. Queremos mostrar brevemente que el acceso de los campesinos a la tierra no existe prácticamente, o cuando mucho es posible sólo en condiciones muy desfavorables, y que la manera en que se usa la mayor parte de la tierra agrícola es un obstáculo al aumento de la ocupación.

¿Es la tierra un recurso escaso?

Antes de entrar en los detalles del análisis de esas afirmaciones generales, es útil hacer un cálculo general de la disponibilidad del recurso tierra en América Latina. En otras palabras, debemos examinar con brevedad si hay suficiente tierra disponible para los campesinos pobres latinoamericanos, o si la tierra es un recurso escaso, como afirman algunos investigadores. La "tierra" a que nos referimos es ante todo tierra cultivable controlada en la actualidad por las haciendas, basándonos en el supuesto de que con una reforma agraria se podría redistribuir a los campesinos, o tierras en zonas vírgenes que son potencialmente aptas para la agricultura. Por supuesto, no queremos implicar que la cantidad de tierra es el único determinante de la felicidad del campesino. Mucho depende de la forma en que se usa la tierra y del capital invertido en ella. Pero supongamos, más o menos, que la tierra está disponible para usarse a los niveles promedio de administración y tecnología agrícolas que prevalecían en la séptima década. La oferta de tierra debe compararse con las necesidades potenciales de la misma. Por sencillez, supondremos que la tierra deberá estar disponible a cierta tasa para todos los campesinos que en el presente son propietarios de cantidades insuficientes de tierra y para la fuerza de trabajo agrícola sin tierras.

El cuadro 9 muestra, para diez países latinoamericanos, el número de familias rurales pobres que carecen o tienen cantidades insuficientes de tierra (8.7 millones en 1960); sus necesidades de tierra, si se tratara de dotar a cada una de esas familias de la superficie de tierra que tienen actualmente las propiedades familiares; el tamaño promedio de las propiedades agrícolas familiares en cada país, y la superficie total de tierra que tienen en el presente las haciendas. Es evidente que, para los diez países en conjunto, la superficie de tierras de las haciendas por sí sola excede las necesidades de tierra de los beneficiarios potenciales de la reforma agraria en cerca de 120 millones de hectáreas. En algunos países —Argentina, por ejemplo— en apariencia no hay suficiente tierra en las haciendas para distribuir propiedades agrícolas familiares a los beneficiarios potenciales de una reforma agraria (aunque tal afirmación debe condicionarse de inmediato) y se tendrían que asentar algunas familias en las zonas vírgenes, las cuales, con la evidente excepción de El Salvador, abundan. Por lo tanto, casi es absurdo hablar de una escasez de los recursos agrarios en la América Latina, tanto al referirse a los países en conjunto como individualmente, en el presente o en el futuro inmediato.

CUADRO 9

NECESIDADES DE TIERRA CALCULADAS Y DISPONIBILIDAD DE TIERRA AGRÍCOLA PARA LOS 8.7 MILLONES DE BENEFICIARIOS POTENCIALES DE UNA REFORMA AGRARIA, EN 10 PAÍSES[a] (CÁLCULO APROXIMADO)

País	*Beneficiarios potenciales de las reformas agrarias (miles de familias)*[b]	*Tamaño promedio de la propiedad agrícola familiar (ha.)*	*Necesidades de tierra (miles de ha.)*[c]	*Tierra de las haciendas (miles de ha.)*[d]	*Superficie total en el país (miles de ha.)*
Argentina	467	343	154 166	90 360	277 666
Brasil[e]	4 525	16	71 535	240 900	851 197
Chile	244	32	7 779	25 668	75 695
Colombia	961	17	14 556	16 995	113 834
Ecuador	500	26	12 509	4 082	27 067
Guatemala	514	15	6 950	2 157	10 889
Perú	960	9	5 808	15 001	128 022
El Salvador	249	22	5 047	909	2 094
Honduras	183	14	2 280	1 454	11 209
Nicaragua	99	15	1 379	3 260	13 900
TOTAL	8 702	50	282 009	400 776	1 511 573

[a] Aproximadamente en 1960.
[b] Familias en minifundios y trabajadores sin tierra.
[c] Hectáreas adicionales que necesitan los pequeños propietarios para aumentar sus tenencias al tamaño de una propiedad agrícola familiar, y tierra que necesitan los trabajadores sin tierras para obtener la misma superficie.
[d] Propiedades agrícolas de tamaño medio y grandes.
[e] Se basa en el censo agrícola preliminar de 1960.

En realidad, las estadísticas que aparecen en el cuadro son muy conservadoras por varias razones. Es muy probable que las haciendas tengan más tierra de la que han informado. Esto implica que hay más hectáreas disponibles para redistribuirse a los campesinos, en tierras que ya se emplean para la agricultura, de las que aparecen en los censos. Por ejemplo, si en la Sierra del Perú hay en pastizales ocho millones de hectáreas adicionales a las que aparecen en el censo, como lo afirma un organismo peruano, con un total de 17 millones en vez de los 9 millones de hectáreas que se reportaron, muchos miles más de campesinos podrían recibir tierra. Se puede llegar a una conclusión parecida en un país como Guatemala donde, según el censo agrícola de 1964, la superficie de las propiedades agrícolas disminuyó en realidad desde 1950. En apariencia se han abandonado algunas propiedades agrícolas o parte de ellas. Pero esa tierra no ha desaparecido y puede suponerse que es tierra agrícola potencial de antiguas haciendas que está disponible para redistribuirse a los campesinos. Concretamente, las 632 000 hectáreas abandonadas —que representan una disminución en la tierra agrícola de las propiedades de 450 hectáreas y más durante el período de 14 años— podrían beneficiar al 28 % de los campesinos sin tierra a una tasa de 15 hectáreas por familia (por supuesto, en estos casos debe deducirse esta superficie de la tierra no cultivada pero que puede usarse potencialmente en agricultura).

Otra razón es que en algunos países, como Argentina, donde muchas familias están localizadas en la región de las pampas, las condiciones ecológicas han tendido a incrementar el tamaño promedio para todo el país, por lo cual nuestro sencillo cálculo resulta en una alta necesidad promedio de tierra para la reforma y distorsiona el panorama de la tierra disponible. Por supuesto, otro factor más importante es que las estadísticas reflejan un panorama estático de la agricultura. Se basan en la estructura actual del uso de la tierra, administración de la propiedad agrícola y nivel de la tecnología. Esto se aplica tanto a las propiedades familiares como a las haciendas que se entregarán, en teoría, a los campesinos. Con un mejor uso y administración de la tierra y mayores disponibilidades de insumos que aumenten la producción para los campesinos, muchos trabajadores más podrían encontrar ocupación en la tierra agrícola disponible. En otras palabras, la relación de los recursos de mano de obra con respecto a la tierra no es sólo una sencilla relación entre el número de trabajadores rurales y el número de hectáreas de tierra agrícola o en zonas inexplotadas adecuadas para el cultivo, sino también una función de la intensidad y clase del uso de la tierra, administración agrícola y nivel tecnológico, todos los cuales pueden determinarse mediante políticas agrícolas correctas. Es difícil esperar mejores políticas mientras el latifundismo continúe dominando la agricultura latinoamericana.

Por último, debemos comentar brevemente nuestro supuesto de que todas las familias pobres deben recibir, como beneficiarios de la reforma agraria, parcelas del tamaño de una propiedad familiar. Esto no implica por necesidad que todas las familias pobres deban en realidad "recibir tierra", en el sentido de una sencilla redistribución de tierra para el cultivo proveniente de las haciendas o zonas vírgenes. La afirmación de que todos los trabajadores sin tierra y los minifundistas deben "recibir tierra" puede ser confusa, a menos que concibamos a la reforma agraria de una manera sencilla, sólo como un instrumento para la creación uniforme de propiedades familiares para todos los campesinos. El número de campesinos que en realidad "recibirán tierra" en el sentido limitado de una redistribución en unidades agrícolas individuales, y el número que recibirá otros beneficios (por ejemplo, mayores salarios y seguridad social) dependerá de la clase o clases de agricultura y el sistema de tenencia que se adopte. En este contexto, el uso de "propiedad agrícola familiar" sólo se hace por conveniencia, suponiendo que en el presente la mano de obra se usa con más intensidad en estas propiedades que en otras. Pero no necesariamente afecta a la tierra disponible para repartirse a los campesinos. Independientemente del "modelo" que se use, lo importante es la relación general entre los recursos agrarios y la mano de obra rural, y no cómo vaya a ser la nueva forma de tenencia de la tierra.

Aparte de que parece contarse con tierra más que suficiente para asegurar una ocupación de tiempo completo a toda familia de agricultores latinoamericanos, se puede llegar a otra conclusión importante con la información que proporcionamos aquí: *que no es necesario hacer grandes traslados de campesinos a las zonas más alejadas para dotarlos de recursos agrarios,* como han sugerido algunas personas. La colonización de las zonas vírgenes sólo puede hacerse necesaria una vez que se haya ocupado la actual tierra agrícola y la presión demográfica se haga muy fuerte en las futuras generaciones. Pero en este momento la colonización no ofrece una solución al sistema del latifundio y a sus problemas de tenencia de tierra. Por supuesto, con esto no negamos que hay pequeñas regiones de la América Latina donde la población rural es muy densa y la tierra escasa en las condiciones actuales, lo cual hace que se tenga que inducir a las personas a buscar tierra en otras comunidades rurales ya establecidas o incluso en zonas vírgenes, si esto fuera más conveniente. Pero, por regla general, las proposiciones de una mayor colonización tienen como finalidad evitar los problemas de tenencia que crea el latifundismo.

La propiedad agraria de los campesinos y su disminución

Ahora nos ocuparemos de otro problema importante, que deberemos tratar con algún detenimiento: el control de la tierra. En las sociedades agrarias, como las de América Latina, la tierra es por tradición la principal fuente de riqueza. "Como resultado, el control de la tierra determina en gran medida el ingreso, la riqueza y el poder. Sin embargo, no se puede obtener un ingreso de la tierra sin mano de obra. En consecuencia, la distribución de los derechos de propiedad de la tierra se ve acompañada inevitablemente por un sistema de relaciones interpersonales e intergrupales. En resumen, la propiedad de la tierra va unida al poder de hacer que otros hagan lo que uno desea." [36] Este razonamiento también se aplica a los países latinoamericanos que tienen una industria nacional incipiente, debido a la fuerte interrelación entre la propiedad de la tierra y la de empresas industriales y comerciales que analizaremos en otra parte de este libro.

Se ha demostrado ahora con suficiente amplitud que, en todos los países, la distribución de la tierra es más desigual (y que una mayor proporción de los campesinos vive y trabaja en una base agraria muy pequeña) que antes de que principiara la Alianza para el Progreso. Mucha información adicional sobre la estructura de la distribución de la tierra apareció en años recientes y no es necesario continuar con ese tema, aunque será inevitable incomodar al lector con algunos análisis tediosos de estadísticas censales. Lo que se conoce menos es que parece estar aumentando la desigualdad en la distribución de los recursos de la tierra. La información más completa disponible se refiere a diez países latinoamericanos que tenían una población rural total de casi 70 millones en 1960, lo que representa cerca del 70 % de toda la población rural del hemisferio, si exceptuamos a Cuba.[37]

Según las estadísticas oficiales en estos diez países, las haciendas, esto es, todas las propiedades agrícolas en que trabajan más de cuatro personas, controlaban en promedio cerca del 76 % de la tierra agrícola. Pero estas propiedades agrícolas sólo representaban aproximadamente el 17 % de todas las propiedades que aparecieron en los censos. Las grandes haciendas —2 % de todas las propiedades— controlaban por sí solas cerca del 46 % de toda la superficie agrícola. En otros países de la América Latina que no se incluyen aquí, las desigualdades son semejantes, aunque en México y Bolivia la situación es un poco más complicada.

En realidad los datos subestiman —quizá en una forma importante— el verdadero control sobre los recursos agrarios que ejerce la pequeña élite terrateniente. Como se dijo antes, parece que en las haciendas hay más tierra de la que fue reportada. Un ejemplo es el Perú. En este país, un organismo del gobierno calculó que la cantidad total de tierra en la sierra era de 17 millones de hectáreas, y no de 9 millones como afirmaba el censo agrícola de 1960. Puesto que la mayor parte de la tierra agrícola de la sierra está en las

[36] Solon Barraclough, *Why Land Reform?*, en *CERES* (FAO), noviembre-diciembre de 1969, p. 22.

[37] Véase el cuadro I del apéndice de este capítulo.

grandes haciendas, esta enorme diferencia sólo puede explicarse por una sistemática subestimación de sus propietarios. Suponiendo que el 90 % de la superficie no registrada en la sierra esté en las haciendas y el resto en otras clases de propiedad rural, las primeras no controlarían el 80, sino el 84 % de la tierra agrícola de esa región, o el 84 en vez del 81 % de toda la tierra agrícola del Perú. Por supuesto, el porciento de tierra en otra clase de tenencias disminuirá de acuerdo con esto. Hay indicios de que la costumbre de los hacendados de reportar menos de lo que en realidad poseen también se practica en otros países. El Brasil es un interesante ejemplo de esta información tendenciosa. En ese país, el censo final de estadística agrícola indica que el número de propiedades que excedían de 1 000 hectáreas aumentó poco (excepto en las propiedades de 100 000 hectáreas o más), no obstante lo cual su tierra disminuyó en 7.8 millones de hectáreas. Esto es más sorprendente porque según los informes del censo preliminar, que se publicó en 1963, el número de propiedades rurales de 1 000 hectáreas o más (incluyendo las de 100 000 hectáreas o más) y sus tenencias tuvieron un notorio incremento, aumentando estas últimas en cerca de 7.5 millones de hectáreas. De hecho, sólo las propiedades rurales de más de 100 000 hectáreas, de las cuales había cinco más que en 1950, representaron 5.7 millones de hectáreas adicionales, o sea ¡un poco más de un millón de hectáreas para cada una de las nuevas empresas! [38] En consecuencia, el censo final muestra que la importancia del latifundio tiende a disminuir, mientras que el censo preliminar muestra un gran aumento de las haciendas gigantescas. Es probable que el censo preliminar haya captado la realidad mejor que las estadísticas ajustadas del censo final posterior. Guatemala es otro ejemplo de evidentes subestimaciones de sus tenencias por parte de los grandes hacendados y nos referiremos a ella más adelante.

Otra fuente de inexactitudes es que muchos hacendados no sólo tienen una hacienda, sino varias propiedades agrícolas de diferentes tamaños. No es posible calcular con exactitud la propiedad múltiple con las estadísticas disponibles. Es probable que los casos en que los hacendados controlaban, como en el México prerrevolucionario, docenas de grandes haciendas sean raros en la actualidad. Pero la propiedad de 2, 3, 6 u 8 grandes propiedades no es de ninguna manera rara. Más aún, con frecuencia los hacendados tienen y compran tenencias más pequeñas en su insaciable deseo de más tierras, y cuentan con los medios materiales para comprar por igual pequeñas y grandes propiedades. Compran tierra por motivos especulativos,

[38] Véase la nota 29.

para impedir a los campesinos el acceso a ella, o simplemente debido a que más tierra significa más poder. Por ejemplo, suponiendo que en el Perú uno de cada cuatro grandes productores controla una superficie igual de tierra en una empresa agrícola adicional —lo cual es con toda probabilidad un cálculo conservador— serían muchos menos los productores que controlarían la misma cantidad de tierra de que informa el censo.

También debe tenerse en cuenta el hecho de que en muchos casos la propiedad agrícola no pertenece a un individuo, sino a una familia, cuyos miembros tienen varias haciendas. Esto significa que gran parte de la tierra agrícola se encuentra bajo el control de un pequeño número de familias propietarias de haciendas, que ven así reforzado su poder social, económico y político, incluso en el supuesto de que los miembros de esas familias tengan disputas entre sí.

Por supuesto, en cierto sentido las estadísticas de distribución de la tierra son muy injustas para la población rural ya que omiten al gran número de familias campesinas que no tienen tierra. Si se incluyen las familias campesinas sin tierra, la proporción de las familias propietarias de las grandes haciendas disminuiría al 1 % y cerca del 72 % de las familias no tendría tierra o la tendría en cantidad insuficiente.

Las estadísticas que se refieren sólo a la distribución de la tierra también son inadecuadas debido a que no toman en cuenta la ubicación y calidad de la misma. A ese respecto se carece de información

CUADRO 10

PROPORCIÓN DE PRODUCTORES DE TODAS LAS FAMILIAS RURALES EN 10 PAÍSES,[a] EN 1960

Clase de propiedad agrícola y trabajadores	*Número de familias (miles)*	*Porcentaje del total de productores*	*Porcentaje de todas las familias rurales*
Haciendas grandes	145	2	1
Haciendas medianas	1 088	15	9
Propiedades agrícolas familiares	2 196	30	18
Minifundios	3 844	53	32
Subtotal	7 273	100	60
Trabajadores sin tierra	4 760		40
TOTAL	12 033	—	100

[a] Véase el apéndice, cuadro I.

cuantitativa, pero los estudios de campo hacen llegar a las siguientes conclusiones: Si la cantidad de tierra cultivada es una elevada proporción de toda la tierra agrícola, como ocurre en las pequeñas propiedades, esto no puede considerarse como evidencia de que su tierra sea en promedio de mejor calidad. En las pequeñas propiedades, los productores deben cultivar casi toda su tierra para subsistir, sin tener en cuenta su calidad y dentro de los límites que les permiten su trabajo y recursos de capital. Por el contrario, la gran proporción de la tierra de pastizales y ociosa de las grandes haciendas no es evidencia de una baja calidad promedio de la tierra, debido a que mucha tierra buena, potencialmente cultivable, se emplea extensivamente en esas empresas o se deja ociosa. El uso de la tierra no es sólo una función de su calidad, sino que está determinada institucionalmente, y esto es de mayor importancia. Incluso una observación casual basta para observar que las pequeñas propiedades tienen por lo general tierra de calidad inferior, ya que la mejor tierra está ocupada por los dueños de las haciendas. La mayoría de las pequeñas propiedades se localizan en laderas erosionadas y otros suelos pobres, a menudo de difícil acceso. Por lo general, las haciendas tienen las tierras de los llanos, esto es, los suelos más fértiles. A los pequeños arrendatarios y aparceros se les asignan sistemáticamente las zonas más pobres de las haciendas, excepto cuando cultivan conjuntamente las cosechas comerciales en que los propietarios de las haciendas tienen un interés directo: por ejemplo, si los propietarios también cultivan esas cosechas por cuenta propia con ayuda de trabajadores asalariados. Por lo normal los mejores suelos de las haciendas no se arriendan para que los cultiven los campesinos. En donde las grandes haciendas y las pequeñas propiedades participan en proyectos de irrigación (por ejemplo, en México), con frecuencia los pequeños propietarios sólo reciben el agua excedente después de que las haciendas han satisfecho sus necesidades. Esto equivale a decir que a menudo los pequeños propietarios no obtienen agua si el abastecimiento de ésta no es abundante y en algunas ocasiones aunque lo sea. Hay casos en que a los pequeños propietarios se les prohibe usar el agua que corre por los canales o diques que atraviesan o están construidos cerca de sus parcelas, bajo amenaza de castigo. En casos excepcionales los pequeños propietarios podrían ocupar buenas tierras. Esto ocurre en las zonas frutales o de vegetales que rodean a las grandes ciudades, en zonas de suelos aluviales que están sujetos a inundaciones y no han sido ocupados por nadie, en las regiones en que ocurren invasiones o en zonas de colonización espontánea en distritos marginales.

En resumen, la desigualdad de la distribución de la tierra parece ser considerablemente mayor de lo que muestran las estadísticas disponibles. Es probable que las haciendas controlen entre el 80 y 90 % de toda la tierra de cultivo y que las grandes haciendas controlen por sí solas hasta el 60 %. Esta desigualdad se agrava por la calidad inferior de la tierra de los pequeños propietarios.

¿Aumenta o disminuye tal desigualdad? Esta pregunta capital debe examinarse desde dos puntos de vista: en términos de los cambios en la distribución de la tierra en el transcurso del tiempo y en términos de la creciente presión de la población rural sobre la tierra.

Las tendencias observadas en Brasil y Guatemala pueden servir como ejemplo. Sin embargo, es necesario hacer un comentario previo. El tamaño promedio de las grandes haciendas está disminuyendo, cuando menos en las comunidades agrícolas establecidas desde hace mucho tiempo. Algunos estudiosos han considerado esto como un indicio de que la concentración de la propiedad de la tierra está decreciendo. Principalmente, es el resultado del proceso de herencia, por el cual las grandes haciendas se subdividen entre los herederos. El fenómeno de la subdivisión es compensado, del todo o parcialmente, por la propiedad múltiple, pero este último no aparece en las estadísticas con que contamos. Es obvio que no se debe a la venta de tierra a los campesinos, ni a la redistribución de la misma por medio de programas de reforma agraria, como demostraremos con detalle en otro capítulo. Una disminución del tamaño promedio de las grandes propiedades agrícolas sólo podría indicar una menor concentración de la propiedad si parte de la tierra que antes controlaban esas haciendas se hubiera transferido a propiedades pequeñas y si, al mismo tiempo, no se presentara un gran incremento en el número de estas últimas. Si el número de las pequeñas propiedades aumentara mucho sin que se les añadiera una superficie considerable de tierra en adición a la que se les transfiere por medio de la división de las grandes propiedades, sería probable que su tamaño medio también disminuyera y difícilmente se podría hablar de una disminución en la concentración de la propiedad de la tierra. Esto se ha demostrado, por ejemplo, para una pequeña zona del centro de Chile;[39] Brasil y Guatemala parecen ofrecer una evidencia más.

En Guatemala, el promedio de la hacienda de tamaño mediano disminuyó de 165 hectáreas en 1950 a 150 hectáreas en 1964, y las grandes haciendas de 2 944 a 2 303 hectáreas. Al mismo tiempo, la cantidad total de tierra en los dos grupos disminuyó aproximada-

[39] CIDA, *Chile report, op. cit.*, p. 10.

mente 530 000 hectáreas.[40] En Brasil, el tamaño medio de todas las propiedades agrícolas mayores de 100 hectáreas disminuyó de 644 en 1950 a 609 hectáreas en 1960 (o a 565 hectáreas si se usan las cifras del censo final). Sin embargo, las propiedades agrícolas que excedían de 5 000 hectáreas aumentaron de un promedio de 15 116 a 16 696 hectáreas (pero en el censo final disminuían hasta 13 912 hectáreas). Todas las propiedades agrícolas mayores de 10 000 hectáreas aumentaron de un promedio de 28 125 hasta 31 000 hectáreas (pero se redujeron de acuerdo con el censo final). Un análisis de estas cifras muestra que el incremento del tamaño medio de las grandes unidades fue el resultado de la expansión de la agricultura hacia las grandes zonas despobladas de la frontera brasileña. En consecuencia, puede suponerse que en los países que cuentan con grandes zonas despobladas a las cuales se extiende lentamente la agricultura —y la mayoría de los países latinoamericanos todavía tiene zonas de ese tipo—, el tamaño promedio de las grandes haciendas en las antiguas comunidades agrícolas que mostraba una tendencia a decrecer se ve compensado en parte por la creación de nuevas haciendas grandes o inmensas en las nuevas comunidades agrícolas.

La medida en que el menor tamaño de las grandes propiedades agrícolas fue compensado por la creciente propiedad múltiple, o nueva, durante los últimos 10 o 15 años seguirá, por supuesto, siendo motivo de conjetura, aunque deberá tenerse en cuenta. Es verdad que no han sido desfavorables las condiciones tanto políticas como económicas para un incremento de la propiedad múltiple de las grandes haciendas a través de continuas compras de propiedades por propietarios de bienes raíces rurales y urbanos. La propiedad rural, junto con los bienes raíces urbanos, son formas favorecidas de inversión, ya que pueden proteger de los efectos de la inflación (y en algunos casos superarlos). Los rendimientos de la propiedad rural no son insignificantes, aunque a corto plazo son menores que las inversiones en otros sectores de la economía. No obstante, la diferencia se compensa, al menos en parte, por el aumento en el valor de los bienes raíces rurales que causa el rápido aumento de la población, y los precios relativamente lucrativos de las mercancías agrícolas durante la sexta y la séptima décadas.[41]

[40] Las propiedades agrícolas familiares, los minifundios y las microfincas aumentaron 258 000. Por lo tanto, la superficie total de tierra de cultivo disminuyó en 272 000 hectáreas. Por supuesto, estas cifras están sujetas a la influencia de la subestimación de las tenencias de tierra en las grandes haciendas, a que ya nos referimos para otros países.

[41] Véase, a este respecto, R. H. Brannon, *Low investment levels in uruguayan agriculture*, en *Land Economics*, Madison, agosto de 1969, pp. 304 *ss.*

Pero, a pesar de la propiedad múltiple y sin tener en cuenta el cambio en la estructura de la tenencia de las pequeñas propiedades agrícolas, la élite terrateniente ha logrado conservar su posición entre 1950 y 1960, y todo indica que logró hacer lo mismo entre 1960 y 1970. Según los censos, en Brasil las haciendas controlaban casi el 93 % de toda la tierra de cultivo en 1950 y el 91 % en 1960 (o 95 % si se usan las cifras del censo final).

Debemos ahora estudiar con más detenimiento las tendencias que afectan a las propiedades agrícolas más pequeñas de Brasil y Guatemala, debido a que las tendencias que hemos encontrado en las grandes propiedades sólo son significativas en comparación con el número de propiedades agrícolas familiares, minifundios y microfincas y la tierra que controlan.[42] En ambos países su número aumentó en forma impresionante. En Brasil, como vimos antes, el número de propiedades agrícolas menores de cinco hectáreas aumentó durante la sexta década en casi 575 000 unidades, y el de las propiedades que tienen entre 5 y 10 hectáreas en cerca de 214 000. Todas las propiedades agrícolas menores de 10 hectáreas (inclusive) aumentaron en un 110 %. Las pequeñas propiedades adicionales representaron el 62 % de todas las nuevas unidades agrícolas. Sin embargo, la tierra que controlaban aumentó sólo en cerca de 2.9 millones de hectáreas, lo que representa más o menos el 9 % de la tierra de cultivo que se añadió a la agricultura durante la década. Cada una de las 575 000 propiedades agrícolas nuevas contaba con 2.3 hectáreas en promedio, y las 214 000 unidades que tenían entre 5 y 10 hectáreas contaban en promedio con 7.2 hectáreas de tierra adicional. Es decir, cada unidad agrícola nueva contaba con menos tierra adicional que la que controlaba la unidad promedio de estas dos categorías en 1950. *En consecuencia, el tamaño promedio de las pequeñas unidades (hasta 10 hectáreas) disminuyó de 4.3 a 3.9 hectáreas, sufriendo las unidades más pequeñas la mayor disminición relativa.*

Por lo tanto, una comparación entre las pequeñas y las grandes propiedades agrícolas muestra que cada nuevo productor de las unidades que tienen de 100 a 1 000 hectáreas contó con 225 hectáreas adicionales (230 si se usan las cifras del censo final); y que cada nuevo productor de todas las propiedades agrícolas que excedían de 100 hectáreas contó con casi 4 000 hectáreas, si se usan las cifras más fidedignas del censo preliminar de 1960 (sólo 58 hectáreas según el censo final). Este promedio elevado se mencionó antes diciendo que era resultado de las grandes superficies que cada nuevo

[42] En Guatemala, las microfincas tienen menos de 0.7 hectáreas.

productor añadió a la tierra agrícola dentro de la categoría de las haciendas más grandes, que superaron a su tamaño promedio de 1950.

En Guatemala, el censo informó de aproximadamente 69 000 propiedades agrícolas nuevas entre 1950 y 1964, de las cuales 57 000, o sea el 83 %, eran pequeñas tenencias que no excedían de 7 hectáreas y casi 11 000, o sea el 16 %, "microfincas" menores de 0.7 hectáreas. En la mayoría de las categorías también disminuyó el tamaño promedio de las unidades pequeñas. Al igual que en Brasil, esto es consecuencia de que la cantidad de tierra de cada nuevo productor fue menor que el promedio de la unidad agrícola en 1950. Pero en Guatemala también tenemos el fenómeno de una disminución del total de la tierra cultivada entre 1950 y 1964. ¿Benefició en realidad a las pequeñas unidades la tierra que las grandes haciendas abandonaron? ¿Resultó ese abandono en una menor concentración de la propiedad de la tierra? De las 632 000 hectáreas que informaron haber abandonado las haciendas de más de 450 hectáreas, cuando mucho sólo una pequeña parte, esto es, 108 000 hectáreas, pudo haber beneficiado a las 57 000 familias nuevas de agricultores con propiedades que no excedían de 7 hectáreas, y cerca de 253 000 pudieron haber beneficiado a las 12 000 nuevas familias con unidades de 7 a 450 hectáreas. Las restantes 272 000 hectáreas abandonadas no beneficiaron a nadie, al menos en apariencia. Pero el supuesto de que parte de las tierras abandonadas beneficiaran a los pequeños propietarios sólo es válido si en realidad ocurrió una transferencia de esta tierra a los pequeños propietarios, esto es, si la tierra adicional de las pequeñas propiedades no se obtuvo de zonas previamente desocupadas, las cuales abundan en Guatemala, al igual que en Brasil. Como la redistribución de la tierra que se hizo en gran escala durante la reforma agraria de 1954 se eliminó posteriormente restituyéndose la tierra a los propietarios de haciendas, es poco probable que las 108 000 hectáreas adicionales de las pequeñas propiedades hayan provenido en realidad de esa transferencia. De cualquier modo, sólo implicaría una pequeña superficie de tierra, incapaz de aumentar el nivel de vida de los campesinos. Por lo tanto, es evidente que la disminución de la cantidad de tierra controlada por las grandes propiedades agrícolas no se debe a una transferencia en gran escala (quizás en ninguna escala) de los grandes a los pequeños productores.

Estas tediosas estadísticas indican un hecho importante: que con la creciente presión de la población campesina sobre los recursos agrarios caracterizada porque un mayor número de familias, teniendo que vivir de una base decreciente (relativamente) de tierra, el grado de concentración de la propiedad agrícola sigue siendo igual, en el mejor de los casos, pero puede haber tendido a incrementarse. Por ejemplo, según cálculos del censo guatemalteco, el índice de concentración disminuyó ligeramente del 96 al 94 % entre 1950 y 1964.[43] Sin embargo, este cálculo debe aceptarse con reservas en vista de la sistemática subestimación de su tierra que hacen los grandes propietarios, y sospechamos que se practica en Guatemala y en toda la América Latina.

Desde todo punto de vista, el hecho más grave para los campesinos es el tamaño promedio decreciente de sus parcelas. Por supuesto, es cierto que el tamaño medio de las grandes propiedades también disminuyó. Pero es obvio que el problema sólo es grave para los pequeños propietarios cuya base agraria es demasido pequeña para algo más que la subsistencia. En países con gran cantidad de recursos agrarios, y con haciendas inmensas, como Brasil, esto es absurdo. Implica que en promedio los pequeños propietarios deben ser más pobres. Se hacen más pobres porque el potencial de producción de su sostén agrario, decreciente y cada vez más deficiente, no ha sido compensado por políticas en gran escala (o importantes) para asegurarles un mayor acceso a insumos que aumenten la producción o por proyectos que incrementen su poder de negociación en los mercados de insumos y productos.

La estructura de explotación de la tierra: fuente de estancamiento y desempleo

Debemos ahora concentrar nuestra atención en una de las causas básicas de desempleo de la fuerza de trabajo rural: la forma en que la élite terrateniente usa la tierra de las grandes haciendas, y las tendencias que se observan en las prácticas actuales de explotación agrícola.

La producción agrícola de América Latina se incrementó durante los últimos 30 años, pero la producción per cápita disminuyó un 8 %. Si se le compara con otras partes del mundo, el hemisferio no logró un aumento brillante. En los últimos 10 años la producción agrícola aumentó a una tasa menor que el crecimiento de la población en 10 de 20 países latinoamericanos, y en cinco países fue mayor por menos del 1 %. De este modo todo el sector parece experimentar una crisis en su funcionamiento con la ganadería como su punto más débil.[44] Puesto que la población rural y la urbana tie-

[43] *Censo agropecuario*, tomo I, enero de 1968, pp. 65 *ss*., en especial el cuadro 9, p. 71.

[44] CEPAL/NU, *Estudio económico de América Latina*, 1966. Cuarta Parte, E/CN. 12/767, ad. 3, 17 de marzo de 1967, pp. 6 *ss*.

nen dietas inadecuadas, podría llegarse a presentar una escasez de alimentos con las actuales tasas de desarrollo. Muchos países latinoamericanos gastan proporciones cada vez mayores de divisas en su comercio con el extranjero, debido a la importación de alimentos. Por ejemplo, se informa que en la actualidad Chile gasta cerca de la mitad de sus captaciones en el comercio internacional en importaciones de alimentos, la mayoría de los cuales se podrían cultivar en su territorio. Sin esas importaciones complementarias —algunas son donaciones— la escasez de alimentos podría presentarse inmediatamente.

El incremento absoluto que se observa en la producción total se ve muy influido por las actividades del sector de exportaciones, que consiste principalmente en cultivos de plantación. Por ejemplo, la producción de las cosechas de plantación aumentó un 45 % en aproximadamente una década, mientras que el índice de producción en su conjunto aumentó sólo 28 % en siete de los países más importantes del hemisferio.[45] También se ha declarado que los incrementos logrados en la producción de alimentos y fibras se obtuvieron de manera principal por el aumento de la superficie cultivada y no por una mejora de los rendimientos, lo cual refleja las prácticas de cultivo extensivo. Durante un período de aproximadamente 10 años, la superficie cultivada con 24 cosechas (incluyendo las cosechas de exportación más importantes, algodón y tabaco) aumentó en América Latina un 24 %, mientras que los rendimientos sólo aumentaron un 7 %. En comparación, los respectivos incrementos mundiales fueron del 14 y 21 %. De las 24 cosechas estudiadas sólo 6, que cubrían menos del 14 % de la superficie cultivada, mostraron incrementos de rendimiento que excedían del 10 %, mientras que mundialmente 14 cosechas mostraron fuertes incrementos de rendimiento y cubrían cerca del 87 % de la superficie cultivada. La situación del ganado es peor aún. La América de habla inglesa y Europa, que tienen cada una cerca de 110 millones de cabezas de ganado, produjeron más carne que la América Latina, que tiene casi 200 millones.[46]

No parece haber indicios claros de que las tendencias del pasado se superarán en un futuro previsible. Una de las principales razones para no esperar ningún cambio es la estructura de la agricultura latinoamericana, es decir, del latifundio y de su sector concomitante, el minifundismo. Como el latifundismo ocupa una gran parte de la superficie cultivable, de esto se concluye que el mal fun-

[45] Argentina, Brasil, Chile, Colombia, Ecuador, Guatemala y Perú.

[46] CEPAL/UN, *Agriculture in Latin America: Problems and Prospects*, E/CN. 12/686, 6 de abril de 1963, pp. 34-9.

cionamiento de la agricultura latinoamericana es en gran medida, si no exclusivamente, un reflejo de las pautas de uso de la tierra y de las prácticas de administración agrícola de ese sector. En las siguientes páginas analizaremos estas pautas y prácticas y estudiaremos el efecto que tienen sobre el empleo de la población campesina.

Aunque sea sorprendente para algunos, las grandes propiedades agrícolas están mal administradas y los productores de las pequeñas unidades son, dentro de los límites de su mano de obra y recursos de capital, muy eficientes en la explotación de sus tierras, en especial si se les compara con las grandes haciendas. La creencia de que la calidad de la administración y la eficiencia del uso de los recursos aumenta con el tamaño de la propiedad agrícola se basa en la leyenda, propagada en gran parte por los mismos latifundistas, de que la naturaleza ha dotado a los ricos con un mejor criterio, sagacidad e inteligencia y, por lo tanto, los ha colocado en una posición predominante. Por supuesto, es cierto que según las normas modernas los productores de las pequeñas unidades también usan su tierra con niveles bajos de administración, pero las razones son muy diferentes. Se ven obligados a hacerlo así por las circunstancias. No tienen acceso fácil a la tierra, crédito, maquinaria, semillas mejores y fertilizantes, al contrario que la élite terrateniente, pues estos últimos son excluidos del mercado de esos insumos por la acción de estos últimos. Las posibilidades de un mejor funcionamiento debido a la propia iniciativa de los campesinos son eliminadas sistemáticamente por la élite terrateniente y se castiga a los campesinos progresistas y a sus líderes. Diremos más sobre este problema en el capítulo II. Debe tenerse presente que una de las razones para analizar aquí el funcionamiento del sector latifundista es demostrar que la mala utilización de la tierra y el agua es inherente al sistema del latifundio y sigue en parte objetivos políticos y sociales: la conservación de una fuerza de trabajo rural barata y sumisa.

Usos extensivos de la tierra. Un aspecto notorio de la utilización de la tierra es el predominio del uso extensivo en las grandes propiedades agrícolas. Por regla general, el tamaño de la propiedad se relaciona de manera inversa con la proporción de la tierra que se cultiva intensivamente. En siete países importantes que representan casi dos terceras partes de la agricultura latinoamericana[47] la superficie conjunta de tierra cultivada (que incluye la tierra de cultivo permanente y anual, pastos artificiales o mejorados, y la tierra en barbecho u ociosa) representa el 24% de toda la tierra de las

[47] Véase la nota 1 del prefacio.

propiedades agrícolas, pero sólo el 16 % de las grandes haciendas que controlan cerca de la mitad de la superficie de cultivo total. El porciento de tierra cultivada en las haciendas medianas es más grande que en las propiedades agrícolas familiares (cerca del 33 %). En los minifundios se cultiva el 55 % de la tierra. En todos los países se encuentra casi como fenómeno universal que el porciento de tierra cultivada tiende a disminuir a medida que aumenta el tamaño de la propiedad agrícola, tanto al nivel nacional como local. Aunque los latifundios controlan casi 23 veces más tierra que los minifundios, la superficie de tierra cultivada en los primeros es sólo aproximadamente seis y media veces mayor. De igual manera, los latifundios controlan dos y media veces más tierra que las propiedades agrícolas familiares, pero sólo cultivan cerca de un 40 % más de tierra que estas últimas. En tres de esos siete países (Argentina, Colombia y Ecuador) la superficie de tierra cultivada en las propiedades agrícolas familiares excedió la de los latifundios, y en el Brasil era igual a la de éstos.

Cerca de la mitad de la tierra de cultivo de la superficie total de los siete países eran pastizales y otro 20 % bosques y malezas. La gran superficie destinada a pastizales —y en cierta medida también la de bosques y malezas— es un indicio de la importancia de la ganadería, en particular en los latifundios que controlan cerca del 55 % de toda la tierra de pastos. Por lo tanto, cerca del 27 % de toda la tierra de cultivo se destina a pastizales que controlan los latifundios (véanse los cuadros II y IV del apéndice).

En teoría, la tierra cultivada es aquella que se siembra o ha sido recientemente sembrada, con algunas cosechas o pastos. Para los siete países en conjunto, la superficie de las cosechas permanentes o anuales (cerca de 41.5 millones de hectáreas) es el 36 % de la superficie total cultivada, aunque esto sólo representa el 8 % de toda la tierra de cultivo. Aproximadamente una cuarta parte de la superficie cultivada (26 %) se destina a pastos mejorados y el 38 % está en barbecho u ociosa. También es evidente que el porciento de tierra cosechada es considerablemente mayor en las propiedades más pequeñas. En los latifundios la tierra sembrada con cultivos intensivos sólo es el 4 % de toda la tierra que controlan. En vista de la superficie de tierra de las grandes haciendas, es significativo que el número total de hectáreas destinado a cosechas anuales y permanentes de los latifundios sea mucho menor que el de las propiedades agrícolas familiares para los siete países en conjunto. Ocurre lo mismo en Argentina, Colombia y Ecuador, mientras que en Brasil y Guatemala la superficie de tierra cosechada es casi la misma, y en Perú y Chile es mayor en los latifundios, aunque por supuesto no es proporcionalmente mayor en vista de la cantidad de tierra que controlan.

CUADRO 11

TIERRA CON COSECHAS ANUALES O PERMANENTES COMO PORCIENTO DE TODA LA TIERRA DE CULTIVO EN LAS GRANDES HACIENDAS DE 10 PAÍSES

País	*Porcentaje en cosechas anuales o permanentes*
Argentina	2
Brasil	4
Chile	4
Colombia	3
Ecuador	6
Guatemala	15
Perú	4
Los siete países	4
Honduras, El Salvador y Nicaragua	11

En el cuadro que aparece a continuación podemos ver las discrepancias en la tierra cultivada, de pastizales, bosques y otros usos, con respecto a la tierra de cultivo.

CUADRO 12

DIFERENTES USOS DE LA TIERRA EN LAS PROPIEDADES FAMILIARES Y LAS HACIENDAS COMO MÚLTIPLO DE LA DE LOS MINIFUNDIOE EN 7 PAÍSES [a]

Clase de propiedad agrícola	*Tierra cultivada*	*Pastizales naturales*	*Bosques y malezas*	*Otros usos, incluyendo tierra estéril*	*Total de tierra en las propiedades agrícolas*
Minifundios	1.0	1.0	1.0	1.0	1.0
Propiedades rurales familiares	4.6	15.5	15.2	6.7	8.9
Haciendas medianas	6.2	14.3	21.3	12.7	10.3
Haciendas grandes	6.4	38.8	62.6	33.6	22.6

[a] Superficie de tierra en cada uno de los usos como múltiplo de la cantidad de tierra empleada en dichos usos en los minifundios, en Argentina, Brasil, Chile, Colombia, Ecuador, Guatemala y Perú.

CUADRO 13

DIFERENTES USOS DE LA TIERRA EN LAS PROPIEDADES AGRÍCOLAS FAMILIARES Y EN LAS HACIENDAS COMO MÚLTIPLO DE LA DE LOS MINIFUNDIOS EN TRES PAÍSES CENTROAMERICANOS[a]

Clase de propiedad agrícola	*Tierra cultivada*	*Otros usos*	*Total de tierra en las propiedades agrícolas*
Minifundios	1.0	1.0	1.0
Propiedades agrícolas familiares	0.8	4.0	1.8
Haciendas medianas	0.8	9.7	3.6
Haciendas grandes	0.6	10.5	3.6

[a] Véase la nota del cuadro anterior. Los países son Honduras, El Salvador y Nicaragua.

Estudios recientes hechos en América Central muestran sin duda que los usos extensivos de la tierra en las grandes haciendas son un fenómeno continental. En el conjunto de las agriculturas de Honduras, El Salvador y Nicaragua, sólo el 11 % de la tierra de las grandes haciendas, que controlan cerca del 36 % de toda la tierra de cultivo, se sembraba con cosechas anuales o permanentes, teniendo Nicaragua el porciento más bajo (6 %). De hecho, la superficie total de la tierra cosechada en las propiedades más pequeñas —minifundios y propiedades agrícolas familiares— superó la superficie cosechada en las grandes haciendas, aunque las últimas tenían casi un 30 % más de tierra que las primeras. En consecuencia, en estos tres países, así como en los otros, las cosechas se concentran en las pequeñas unidades agrícolas —un indicio de que la producción de alimentos para el consumo interno se puede atribuir en gran parte a los campesinos.

En realidad, no hay ninguna relación *uniforme* entre la cantidad de tierra que se siembra con cosechas permanentes y el tamaño de la propiedad agrícola. Para la superficie de los siete países en conjunto, la importancia de las cosechas permanentes tiende a incrementarse con el tamaño de la propiedad rural, pero esto se debe principalmente al Brasil, que tiene más de la mitad del total de 8.0 millones de hectáreas en cosechas permanentes, y de esa mitad cerca del 80 % fue reportada por las haciendas. Sin embargo, debe observarse que la superficie total con cosechas permanentes es sólo una proporción muy pequeña del total de la tierra de cultivo, incluso en países donde son una fuente importante de divisas extranjeras. Por ejemplo, en Guatemala es el 4 % y en el Brasil sólo el 2 % de la tierra total de las propiedades agrícolas.[48]

Los usos predominantemente extensivos de la tierra en las grandes haciendas podrían explicarse sobre la base de que la calidad promedio de la tierra, propiedad de los hacendados, es inferior a la de los pequeños productores. Ya se ha hecho referencia a la calidad comparativa de la tierra en las pequeñas y grandes propiedades. Es difícil demostrar o rechazar este argumento con exactitud. Por supuesto, si fuera cierto, implicaría que los pequeños propietarios habrían logrado en toda América Latina arrojar a los hacendados hacia las zonas agrícolas marginales. Por supuesto, debido a la estructura de poder que prevalece en la agricultura, ésa no es una explicación aceptable. Repetimos que las investigaciones de campo confirman que algunas pequeñas propiedades están localizadas en suelos excelentes y en condiciones de utilizar toda su tierra intensivamente. Por ejemplo, sobre los angostos bancos del río Cauca, en Colombia, hay cientos de pequeñas parcelas en ricos suelos aluviales. Se han formado otras pequeñas propiedades agrícolas con buenos suelos por la fragmentación de grandes propiedades en las cercanías de las ciudades, y sus propietarios utilizan toda su tierra de un modo intensivo debido a la cercanía de un buen mercado, a las condiciones de tenencia superiores al promedio, y en ocasiones por las altas rentas. Por otra parte, en muchas propiedades grandes hay extensas superficies de tierra menos fértil o estéril y de bosques y malezas. Sin embargo, en general los pequeños propietarios de buenas tierras parecen ser la excepción y no la regla. Los llanos aluviales, la tierra irrigada y las planicies fértiles —se les cultive o no intensivamente— están por lo normal en manos de los hacendados y las laderas erosionadas están llenas de minifundios y microfincas.

La relación inversa entre la proporción de tierra usada de modo intensivo y el tamaño de la propiedad rural parece ser un hecho, como dijimos antes, en las zonas geográficas más pequeñas. Pero igual de notable es que incluso en zonas de agricultura intensiva como las que se destinan a cosechas industriales o de exportación, la superficie que dedican los latifundios a dichas cosechas es muy pequeña. Daremos a continuación algunos ejemplos: en Itabuna (Bahía, Brasil) el centro de la zona del cacao de ese país, con una

[48] Es interesante observar que, en comparación, los recursos distintos a la tierra que se destinan a la producción y venta de estas cosechas (subsidios del gobierno, precios sostenidos, acceso prioritario a los fertilizantes y el crédito, organizaciones institucionales, etc.) exceden con mucho a los recursos de esa clase que se destinan a otros productos.

cosecha que obtiene una cantidad considerable de divisas extranjeras, las grandes haciendas que controlan el 50 % de la tierra de cultivo tienen menos del 0.5 % en cultivos anuales, el 13 % en cultivos permanentes (cacao) y el 62 % en pastizales naturales y artificiales para la cría de ganado. En Ecuador, una hacienda extranjera de aproximadamente 12 700 hectáreas, localizada en la fértil zona costera, tenía 5 150 hectáreas plantadas con plátano, cacao o café, y 6 060 hectáreas ociosas. En toda América Latina las plantaciones de caña de azúcar tienen zonas destinadas a pastizales que exceden varias veces a la superficie sembrada con caña de azúcar —según se dice, con el fin de criar bueyes para el transporte de la caña, aunque nunca se aclara por qué deben éstos ser de pura raza. Es obvio que tienen esta tierra excedente no tanto porque se necesite para la producción de azúcar, sino porque les da a sus propietarios un mayor control sobre el recurso tierra. *En consecuencia, un cultivo intensivo no es sinónimo de un uso intensivo de la tierra.*

Por supuesto, no debemos engañar a los lectores. Una pequeña *proporción* de tierra destinada a cultivos implica, debido al gran tamaño de las haciendas, muchas *hectáreas* bajo cultivo. Cada uno de los grandes productores tiene en promedio siete veces más tierra cultivada que los productores de las propiedades agrícolas familiares, y 40 veces más que los productores de los minifundios. Junto con las empresas ganaderas que usan extensivamente la tierra (o incluso sin ellas) las cosechas pueden dar buenos rendimientos económicos a sus propietarios, los miembros de la élite terrateniente. Sin embargo, desde el punto de vista de los campesinos y de la economía como un todo, la actual subutilización de la tierra implica menos alimentos y menos ocupación rural.

CUADRO 14

SUPERFICIE PROMEDIO DE TIERRA CULTIVADA POR PRODUCTOR EN SIETE PAÍSES, ALREDEDOR DE 1960 [a]

Clase de propiedad rural	*Hectárea por productor*		
	Cultivos anuales	*Cultivos permanentes*	*Total de la tierra cultivada*
Minifundios	1.3	0.3	1.6
Propiedades agrícolas rurales	7.9	1.2	9.1
Haciendas medianas	12.3	3.5	15.8
Haciendas grandes	48.5	16.9	65.4

[a] Argentina, Brasil, Chile, Colombia, Ecuador, Guatemala y Perú.

Los pastizales artificiales o mejorados al igual que la tierra ociosa o en barbecho ocupan una parte importante de la tierra de cultivo. Con algunas excepciones, como el cultivo de alfalfa en zonas irrigadas, el pasto artificial es la forma de explotación de la tierra menos intensiva. (En realidad estos términos tienen varios significados, que varían desde las tierras sembradas con pastos que tienen un alto contenido de proteínas o leguminosas para forraje del ganado, hasta pastizales naturales cercados.) Si se añadieran las 30.6 millones de hectáreas de pastos artificiales a las 239 millones de hectáreas de pastos naturales, cuando menos el 55 % de toda la tierra de cultivo se utilizaría para la ganadería (ganado vacuno en su mayor parte), o sea, cerca del 60 % de la tierra que controlan los latifundios.

Haremos ahora un breve comentario sobre otro aspecto del uso de la tierra, a saber la rotación de los campos o la agricultura trashumante. Casi dos quintas partes de la superficie cultivada, o el 9 % de la tierra total de cultivo, están ociosas; se trata de tierra que se cultivó en otros tiempos, a la cual en la actualidad se está dejando "descansar" o "recuperarse" para un cultivo futuro. El 43 % de toda la tierra ociosa se encuentra en los latifundios. En las pequeñas propiedades agrícolas la superficie de tierra cultivada excede a la tierra ociosa por un gran margen, pero en los latifundios sucede lo contrario. De hecho, en las superficies combinadas de los siete países (Argentina, Brasil, Chile Colombia, Ecuador, Guatemala y Perú) la tierra ociosa de los latifundios es el doble de la tierra cultivada. En cada uno de esos países se observa la tendencia a una mayor proporción de tierra ociosa en las haciendas, al igual que en El Salvador y Nicaragua, aunque en El Salvador las propiedades agrícolas familiares tienen, en promedio, el porciento más alto de tierra ociosa.

En muchas partes de América Latina dejar ociosa la tierra y conservar tierra "de reserva" es evidencia de una agricultura trashumante en que no hay rotación de cultivos, sino rotación de tierras o campos (esto incluye el primitivo método de la "roza" que se sigue usando ampliamente en todos los tipos de propiedad agrícola). El que las grandes haciendas tengan relativamente más tierra ociosa no puede tomarse como evidencia de mejores prácticas de uso de la tierra. La costumbre de dejar grandes superficies de tierra en barbecho u ociosas se sigue porque el hacendado latinoamericano no considera la tierra como un recurso escaso ni tiene en proyecto mejores métodos de administración de la tierra. Es uno de los métodos que usa la élite terrateniente para conservar el control de la tierra. Los pequeños productores que podrían desear dejar en barbecho sus tierras, que por lo normal se trabajan en exceso, se encontrarán con que sus limitados recursos financieros y agrarios no les permiten hacerlo así.

Cuando los suelos se agotan por un continuo cultivo deficiente y las malas prácticas, con frecuencia los hacendados convierten sus empresas agrícolas en empresas ganaderas (ganado vacuno) o se trasladan a nuevas tierras en zonas fronterizas despobladas y no cultivadas. Éste es otro aspecto de la agricultura trashumante o "migratoria" que en varios países, en especial Brasil, ocurren en gran escala. En América Latina todavía existe una inmensa frontera: como ya vimos, la superficie total de tierra excede a la tierra de las propiedades rurales en casi 230 % en los 10 países que hemos usado repetidamente como ejemplo (la superficie total es de 1.5 mil millones de hectáreas, mientras que la superficie agrícola total sólo es de 498 millones de hectáreas), y la existencia de tierra adicional ha resultado históricamente en usos extensivos de la tierra, incluso donde las condiciones económicas y físicas justifican usos más intensivos. A menos que se controle mejor el acceso a tierras vírgenes, será difícil convencer a los grandes productores de que deben administrar con más cuidado el uso de los suelos.

La expansión de la agricultura a nuevas zonas podría considerarse como prueba de que en las antiguas comunidades agrícolas no hay disponible suficiente tierra buena para cultivo. Pero éste es un alegato que no apoya la evidencia. La superficie de "tierra cultivada" (o cosechada) no es un buen índice de la tierra potencialmente cultivable *que tienen en la actualidad las propiedades agrícolas*, excepto quizá en las unidades más pequeñas. En la actualidad hay millones de hectáreas en usos extensivos que tanto desde el punto de vista agrotécnico como económico podrían usarse más intensivamente. Los ejemplos son numerosos. Un caso clásico es el Valle del Cauca en Colombia, donde en un futuro distrito de riego, una zona llana y fértil con un clima favorable, una considerable proporción de la tierra de las grandes haciendas se destinaba a pastos aunque era perfectamente adecuada para los cultivos intensivos. Por ejemplo, también en Colombia, 635 hacendados propietarios de más de 2 000 hectáreas cada uno (con un promedio de 11 000 hectáreas) informaron en su declaración al Instituto Colombiano de Reforma Agraria (INCORA) que no utilizaban dos terceras partes de la tierra que controlaban, y es obvio que una parte considerable, si no la mayoría, de sus tenencias podía cultivarse. Un caso igualmente significativo es el Valle Central de Chile, donde los latifundistas controlaban, en 1955, el 81 % de la tierra de las propiedades agrícolas y el 78 % de la tierra de irrigación; cerca del 51 % de esta última se destinaba a pastizales naturales o artificiales para la ganadería, representando los pastos naturales el 28 %. Aunque esta parte de Chile ha sufrido importantes cambios, la situación aún se mantiene. Incluso en las tierras altas del Perú, que ahora se dedican en su mayor parte a la cría de ovejas, agrónomos competentes afirman que se pueden cultivar en muchas zonas cosechas adaptadas a la altitud y a la breve estación de crecimiento. Hay amplia evidencia de que en el pasado se cosecharon esas zonas, pero en su deseo de tierra los hacendados privaron a la población indígena de sus tenencias y las incorporaron en las empresas más convenientes y lucrativas de cría de ovejas.

Por lo tanto, en las haciendas controladas por la élite terrateniente hay sin duda mucha más tierra que podría cultivarse. Pero no puede esperarse que el sector latifundista inicie la expansión de las tierras cultivadas y la introducción de mejores prácticas administrativas, debido a que requeriría toda su dedicación y la reinversión de sus ganancias en mejoras que permitirían un incremento de la superficie cultivada, además de una mayor identificación con las comunidades agrícolas. Y como esto también implicaría una mayor ocupación de la fuerza de trabajo, con mejores salarios y mejores condiciones, se opondría a su estrategia para conservar una fuerza de trabajo barata y sumisa, parcialmente desocupada.

Tendencias recientes. No parece que durante la sexta década y en años más recientes se hayan experimentado cambios importantes en las pautas fundamentales de uso de la tierra, con las pocas excepciones que mencionaremos posteriormente. Si el uso de la tierra se ha intensificado en algunos casos —por ejemplo en empresas modernas con cultivos de exportación o industriales, o en fábricas de productos lácteos en granjas modernas— esto parece haber sido compensado por usos menos intensivos de la tierra en otras partes. Muchos investigadores no han observado este desarrollo de la agricultura latinoamericana. Como fenómeno general, la intensificación del uso de la tierra parece haber ocurrido en empresas agrícolas individuales, administradas por empresarios guiados por las utilidades, más bien que por la superficie de tierra, mientras que parece haber sucedido lo contrario (y continúa ocurriendo) con respecto a los cambios de usos intensivos a extensivos, como los implicados en un cambio de la agricultura a la ganadería. En este libro no podemos hacer un estudio detallado de estas tendencias, pero Brasil podría servir como ejemplo.

La agricultura brasileña se expandió en cerca de 33 millones de hectáreas, o sea, aproximadamente un 14 % según las cifras más fidedignas del censo agrícola preliminar de 1960 (o cerca de 18 millones según el censo final). La superficie cosechada aumentó en cerca de 10.5 millones de hectáreas, o sea, aproximadamente un 15.5 %. De acuerdo con cálculos fidedignos, cerca de 4.6 millones de hectáreas de nueva tierra cosechada, esto es cerca del 45 %, se encuentra en los minifundios y propiedades agrícolas familiares, aunque estas dos clases representaban sólo cerca del 9 % de toda la tierra de cultivo en 1960. Las 5.9 millones de hectáreas restantes representaban el incremento en la tierra cosechada de todas las haciendas que controlaban cerca del 91 % de la tierra de cultivo. Por lo tanto, en proporción, las pequeñas propiedades agrícolas contribuyeron más a las cosechas. Durante la sexta década, las grandes haciendas incrementaron su tierra de cultivo menos que las propiedades agrícolas familiares, de manera que en 1960 estas últimas tenían en cosechas permanentes y anuales tanta tierra como las primeras, aunque sólo controlaban una séptima parte de la tierra de cultivo. Que el uso de la tierra es cada vez más intensivo en las pequeñas propiedades rurales queda demostrado porque, del millón y medio de hectáreas de tierra agrícola que se añadió a los minifundios durante la sexta década, 1.2 millones (80 %) eran tierra de cultivo. En los latifundios casi sólo 2.5 millones (14 %) de las 17.6 millones de hectáreas adicionales de tierra se usaron para cultivar. A esto se debe que la importancia de las grandes haciendas en el cultivo de cosechas tienda a disminuir ligeramente: en 1950 la tierra que cultivaban era el 28 % de la tierra cultivada total de Brasil, pero en 1960 sólo fue el 27 % (puede llegarse a una conclusión similar usando incluso los datos del censo final). Esto es importante debido a que las grandes haciendas obtuvieron el 54 % de toda la tierra de cultivo adicional durante la década. Otra consecuencia de estas tendencias es que la industria ganadera parece tener una función cada vez más importante en las haciendas, a causa del gran incremento de la superficie de pastos.

Parecería que los acontecimientos del Brasil son representativos de América Latina.[49] Si esto es cierto, entonces no hay duda de que no se han abandonado los usos extensivos de la tierra, en particular en las grandes tenencias, para permitir una expansión de las prácticas de cultivo; en otras palabras, se han conservado las estructuras tradicionales de uso de la tierra. No obstante, lo que importa es que la contribución de las pequeñas propiedades agrícolas al cultivo en general, y en particular a las cosechas de consumo interno, ha tendido a incrementarse, a pesar de su falta de acceso a la tierra y recursos de capital.

[49] En algunos países la superficie cosechada ha disminuido durante la década, aunque esto podría atribuirse a factores climáticos.

Otra característica del uso de la tierra también parece haber sufrido pocos cambios, si es que los tuvo: la separación tradicional de la "agricultura" o cultivos, y la "ganadería". Hay pocos indicios de que disminuyen las presiones para conservar esa separación. La división tradicional entre "agricultura" y "ganadería" implica que las empresas ganaderas se administren sobre una base extensiva y esto implica un uso extensivo de la tierra. Aunque en varios países se han realizado importantes esfuerzos para mejorar la ganadería, las operaciones intensivas en unos pocos ranchos ganaderos o de productos lácteos modernos se ven compensadas, y quizá rebasadas, por la clase de empresas ganaderas que surgen en las nuevas zonas abiertas a las actividades agropecuarias, o en las haciendas que dejan la agricultura para dedicarse a la ganadería. En ellas simplemente se traspasan las malas prácticas de los cultivos a las nuevas empresas ganaderas. La función de las pequeñas propiedades agrícolas en la intensificación de la ganadería latinoamericana no es importante porque la mayor parte del ganado vacuno es propiedad de los terratenientes. Por lo regular, en las pequeñas tenencias sólo se encuentra un reducido número de ovejas, cabras o cerdos. La base agraria de los pequeños propietarios es insuficiente para los animales grandes, además de que no reciben ningún crédito para comprar o mejorar el ganado, y de que carecen de ayuda técnica. Por otra parte, los terratenientes no les permiten a sus arrendatarios o aparceros conservar animales, a menos que den su permiso explícitamente. Pero, en general, sólo dan este permiso si se les entregan algunos o todos los animales que nazcan. De hecho, la actitud de la élite terrateniente ante la producción ganadera de los pequeños propietarios es totalmente negativa. En consecuencia puede concluirse que el funcionamiento de la industria ganadera latinoamericana está determinado principalmente por el sector de las grandes haciendas. El efecto de la separación tradicional entre la "agricultura" y la "ganadería" no se ha estudiado todavía sistemáticamente, aunque sus efectos negativos sobre la tierra y la administración de los suelos, producción agrícola y ocupación rural deben darse por seguros. Sin embargo, de manera característica parece estar muy relacionada con la monopolización de la industria ganadera por la élite terrateniente, y su subutilización de la tierra.

El sector progresista. No puede negarse que un número pequeño pero creciente de propiedades rurales latinoamericanas funciona con métodos modernos. No lo podemos omitir porque la élite terrateniente y sus aliados usan los pocos ejemplos de agricultura moderna como un recordatorio permanente de la progresividad del latifundio y de sus ventajas para la economía en general y el campesino en particular. La modernización de la agricultura afecta de manera principal los aspectos tecnológicos y financieros de la administración agrícola: mecanización, uso de mejores semillas y fertilizantes, irrigación y contabilidad racional, así como métodos de cálculo de utilidades, pero no afecta la estructura social básica y las relaciones humanas en la agricultura, excepto en casos excepcionales. Pueden encontrarse propiedades agrícolas modernas entre las empresas pequeñas (por ejemplo granjas de frutales, vegetales o productos lácteos), así como entre las grandes propiedades, en las operaciones intensivas de ganadería o en empresas que se especializan en la producción de arroz, algodón y azúcar, o las plantaciones modernas (las plantaciones no implican de ninguna manera una agricultura moderna, como lo demostrarán ejemplos posteriores).

Por lo tanto, es muy importante comprender que los beneficios de un pequeño sector moderno dentro de un sistema latifundista son contradictorios. El sector moderno hace una importante contribución a la producción agrícola aunque sólo ocupa una pequeña parte del total de tierras, pero hace demandas desproporcionadas sobre otros recursos, como el crédito, maquinaria agrícola, etc., además de recibir innumerables servicios y subsidios del gobierno. Por consiguiente, no es sorprendente que durante la última década los esfuerzos de los gobiernos y productores individuales por modernizar las empresas agrícolas hayan resultado en beneficios para la economía como un todo, en forma de una mayor oferta de productos agrícolas, incluyendo alimentos para el consumo interno. Pero, en realidad, los campesinos han resultado poco beneficiados por estos cambios. En algunos aspectos les han sido claramente desfavorables. Esto se debe al crecimiento del sector comercial que se presenta dentro de la estructura tradicional del sistema latifundista. Mientras la agricultura comercial siga siendo marginal, beneficiará algunos de los elementos más importantes que fortalecen al latifundismo y no tendrá interés en modificar la existencia de una fuerza de trabajo barata, desorganizada y obediente, así como las políticas e instituciones agrícolas generales, cuyos beneficios obtiene de manera principal, y en algunos casos exclusivamente, el sector latifundista. Debido a lo anterior, el salario y las condiciones de vida de los campesinos en el sector comercial progresista no son mejores que en el resto de la agricultura. En ocasiones la agricultura comercial presenta algunas de las prácticas más injustas de administración de la mano de obra. Con mucha frecuencia el desarrollo de la agricultura comercial dentro de un sistema de latifundios se ve acompañado de un notorio incremento de la mano de obra migratoria, con todas las características desfavorabes de ésta para los campesinos y comunidades de las cuales (o a las que) emigran. Por otra parte, unas cuantas plantaciones que emplean un gran número de trabajadores han sido el centro de las primeras organizaciones de trabajadores que han tenido éxito al obtener ciertas concesiones para sus miembros en términos de mejores salarios y condiciones de trabajo.

En la medida en que este pequeño sector comercial moderno presiona sobre una proporción creciente de los recursos nacionales, exceptuando la tierra, el sector campesino continuará en una posición cada vez más desventajosa, si no hay políticas compensatorias del gobierno. La modernización de la agricultura perjudica a los campesinos —pequeños propietarios, aparceros, arrendatarios y trabajadores— en las condiciones en que ocurre actualmente. En el último capítulo nos referiremos de nuevo a este problema.

Administración de las haciendas. Antes que tratemos las consecuencias de usos extensivos de la tierra sobre la ocupación de una fuerza de trabajo en rápido aumento, debemos hacer algunos comentarios sobre las prácticas de administración agrícola poco conocidas que se encuentran en las haciendas, debido a que están muy relacionadas con el uso de la tierra y el funcionamiento de la agricultura. Al ocupar de nuevo nuestra atención con el sector latifundista, no queremos implicar, por supuesto, que no se encuentran también malas prácticas de administración agrícola en las pequeñas propiedades. Al contrario. Pero en América Latina son mucho más importantes cuando ocurren en las haciendas, no sólo porque éstas tienen la mayor parte de la tierra, sino también porque sus propietarios tienen fácil acceso a todos los insumos que les permiten trabajar su tierra con los mejores niveles de administración y tecnología. Pero los propietarios de haciendas no usan esas posibilidades, y en gran parte no lo pueden hacer debido a que esto significaría el fin del sistema latifundista. Por esto no es difícil encontrar, por ejemplo, que los miembros de la élite terrateniente están suscritos a periódicos agrícolas nacionales y extranjeros, y están familiarizados con las publicaciones recientes sobre prácticas de cultivo modernas y los progresos técnicos, y que nunca aplican dicho conocimiento en sus propiedades.

Hay una creencia general de que la calidad del trabajo agrícola se mejora con el tamaño de la propiedad. Quizá esta creencia equivocada se basa en dos conceptos que son a su vez resultado de una evaluación superficial de los hechos. Quienes adoptan las mejoras tecnológicas son casi exclusivamente los grandes propietarios rurales. Esto da la impresión de que las haciendas son progresistas. Pero, por supuesto, la adopción de mejoras tecnológicas no es sinónimo de una mejor administración. El segundo fundamento de esta creencia es que las empresas que cultivan cosechas industriales o de exportación han aumentado su producción con más rapidez que otros sectores, sin tener en cuenta que sus propietarios reciben mucha ayuda tanto pública como privada, y mucha publicidad; que son los beneficiarios de una tendencia política general para eliminar la agricultura que produce alimentos para el consumo interno y que muchos, si no es que la mayoría de los acuerdos institucionales, se destinan a beneficiar al sector latifundista.

Sin embargo, la verdad es que en general el funcionamiento de las grandes empresas rurales no es superior al de las pequeñas propiedades. Aunque, como es obvio, hay una gran variación en la calidad de la administración de las propiedades agrícolas de todas las clases, la evidencia disponible tiende a sostener la hipótesis de que los pequeños productores administran sus parcelas cuando menos con la misma economía y efectividad que las grandes propiedades, a pesar de su falta de acceso a los recursos agrarios, mano de obra y capital. Repetimos: de acuerdo con las normas de la agricultura moderna, el nivel de tecnología y de administración es bajo en todas las propiedades rurales independientemente de su tamaño. La administración de las grandes haciendas es de especial interés porque, con la concentración del control sobre los recursos agrícolas en sus manos, establecen las normas del nivel general de funcionamiento.

Antes se indicó que el incremento de la producción agrícola en América Latina se podría atribuir en gran parte a la extensión de la superficie cultivada, ya que los rendimientos promedio por unidad han mejorado poco. Esto equivale a decir que la producción disminuiría si no fuera por la continua incorporación de tierras nuevas, aún no agotadas. Por ejemplo, los rendimientos promedio por hectárea de 19 cultivos importantes, en términos físicos, aumentaron sólo 5 % durante un período de 20 años. Incluso algunas importantes cosechas de exportación muestran tendencias similares, y la información disponible sobre la producción ganadera indica la existencia de prácticas administrativas del todo inadecuadas según la mayoría de las normas.

Los bajos rendimientos de la agricultura y la ganadería pueden explicarse por varias razones que están muy relacionadas entre sí.[50] Tenemos, por ejemplo, los sistemas primitivos de cultivo, el poco uso que se hace de fertilizantes y semillas mejoradas, la mala utili-

[50] Las observaciones siguientes son citas seleccionadas de una publicación de la CEPAL, *La agricultura en América Latina. Problemas y perspectivas*, ya mencionada antes.

zación del agua disponible, el poco forraje para el ganado, debidos en su mayor parte a la escasez temporal de alimentos y la mala administración de los pastos, los niveles generalmente bajos de salubridad y genética animal, y la falta de integración o complemento entre la ganadería y la agricultura, todo lo cual está muy relacionado con el bajo nivel de educación del trabajador rural, el sistema vigente de tenencia de la tierra y la falta, en general, de una política agraria que propicie la aplicación en gran escala de métodos técnicos modernos. Lo anterior intenta destacar un punto fundamental: la destrucción gradual de la capacidad productiva de la tierra que se puede observar en muchas zonas agrícolas de América Latina. Aunque no tenemos información fidedigna disponible sobre la destrucción de los suelos latinoamericanos, en la mayoría de los países hay señales manifiestas —formación y avance de dunas, zonas marginales de cultivo, pastizales empobrecidos, etc.— de que este proceso ha llegado a proporciones alarmantes, debido a la carencia de prácticas de conservación de suelos y, en gran medida, a la falta de un uso suficiente de fertilizantes para remplazar los elementos nutritivos que las cosechas extraen del suelo. Aunque el consumo de fertilizantes aumentó más de cinco veces en América Latina durante los últimos quince años, sigue siendo muy bajo en términos absolutos, en especial si se compara con el nivel de otras regiones del mundo. De hecho, en el año agrícola de 1959-60, la cantidad total de fertilizantes que consumió América Latina fue sólo el 10 % del total de Europa y sólo un poco más del 25 % del consumo de Oecanía y Norteamérica. Por ejemplo, Chile que es uno de los principales productores de nitrato de sodio, no usa más que un 7 % del equivalente consumido por el Japón con una superficie cultivada aproximadamente igual. En muchas partes de América Latina la superficie de cultivo aumentó a costa de los bosques y sin una política de conservación adecuada. Esto ha significado que, al transcurrir el tiempo, grandes zonas de tierra se inutilizan para la silvicultura y las cosechas, ya que la mayor parte de la tierra desforestada no es adecuada para el cultivo permanente o la ganadería.

Estas observaciones generales de las Naciones Unidas pueden apoyarse con unos cuantos ejemplos de recientes estudios que hizo el CIDA sobre la tenencia agraria. Estos ejemplos no sólo reflejan las prácticas agrícolas prevalecientes, sino también las actitudes de la élite terrateniente hacia los diferentes aspectos del trabajo en sus tenencias. Por ejemplo en Guatemala se encontraron hacendados tradicionalistas y "modernos". Los miembros del grupo conservador consideraban desfavorables los cambios en el *statu quo* (con respecto al uso de la tierra) y preferían conservar las tradiciones y costumbres de la agricultura. Entre ellos había un gran número de cafetaleros. Los miembros de este grupo no están interesados en mejorar sus plantaciones, sino en preservar el monocultivo sin cambios tecnológicos. Se oponen abiertamente al progreso social de los trabajadores que sería un resultado inevitable del progreso tecnológico. Por ejemplo, en dos haciendas de la costa del Pacífico, los propietarios no permitieron que los funcionarios de extensión agrícola entraran en sus propiedades. Según los funcionarios, parece que ésta no es una actitud excepcional. Los propietarios son muy desconfiados y creen que los funcionarios de extensión u otros expertos llegan a sus propiedades por razones ajenas a la agricultura. Por otra parte, hay un grupo de hacendados con ideas progresistas que acepta los cambios técnicos y sociales, y trata de diversificar la agricultura, aunque no fue posible determinar si ese grupo era o no numeroso.[51] Sin embargo, la actitud negativa de muchos propietarios de hacienda con respecto a los expertos técnicos no es sólo peculiar a los hacendados o propietarios de plantaciones guatemaltecos. Los grandes productores sólo en raros casos buscan ayuda o emplean técnicos, cuyos salarios ellos sí pueden pagar: tampoco les dan a sus trabajadores oportunidad de adquirir entrenamiento y técnicas en las diferentes ramas de conocimiento, excepto, en ocasiones, en el manejo de equipo motorizado. En este último caso por lo general se aprovechan de las facilidades que otorgan los comerciantes en maquinaria y equipo. Esta actitud negativa para la capacitación es de especial importancia en lo que respecta a los administradores de sus haciendas, sobre los cuales haremos algunos comentarios posteriormente.

En Brasil, el funcionamiento de grandes empresas ganaderas y agrícolas, incluyendo cafetales y plantaciones de azúcar y cacao, tiene por lo general un nivel bajo, exceptuando las nuevas empresas agrícolas del sur del Brasil. En gran medida los métodos agrícolas no son mejores que los de los indios de hace generaciones. En grandes zonas del país sólo se usan los instrumentos manuales más sencillos. Por ejemplo, en la zona ganadera de Santarem (Pará) del valle del río Amazones, la ganadería se realiza en condiciones muy primitivas: las propiedades se localizan cerca del río y el ganado se ve afectado periódicamente por el aumento y disminución de las aguas, y por la estructura de la distribución de la tierra. Los productores que carecen de tierra en las zonas altas dejan su ganado en construcciones de madera rodeadas de agua, y para alimentarlos se tiene que atravesar aguas de hasta medio metro de profundidad. Los que tienen

[51] CIDA, *Guatemala report, op. cit.*, pp. 81 ss.

tierra en zonas altas transportan hasta ellas su ganado usando botes o arreándolos. Durante el invierno el ganado se compone de "esqueletos ambulantes", lo que implica un gran retraso en la obtención del peso necesario para venderlo. Durante el transporte a las zonas altas y de éstas a las tierras bajas se sufren pérdidas considerables. Se ha informado que si la disminución de las aguas del río se retrasa un mes, es posible perder hasta el 30 o 40 % del ganado que se conserva en las tierras altas.[52] Hay una enfermedad que causa grandes pérdidas, aunque puede curarse con un tratamiento muy sencillo. En el caso de un ganadero que tenía 970 cabezas, sus pérdidas fueron de 130 cabezas por esa enfermedad (en apariencia no perdió ganado por ninguna otra causa). Otros productores experimentaron pérdidas semejantes.

Puede decirse que éste es un ejemplo exagerado, debido a que se refiere a una comunidad muy alejada. Pero se ha observado que la industria ganadera del Brasil tiene por lo general una productividad y producción muy bajas debido a varios problemas de administración. Este hecho es importante a causa de la gran concentración de ganado en las grandes propiedades. Según el censo agrícola preliminar de 1960, cerca de 104 000 propiedades rurales con más de 100 cabezas de ganado informaron de casi 34 millones (61 %) del total de 55.7 millones de cabezas, pero 13 600 propiedades rurales con más de 500 cabezas informaron de casi el 30 % del total de ganado. El ganado casi se desconoce en las pequeñas propiedades. Los principales obstáculos para el desarrollo de la industria ganadera del Brasil son la mala alimentación, las enfermedades y pestes, problemas con respecto a las técnicas de cría, la clase de sistemas de tenencia de la tierra y una administración deficiente. Un elemento característico de la alimentación es la escasez temporal de forraje que causa graves pérdidas. Se ha informado que hasta el momento de la matanza de los terneros, la escasez temporal de pastos equivale a 4 períodos trimestrales de subalimentación del animal, haciendo un total de 12 meses, lo que significa que durante 6 u 8 de esos meses el ganado vive de la grasa que acumuló. En consecuencia, se requieren de 4 a 5 años para preparar el ganado con el fin de venderlo. Las pérdidas regionales pueden identificarse por el caso de Rio Grande do Sul donde los informes de animales muertos por hambre durante el invierno llegaban casi al cuarto del millón, lo que en valor equivale a una novena parte del presupuesto total del estado. La falta de subdivisión, el sobrepastoreo y el uso ininterrumpido de los pastos produce su rápido deterioro. La quema de la maleza causa pérdidas adicionales de

[52] CIDA, *Brazil report*, *op. cit.*, pp. 488 *ss.*

forraje. Las pérdidas anuales por los parásitos exclusivamente (garrapatas y hematozoos), sin incluir la mortalidad y los costos de construcción de estanques de inmersión y de rociadores, debe ser de aproximadamente 2 800 millones de cruzeiros sólo en el estado de Rio Grande do Sul, una zona que se "especializa" en la ganadería. En todo el Brasil el número de criadores de ganado mayor, cerdos, ovejas y cabras que administran sus propiedades con un alto nivel de eficiencia administrativa sigue siendo reducido, predominando la administración rutinaria y las malas prácticas agrícolas. Hay varias razones de esta situación de atraso, siendo la más notoria la dificultad para invertir en mejoras, la falta de incentivos (en especial en el sistema agrícola de arrendatarios), el ausentismo de los propietarios latifundistas y su fracaso para introducir prácticas modernas en la ganadería, la ignorancia de esos métodos por parte de los pequeños productores, y ciertas limitaciones de los organismos nacionales responsables de los servicios de extensión agrícola y capacitación vocacional en el campo.[53]

También se informó en Minas Gerais, el centro de la actividad ganadera del Brasil, que las propiedades no estaban organizadas de acuerdo con métodos de administración y producción racionales (esto es, planificados), y que no llevaban un registro sistemático y total de sus actividades. Las prácticas de contabilidad son de las más rudimentarias y empíricas, además de que con frecuencia se hacen los registros de memoria, de manera que es difícil para los propietarios, aunque lo deseen, proporcionar la información más elemental sobre sus propiedades. En ese estado la industria ganadera corresponde obviamente a las grandes haciendas. Se conserva al ganado en los pastizales sin ningún cuidado especial y por esta razón la productividad promedio de los pastizales es de una cabeza de ganado mayor por cada 1.78 hectáreas de pastos.[54]

Es claro que con las enormes extensiones de pastizales destinadas a la ganadería, pero trabajadas a un nivel muy bajo de eficiencia, los propietarios de las haciendas ganaderas logran mantener a los campesinos sin tierra. La verdad es que la industria ganadera es un mecanismo efectivo para monopolizar los recursos agrarios. Esto también sería cierto en zonas en que muchos productores han cambiado del cultivo de cacao a la cría de ganado debido a la continua disminución de los rendimientos del cacao, como en el centro de la región productora de esa cosecha en Itabuna (Bahía, Brasil). A con-

[53] Estas observaciones son citas de la publicación CEPAL/FAO, *La ganadería en América Latina. Situación, problemas y perspectivas*, II. *Brasil*. E/CN. 12/636, Naciones Unidas, Nueva York, 1964, pp. 30 *ss*.

[54] CIDA, *Brazil report, op. cit.*, p. 526.

secuencia de lo anterior, Itabuna es en la actualidad una de las principales zonas ganaderas del país. Un investigador informó que el desarrollo y expansión de la ganadería mayor es muy similar a la que se observa en otras partes del país. Aunque es tan lucrativa como el cultivo de cacao, la ganadería y la venta de las reses no requiere grandes esfuerzos o inversiones y asegura la posesión y uso de grandes extensiones de tierra. Representa, simplemente, otra fase de la economía de la zona, pero no un sistema diferente de explotación del suelo. Es probable que la actitud del ganadero al conservar los mismos métodos extensivos que empleó antes en las plantaciones de cacao esté en función de la tierra disponible para ganadería que está bajo su control. La adopción de métodos intensivos y de un alto nivel tecnológico es un cambio muy difícil de hacer para el cultivador de cacao, que ahora también es ganadero, debido a que como productor de cacao siempre ha obtenido altos ingresos y fabulosas utilidades, *usando siempre la tierra y la mano de obra sin emplear nunca técnicas especializadas de cultivo, protección sistemática y uniformes e instalaciones más adecuadas.*[55]

Es muy significativo que la rápida disminución de la superficie sembrada con cacao, controlada por unos pocos hacendados, se debe a un nivel extremadamente bajo de administración, que es parte inherente del sistema latifundista. Es significativo porque *muestra cómo se puede hacer extensivamente y con un bajo nivel de eficiencia una agricultura "intensiva"*. El mismo investigador afirmó que el empobrecimiento del suelo, los árboles viejos y las enfermedades, asumen en la actualidad proporciones extraordinarias para el productor de cacao y los técnicos, y que esto se debe en particular al sistema de explotación que es responsable del comportamiento y relaciones entre los hombres y entre éstos y la tierra. El mismo sistema, con su orientación hacia los mercados exteriores, ha creado en su ansia por sobrevivir problemas de gran envergadura y complejidad que no pueden resolverse sólo con soluciones agrotécnicas.[56] Y no es necesario decir que mientras el sistema continúa hay poca esperanza de que se mejore la administración de las plantaciones de una manera radical, si es que se mejora. En Itabuna la producción promedio de cacao era en 1945 de 780 kilos por hectárea, pero sólo llegó a 430 kilos en 1960. La experiencia de Itabuna es característica de toda la zona del cacao. Según las estadísticas oficiales, los rendimientos promedio de Bahía disminuyeron de 637 kilos durante 1931-1940 hasta 355 kilos para 1952-1960. La producción total se incrementó 40 %, pero la superficie cultivada con cacao aumentó dos y media

[55] CIDA, *Brazil report*, *op. cit.*, pp. 508 *s.*
[56] *Ibid.*, p. 498.

veces, a medida que los cultivadores intentaban compensar los menores rendimientos ampliando la zona cultivada con cacao —incluyendo suelos que no eran propios para ese cultivo.[57] Los cultivadores de cacao han recibido en varias ocasiones grandes subsidios del gobierno federal del Brasil, más recientemente a través de una organización (CEPLAC) que dio préstamos a 574 agricultores "en problemas", en su mayoría latifundistas, para ayudarlos a pagar sus deudas, otorgándoles 354.2 millones de cruzeiros entre 1957 y 1960. Además, en 1962 se prestaron más de 600 millones de cruzeiros para mejoras. Un examen de estas mejoras muestra que se destinaron principalmente a inversiones de capital (edificios e instalaciones para procesado) y que *por lo general los cultivadores no las usaron para mejorar sus plantaciones.*[58] De hecho, los cultivadores fueron muy hostiles a la CEPLAC hasta que hicieron que fracasara su función principal: la mejora de la administración de las plantaciones.

Una notoria evidencia de la mala administración de las plantaciones de cacao es que no se han remplazado los árboles antiguos. En una gran plantación característica, de 83 700 árboles, 45 000 tenían entre 26 y 50 años. Sin embargo, las estadísticas no revelan toda la gravedad del problema de las plantaciones con árboles muy viejos, ya que se deben añadir otros factores, incluso si esos árboles no son tan viejos, como las enfermedades y plagas, la sequía y el empobrecimiento de los suelos, que complican el problema. En consecuencia, no hay una política sistemática para mejorar la siembra del cacao. Por el contrario, como dijo un gran productor: "Si el suelo se agota, la mejor solución es convertir la zona en un pastizal". Esta afirmación la hizo un productor que en teoría admite la necesidad de un remplazo gradual, pero que también cree que cuando un árbol cae, las ramas que penetran en la tierra hacen posible la renovación espontánea.[59] También afirmó que no necesitaba la ayuda de agrónomos. Se encuentra una falta semejante de buena administración con respecto a la poda de los árboles de cacao, una medida importante en el cuidado de las plantaciones. Por ejemplo uno de los productores declaró que si la poda era bien hecha, no sería necesario hacerla durante cinco años, aunque los técnicos recomiendan como mínimo básico las podas anuales. A esto debe añadirse que hasta que los trabajadores que hacen la poda tienen suficiente experiencia en esa operación dañan con frecuencia la corteza de los árboles. Por supuesto, esto es perjudicial para los productores. Incluso el administrador no siempre está capacitado para exigirle un mejor trabajo,

[57] *Ibid.*, p. 499.
[58] *Ibid.*, p. 499.
[59] *Ibid.*, pp. 504 *s.*

ya que con frecuencia fue antes un simple trabajador o contratista de trabajadores y, por lo tanto, no tiene mucha preparación.[60]

La región noreste del Brasil es sólo una de las zonas en que la mala administración es común. Incluso en São Paulo, el estado agrícola más progresista del Brasil desde el punto de vista tecnológico (en 1960 dicho estado tenía el 60 % de todos los tractores del Brasil), la administración continúa a un bajo nivel técnico. Los monocultivos, café, azúcar, etc. predominan en toda su historia. La industria azucarera, que recibe un considerable subsidio, y que ahora ocupa una pequeña parte de la tierra de cultivo del estado (así como de otros estados) está bien administrada. Pero en general, los desperdicios de tierra, capital y recursos humanos han sido muy cuantiosos. Por ejemplo, la producción de café, que en gran parte se cultiva en el sur del Brasil, aumentó 90 % entre 1958 y 1962, después de que la superficie cultivada aumentó 61 %, pero el rendimiento por hectárea sólo aumentó 18 %, y el que la nueva tierra abierta al cultivo haya sido más fértil, en especial en el estado de Paraná, contribuyó al aumento de esos rendimientos.[61] En una zona fértil como Sertaozinho (São Paulo) se eliminaron casi totalmente los árboles de café entre 1952 y 1956, y se sembró la zona con caña de azúcar —un cambio de un monocultivo a otro en un lapso de tiempo muy breve. En la vecina Jardinópolis (São Paulo) el centro de los "reyes del café", en la actualidad el café es un cultivo prácticamente extinto. Esos cambios radicales fueron en algunas ocasiones iniciados por los grandes propietarios que contaban con un adecuado financiamiento, debido a que los rendimientos del anterior monocultivo disminuían a consecuencia de las malas prácticas de cultivo —como en el caso de las plantaciones de cacao de Bahía— y a que deseaban obtener los beneficios o subsidios de los mejores mercados del segundo monocultivo. Debido a los bajos salarios de la mano de obra tales cambios se pueden hacer a un costo relativamente pequeño para los propietarios de las plantaciones. Pero, en algunos casos, los costos económicos y sociales para las comunidades locales e incluso para toda la economía pueden ser muy cuantiosos, como ocurrió en Jardinópolis.[62]

São Paulo se ve afectado por los mismos problemas de administración del uso de la tierra que afectan al resto del país. En gran medida la falta de crecimiento de su agricultura se debe a la incapacidad de la élite terrateniente, que controla el 62 % de la tierra de cultivo, para administrar de un modo eficiente los suelos a medida

[60] *Ibid.*, p. 506.
[61] *La agricultura en América Latina*, p. 37.
[62] CIDA, *Brazil report*, *op. cit.*, pp. 518 ss.

que se hacen más escasos los suelos vírgenes cercanos. Dos investigadores brasileños escribieron que se sabe que uno de los rasgos más característicos de la agricultura de ese estado y de los estados vecinos ha sido el movimiento hacia el interior en busca de nuevas tierras. A medida que los antiguos suelos se agotaban debido a la erosión y el uso en cosechas continuas, los agricultores los transformaban en pastizales o simplemente los abandonaban, y se trasladaban a nuevas zonas donde la fertilidad de los nuevos suelos permitía el cultivo de abundantes cosechas, sin usar técnicas de producción modernas. Llevaban con ellos la fuerza de trabajo necesaria para desbrozar la tierra y sembrar las cosechas. Algunos años después, cuando estos suelos, a su vez, se agotaban, repetían el mismo proceso. Sin embargo, en la actualidad la situación es muy distinta. La razón principal de que la agricultura de São Paulo no haya mostrado ninguna mejoría es que ya no hay más tierras vírgenes disponibles *y que la mayoría de los agricultores (mejor dicho, los hacendados) no son capaces de llevar a cabo un esfuerzo productivo en la antigua zona.*[63]

Según un agrónomo competente, mejores instrumentos de siembra, y una administración de la propiedad rural y de los suelos más adecuada, el control de enfermedades y otras mejoras pueden hacer aumentar la producción de caña de azúcar, cacahuate y arroz en aproximadamente un 20 %; el frijol de soya en un 25 %; los cítricos, yuca, algodón de fibra larga, pimienta y carne de cerdo en un 50 % y el cacao y el café en un 100 % *en las zonas en que se les cultiva actualmente.*[64]

La agricultura colombiana presenta un caso semejante. La importancia de su industria ganadera y la función que dentro de ella tienen las grandes haciendas puede apreciarse por el hecho de que de los 27.4 millones de hectáreas de tierra de cultivo, 13.5 millones (53 %) se destinan a pastizales naturales y artificiales. (En la actualidad se calcula que la superficie disponible para la ganadería equivale a 30.3 millones de hectáreas, ya que parte del ganado pasta en tierras que el censo no considera "de cultivo".) Dos terceras partes de la tierra de los latifundios se destina a pastizales, lo que significa el control de más del 60 % de la tierra de pastos. De acuerdo a un estudio reciente, la ganadería es de gran importancia para la econo-

[63] Citado en CIDA, *Brazil report, op. cit.*, p. 510. La pretensión del autor de que ya no hay tierra virgen disponible es exagerada. Es cierto que tales zonas deben encontrarse a distancias cada vez mayores en el interior del país, pero los métodos de transporte modernos hacen que su acceso sea mucho más fácil que en el pasado. La "migración" de la agricultura de São Paulo al interior es proverbial, continuando en gran escala y comprometiendo principalmente a ricos inversionistas en bienes raíces urbanos y rurales.

[64] *Ibid.*, p. 44.

mía colombiana, pero su ritmo de expansión ha disminuido en los últimos diez años, hasta ser insuficiente para compensar el aumento de la población. La ineficiencia se debe de manera principal a varios factores de administración: Técnicas atrasadas en el manejo del ganado; un bajo nivel técnico en los sistemas de pasto y alimentación, de tratamiento de plagas y enfermedades, y de los métodos para la mejora genética de las diferentes razas; y una insuficiente integración complementaria entre la ganadería y la agricultura. En este estudio se dio especial importancia a la fuerte incidencia de las enfermedades que, además de causar una alta tasa de mortalidad, originaron pérdidas y retrasos en la producción. En 1958 la patología del ganado fue responsable de pérdidas por 881 millones de pesos entre el ganado colombiano, es decir, la tercera parte del valor de la producción ganadera que se registró ese año. Las deficiencias cualitativas y cuantitativas de la alimentación del ganado son sin duda otro de los graves problemas que obstaculizan el desarrollo y producción ganaderos. Entre los innumerables obstáculos en este sentido sobresalen los que mencionaremos a continuación: la falta de interés de los propietarios rurales en el cultivo de especies forrajeras que tengan un alto valor alimenticio, como los pastos y leguminosas que se siembran para pastizales artificiales y que deberían cultivarse en una superficie mucho mayor con el fin de remplazar los pastos naturales de calidad inferior; la mala administración y el descuido de los pastos, manifestada de manera principal por la falta de rotación que, a su vez, se debe en gran parte a la incapacidad de dividir la tierra de pastos lo suficiente —pastos demasiado crecidos y en consecuencia, malos, con abundancia de yerbas, una subdiversificación y combinación poco adecuada de cosechas forrajeras; uso insuficiente de alimentos complementarios, como forrajes, heno y desmonte, cereales, componentes minerales y otros concentrados alimenticios. A todos estos problemas de alimentación, que en su mayoría son crónicos, deben añadirse la escasez temporal de forrajes durante períodos de sequía y en las zonas donde se inundan los pastizales.[65] Éste es el sector que debido a su influencia política recibe una gran parte de los subsidios y otros recursos gubernamentales aparte de enormes préstamos nacionales e internacionales.

Los investigadores del CIDA también encontraron que la industria ganadera de Colombia funciona de un modo tradicional y extensivo, con un bajo nivel de tecnología y bajos rendimientos. La mayor parte de los ejemplares son de baja calidad a causa de que las razas origi-

[65] Citas de CEPAL/FAO, *La ganadería en América Latina. Situación, problemas y perspectivas. I. Colombia, México, Uruguay y Venezuela*, Naciones Unidas, E/CN.12/620, Nueva York, 1962, pp. 3-4.

nales ("criollas") han sido sustituidas por otras menos adaptadas al clima del país. Hay algunas razas de alta calidad en manos de unos cuantos hacendados cuya influencia sobre el funcionamiento de la industria ganadera es insignificante. El uso de concentrados alimenticios es casi desconocido. Los ganaderos no están interesados en la erradicación de enfermedades, incluso cuando se trata de las campañas de erradicación de la aftosa, que es esencial para las exportaciones de ganado y carne que desea la asociación de ganaderos, ya que el consumo interno de carne es muy insatisfactorio a los actuales niveles de ingreso.

El nivel tecnológico de los cultivos también es bajo en la mayor parte de la agricultura colombiana, y sigue predominando el uso de instrumentos manuales. En muchas zonas de minifundios la erosión es grave en las laderas en que se localizan aquéllos. En las zonas llanas dominadas por los latifundios pueden encontrarse algunas empresas mecanizadas cuya política es con frecuencia evitar el uso de mano de obra, pero la superficie de tierra cultivada a este nivel de tecnología es mínima. Hay un gran desperdicio en el uso del agua para irrigación así como en el uso de la tierra irrigada. Cuando menos en un caso se ha perdido parte considerable de la inversión pública en un proyecto de irrigación debido a que su administración se dejó en manos de los grandes propietarios.[66]

En Chile las crías de la industria ganadera son con frecuencia poco satisfactorias para el propósito en que se empleen. Grandes zonas están cubiertas de zarzamora y se calcula que sólo en las provincias meridionales éstas cubren más de un millón de hectáreas. El uso de agua para irrigación es inadecuado y algunos observadores hablan de grandes pérdidas en el uso de agua y tierra irrigada. Aproximadamente 18.8 millones de hectáreas de tierra de cultivo sufren una erosión que varía de ligera a grave. De éstas, cerca de 700 000 hectáreas han sido invadidas por las dunas. La erosión de las pequeñas parcelas es importante debido a la intensidad con que sus propietarios deben cultivarlas, y la de las grandes propiedades debido a las malas prácticas administrativas. Según un estudio realizado por una oficina del gobierno, parte de la erosión se debe a la asignación de pequeñas parcelas en tierras submarginales de los cerros a "inquilinos" —tierra que el propietario no está interesado en cultivar— que usan la técnica de "roza", que destruye los suelos.

Administración de las propiedades rurales a "control remoto". Éstos son algunos de los muchos ejemplos disponibles de la mala adminis-

[66] CIDA, *Colombia report, op. cit.*, pp. 260 *ss.*, 142 *s.*

tración de la tierra rural que practica la élite terrateniente y parte inherente del sistema latifundista. La organización misma de las grandes haciendas es, con mucho, un obstáculo grave al progreso, por lo que nos debemos referir brevemente a una institución característica del latifundismo en toda América Latina que es la propiedad o administración absentista, el predominio de los "administradores" en las haciendas, y sus implicaciones para el proceso productivo de la agricultura (posteriormente examinaremos sus implicaciones sociopolíticas para los campesinos). Es curioso que la numerosa literatura sobre la agricultura latinoamericana contenga pocas referencias a la existencia y funciones de una institución tan importante como la de los administradores, que representan, desde el punto de vista de los campesinos y la producción agrícola, la administración de las haciendas y el ausentismo de los terratenientes. No todos los propietarios de haciendas se ausentan de su propiedad, pero todos tienen administradores (algunos administradores son incluso administradores ausentistas). La presencia de administradores significa que la rutina diaria de trabajo (y en caso de que los propietarios estén ausentes, la administración de la propiedad rural) se realiza a control remoto desde el punto de vista de los campesinos que trabajan para el terrateniente. Independientemente de que el hacendado viva o no en su propiedad, se muestra frente a su fuerza de trabajo como un general frente a sus soldados: en su mayor parte invisible, aunque siempre se deja sentir su presencia a medida que se ejecutan sus "órdenes".

Es bien sabido que la propiedad absentista de América Latina está muy difundida y que cuanto más grande sea la empresa mayor será la probabilidad de que el propietario viva fuera de ella en alguna ciudad distante. Por ejemplo, en 1960 en Brasil no residían en su propiedad la mitad de los propietarios de las grandes haciendas en todos los municipios, y de ellos el 85 % vivía en alguna ciudad que estaba fuera de la zona de su propiedad.[67] En Uruguay, el latifundismo absentista también aumenta significativamente al tamaño de la propiedad rural, y es mayor en las haciendas ganaderas. Según un estudio reciente llega al 100 % en las haciendas más grandes.[68] En

[67] Véase CIDA, *Brazil report*, *op. cit.*, pp. 158 *ss.* También hay algún ausentismo en las pequeñas propiedades, fenómeno que necesita estudiarse, aunque puede suponerse que se debe en cierta medida a la propiedad múltiple de tierra de los grandes terratenientes, y al arriendo de tierra a pequeños arrendatarios. Sin embargo, también hay cierto grado de "propiedad múltiple" de pequeñas parcelas por pequeños propietarios. Las razones de la propiedad absentista en las pequeñas propiedades podrían ser en general, sin embargo, diferentes de las que predominan en las grandes empresas. Para una interesante observación sobre los *productores ausentistas* (y no propietarios ausentistas) véase *ibid.*, pp. 162 s.

[68] *Situación económica y social del Uruguay rural*, Ministerio de Ganadería

Ecuador, en nueve grandes haciendas típicas estudiadas, los propietarios no residían allí o sólo vivían en ellas temporalmente.

Es un hecho menos conocido el que por lo regular los administradores no están bien calificados para su trabajo desde el punto de vista de la administración moderna de la propiedad rural, aunque hay, por supuesto, excepciones. La mayoría representa un elemento muy conservador en la administración de las propiedades rurales.[69] Esto también significa que para la administración es irrelevante que el terrateniente viva en la propiedad o en una ciudad alejada. Al contrario de la creencia común, la mayoría de los administradores sólo tienen conocimientos rudimentarios de agricultura y no poseen técnicas especializadas con respecto al cultivo, el manejo de los suelos y agua, o la crianza de ganado.

La explicación de esta situación se encuentra en la necesidad que tienen los propietarios —que en las condiciones de tenencia y uso de la tierra agrícola se convierte en una "necesidad obligada"— de encargar las operaciones inmediatas a realizar en la propiedad a una persona en la que pueda confiar, para que la hacienda continúe trabajando de acuerdo con los lineamientos tradicionales establecidos. En consecuencia, por lo general los administradores son trabajadores que ha empleado el terrateniente durante varios años, que conocen bien esos "lineamientos". Un administrador le es muy útil, en particular, al propietario ausentista, cuando se ajusta en todo a los patrones de cultivo y ganadería que prevalecen en esa y otras haciendas de la comunidad —normas que pueden haber sido establecidas por los padres o abuelos de los propietarios. Por supuesto, en general no se le tienen que dar muchas instrucciones para esto, ya que las conoce bien. Por lo tanto, desde el punto de vista de los propietarios la función del administrador es seguir fielmente esas normas, y en la mayoría de los casos no importa su habilidad para "desarrollar" la empresa. De hecho, no tiene autoridad para emplearla con alguna iniciativa, debido al tipo de relaciones que conserva con su patrono. Para este último sólo es un trabajador, con un salario un poco mayor y unos pocos privilegios extras, que debe seguir órdenes explícitas o implícitas. Por lo tanto, no es una casualidad que pocos propietarios de haciendas den a sus administradores oportunidad de mejorar sus conocimientos a costa del propietario, aunque esto redundaría en una ventaja para éste.

De este modo, la calidad de la administración rural depende casi

y Agricultura, Comisión Honoraria del Plan de Desarrollo Agropecuario, octubre de 1963, p. 108.

[69] Véase también el cap. II, donde se comenta la función social de los administradores.

CUADRO 15

RESIDENCIA DE LOS PROPIETARIOS (O ADMINISTRADORES) EN NUEVE HACIENDAS GRANDES CARACTERÍSTICAS, ECUADOR

Tamaño de la hacienda (hectáreas)	*Comentario*
610	El propietario es un extranjero que vive en París. El administrador actual es un pariente lejano del propietario; vive once meses en la propiedad rural. El mayordomo vive en el pueblo más cercano.
2 955	El propietario reside ahí ocho meses con su familia, es un político importante.
690	La propietaria es una mujer que vive fuera del Ecuador y tiene otras propiedades rurales. El administrador es su hijo, que vive ocho meses en la propiedad y es la única persona no indígena en ella.
2 441	El propietario es el gobierno (Asistencia Social). El administrador tiene poco contacto con la comunidad local.
1 298	Propiedad de la Iglesia y rentado a una fundación jesuita. El administrador es el propietario de una propiedad rural vecina que es remplazado por el mayordomo durante su ausencia.
264	Empresa ganadera cerca de Quito, trabajado por un arrendatario con un "coadministrador" que es su hermano. No se informó de la residencia.
12 000	El propietario reside en ella dos semanas cada mes y el resto en Quito. Hay un administrador.
444	El propietario vive a 36 kilómetros en la capital provincial. Tiene un mayordomo, pero no le delega autoridad. El mayordomo sólo sigue sus instrucciones y tiene la misma paga que los demás trabajadores comunes.
12 711	Propiedad de una empresa sueca que tiene su sede en Estocolmo. Dirigida por un "gerente".

NOTA: Las primeras ocho haciendas se localizan en la Sierra y la novena en la costa.

por completo del interés, esfuerzo y tiempo que el propietario puede dedicar a la empresa rural. En este respecto debemos observar dos importantes características de una agricultura tradicional, como lo es el sistema latifundista. La primera es la estrecha relación que existe entre el aumento del nivel de la administración rural y la mejora de las condiciones de trabajo y de vida de los trabajadores, sean asalariados, aparceros o arrendatarios. Aunque hay algunos hacendados o propietarios de plantaciones que tienen un gran interés en mejorar el uso de sus suelos y el funcionamiento de su propia empresa, cualquier mejora que introduzcan no deberá minar la base de las relaciones económicas, sociales y políticas tradicionales que prevalecen entre la élite terrateniente y los campesinos. Por consecuencia, la estrecha relación entre la administración de la propiedad rural y la estructura sociopolítica y económica es un grave obstáculo para la mayoría de los cambios. *Es probable que se adopten nuevas técnicas agrícolas sólo si no perturban de algún modo fundamental la estratificación social rural y las relaciones de trabajo tradicionales.* La conveniencia de comprar maquinaria agrícola moderna desde el punto de vista de la élite terrateniente es la siguiente: les permite remplazar los hombres con máquinas, conservando así el exceso tradicional de la oferta de mano de obra, evitando la necesidad de dar incentivos para obtener una mayor eficiencia de la mano de obra, lo que implicaría salarios e ingresos mayores y permitiría a más trabajadores independientes el ejercicio de mayores iniciativas. Ante todo, evita la necesidad de reconocer los sindicatos de trabajadores agrícolas o las ligas campesinas, y tener que negociar con ellas colectivamente. El pago de un mayor salario a los tractoristas, debido a su capacidad técnica, no viola esta regla, y en realidad se encuentra dentro de la práctica de trabajadores "preferidos" de la cual hablaremos posteriormente. Se debe recordar también que hay una fuerte presión social sobre los miembros de la élite terrateniente para que se adhieran a las "reglas del juego" del latifundismo. Pocos hacendados desearían enemistarse con sus colegas introduciendo en sus propiedades prácticas que se consideren antagónicas del latifundismo, y si así lo hicieren, probablemente no tendrían éxito durante mucho tiempo.

De este modo, el conservatismo necesario del hacendado complementa el de su leal agente, el administrador.

Hasta ahora nos hemos referido a los propietarios que podrían estar interesados en mejorar las operaciones de sus propiedades agrícolas. Pero esos propietarios no abundan. Esto nos lleva a estudiar otra característica de la agricultura latinoamericana: los "intereses divididos" de los hacendados. Aunque el poder económico, social y ante todo político de la élite terrateniente se basa en la propiedad agraria, sus principales intereses no son agrícolas. Es muy conocida la gran proporción de políticos, abogados, doctores, comerciantes, negociantes de equipo agrícola, propietarios de medios de transporte, exportadores, importadores e incluso industriales que también son propietarios de grandes superficies de tierra de cultivo. Muestra la gran proporción de los recursos nacionales totales que están en manos de una pequeña élite que básicamente es una élite terrateniente que se ha dividido en varios sectores de la economía nacional, con fuertes motivos para conservar el latifundismo; además, la agricultura es para ellos una actividad secundaria desde el punto de vista económico. Los hacendados no tienen que prestarle mayor atención si obtienen ingresos por actividades no agrícolas en otros sectores. La relación entre esta situación y la administración de la propiedad rural es obvia. La dirección de las haciendas por medio de administradores es un mecanismo conveniente para que la élite terrateniente busque y aumente sus actividades no agrícolas.

Por lo tanto, un gran número de hacendados tiene pocos o ningún incentivo económico para mejorar los usos tradicionales de la tierra y los métodos de administración de la propiedad rural, en tanto que pueden conservar los rendimientos que obtienen de sus inversiones rurales con los métodos prevalecientes de propiedad absentista. Los incentivos económicos tradicionales de que gustan hablar los economistas —precios, créditos y subsidios— no funcionan en el caso de los propietarios de haciendas, o su efecto es mínimo debido a que otros factores que rigen la administración de la propiedad rural y las estrategias de la producción son más importantes. La mejor garantía para conservar esos rendimientos, que podrían ser totalmente adecuados o más que adecuados para los propietarios, aunque no lo sean para la economía como un todo, es el control de grandes superficies de tierra de cultivo. Cuando se cultiva mucha tierra los rendimientos totales pueden seguir siendo considerables, incluso si los rendimientos por hectárea son muy bajos y están decreciendo.

El sociólogo brasileño Geraldo Semenzato describió los distintos intereses característicos de la élite terrateniente en los siguientes comentarios sobre la industria del cacao de Bahía (Brasil). Afirmó que en Itabuna, el centro productor de cacao más importante de Bahía, las clases superiores están formadas por las familias de los grandes productores de cacao, los grandes comerciantes, banqueros y ganaderos. Sus miembros se definen por el número y valor de su patrimonio, la cuantía de sus cuentas bancarias, el monopolio de los factores de la producción, el control del mercado, el volumen y valor de la producción de cacao, los préstamos en efectivo que otorgan y los votos que obtienen en caso que se dediquen a la política. En conjunto estas clases privilegiadas no forman más del 10 % de la población. Sin embargo, son los miembros que retienen el poder económico, que forman parte de los directorios de las empresas exportadoras, las cooperativas y los bancos, que tienen el poder político —son los miembros más influyentes dentro de sus partidos— y al mismo tiempo disfrutan de un extraordinario prestigio social, por lo general como miembros de los clubes locales, rotarios, leones y masones. En las clases privilegiadas hay una continua preocupación por encontrar medios para conservar sus posiciones sin ser molestados. Y de este modo las clases privilegiadas se hacen cada vez más agresivas y, en cierto sentido, innovadoras. Esto es consecuencia de una sensación real de inseguridad. Lo que a su vez se debe, por una parte, a la situación crítica del cultivo y exportación del cacao, y por otra, a la continua preocupación de estas clases con respecto a una posible pérdida de su prestigio económico, social y político; un aspecto muy importante en el ejercicio del poder. Entre los miembros de estas clases que ocupan posiciones importantes hay un esfuerzo continuo para justificar su posición, incluyendo el recordatorio constante de las dificultades que ellos y sus antecesores (según palabras de los descendientes, "héroes reales") tuvieron que enfrentar al establecerse en los bosques y empezar las primeras plantaciones de cacao.

Es interesante observar, continua Semenzato, que *invariablemente los mismos hombres que se dedican a la producción del cacao forman parte de los directorios de los bancos, de los principales órganos de las cooperativas y en algunos casos de las empresas de exportación. Por otra parte, estas mismas empresas son también propietarias de las plantaciones de cacao. Hay banqueros propietarios productores de cacao y ganaderos. Hay miembros de los directorios de las cooperativas que son políticos influyentes, grandes productores de cacao, ganaderos e importantes comerciantes. Además, éstos son los mismos hombres que se relacionan, directa o indirectamente, debido a su prestigio y posición social, con la industria de los derivados del cacao, y así sucesivamente. La mayoría de los sectores económicos está en manos de los grandes productores.* Y debemos añadir que el productor de cacao es miembro de la Asociación Rural, una asociación de terratenientes que tiene representación en el Instituto del Cacao de Bahía, una organización con estrechas relaciones y fuerte influencia sobre el gobierno central del país.[70]

[70] CIDA, *Brazil report, op. cit.*, pp. 170 ss.

El control "a larga distancia" de la administración continúa siendo el ideal de quienes tienen capital para invertir y, como resultado de la transferencia de los ideales de los ricos a los pobres, incluso de quienes tratan de enriquecerse invirtiendo en el trabajo de otros, conformando tales ideales las políticas públicas y privadas. Por ejemplo una encuesta entre los funcionarios de un organismo público autónomo del Ecuador demostró que casi el 80 % de sus miembros o de sus familiares cercanos, tuvo o habían tenido propiedades rurales, aunque en el momento de la encuesta sólo el 11 % eran propietarios o arrendatarios de tierras. Pero el 75 % de los funcionarios aspiraba a comprar tierras o una parcela en un proyecto de colonización, o emplear sus ahorros en la adquisición de tierra o lotes suburbanos. De los que dijeron que ellos o sus familias deseaban tener una propiedad rural, sólo el 31 % la deseaban trabajar por sí mismos. La tierra se considera como una inversión de capital y no como base para una ocupación o, como algunos prefieren decir: como una forma de vida, es más bien parte de la escala de valores de los ricos latinoamericanos. Esta actitud también influye en la política pública y desde un punto de vista social es particularmente perniciosa ya que los organismos públicos han permitido que aparezca en los proyectos de colonización. Con frecuencia se asignan parcelas a personas que no tienen, o casi no tienen experiencia en el trabajo rural, o a profesionales o políticos. En el proyecto de asentamiento de Santo Domingo de los Colorados en el Ecuador occidental, para mencionar un típico ejemplo, sólo 9 de los 33 colonos iniciales que recibieron tierras en 1959 eran agricultores o administradores, suponiendo que los últimos fueran mejores agricultores que los campesinos.[71] El resto eran ex empleados (7), militares incluyendo la esposa de un oficial (7), hombres de negocios (2), choferes (2), un electricista, un mecánico, un artista de circo (!), un dentista, un joyero y un trabajador de telégrafos. Sin embargo, 13 de los 33 abandonaron sus parcelas y en la asignación subsecuente sólo se seleccionaron dos agricultores (uno de los cuales era un extranjero de dudosa experiencia en el campo). El resto eran de nuevo en su mayor parte ex empleados y militares. En 1960 se asignaron otros 23 lotes, 9 a militares o ex empleados, 3 a agricultores y el resto al propietario de una fábrica, a un abogado, un dentista, etc. Siete de éstos abandonaron sus parcelas y fueron sustituidos con personas que no eran agricultores. La eficiencia de los agricultores

[71] Por supuesto, esto no es cierto. Los administradores tienen un considerable desprecio a la idea de trabajar ellos mismos las parcelas y es probable que implanten en la tierra que se les asigne un sistema latifundista en miniatura.

experimentados excedía notoriamente a la de quienes carecían de experiencia en el trabajo agrícola, pero como es lógico, la eficiencia no era un criterio esencial para obtener o conservar una parcela de tierra.[72] En un proyecto de colonización cerca de la ciudad de Río de Janeiro (Itaguai, estado de Río de Janeiro) que tenía más de 1 000 lotes de 10 hectáreas cada uno, cerca del 10 % de las parcelas no producían y muchos lotes eran trabajados por aparceros o "administradores". En apariencia algunos lotes habían sido asignados con motivos políticos o especulativos.[73]

Un comportamiento característico y casi cómico de los miembros de la élite terrateniente, y que es un rasgo de su planteamiento a largo plazo en la agricultura, es su costumbre de visitar las empresas agrícolas —si es que las visitan— sólo en la época de las cosechas, cuando todos los procesos productivos han terminado, pero no durante el resto del año, o enviar alguien a supervisar la cosecha. Esto también está muy relacionado con una de las actitudes sobresalientes de los "agriculturistas" de América Latina que integran la élite terrateniente (y que son muy propensos a hablar en nombre de los campesinos de su comunidad): su desprecio proverbial por el trabajo manual en general y el trabajo agrícola en particular, independientemente de que vivan o no en su hacienda. Como resultado, el principio de "la tierra para quienes la trabajan" ha funcionado precisamente a la inversa en Latinoamérica. La mayor parte de la tierra pertenece a quienes no la cultivan y que consideran deshonroso el trabajo agrícola. ¡Nada de manejar estiercol! Se han llegado a considerar como predestinados —en vista de su riqueza y posición social y política— a dirigir el trabajo de otros y cosechar sus frutos. Hacerse y seguir rico explotando el trabajo de los campesinos es uno de los credos más importantes de los latifundistas y explica en gran medida por qué la mayor parte de la tierra de cultivo de América Latina se administra y se continuará administrando con niveles tan bajos. Es obvio que las visitas ocasionales, la administración de la propiedad rural a "control remoto" y el desprecio por el trabajo agrícola en general no capacitan a un hacendado como agricultor en el sentido correcto de la palabra.

Uso de la tierra y empleo de mano de obra. En este capítulo se intenta mostrar que la pobreza rural se debe a la posibilidad de los

[72] CIDA, *Ecuador report, op. cit.*, pp. 355 ss. Para una crítica profunda de los proyectos de colonización del Ecuador, véase Edda Eisenlohr, *Agrarreform in Ecuador im entwicklungspolitischen Kräftespiel,* Sozialforschungsstelle Universität, Münster, Dortsmund, septiembre de 1969, especialmente pp. 145 ss.

[73] CIDA, *Brazil report, op. cit.*, pp. 533 ss.

campesinos para obtener tierra o parcelas de tamaño adecuado; que su base agraria está disminuyendo; que la pobreza está muy relacionada con la desocupación o subocupación, que hay señales de que la ocupación en las haciendas no aumenta con la rapidez que la fuerza de trabajo y que incluso podría tender a decrecer en términos absolutos (como ocurrió en Brasil), dejando así que las unidades agrícolas más pequeñas (incluyendo los minifundios) soporten el mayor peso de la ocupación. Es evidente que independientemente de cualquier política consciente o inconsciente de la élite terrateniente para restringir las oportunidades de ocupación en sus haciendas —evidenciada por medidas como el uso extensivo de la tierra en empresas ganaderas que pueden operar con unos pocos vaqueros, el uso de equipo motorizado que remplaza la mano de obra, etc., y que dan por resultado el mantenimiento de un exceso de oferta de mano de obra—, *las prácticas agrícolas tradicionales llevan consigo el germen de una menor ocupación rural y una mayor pobreza debido a que la mala administración y consecuentemente el agotamiento y destrucción de los suelos influye en el número de trabajadores contratados y los rendimientos de la tierra que comparten los aparceros y arrendatarios.* No pocos propietarios de haciendas han declarado abiertamente que cambian a la ganadería con el fin de "resolver sus problemas de mano de obra". Aunque en algunos casos ésta podría ser sólo un pretexto para ocultar las razones más comunes —el agotamiento de sus suelos o la mayor conveniencia con que puede trabajarse la tierra—, tal política sólo aumenta la desocupación global para las naciones como un todo.

Por consecuencia, es obvio que se podría aumentar la ocupación de las haciendas si éstas usaran su tierra con más intensidad. Por desgracia, no es fácil calcular con exactitud la brecha entre la ocupación actual y el potencial de mano de obra rural. Para obtener cálculos precisos se debe basar en un conocimiento más completo de los recursos físicos en la agricultura, y en particular de los recursos agrarios controlados por la élite terrateniente. Tal información no está disponible. Por consiguiente, debemos contentarnos con simples cálculos, utilizando supuestos simples, para evaluar aproximadamente esa brecha. Tales cálculos indican que en los 7 países en que tenemos información disponible parecería que aproximadamente 50 millones de trabajadores podrían encontrar ocupación rural en las haciendas existentes. El mayor número de nuevos trabajadores es el del Brasil (cerca de 44 millones), calculado en base al censo de 1950. Como mostramos antes, el número de trabajadores en todas las haciendas disminuyó entre 1950 y 1960. La tierra de cultivo, en cambio, aumentó. Esto quiere decir que a la tasa de 10 hectáreas por trabajador rural (que es el doble de la tierra cultivada por trabajador en las propiedades familiares y, por lo tanto, una estimación moderada) podrían haber obtenido ocupación en la tierra adicional cultivada en las haciendas cerca de dos y medio millones de trabajadores más, sin considerar la posibilidad de que pudiera aumentar la ocupación en la tierra que ya se utilizaba en 1950. En otras palabras, la capacidad potencial de Brasil para absorber trabajadores rurales adicionales ha venido aumentando desde 1950.

Este cálculo usa como "modelo" la relación que existe entre la tierra y la mano de obra en las propiedades rurales familiares[74] bajo el supuesto de que en ellas la mano de obra está más ocupada y que con los recursos disponibles para los productores de las propiedades rurales familiares y los niveles actuales de administración y tecnología rurales, su tierra se explota con razonable intensidad. También supone que la calidad promedio de la tierra en las haciendas es más o menos la misma que la de las propiedades rurales familiares. Entonces se calcula la ocupación potencial total de las haciendas aplicando a ellas las relaciones tierra-trabajador que existen en las propiedades rurales familiares, de manera que su tierra sería capaz, en teoría, de sostener la misma tasa de trabajadores rurales que sostienen las propiedades rurales familiares. Es obvio que, tal como se calcula sobre la base de esos supuestos, existe en las haciendas una gran brecha entre la ocupación actual y la potencial debido al uso predominantemente extensivo de la tierra. Numéricamente el mayor aumento podría ocurrir en el Brasil.

Puede observarse, comparando estos cálculos con el número de familias rurales pobres, o en mala situación, que una expansión de la ocupación como la que se prevee aquí eliminaría la desocupación o la reduciría en una medida considerable, si se calcula la desocupación en un 30 ó 40 %. Por supuesto, estas estadísticas deben usarse con cautela. Sólo son un índice burdo de las posibilidades de aumentar la ocupación en el sector latifundista sin mejorar los métodos de administración o los niveles tecnológicos de la propiedad rural. No indican las oportunidades de trabajo disponibles en la actualidad. Sin embargo, casi es seguro que estos cálculos son conservadores. Con una reforma agraria real que modificaría simultáneamente la estructura de tenencia de la tierra y mejorara las normas de uso de los recursos, es decir, los métodos de administración y la tecnología de las propiedades rurales, sin sacrificar los objetivos de ocupación plena, esta última podría superar los cálcu-

[74] Por supuesto, esto no equivale a decir que la propiedad rural familiar es necesariamente el tipo ideal de propiedad rural.

CUADRO 16

MEDICIÓN DE LA ABSORCIÓN DE MANO DE OBRA ACTUAL Y POTENCIAL EN LAS GRANDES Y MEDIANAS PROPIEDADES RURALES DE SIETE PAÍSES (1950-1960)

País y clase de propiedad rural	*Número de trabajadores (en miles)*			*Número de familias en mala situación en 1960 (en miles)*
	Real	*Calculado*	*Diferencia*	
Argentina				
Haciendas medianas	212	240	27	467
Haciendas grandes	94	587	493	
Brasil				
Haciendas medianas	5 222	18 792	13 571	4 525
Haciendas grandes	2 679	32 907	30 227	
Chile				
Haciendas medianas	142	294	153	244
Haciendas grandes	256	2 104	1 849	
Colombia				
Haciendas medianas	189	838	649	961
Haciendas grandes	112	1 781	1 669	
Ecuador				
Haciendas medianas	83	83	1[a]	500
Haciendas grandes	138	195	57	
Guatemala				
Haciendas medianas	75	195	120	514
Haciendas grandes	41	253	212	
Perú				
Haciendas medianas	58	113	55	960
Haciendas grandes	397	1 572	1 175	
Los siete países anteriores				
Haciendas medianas	5 981	20 556	14 575	
Haciendas grandes	3 717	39 400	35 683	
TOTAL	9 698	59 956	50 258	

[a] Cerca de 565 en total.

NOTA: Los cálculos anteriores no indican las oportunidades de trabajo actualmente disponibles. Véase el texto.

los que se presentan para los siete países (e incluso podría aumentar en las propiedades rurales familiares).

Las inversiones privadas en la agricultura y la productividad económica. Concluiremos este capítulo haciendo algunos comentarios sobre otros dos aspectos de la agricultura latinoamericana, uno de los cuales es la baja propensión a invertir de la élite terrateniente y el otro, la contribución desproporcionada que hacen los pequeños productores a la producción agrícola total.

Entre los factores que afectan el crecimiento del sector agrícola, la menos conocida y estudiada es la inversión de capital en la agricultura, aunque resulta decisiva. No existen estadísticas adecuadas sobre las inversiones públicas y privadas en una escala nacional o regional. Se cree generalmente que las inversiones públicas totales en el sector son bajas y que igual ocurre con las inversiones privadas.

Un autor calculó que sólo cerca del 10 % de las inversiones anuales totales de América Latina se han destinado al sector agrícola, a pesar de su participación significativamente mayor en el producto nacional bruto y la proporción de la población total que representa. Las políticas relativas a las inversiones públicas anuales y las inversiones reales están influidas en gran medida por el sector latifundista mediante el poder económico y político que ejerce en todos los niveles y, como podría esperarse, las inversiones públicas se hacen, en su mayor parte (y en algunas ocasiones exclusivamente), cuando benefician a la élite latifundista —independientemente de que se les financie con recursos nacionales o préstamos internacionales. Una buena hipótesis para el análisis es que la agricultura latinoamericana carece seriamente de fondos de capital.

Si ahora prestamos atención a las inversiones privadas, es obvio que los propietarios de pequeñas parcelas y muchos productores de las propiedades rurales familiares obtienen ingresos que no les permiten ahorrar y, por lo tanto, no pueden hacer inversiones, o bien obtienen ingresos en que los terratenientes no les permiten hacer esas inversiones. En consecuencia, como ya dijimos antes, sus recursos de capital son escasos. Sin embargo, aunque el capital fijo y de trabajo total en las grandes propiedades rurales es considerablemente mayor, esto no significa que sea adecuado. De hecho, una de las razones del estancamiento agrícola es la falta de inversiones privadas y la tendencia de los hacendados a gastar sus ingresos agrícolas en el consumo de bienes o en otras formas que no se relacionan con la agricultura. Mientras los hacendados controlen la mayor parte de la tierra de cultivo de los países y obtengan la mayor parte del ingreso generado en el sector agrícola, sus hábitos de gasto tendrán una influencia decisiva sobre el crecimiento agrícola.

La gran mayoría de los grandes terratenientes conservan una parte muy pequeña de su ingreso para reinvertirlo en sus propiedades rurales. Pueden obtenerse algunos indicios del nivel y estructura de la inversión en las agriculturas tradicionales latinoamericanas analizando las estadísticas sobre "gastos de capital" que aparecen en censos recientes en once municipios del Brasil, dos de los cuales eran zonas relativamente progresistas de colonización, y los nueve restantes zonas tradicionales características en que la mayor parte de la tierra estaba controlada por latifundistas. La inversión total era pequeña, independientemente del tipo de propiedad rural, pero casi la mitad se había hecho en las dos zonas de colonización (47%), a pesar de que los otros nueve municipios tenían siete veces más tierra de cultivo y tres veces más propiedades rurales. La inversión total por propiedad en los minifundios era insignificante. No obstante, en varios municipios la inversión por hectáreas de los latifundios fue incluso menor que la de los minifundios, y en todos los municipios fue menor que en las propiedades rurales familiares y que en las propiedades rurales multifamiliares medianas. En general, la inversión total por propiedad rural aumentaba con más rapidez que el tamaño promedio de la propiedad hasta las propiedades rurales multifamiliares medianas, pero disminuía para los latifundios. De este modo la inversión total por propiedad en las haciendas medianas era 58 veces mayor que la de los minifundios, aunque su tamaño promedio sólo era 29 veces mayor; la inversión por latifundio era 153 veces mayor que la inversión por minfundio, pero el tamaño promedio de los latifundios era 316 veces mayor. También se hace evidente la falta de esfuerzos necesarios para mejorar la producción agrícola cuando se relaciona con la tierra cultivada la inversión en maquinaria y mejoras (excluyendo ganadería). Se vio que dichos gastos de capital en un latifundio eran 175 veces mayores que los de los minifundios. Sin embargo, la inversión por hectárea de tierra cultivada aumentó mucho menos que la cantidad de tierra sembrada, ya que los latifundios tienen en promedio 46 veces más tierra cultivada que los minifundios, a pesar de lo cual su inversión por hectárea cultivada fue sólo 4 veces mayor que la de los minifundios y no más grande que la de las propiedades rurales familiares.

Por supuesto, esta evidencia no es definitiva, ya que las estadísticas del censo no son la mejor base para juzgar las prácticas financieras de los productores, pero sí corroboran el hecho bastante aceptado de que los esfuerzos que hacen los grandes *fazendeiros* del

Brasil para mejorar sus empresas agrícolas son insignificantes si se les compara con sus recursos, e inferiores a lo esfuerzos que hacen otros productores, algunos de los cuales tienen mucho menos capacidad financiera para hacer mejoras en sus tierras. Hay pocas dudas de que si los grandes propietarios tuvieran una menor propensión a consumir, habría más fondos disponibles cada año para inversiones productivas. Pero una elevada propensión a consumir es un aspecto inherente, institucionalizado, de un sistema latifundista y es obvio que tiene un importante efecto acumulativo (negativo) sobre el crecimiento económico a largo plazo.[75]

Otro aspecto importante que hasta ahora se ha descuidado es que cuando los hacendados hacen inversiones, éstas, por su misma naturaleza, deben rendir menos en términos de mayor producción de lo que sería el caso en una agricultura más dinámica.[76] En las normas que sigue la élite terrateniente se da una alta prioridad a *inversiones ostentosas*, esto es, inversiones que no mejoran la calidad del suelo ni la capacidad productiva de la empresa agrícola, sino que sólo tienden a incrementar el valor del capital en la propiedad rural. En otras palabras, la tendencia a gastos de consumo ostentoso que tienen los ricos es igualada por una tendencia a invertir en estructuras ostentosas y otros gastos semejantes. Un caso interesante es

[75] El economista Nicholas Kaldor (*Problemas económicos de Chile*, en *El Trimestre Económico*, abril-junio de 1959), concluyó de su estudio general de la economía chilena que si la tasa de consumo del ingreso bruto derivado de la propiedad se redujera a los niveles que se encuentran en la Gran Bretaña, los gastos de consumo personal de este grupo disminuirían considerablemente y los recursos así liberados serían suficientes para duplicar la inversión en capital fijo. Esto significa que la inversión neta aumentaría del 2 al 14 % del ingreso nacional neto. Los terratenientes chilenos tienen una propensión tan alta al consumo como los propietarios en general, según otro estudio. En una muestra de 20 grandes empresas agrícolas, aproximadamente sólo el 11 % de su ingreso agrícola bruto era reinvertido en la agricultura y una alta proporción de los gastos de consumo se destinaba a la compra de artículos de lujo e importados.

Algunos propietarios alegan que mientras exista la amenaza de una reforma agraria se abstendrán de invertir en sus tierras. Pero este alegato no tiene validez. La amenaza de reforma agraria existe debido al uso que hace la élite terrateniente de los recursos agrícolas, que es la causa de los conflictos sociales. Dentro de las leyes de reforma agraria existentes, se alienta de hecho a los hacendados a que inviertan con el fin de no estar sujetos a la expropiación. Véase el capítulo III.

[76] En un artículo reciente sobre Uruguay, R. H. Brannon (*op. cit.*) trató de mostrar que los hacendados invierten sus ahorros en tierras y no en la intensificación de las prácticas de producción de sus tenencias actuales, afirmando que gran parte de esta inversión ha buscado oportunidades para comprar tierras en zonas que requieren un insumo mínimo de tiempo de administración y producción que hiciera aumentar la tecnología.

CUADRO 17

RELACIÓN ENTRE LA NUEVA INVERSIÓN POR PROPIEDAD RURAL Y EL TAMAÑO PROMEDIO DE ÉSTA, O NÚMERO PROMEDIO DE HECTÁREAS CULTIVADAS, EN RELACIÓN CON LA CLASE DE PROPIEDAD RURAL, EN 11 MUNICIPIOS DEL BRASIL, 1960

Clase de propiedad rural	Tamaño promedio de la propiedad rural como múltiplo del de los minifundios	Inversión total por propiedad rural como múltiplo de la de los minifundios	Tierra cultivada por propiedad rural como múltiple de la de los minifundios	Inversión por propiedad rural como múltiplo de la de los minifundios [a]	Inversión por hectárea de tierra cultivada como múltiplo de la de los minifundios [a]
Minifundios	1	1	1	1	1
Propiedades rurales familiares	10	14	4	16	4
Propiedades rurales multifamiliares medianas	29	58	8	69	8
Haciendas grandes	316	153	46	175	4

[a] Incluye inversiones en maquinaria y mejoras, pero excluye la ganadería.

el que ya mencionamos de la zona de plantaciones de cacao de Bahía donde el gobierno federal brasileño inició un plan para mejorar la administración de las plantaciones en tanto que los rendimientos disminuían con rapidez. Se pagaron importantes subsidios a los cultivadores. Pero la mayoría de los grandes productores mostró poco interés en una renovación sistemática de los árboles de cacao, buenas prácticas de poda o fertilización y erradicación de enfermedades. En cambio, usaron los subsidios para invertir en almacenes o instalaciones de secado que aumentan el valor de capital de las plantaciones pero son con toda claridad una pérdida para la economía en conjunto, en vista de la continua disminución en la cantidad y calidad de la producción. Por supuesto, éste no es de ninguna manera un ejemplo excepcional. Muchos hacendados gustan de construir establos y graneros modernos —por lo usual con un considerable exceso de capacidad— y almacenes o residencias privadas que deben considerarse extravagantes y con frecuencia innecesarias, excepto si su finalidad es "*épater le bourgeois*". Por lo general no son necesarias para la productividad de la empresa.

Por supuesto, los hacendados tienden a usar el crédito para estas inversiones (e incluso para gastos de operación) en vez de su propio capital, y en países en que la tasa de inflación es mayor que la tasa de interés que pagan, éste es un buen negocio. Pero de cualquier modo el solicitar crédito es un buen negocio, primero debido al acceso preferente que tienen los hacendados a los fondos de crédito, y segundo, debido a que el propio capital de los hacendados puede usarse en empresas más lucrativas, cuyas tasas de rendimiento excedan el interés que se paga por los préstamos agrícolas. Es obvio que las agencias de crédito privado dan mayor prioridad a los hacendados, prestándoles en base a su estatus social y político, con frecuencia sin investigar si los fondos se usan o no en realidad para fines agrícolas. Pero incluso los organismos públicos de crédito cuya función específica es, en teoría, promover la agricultura y ayudar especialmente a los pequeños productores, han adoptado políticas de crédito que se ajustan a las prácticas de administración de la propiedad rural y a las propensiones a consumir e invertir de los grandes productores, más bien que a las necesidades de la economía como un todo. Por ejemplo, en Chile la mayor parte de los fondos de crédito que prestó el Banco del Estado para fines agrícolas se destinó a las operaciones de los grandes propietarios, incluyendo sus gastos corrientes. Además, muchos prestatarios que informaron tener considerables activos de capital solicitaron préstamos pequeños. Como por lo usual los préstamos son a corto plazo y los ricos prestatarios continúan renovando sus solicitudes, en realidad obtienen créditos a largo plazo para financiar operaciones a corto plazo.[77] La influencia política, económica y social de la élite terrateniente es tan fuerte y general que puede utilizar para sus propios fines y ventajas a las instituciones establecidas especialmente para ayudar a los campesinos. Está claro que en un sistema latifundista los créditos disponibles no se usan con el máximo provecho.

Debido a que las inversiones en la agricultura son tan inadecuadas, se recomienda con frecuencia que se adopten políticas para incrementar su tasa actual, con el propósito de proporcionar el ímpetu necesario para expandir la producción a una tasa mucho más acelerada. A menudo esto asume la forma de recomendaciones para incrementar la disponibilidad de créditos. Tal recomendación no tiene en cuenta la realidad de la agricultura latifundista. Además de los obstáculos institucionales inherentes que dificultan el aumento de la inversión privada, la actual estructura de la agricultura en general

[77] E. Feder, *El crédito agrícola en Chile*, Instituto de Economía, Universidad de Chile, monografía 29, Santiago de Chile 1960. Las investigaciones recientes en el campo del crédito para la agricultura en Chile muestran que los descubrimientos de ese estudio subestimaron la gravedad del problema.

hace muy difícil que el sector agrícola se beneficie *pari passu* por medio de los incrementos en la inversión pública o privada. Es decir, las nuevas inversiones no dan un rendimiento suficiente debido a que son mal ejecutadas por los hacendados, que son los principales beneficiarios del crédito y los principales poseedores de capital. Parecería que dentro de la actual estructura de la agricultura sólo se puede obtener el crecimiento a un costo creciente.

Por último, debemos llamar la atención de nuevo al hecho de que la contribución que hacen los pequeños productores a la producción agrícola total del país es, con mucho, superior a los recursos a que tienen acceso. En cinco países para los que contamos con información, los minifundios controlaban entre el 0.2 y el 17 % de la tierra de cultivo, a pesar de lo cual contribuían entre el 3 y el 30 % del producto agrícola total. En comparación, los latifundios controlaban entre el 37 y el 81 % de la tierra pero su contribución varió entre el 15 y el 57 %. Estas cifras no reflejan del todo la importancia de los pequeños productores en la producción de alimentos para el consumo interno, exceptuando la carne (ya que la ganadería es casi exclusiva de las grandes propiedades). Muchos alimentos básicos como maíz, yuca y vegetales son producidos de manera principal por los pequeños productores. De hecho, la contribución de estos últimos es aún mayor si se incluyen todos los trabajadores que laboran la tierra en provecho de los propietarios, como los "inquilinos" u otros tipos parecidos de trabajadores. Por ejemplo, en Chile, la contribución de los pequeños productores a la producción total aumenta del 4 al 9 %, y la de los grandes productores disminuye del 57 al 54 %, si se hace tal ajuste en las estadísticas. Estas cifras también demuestran cómo beneficia a los terratenientes el cultivo intensivo de los trabajadores sin tierra.

Como sucede en la mayoría de las agriculturas subdesarrolladas, en América Latina la producción por hectárea de las grandes haciendas es por lo general inferior al de las pequeñas unidades, mientras que el valor de la producción por trabajador es, en promedio, menor que en las propiedades rurales de menor tamaño. El mayor promedio de la productividad de la tierra en estas últimas es resultado de su uso más intensivo de la tierra. Los pequeños productores se concentran en la producción intensiva de alimentos, incluyendo huertos. El valor de la producción por hectárea es más pequeño en las grandes propiedades incluso si sólo se considera la tierra cultivada que (exceptuando Colombia) incluye pastizales y tierra en barbecho. En otras palabras, el valor de la producción por hectárea de tierra cultivada, que incluye el rendimiento de todos los productos (también la ganadería) es todavía menor en las grandes propiedades después de que se han excluido los pastos naturales y otros usos de la tierra. *En realidad la intensidad del uso de la tierra es tan superior en las pequeñas propiedades rurales que compensa con creces todas sus desventajas en términos de suelos más pobres y falta de capital y otros recursos.*

CUADRO 18

DISTRIBUCIÓN DE LA TIERRA Y PRODUCCIÓN AGRÍCOLA POR CLASE DE PROPIEDAD RURAL EN CINCO PAÍSES

País y clase de propiedad rural	*Porciento de tierra de las propiedades rurales*	*Porciento que representa la producción agrícola*
Argentina		
I	3	12
II	45	47
III	15	26
IV	37	15
Brasil		
I	1[a]	3
II	6	18
III	34	43
IV	60	36
Chile		
I	—[b]	4
II	7	16
III	11	23
IV	81	57
Ecuador		
I	17	26
II	19	33
III	19	22
IV	45	19
Guatemala		
I	14	30
II	13	13
III	32	36
IV	41	21

I. Minifundios; II. Propiedades rurales familiares; III. Propiedades rurales multifamiliares (haciendas) medianas; IV. Propiedades rurales multifamiliares haciendas) grandes.

[a] 0.5 %.

[b] 0.2 %.

Esas discrepancias tan amplias en la productividad promedio de la tierra que se deben a las grandes diferencias en la intensidad de uso de la tierra revela, desde el punto de vista de la economía como un todo, y no de la élite terrateniente en particular, una grave deficiencia de la estructura de tenencia de la tierra que permite que esto ocurra. Significa que para las economías como un todo hay menos producto total o una composición de este último insatisfactoria para el país en términos de una dieta adecuada. También implica una clara predisposición de los pequeños propietarios y trabajadores sin tierra a usar su tierra eficientemente. Por supuesto, desde el punto de vista de los mismos campesinos y para el desarrollo a largo plazo de la agricultura latinoamericana esto es muy alentador.

Otro aspecto importante es la productividad de la mano de obra. Con frecuencia se considera el hecho de que la producción por trabajador en términos monetarios aumenta al aumentar el tamaño de la propiedad rural como evidencia de que las grandes empresas son más eficientes.[78] Sin embargo, esto es muy dudoso. La diferencia entre las grandes y las pequeñas propiedades rurales se debe en gran medida a las mismas razones que explican la diferencia en la productividad de la tierra. En parte se debe a la falta de acceso de los pequeños productores a los recursos, y el que no puedan trabajar sus inadecuadas parcelas a tiempo completo. Además, algunos de los grandes propietarios tienden a invertir en maquinaria que ahorra mano de obra con el fin de ser más independientes del trabajo humano. Por otra parte, en las grandes haciendas el valor promedio de la producción por trabajador está influido por los usos extensivos de la tierra, como la ganadería o los cultivos permanentes. Ambos pueden trabajarse con insumos relativamente pequeños de mano de obra. De hecho, la producción por propiedad rural aumenta al aumentar el tamaño de esta última, pero lo hace con más rapidez que el número de trabajadores por propiedad. Por ejemplo, en Brasil el número de hectáreas con cultivos anuales y permanentes por trabajador fue de 0.5 y 0.6 hectáreas respectivamente en los minifundios; en las propiedades rurales familiares de 1.19 y 0.16; en las

[78] W. H. Nicholls y R. Miller Paiva hicieron recientemente este supuesto en un estudio de la agricultura brasileña. En parte sobre la base de una mayor productividad de la mano de obra, los autores concluyeron que el Brasil tiene una deuda considerable con los grandes terratenientes y defendieron las tradiciones feudales. Tanto los aspectos económicos como políticos de su argumentación sólo son válidos si se supone que es mejor dejar tal como está la actual estructura de la agricultura. Está claro que esta concepción no es válida en la actualidad. Véase Carlos Alberto de Medina, *Agricultural productivity and political innocence*, en *América Latina*, Río de Janeiro, julio-septiembre de 1968.

CUADRO 19

VALOR DE LA PRODUCCIÓN POR HECTÁREA O POR TRABAJADOR AGRÍCOLA COMO PORCIENTO DE LA DE LOS MINIFUNDIOS

País y clase de propiedad rural	*Por hectárea de tierra en las propiedades rurales*	*Por hectárea de tierra cultivada*	*Por trabajador agrícola*
Argentina			
I	100	100	100
II	30	50	250
III	50	62	470
IV	12	49	620
Brasil			
I	100	100	100
II	59	80	290
III	24	53	420
IV	11	42	690
Colombia			
I	100	100	100
II	48	91	418
III	19	84	753
IV	9	78	995
Chile			
I	100	100	100
II	14	32	170
III	12	25	310
IV	5	21	440
Ecuador			
I	100	100	—
II	85	110	—
III	54	100	—
IV	37	93	—
Guatemala			
I	100	100	100
II	56	80	220
III	54	122	670
IV	25	83	710

I. Minifundios; II. Propiedades rurales familiares; III. Haciendas medianas; IV. Haciendas grandes.

Las diferencias en la producción por hectárea cultivada son menores en Colombia debido a que no se incluyen los pastizales artificiales en la tierra cultivada.

propiedades rurales multifamiliares medianas 1.19 y 0.42 hectáreas; y en los latifundios 1.45 y 0.58 respectivamente. La diferente productividad por trabajador puede considerarse, por consiguiente, como indicio de una defectuosa estructura de la tenencia de la tierra y de las normas de uso de la misma.

APÉNDICE DEL CAPITULO I

CUADRO I

DISTRIBUCIÓN DE LAS PROPIEDADES RURALES Y DE LA TIERRA DE CULTIVO EN 10 PAÍSES, ALREDEDOR DE 1960 (EN PORCIENTOS)

A. *Propiedades rurales*

País	*Número de propiedades rurales (miles)*	*Minifundios*	*Propiedades rurales familiares*	*Haciendas medianas*	*Haciendas grandes*
Argentina	446	43	49	7	1
Brasil [a]	3 334	31	39	27	3
Chile	151	37	40	16	7
Colombia	1 194	64	30	5	1
Ecuador	344	84	13	3	— [a]
Guatemala	417	87	11	2	— [a]
Perú	852	85	11	3	1
El Salvador	227	91	7	1	1
Honduras	178	67	26	6	1
Nicaragua	102	51	27	21	1

B. *Tierra de cultivo*

País	*Tierra de cultivo (miles de hectáreas)*	*Minifundios*	*Propiedades rurales familiares*	*Haciendas medianas*	*Haciendas grandes*
Argentina	173 946	3	45	34	18
Brasil	249 862	1	8	38	63
Chile	27 712	— [a]	7	12	81
Colombia	24 264	5	25	25	45
Ecuador	6 000	12	20	23	45
Guatemala	3 449	19	19	36	26
Perú	18 605	15	5	5	75
El Salvador	1 581	22	21	20	37
Honduras	2 417	12	27	33	28
Nicaragua	3 823	4	11	44	41

[a] Menos del 0.5 %.

NOTA: Los minifundios incluyen las llamadas microfincas en Guatemala, El Salvador y Nicaragua, y 808 comunidades indígenas del Perú con sus numerosas tenencias pequeñas.

CUADRO II

USO DE LA TIERRA POR CLASE DE PROPIEDAD RURAL EN SIETE PAÍSES,[a] 1950-1960 (MILLONES DE HECTÁREAS Y PORCIENTO)

Clase de propiedad rural	*Tierra cultivada*		*Pastizales naturales*		*Bosques y malezas*		*Otros usos incluyendo tierra estéril*		*Total de tierra en las propiedades rurales*	
	Ha	*Porcentaje*	*Ha*	*Porcentaje*	*Ha*	*Porcentaje*	*Ha*	*Porcentaje*	*Ha*	*Porcentaje*
Subfamiliares (minifundios)	6.3	55	3.4	30	1.0	9	0.7 0.97	6	11.4	100
Propiedades rurales familiares	29.4	29	53.3	52	14.7	14	4.6	5	102.1	100
Haciendas medianas	39.5	33	49.0	42	20.8	18	8.7	7	118.1	100
Latifundios	40.7	16	133.2	52	60.9	23	23.1	8	257.9	100
TOTAL	115.9	24	239.0	49	97.0	20	37.1	7	489.5	100

[a] Argentina, Brasil, Chile, Colombia, Ecuador, Guatemala, Perú.
[b] Tierra de cultivo, pastos artificiales o mejorados, y tierra en barbecho.

CUADRO III

VARIOS USOS DE LA TIERRA EN LAS PROPIEDADES RURALES FAMILIARES Y EN LAS HACIENDAS COMO MÚLTIPLO DE LAS PROPIEDADES SUBFAMILIARES EN SIETE PAÍSES, 1950-1960

Clase de propiedad rural	*Tierra cultivada*	*naturales Pastos*	*Bosques y matorrales*	*Otros usos, incluyendo la tierra estéril*	*Tierra total en las propiedades rurales*
Subfamiliares	1.0	1.0	1.0	1.0	1.0
Familiares	4.6	15.5	15.2	6.7	8.9
Haciendas medianas	6.2	14.3	21.3	12.7	10.3
Haciendas grandes	6.4	38.8	62.6	33.6	22.6

CUADRO IV

USO DE LA TIERRA POR CLASE DE PROPIEDAD RURAL EN TRES PAÍSES CENTROAMERICANOS,[a] ALREDEDOR DE 1960 (MILLONES DE HECTÁREAS Y PORCENTAJE)

Clase de propiedad rural	*Tierra cultivada*		*Todos los demás usos*		*Tierra total en las propiedades rurales*	
	Ha	*Porcentaje*	*Ha*	*Porcentaje*	*Ha*	*Porcentaje*
Propiedades rurales subfamiliares	0.5	69	0.2	31	0.8	100
Propiedades rurales familiares	0.4	31	1.0	69	1.4	100
Haciendas medianas	0.5	16	2.3	84	2.8	100
Haciendas grandes	0.3	11	2.5	89	2.8	100
TOTAL	1.7	22	6.1	78	7.8	100

NOTA: Las pequeñas diferencias se deben a que se redondearon las cifras.

[a] Honduras, El Salvador y Nicaragua.

[b] El censo preliminar de Honduras no permite un desglose más detallado del uso de la tierra que el que se proporciona en este cuadro. Véase el texto.

CAPÍTULO II

LATIFUNDISMO: LA AGRICULTURA DE LA ARBITRARIEDAD

Bajo el sistema de justicia señorial, los propietarios tenían poderes tan amplios para juzgar y castigar a sus siervos que podían obligarlos a cumplir con cualquier tipo de demanda extorsionista. De acuerdo con el Códice de 1833, el propietario podía emplear, para la conservación del orden y la autoridad, cualquier medio doméstico de corrección que no hiciera peligrar la vida o resultara en mutilación... se empleó un ingenio diabólico en la perfección de todo un arsenal de instrumentos de castigo: palos, bastones, látigos, cuero trenzado con alambre, que en algunas ocasiones, aunque raras, se emplearon con tanto entusiasmo que causaron la muerte del siervo. Los castigos que permitía la ley de 1845 seguían siendo bastante duros.. pero la falta de energía para obligar a su cumplimiento era igual a las facilidades que daba la ley para contribuir a la miseria del campesino. La ejecución de la ley contra un propietario determinado dependía mucho de los otros miembros de la clase propietaria y de los funcionarios que controlaban o pagaban secretamente.

G. TANQUARY ROBINSON, *Rural Russia Under the Old Regime*, cap. III: "The Peasants in the Last Decades of Serfdom", pp. 42 *s.*

Si en alguna ocasión trataban los trabajadores agrícolas de mejorar su situación mediante una huelga, se encontraban ante numerosos peligros. Si un trabajador abandonaba su trabajo antes de que terminara su contrato estaba expuesto a ser condenado a un mes de prisión. Si un grupo de trabajadores cesaba de trabajar y por medio de la fuerza, amenazas o el "aislamiento personal" obligaba a los demás trabajadores a hacer lo mismo, los culpables podían ser condenados de seis a doce meses de prisión. Aun más duros eran los castigos para los miembros de cualquier organización que incitaba a los trabajadores agrícolas a parar el trabajo en violación de un contrato; la pena era la prisión en una fortaleza desde un año y cuatro meses hasta cuatro años, con la pérdida permanente del derecho de votar u ocupar un cargo. Aparentemente el gobierno estaba determinado a no tolerar ninguna imprudencia de los trabajadores agrícolas, y en particular trataba de limitar las actividades de los agitadores individuales y de las organizaciones radicales. Sin duda en parte como resultado de esta política represiva los trabajadores agrícolas siguieron casi totalmente desorganizados (excepto por los numerosos y primitivos *artels*) y el número de huelgas entre 1907 y 1913 fue insignificante.

Ibid., cap. XII: "On the Eve", pp. 248 *s.*

El despotismo institucional e individual

Además de las flagrantes desigualdades en la distribución de los recursos y el ingreso, que por si solas son causa de un fuerte descontento entre la población rural, los campesinos latinoamericanos encuentran en el trato humillante que han recibido de la élite terrateniente durante generaciones otra causa de descontento, resentimiento e incluso rebelión. El latifundismo ha sido y continúa siendo una agricultura de opresión y arbitrariedad. Y por eso debemos prestar atención ahora a las relaciones humanas entre la pequeña oligarquía de hacendados y los millones de campesinos que en su mayoría trabajan para los terratenientes, o viven en pequeñas parcelas que la gracia de éstos les ha otorgado.

Si se juzga el progreso por la adopción de instituciones que les permitan, a quienes apenas obtienen su subsistencia trabajando para otros o para sí mismos, acceso al ingreso y a los recursos productores de riqueza, entonces los campesinos de latinoamérica han progresado muy poco o nada. Pero el progreso también puede medirse, y de hecho así debe hacerse, en términos de la participación de los campesinos en las actividades políticas de su país y de su habilidad para tomar decisiones efectivas en problemas que afectan su propia situación. Desde este punto de vista, ha habido aún menor progreso. En realidad puede afirmarse justificadamente que la brecha que existe entre las agriculturas de las naciones industriales y las agriculturas tradicionales de América Latina desde el punto de vista del bienestar material de la familia campesina promedio, que a su vez refleja su productividad promedio y la productividad de la tierra que cultiva, y desde el punto de vista de su capacidad para mejorar su situación económica, es menor que la brecha en las instituciones legales, sociales y políticas que determinan las condiciones de su trabajo y de su vida.

Durante generaciones los campesinos latinoamericanos han tenido una posición de negociación muy débil, resultado de un excedente permanente de mano de obra rural y que hoy parece que está aumentando. Con esto queremos decir que las condiciones de trabajo —salarios, horas de trabajo, vivienda, condiciones sanitarias y de salubridad, etc.— y otras condiciones en que viven ellos y sus familias —educación, vida de la comunidad, etc.— son determinadas casi exclusivamente por la élite terrateniente. La pequeña élite rural que es la principal beneficiaria de la estructura agraria existente tiene, como es obvio, interés en conservar a los campesinos en su situación subordinada, incluso al riesgo constante de agudizar los conflictos, como las invasiones de tierra o los levantamientos campesinos. En este respecto, la oligarquía rural ha conservado una actitud inflexible. Para servir a sus fines se ha desarrollado todo un conjunto de instituciones, mecanismos y estrategias, de manera que en la actualidad casi toda la estructura económica, social y política de la sociedad latinoamericana parece estar en contra de los campesinos cuando tratan de obtener un mayor poder de negociación, participación política e influencia por medio de la libertad para organizarse en uniones de trabajadores, ligas campesinas u otros medios. Aunque existen, por supuesto, variaciones muy amplias en las actitudes de los hacendados con respecto a los campesinos, y en realidad en la misma situación de los campesinos —por ejemplo, los inquilinos de Chile, los colonos del Brasil meridional y los indígenas del altiplano guatemalteco, sufren diferentes grados de humillación y habría notorias diferencias dentro de cada grupo—, el problema esencial no es si existen algunos patrones o terratenientes con escrúpulos, además de los déspotas, que le permitan a uno decir que "después de todo el latifundismo no es tan malo". El problema es que cualquier hacendado "escrupuloso" puede cambiar de actitud y convertirse en un hacendado despótico sin incurrir en el riesgo de un castigo o un perjuicio para su situación económica, social y política, ya que una agricultura de latifundio tolera a los terratenientes despóticos y los considera elementos esenciales para salvaguardar las bases del sistema. De este modo un hacendado puede castigar a un pastor que pierde una de sus ovejas por el ataque de una zorra, deduciendo tres días de su paga en vez de un día como es tradicional. O podría despedir a un grupo de trabajadores, a los que prometió trabajo y que esperaron durante dos días que cumpliera su promesa, sin finalmente darles ni una compensación, algo que sus "colegas" latifundistas no considerarán inmoral o antisocial.[1] En realidad, lo más probable es que critiquen e investiguen más bien al terrateniente "escrupuloso" si les parece que su comportamiento amenaza los fundamentos del sistema y altera las relaciones tradicionales entre los hacendados y los campesinos. En el latifundismo de América Latina, en consecuencia, es el terrateniente despótico quien se apega fielmente y quizá con exceso a las "reglas del juego" que determinan esa clase de relaciones y las matiza. Lo cual explica por qué siempre es violenta la reacción de la élite terrateniente ante la menor duda de su superioridad, además de ser desproporcionada con respecto a la amenaza

[1] Para una descripción de un caso semejante, véase CIDA, *Brazil report, op. cit.*, pp. 293 *ss.* El caso que se menciona aquí es poco usual ya que ocurrió en una zona cercana a un gran pueblo, donde las uniones eran fuertes y había un tribunal laboral. Además, también se vio implicado un contratista de mano de obra que apoyó a los trabajadores y perdió también su pago.

real a su autoridad y contraria a las leyes y morales de las sociedades avanzadas. Explica por qué los campesinos están en gran parte incapacitados para obtener cualquier tipo de compensación si se les defrauda, maltrata o humilla, o por qué no se castiga a los terratenientes que violan abiertamente las leyes que rigen las relaciones campesino-propietario o campesino-patrono. En una agricultura latifundista el despotismo del terrateniente está institucionalizado.

Por lo tanto, en cierto sentido también la élite está aprisionada en su propio sistema de relaciones sociales y políticas con los campesinos que ella misma creó, ya que no pueden dar flexibilidad a las reglas que rigen el tratamiento de los campesinos sin minar los fundamentos del sistema que establecieron para su propio beneficio y que sólo puede funcionar con un continuo excedente en la oferta de mano de obra que trabaja con muy bajos salarios y en condiciones de sumisión. Pero los campesinos también están apresados por el sistema, ya que en el transcurso del tiempo se han institucionalizado sus actitudes y valores, representando un importante obstáculo interno para el proceso de autoliberación que es parte de la estructura cultural general de la vida rural latinoamericana. Su temor a los terratenientes o sus representantes, los administradores, y de hecho a todos los representantes de la autoridad asociados con la élite, se expresa en la sumisión, evasividad, desconfianza y sentimiento de frustración. Es éste, para ellos, un obstáculo difícil de superar en su búsqueda de mayor libertad y bienestar. De este modo, los campesinos se han convertido en sus propios enemigos.

La composición de la fuerza de trabajo rural

Antes de hacer un análisis más completo de las relaciones humanas en una agricultura latifundista, debemos intentar primero ofrecer un panorama general de la gente que compone la fuerza de trabajo rural, es decir, las personas que participan activamente en el trabajo agrícola, sean productores o trabajadores asalariados y familiares (excluyendo los miembros de la familia que no trabajan), esto es, administradores o cualquier tipo de trabajador dependiente. También describiremos, de modo general, las tendencias que afectan la composición de la fuerza de trabajo.

Por desgracia, las estadísticas y otra información disponible no son siempre fidedignas, ni nos permiten clasificar los trabajadores de tal manera que se refleje en realidad la situación de la sociedad rural. La información más detallada, aunque de ninguna manera completa, se refiere a los siete países (Argentina, Brasil, Chile, Colombia, Ecuador, Guatemala y Perú) a que nos hemos referido varias veces antes. En estos siete países la fuerza de trabajo rural tenía 23.2 millones de miembros a principios de la séptima década. Repetimos que esto excluye por definición los hombres, mujeres y niños parientes de los trabajadores rurales que no trabajan. Éstos son aproximadamente 30 millones en los siete países y es obvio que ellos también son afectados por los términos de ocupación de la fuerza de trabajo activa de que dependen.

En contraste con los productores independientes, los trabajadores rurales asalariados que trabajan para patrones rurales, de acuerdo a varias formas posibles de contrato, pueden, si usamos una definición amplia, clasificarse de varios modos: por residencia (en las propiedades rurales, en las aldeas o pueblos), por la clase de remuneración que reciben y por su acceso a la tierra.

CUADRO 20

DISTRIBUCIÓN APROXIMADA DE LA FUERZA DE TRABAJO RURAL EN SIETE PAÍSES DE AMÉRICA LATINA

Clase de propiedad rural	*Fuerza de trabajo total (millones)*[a]	*Trabajo familiar (millones)*	*Trabajo contratado (millones)*	*Porcentaje que representa el trabajo contratado*
Propiedades rurales subfamiliares	7.2	6.1	1.1	15
Propiedades rurales familiares	6.9	4.8	2.1	30
Haciendas medianas	6.2	2.5	3.7	60
Haciendas grandes	2.9	0.3	2.6	90
TOTAL	23.2	13.7	9.5	41

NOTA: Cifras basadas en las estadísticas del CIDA y ajustadas según censos más recientes.

Sin embargo, una clasificación basada en un solo criterio, digamos el sistema de remuneración, es impráctica, ya que en muchos casos la remuneración total de los trabajadores rurales consiste en una combinación de salarios en efectivo (una forma moderna de remuneración), productos de la tierra (la forma tradicional), y prestaciones ofrecidas por los patrones (una choza, algo de leche, etc.). La siguiente clasificación, que difiere de la adoptada por los censos, incluiría a la mayoría de los trabajadores asalariados en la agricultura latinoamericana.

1. Trabajadores con superficies de tierra pequeñas, inadecuadas, y trabajadores que cultivan la tierra a las órdenes de los terratenientes. En este grupo incluimos los minifundistas que trabajan a tiempo completo o parcial para otras personas; aparceros, arrendatarios y trabajadores similares; trabajadores que residen en propiedades rurales con huertos, y trabajadores que viven en, o cerca de, pequeños pueblos o aldeas con pequeñas parcelas de tierra pero que se contratan en las propiedades rurales.
2. Trabajadores sin tierra. En este grupo incluiríamos los trabajadores contratados que viven en chozas o barracas en las propiedades rurales; trabajadores que viven en las aldeas pero que trabajan en el campo; y trabajadores sin residencia fija, que se trasladan de lugar a lugar en busca de trabajo rural.

Las estadísticas disponibles sólo permiten una división aproximada entre los trabajadores que tienen algún derecho a cultivar una parcela y los trabajadores sin tierra. Parece que los trabajadores sin tierra superan a los aparceros y a otros trabajadores rurales semejantes casi por tres a uno. Ciertos ajustes en los datos del censo, que se hicieron sobre la base de la situación aparente de los campesinos, permiten concluir, sin embargo, que en realidad a principios de la séptima década el número de trabajadores sin tierra era todavía casi igual al de los trabajadores que tenían algún acceso a la tierra. Esto confirmaría las observaciones hechas sobre el particular acerca de la persistente importancia económica de las formas tradicionales de ocupación de los campesinos, cuya remuneración consiste en todo o en parte en el derecho de utilizar y producir en una parcela de tierra. El pago, o el pago parcial de la remuneración en términos de algún derecho al uso de la tierra sigue teniendo importantes ventajas para los patrones rurales en la mayoría de las zonas de América Latina. Arraiga a los trabajadores en la tierra y le asegura a los patrones en todo momento una oferta de mano de obra más que suficiente. Reduce la necesidad de efectivo del patrono y le permite el control de las actividades de sus trabajadores. Al contrario de lo que se podría esperar, esta clase de ocupación no está necesariamente en función de la clase de uso de la tierra. Las empresas ganaderas podrían emplear trabajadores asalariados o aparceros; las plantaciones, aparceros, arrendatarios o trabajadores sin parcelas de tierra. En realidad la ocupación está influida por muchos factores: la tradición, la participación del patrono en la administración de la propiedad rural, y los acuerdos institucionales, como las leyes de trabajo, las facilidades bancarias y de crédito, e incluso la situación política.

No obstante, no debemos pasar por alto el hecho de que en años recientes se incrementó la proporción de trabajadores asalariados sin tierra que sólo trabajan a cambio de efectivo. En primer lugar, la mano de obra rural crece con más rapidez que su acceso a la tierra. Esto tiende automáticamente a incrementar el número de trabajadores sin tierra. La creciente proporción de campesinos sin tierra se debe también a la "tendencia" de los trabajadores que abandonan las comunidades rurales para liberarse de condiciones de trabajo onerosas y buscan la mayor libertad de aldeas y pueblos (aunque siguen dependiendo de la agricultura para su subsistencia) y del "empuje" de sus patrones que, por ejemplo, remplazan a los trabajadores con equipo motorizado o cambian a una ocupación exclusivamente asalariada, ya que ambos simplifican sus problemas de mano de obra. Pero en la mayoría de las zonas, el cambio a los trabajadores asalariados sigue siendo parcial. Por ejemplo, en São Paulo, uno de los estados agrícolas más progresistas del Brasil, los "aparceros" y los "colonos" en las plantaciones de café aumentaron de 514 000 a 527 000 entre 1955 y 1960, aunque a una tasa menor que los trabajadores diarios y a destajo que aumentaron de 222 000 a 281 000. Por lo tanto, los primeros seguían superando a los últimos casi por 2 a 1 en 1960.

La disminución a largo plazo de los trabajadores rurales, tradicionalmente residentes, se debe a varios factores económicos y sociopolíticos. El derecho a usar la tierra es una base cada vez más insatisfactoria para asegurarse un ingreso. Los trabajadores y sus familias necesitan dinero en efectivo para obtener los bienes indispensables a su subsistencia, incluso en las comunidades rurales más remotas del hemisferio. Por otra parte, los términos tradicionales en que se contrata a los trabajadores y la forma en que trabajan sus parcelas les permiten cada día menos oportunidades para cultivar suficientes alimentos o proporcionarse su propia ropa y otros artículos que satisfagan sus necesidades. En consecuencia, parece que a muchos trabajadores se les paga ahora tanto en especie (es decir, por medio de los productos que obtienen) *como* en efectivo, por lo usual como trabajadores asalariados. Explicaremos con más detenimiento esta duplicidad posteriormente. En gran medida, la necesidad de más dinero en efectivo se debe a que las parcelas a que tienen acceso los campesinos se deterioran a medida que se agotan los suelos, ya que no obtienen los beneficios de la asistencia técnica ni un fácil acceso a los créditos para mejores insumos en la propiedad rural. Con frecuencia, además, las necesidades de mano de obra de los terratenientes son tales que a menudo entran en conflicto con la necesidad de tiempo de los campesinos para cuidar sus parcelas.

Es evidente que la demanda de efectivo por parte de los campesinos ha ido acompañada de muchos conflictos entre los hacendados y los trabajadores cuando éstos últimos exigen mejores condiciones de trabajo y un mayor acceso a la tierra. Esas demandas son una de las formas en que esos conflictos surgen a la superficie. En otras palabras, como el acceso a la tierra está prácticamente cerrado, las demandas de mejores condiciones de trabajo implican por lo normal más ingresos en efectivo y por lo usual los patronos rurales se oponen a ellos por considerarlo una invasión de su derecho para determinar unilateralmente los términos de empleo de sus trabajadores.

En Brasil, el lento cambio de un tipo de uso del trabajo a otro ha sido y sigue siendo excepcionalmente violento. Por ejemplo, en las zonas marginales de caña de azúcar del noreste, los terratenientes absentistas han rentado su tierra a pequeños arrendatarios durante el período de bajos precios para el azúcar. Estos últimos sembraron frutales y vegetales con los que abastecían a Recife y otras ciudades, pagando al propietario rentas anuales, además de proporcionarle alguna mano de obra bajo acuerdos feudales. Cuando los precios del azúcar aumentaron después de la segunda guerra mundial, los propietarios expulsaron a los trabajadores o los obligaron a destruir sus cosechas permanentes. En algunas ocasiones pagaron alguna compensación, pero con frecuencia no ocurrió así. Los conflictos que surgieron por el trato que se dio a los arrendatarios hicieron que se formaran las "*Ligas camponeses*". En la actualidad estos conflictos continúan a medida que los grandes terratenientes tratan de reducir el número de sus trabajadores residentes que viven en las haciendas y a los cuales por lo usual se les asigna una pequeña parcela. El método normal es rehusar construir nuevas chozas para los trabajadores cuando las antiguas se hacen inhabitables, o no permitir a los nuevos trabajadores que vivan en las casas cuando están vacantes, o bien destruirlas. Todo esto ha originado los encuentros violentos y armados entre los trabajadores rurales y los "vigilantes" organizados en esta región.[2] Sin embargo, la expulsión de los trabajadores es usual en muchas partes del Brasil. No siempre tiene efectos dramáticos, ya que sólo ocurren encuentros violentos cuando los trabajadores están organizados y pueden resistir a los terratenientes.

En la Sierra del Ecuador, numerosos conflictos se deben a los

[2] CIDA, *Brazil report, op. cit.*, pp. 230 *ss.*

intentos de los terratenientes por reducir el número de huasipungueros y restringir el acceso de los trabajadores o pequeños propietarios a la tierra, con la subsecuente subdivisión extrema de los minifundios. Las demandas de mejores salarios y las aspiraciones de los trabajadores rurales por mejores condiciones de vida son consideradas subversivas por los hacendados. Como están acostumbrados a solicitar y recibir en forma gratuita, o casi gratuita, los servicios de la mano de obra de sus trabajadores y a permitir cambios sólo cuando se originan por su propia iniciativa, ven en estas demandas de mejores salarios un ataque contra su status y prerrogativas.[3] A primera vista parecería que la estrategia de los hacendados lleva en sí los gérmenes de su propia derrota, pero con un análisis más cuidadoso se observa que tiene como fin conservar para ellos una oferta excedente de mano de obra, que se vea obligada a trabajar a salarios de subsistencia o menores. Por ejemplo, en una gran hacienda característica que tenía 12 000 hectáreas, el terrateniente había adoptado una rígida política que consistía en limitar e incluso reducir la superficie de los huasipungueros, lo que hizo que aumentara el deterioro y erosión de la tierra que se asignaba a éstos. Los rendimientos se hicieron cada vez menores ya que los trabajadores no podían cambiar los cultivos a otra parte de la propiedad, como lo hacía el dueño. Además, el terrateniente recuperaba para su propio uso la tierra del huasipungo cuando moría el jefe de la familia del huasipunguero. Esto iba contra la tradición y obligaba a los miembros restantes de la familia a vivir en otros huasipungos sin obtener nuevas habitaciones. El resultado era un hacinamiento de personas en los huasipungos restantes. Aunque la mayoría de éstos habían existido en la propiedad rural durante largo tiempo, sólo se había asignado nueva tierra a unos pocos, y había más familias que no eran huasipungueras (allegados) que huasipungueros. El conflicto asumió tales proporciones que parecía imposible una solución mediante concesiones mutuas.[4] A esto debemos añadir las consecuencias de otro proceso que ocurría en toda la zona de la Sierra: el hecho de que los terratenientes estaban en una posición cada vez menos apta para satisfacer la creciente negativa de los trabajadores a trabajar sin remunerción y a sus demandas de que se les pagara en efectivo, debido a la baja productividad de sus propias haciendas. Esto es de especial interés debido a que demuestra que la administración anticuada y tradicional de sus haciendas por los terratenientes contribuye, como ya dijimos, al empobrecimiento de los trabajadores y se convierte a la vez en un fundamento para que el hacendado use medidas represivas con ma-

[3] CIDA, *Ecuador report*, *op. cit.*, p. 97.
[4] *Ibid.*, pp. 280 *ss.*

yor frecuencia en contra de sus asalariados. La población indígena que durante siglos ha estado arraigada a determinadas parcelas de tierra ha perdido esa seguridad y está emigrando en búsqueda de algún medio de vida. Los asentamientos humanos están siendo destruidos: en todas partes se encuentran chozas abandonadas, establos sin animales, y huasipungos que cultiva el terrateniente. Las condiciones prevalecientes obligan a los trabajadores a buscar empleo en otras partes con el fin de subsistir. Pero, por supuesto, también se informa de conflictos en otras zonas, por ejemplo con respecto a las demandas de los llamados "arrimados" en Loja (Sierra del Sur). Según un largo artículo periodístico que apareció en el respetable *El Comercio* (Quito), en 1962 ocurrió una rebelión cuando menos en una hacienda. Según ese artículo, los hacendados expulsaron violentamente a sus trabajadores, en apariencia porque temían una reforma agraria.[5] Otra forma en que está cambiando en el Ecuador la relación tradicional entre los patrones y los trabajadores es mediante la transformación de los huasipungueros en simples arrendatarios, con la consecuencia de que la tenencia relativamente segura de los primeros está siendo sustituida por la tenencia relativamente insegura de los últimos. En realidad estos "arrendatarios" no están en una situación muy diferente de la de los trabajadores asalariados. También es digno de mencionarse que en las zonas de minifundios que están rodeados por completo por grandes haciendas, el proceso de subdivisión y el incremento de la población origina grandes presiones sobre la tierra y obliga a emigrar a otras partes del país.

Durante los últimos años de la séptima década, la expulsión de trabajadores con tierra de las haciendas en que habían vivido tendía a ser mayor, a consecuencia directa de las leyes de reforma agraria que intentaban proteger a los aparceros y pequeños arrendatarios,[6] pero es dudoso que alguna estadística censal llegue a revelar la magnitud de esas estrategias de la élite terrateniente.

No es probable que el cambio a los salarios en efectivo alivie los problemas financieros a que se enfrentan la mayoría de los trabajadores, debido a las condiciones bajo las cuales ocurre ese cambio. No resuelve el problema básico de la desocupación en la agricultura. Por lo tanto, no impedirá nuevos conflictos a medida que el excedente de oferta de mano de obra —en el presente disponible en parte en las zonas "urbanas" a las cuales emigran muchos trabajadores desplazados— continúe permitiendo a los terratenientes determinar de modo unilateral las condiciones de empleo, incluyendo los salarios. Esto significa que los trabajadores se equivocan al es-

[5] *Ibid.*, pp. 162 *ss.*
[6] Véase el capítulo III, pp. 229 *ss.*

perar que la remuneración en efectivo implique forzosamente una mejora en su situación económica. De hecho, puede producir una disminución en sus ingresos anuales, a medida que el trabajo que hacen se reduce y se elimina la seguridad de su empleo, aunque el acceso al efectivo podría implicar cierta independencia. De este modo, en Ecuador el trabajador asalariado de la Sierra se ha convertido, según Rafael Baraona, en un desarraigado. Agrega que es:

> ...el subproducto más obvio de ese avanzado y dramático proceso de descampesinación que se está produciendo en la Sierra... un grupo de seres humanos queda eliminado tanto del esquema tradicional, como, en proporción considerable, de las posibilidades de incorporarse al cuadro moderno emergente... Tal vez no exista hecho más crítico y condenatorio del proceso dominante de cambio en la agricultura ecuatoriana que el que se refiere a la situación de los peones libres o asalariados... y si los asalariados, en la medida en que se desarrolla la empresa patronal, aparecen remplazados no puede menos de concluirse que este paso a la nueva categoría de asalariados revela un descenso del nivel social alarmante... mientras la falta de desarrollo general del país siga mostrando semejantes características y no existan posibilidades de absorción de los nuevos núcleos de asalariados rurales, la situación sólo puede tender a un abaratamiento de la mano de obra, tal vez para llegar, tomando todo el conjunto de fuerza de trabajo de la Sierra, a una proliferación increíble del subempleo...[7]

Este investigdor concluye que la miseria de los trabajadores rurales del Ecuador está relacionada con un proceso de explotación que, aunque podría ser indirecto, "genera a un paria (el asalariado) en todo el sentido de la palabra, un ser miserable, cuya perspectiva de vida material y espiritual sólo puede cambiar por medio de un proceso de transformación radical". Pero, por supuesto, en otros países no es mejor la situación de los trabajadores desplazados.

Por último, debemos indicar que la élite terrateniente puede controlar los términos de empleo de los trabajadores y sus condiciones de vida simplemente porque tienen a su servicio, de modo directo o indirecto, una gran parte de la fuerza de trabajo rural. En los siete países cuyas estadísticas se incluyen en el último cuadro (página 147), cerca de una cuarta parte de los trabajadores asalariados eran contratados sólo por los latifundios. Todas las propiedades multifamiliares empleaban cerca del 75 % del total de trabajadores asalariados. Pero es muy dudoso que estas estadísticas expresen plenamente el control que la élite terrateniente ejerce sobre el mercado de la mano de obra. Además de los trabajadores asalariados en las haciendas que

[7] *Ibid.*, pp. 155 *ss.*

aparecen en el censo, cuando menos parte de la fuerza de trabajo familiar de los minifundios debe considerarse una fuente real o potencial de mano de obra asalariada para las haciendas, debido al gran número de mano de obra excedente que hay en ellos, aunque los trabajadores asalariados sobre los cuales informaron las haciendas podrían incluir ya una pequeña parte de la fuerza de trabajo de los minifundios. La reserva de mano de obra total a la que puede recurrir la élite terrateniente es, por lo tanto, probablemente mayor de lo que indican las estadísticas. Un supuesto conservador podría ser que aproximadamente una cuarta parte de la mano de obra de los minifundios es contratada en realidad por las grandes haciendas, además de los trabajadores de que informaron. Esto significa que para los latifundios, exclusivamente, está disponible hasta el 40 % de la fuerza de trabajo asalariada, ya sea que trabajen parte de la jornada o el tiempo completo.

Pero un panorama general del control de los hacendados sobre las oportunidades de ocupación en la agricultura sólo puede obtenerse con un examen más detallado de las instituciones que conforman las relaciones patrono-trabajador (o campesino), y de estas mismas relaciones. A ellas dedicaremos ahora nuestra atención.

La organización social de los latifundios

La autocracia es un aspecto fundamental del latifundismo latinoamericano. Afecta todos los aspectos de las relaciones entre los patrones y los trabajadores, y entre los grandes terratenientes y los pequeños propietarios. El latifundismo es un sistema de poder. Por lo normal una hacienda es una empresa autocrática, independientemente del número de personas que trabajen en ella o de si el propietario vive lejos, cerca o en la propiedad. El poder de los hacendados se esparce, por así decir, a toda la comunidad en que se localiza el latifundio. Podría ocurrir que el propietario no sea el responsable directo del trabajo diario en la propiedad rural —y por lo usual no lo es— y que éste se deje a un arrendatario o administrador; pero las decisiones finales con respecto a todos los problemas importantes como la fuerza de trabajo, lo que se sembrará y cómo se sembrará, cuándo y dónde vender, o incluso cualquier problema de "menor" importancia, será de él. Los asuntos de "poca" importancia podrían ser los relativos a las condiciones de vida y bienestar de sus trabajadores, que en las sociedades avanzadas son de la incumbencia de las autoridades públicas o se resuelven mediante la acción cooperativa y colectiva. En consecuencia, el poder del terrateniente se extiende a las actividades de la propiedad rural propiamente dicha y a las personas que participan en esas actividades, incluyendo sus "vidas privadas", y con frecuencia sobre personas que sólo se relacionan indirectamente con el funcionamiento de su empresa, como los vecinos inmediatos de la hacienda, que quizá proporcionen mano de obra a tiempo completo o parcial. Es común que en las comunidades en que predominan los latifundios —la situación normal— las actividades estén controladas y reguladas por la élite terrateniente local.

Lo que diferencia a este poder es la falta de un límite exterior sobre él. Si hay algún "control", se debe a los mismos hacendados o sus colegas. De manera bastante parecida a la de una organización militar, el comandante supremo, el hacendado, retiene dentro de su hacienda el privilegio exclusivo de tomar las decisiones finales. Cualquier delegación de poder, que algunas veces se hace, da a quienes se delega sólo una autoridad limitada y siempre están sujetos a intervención incluso arbitraria. Las decisiones sobre problemas de poca importancia hechas por los subordinados a quienes se ha otorgado algún poder siempre están sujetas a la ratificación implícita o explícita del hacendado. Como una gran parte de las actividades rurales son rutinarias, por lo usual no se necesita dar continuamente órdenes y sanciones explícitas, y los trabajadores de la hacienda en los diferentes niveles de responsabilidad no olvidan en dónde radica la autoridad. Esto mismo resulta cierto para la mayor parte de la vida comunal.

Por lo normal las grandes haciendas contratan muchos trabajadores, excepto cuando no se les trabaja o se les dedica exclusivamente a la ganadería. En la mayoría de las haciendas, por lo tanto, la organización social es bastante compleja. Por lo usual la fuerza de trabajo de las haciendas individuales incluye varias clases de trabajadores supervisores, estando dotada cada una jerárquicamente con una función específica o una serie de actividades con respecto a las cuales toma decisiones. La clase inferior de trabajadores —quienes hacen en realidad el trabajo en la propiedad rural— no pueden tomar decisiones. Sólo obedecen órdenes. Una hacienda tradicional, característica, de 630 hectáreas en la Sierra del Ecuador, con una empresa lechera y terrenos de cultivo podría tener, por ejemplo, la siguiente jerarquía en orden aproximado del poder de decisión, en la cual podemos reconocer con claridad seis niveles cuando menos de poder de decisión: el mando supremo es retenido por el propietario absentista, que podría vivir fuera del país; le sigue el administrador, que podría ser su hijo y que vive parte del año en la hacienda; después podría haber varios contadores u oficinistas y otras personas que se ocupan de los servicios (incluyendo los domésticos); a medida que se diversifica la empresa se encontrará un gerente-supervisor, y a sus órdenes varios supervisores para cada una de las empresas (por ejemplo, uno para la ganadería y otro para los cultivos). La fuerza de trabajo productiva también se subdivide en varios grupos, que varían desde un veterinario no titulado y los miembros trabajadores de las familias campesinas residentes (huasipungueros) —las mujeres ordeñan y los hombres hacen el trabajo pesado— hasta los trabajadores temporales sin tierra. Cuando los campesinos trabajan en el campo o en los establos por lo usual están supervisados por capataces y sus ayudantes, que en realidad son parte de la "administración" y no hacen ningún trabajo. Se puede encontrar una jerarquía similar en las haciendas de cualquier país latinoamericano.

Vale la pena observar que la proporción de los empleados administrativos o supervisores dentro de la fuerza de trabajo total de la hacienda es normalmente muy alta. En algunos casos, podría ser casi una tercera parte de la fuerza de trabajo.[8]

La necesidad de administración y supervisión surge debido a que la fuerza de trabajo no tiene ningún poder de decisión y, por consiguiente, no puede tomar iniciativas al ejecutar su trabajo. Es decir, que todo lo que hacen debe ser bajo órdenes y supervisión. Por ejemplo, si los trabajadores deben desyerbar un campo, su capataz les asigna cierta cantidad de trabajo y cuando terminan se les asigna otra parcela. Pero como el poder de decisión de los capataces también es muy limitado, se les debe controlar y supervisar a su vez, y así sucesivamente. En consecuencia, además de ser compleja, la estructura social de la hacienda tiende a ser rígida desde el punto de vista del desarrollo económico y de la satisfacción de las demandas de los campesinos que no sean las tradicionales. Una organización autocrática de la clase descrita está bien adaptada para que las órdenes superiores se ejecuten adecuadamente. Es eficiente con respecto al uso y distribución del poder. Esta eficiencia es mayor cuando las cosas marchan de acuerdo a lo previsto, de una manera rutinaria. Pero puede desintegrarse con rapidez, en términos de administración de la propiedad rural y de sus personas, cuando se presentan o existe la posibilidad de situaciones de emergencia o cambios importantes. Como por lo normal no hay un contacto directo entre la fuerza de trabajo productiva y de autoridad superior, por razones que estudiaremos posteriormente, las demandas de los trabajadores cuando no están organizados, como es lo usual, tienen poca oportunidad de ser escuchadas por los hacendados, de manera que

[8] Por ejemplo, en una hacienda chilena 11 de las 36 personas empleadas en la propiedad rural eran personal administrativo. CIDA, *Chile report, op cit.*, p. 51.

la organización total del latifundio es mala e inflexible desde el punto de vista de los trabajadores de menor nivel. Por lo tanto, la jerarquía tiende a empeorar el descontento e incluso a precipitar los conflictos. Como los administradores, cuya actitud frente a los trabajadores es predominante, sólo pueden resolver los conflictos dentro de una estructura rígidamente limitada por la tradición y las órdenes del patrono —que en la mayoría de los casos son sinónimas— no pueden resolver en el terreno algunos conflictos o si lo hacen así podrían exceder el poder que se les ha otorgado, lo que podría resultar en un aumento de las tensiones. Lo importante es que la rigidez de la organización social de las haciendas no permite —o lo permite sólo en casos excepcionales— una mejora gradual de las condiciones en que viven los campesinos, y cuando llega a permitirlo por lo usual las tensiones ya se han agravado.

Desde el punto de vista del desarrollo económico la organización social de las haciendas tiene dos inconvenientes adicionales. La naturaleza compleja y autocrática de las haciendas no deja lugar para la iniciativa de los trabajadores rurales, independientemente de su status, para mejorar el cultivo de la tierra o el cuidado del ganado, incluso en muchos casos en que quienes hacen el trabajo en la propiedad rural son capaces y están deseosos de tomar esas iniciativas. Sólo el "patrón" puede introducir cambios en la tecnología y administración. Como hemos visto, la mayoría de los hacendados no ve la necesidad económica de mejorar la administración de su propiedad rural ni alguna relación entre las prácticas que siguen y el bienestar nacional. Para ellos, los cambios en la administración de sus empresas siempre son un riesgo debido a que podrían implicar cambios en las relaciones de trabajo que existen en los latifundios. Si un trabajador no se apegara a las normas establecidas por el patrono, tal como se las ha trasmitido la cadena de jerarquías, se le acusaría de no cumplir con las "reglas del juego", y no duraría mucho en la hacienda. Por esa razón pocos trabajadores se atreverían a proponer cambios en las formas tradicionales de hacer las cosas.

Un sociólogo brasileño ha descrito esta característica del latifundismo en un notable análisis sobre la situación de los aparceros en el noreste del Brasil, suponiendo que los aparceros desearían utilizar su propia semilla en vez de la semilla que les daba el patrono —una petición casi sin importancia en realidad—. Nos informa que:

> Nada puede ser más lógico para el propietario de la empresa o su administrador que concluir que este aparcero desea obtener en el futuro algún derecho adicional a los que se establecen por lo común en el con-

trato de aparcería. Si tal proposición la hiciera algún trabajador que aún no ha sido admitido en la propiedad rural, pero que solicita una parcela de tierra, sería muy difícil que se convirtiera en aparcero. Si es un aparcero que comparte la mitad de su cosecha con la empresa, no recibiría otra parcela para hacer sus siembras. Si insistiera, se le despediría de la propiedad rural por romper el contrato original, sin recibir indemnización —es decir (según palabras del hacendado) "porque se fue por su propia voluntad, ya que él creó la situación que le hizo irse". A la vez, pierde el algodón que ya sembró con semilla del propietario. Este problema sólo puede surgir hipotéticamente, ya que el productor que está bien integrado en la organización social de la comunidad. . . selecciona cuidadosamente sus aparceros antes de aceptar algún trabajador, para evitar conflictos y tensiones en su propiedad.[9]

Una de las razones por la que los hacendados no permiten a sus trabajadores usar ninguna iniciativa es, obviamente, la mala opinión que tienen de la capacidad de los trabajadores para trabajar por propia cuenta. En muchos casos esta opinión es errónea, ya que los trabajadores han laborado en el campo durante generaciones. En toda la América Latina, y en otros continentes, la experiencia ha demostrado que una vez que se da responsabilidad a los campesinos y se les permite usar su propia iniciativa, sus resultados aumentan de modo espectacular. Si fuera cierto que después de generaciones los campesinos no pueden desempeñarse mejor de lo que supone la élite terrateniente, esto redundaría en descrédito del sistema latifundista, y no en el de los campesinos.

De igual importancia para el desarrollo es que la cuantiosa inversión que hace la élite terrateniente en personal administrativo representa para la economía en conjunto un considerable costo social y un desperdicio de recursos humanos. La principal función de la administración es conservar sumisos a los trabajadores y ejercer un control interno sobre las operaciones de la propiedad rural, lo cual es necesario en vista de la ausencia frecuente o permanente del propietario y de su escasa participación en el proceso productivo del campo. Los beneficios de la fuerza de trabajo administrativa son recibidos exclusivamente por los grandes hacendados, ya que los ayuda a conservar el *statu quo*, más que a mejorar las condiciones de vida de los campesinos o sus prácticas de cultivo. En teoría la energía de la "administración" de las haciendas se podría usar con más provecho si se empleara para beneficio de los campesinos, ayudándolos a obtener una mayor producción, productividad y mejores niveles de vida. En las condiciones que prevalecen en la práctica es dudoso que los miembros actuales de la fuerza de tra-

[9] José Ferreira de Alencar, citado en CIDA, *Brazil report*, *op. cit.*, p. 573 *s.*

bajo administrativa puedan o sean capaces de ocuparse del beneficio de los campesinos, ya que el poder que obtienen de los patrones —pequeña como es— los alía a la élite terrateniente y no a los campesinos.

Las funciones políticas y sociales de los administradores

La gran mayoría de las haciendas son dirigidas con ayuda de administradores. Éstos son el símbolo más evidente del absentismo de los propietarios y de la dirección abstentista. Como explicamos antes, desde un punto de vista sociológico el absentismo latifundista se define demasiado limitadamente si el único criterio que empleamos es la residencia. Incluso si un propietario o productor reside en su hacienda, su administrador representa cierto grado de administración absentista o indirecta debido a las funciones que cumple. De hecho, para el trabajador rural casi todos los propietarios de hacienda son absentistas.

El administrador no es una persona interesante para alguien que observa el problema desde el exterior. Con pocas excepciones, no es una persona calificada y con experiencia, que conozca los métodos más modernos de cultivo. Como ya dijimos, por lo general sólo es un trabajador que ha estado en las nóminas del terrateniente durante varios años y se destaca por su conocimiento de las costumbres locales, que respeta, y por su lealtad al patrono. Supervisa las operaciones de la propiedad rural bajo las órdenes del terrateniente dentro de un campo de acción rígidamente limitado. No hace decisiones importantes con respecto al uso de la tierra, el número y clase de ganado que se criará, o las compras y ventas. Por lo normal, su control de los gastos de operación se limita a pequeñas transacciones en efectivo o a créditos con los comerciantes. Desde el punto de vista del terrateniente, el administrador sólo es otro trabajador, aunque recibe salarios más altos —por lo usual no mucho más altos— y ciertos privilegios de poca importancia que no se otorgan a otros trabajadores. En realidad el administrador es el "hombre de confianza" del patrono.

Desde el punto de vista del trabajador, el administrador personifica a la "gerencia". En casi todo sentido representa la autoridad más cercana, debido a que su función principal es el trato diario con los trabajadores de la propiedad. Asigna el trabajo diario, paga los salarios, sanciona, despide a un trabajador y contrata un remplazo, todo dentro de la estructura establecida por el terrateniente. Esto implica que las decisiones relativas al número o clase de trabajadores que se contratarán y la remuneración que se les pagará son responsabilidad exclusiva del propietario. Este último podría recibir de su administrador una solicitud de más trabajadores y responder lo que juzgue conveniente, o consultar a sus colegas terratenientes para establecer los términos de la ocupación sin recurrir al consejo de su administrador.

Sólo en raras ocasiones tienen los trabajadores rurales contacto directo con el patrono, y cualquier queja o resentimiento que el trabajador pueda tener con respecto al trato que recibe o al "sistema" mismo se dirige, casi siempre, contra el administrador. De este modo, éste es su primer objeto de respeto o (con más frecuencia) de resentimiento. También representa el principal contacto del trabajador con el mundo exterior. Es el juez y jurado en la mayoría de los problemas rutinarios de trabajo y de la vida del trabajador y su familia. En términos prácticos, esto implica que desde el punto de vista de la fuerza de trabajo productiva no hay un mecanismo equitativo que asegure la reivindicación de las justificadas solicitudes de los trabajadores. Precisamente el administrador es la causa de que sean pocas las oportunidades para que se resuelvan favorablemente las solicitudes de los trabajadores, aunque sean menores las posibilidades de que se les escuche. Los trabajadores no tienen a quien dirigirse, a menos que exista un sindicato o un tribunal de trabajo. Pero estos últimos son muy escasos en toda América Latina y muchos tienen la idea de que los patrones no pueden equivocarse.

Debido a su poder, y aunque el terrateniente es quien establece la política general de ocupación, el trato que da el administrador a sus hombres puede ser severo y arbitrario, sin que se le desapruebe, ya que el propietario necesita más a su administrador que a sus trabajadores. Como es el superior más poderoso de los trabajadores, por lo usual se le distingue, al igual que ocurre con un oficial del ejército, por medio de un símbolo de autoridad, por ejemplo un caballo o una camioneta, en el que recorre la hacienda, casi siempre un látigo o bastón, y con mucha frecuencia una pistola.

Por lo tanto, el administrador es una especie de amortiguador que absorbe las reacciones inmediatas de la población rural. Esto cumple una función importante: contribuye a la estabilidad y fortalecimiento de la estructura de poder que existe. La lejanía de la élite terrateniente les permite a sus miembros aparecer ante los trabajadores y pequeños productores como un elemento inocente, que tiene que actuar continuamente como moderador, incluso benefactor, pues puede conciliar los conflictos cuando estos llegan a su atención personal de modo directo a través de su administrador, que a su vez recibe la culpa de cualquier maltrato. De este modo, la dirección absentista en el sentido más amplio de la frase (es decir, por medio de administradores) es a la vez conveniente para el terrateniente cuyos intereses principales están por lo general fuera de la agricultura y cuyos ingresos de otras fuentes casi siempre exceden a los de esta última, y un método para conservar la estructura de poder actual, ya que el poder político del terrateniente se deriva de su propiedad de la tierra. Sólo cuando los conflictos se hacen muy intensos los campesinos atacarán directamente a los propietarios. En gran medida, las relaciones que existen entre el administrador y los trabajadores rurales —es decir entre el hacendado y sus trabajadores por intermedio del administrador— también predominan entre los hacendados y los campesinos que viven cerca.

En la vida diaria de las haciendas se usa la presencia "efímera" del hacendado como un velo que los exonera —al menos a corto plazo— de las medidas que se toman contra los campesinos. En 1962 ocurrió en Brasil un caso característico que ejemplifica el comportamiento usual de la élite terrateniente. Un trabajador rural, que había residido en la hacienda durante once años, había solicitado siete años antes permiso del terrateniente para sustituir la miserable choza en que vivía con su familia. Finalmente el terrateniente le dio personalmente permiso para construir una nueva, pero le había pedido al trabajador que firmara un documento por el cual se comprometía a pagar el material de construcción aunque la propiedad de la vivienda seguiría en poder del hacendado. Según la esposa del trabajador, a la que se entrevistó, en 1963 después de un sangriento incidente en que pereció un trabajador, el propietario se enfermó y se fue para la capital del estado, y el administrador y el hijo del propietario llegaron y le dijeron que no podía construir esa nueva casa porque el propietario no lo había autorizado. Después, el administrador, el hijo del propietario y sus amigos destruyeron la estructura de la vivienda.[10] En otro caso, se le dio a un trabajador una parcela de tierra como arrendatario, pero después se le dijo que buscara otra parcela en una localidad que se le señaló. Como allí no hubo tierra disponible, el propietario le dio permiso de trabajar la parcela que le había señalado previamente. Pero entonces,

> llegó el hijo del propietario y dijo que su padre ya no quería dar más tierra a sus trabajadores porque la necesitaba para la ganadería y los pastos eran malos. Le enseñé nuestras siembras y me dijo que estaba bien, que hablaría con su padre para que cambiara su orden. En ese momento aparecieron varios capangas (grupos de choque pagados por los hacendados) para arrojar a la gente por la fuerza.[11]

[10] CIDA, *Brazil report, op. cit.*, pp. 230 *ss.*
[11] CIDA, *Ecuador report, op. cit.*, pp. 87 *ss.*

Es obvio, pues, que con frecuencia los conflictos que surgen en la sociedad rural se materializan a un nivel inferior al de la élite de poder y sirven para fortalecer o evitar molestias a esta última. El administrador es un elemento importante y estratégico para la conservación del sistema.

Nada caracteriza mejor la estructura autocrática de una agricultura latifundista que el refuerzo de la autoridad de los terratenientes y sus agentes, los administradores, por medio de una "policía" privada en muchas haciendas grandes y plantaciones. Mantienen a los trabajadores "en línea". Los intimidan o aterrorizan y les dan castigos corporales. En algunas ocasiones asesinan. Estos "policías" les impiden a los trabajadores ingresar a sindicatos o ligas campesinas, amenazándolos en caso de que lo hagan así. Contribuyen mucho a los conflictos violentos entre los trabajadores y la administración, y con frecuencia surgen casos de gran brutalidad. Nosotros vimos, en la costa norte del Perú, una hacienda donde el poderoso terrateniente había quemado las casas de sus trabajadores residentes, y empleado máquinas para cerrar los canales que llevaban el agua a los huertos de los trabajadores para que nada pudiera cultivarse en la zona. En la noche se colocaban guardias armados para impedir que los trabajadores reabrieran los canales. Esto obligó a las familias a abandonar sus casas y parcelas. En Ecuador las quejas que dirigieron los campesinos del altiplano a los líderes de las organizaciones de trabajadores atestiguan parte de la violencia física y castigos que habían recibido. Presentaremos aquí dos ejemplos: quemar las chozas de los trabajadores; dar a un trabajador indígena que ejecutaba servicios domésticos diez golpes y meterlo en la carcel acusándolo del robo de algunas ropas.[12] Los informes de Manoel Correia de Andrade sobre el empobrecido noreste brasileño indican que los trabajadores endeudados son mantenidos dentro de prisiones privadas de las haciendas hasta que pagan con su trabajo.[13] En fecha tan reciente como 1968 el director de un proyecto de reforma agraria del noreste golpeaba a los campesinos porque se habían unido a una cooperativa.

De este modo, la vida del campesino está plagada de amenazas de violencia y del ejercicio de la misma, que casi siempre se originan dentro de la élite terrateniente. Cuando los campesinos usan la violencia sólo reaccionan ante condiciones insoportables. No les queda otro recurso.

[12] *Ibid.*
[13] *A terra e home no Nordeste,* São Paulo, Brasil, 1963, pp. 116 *s.*

Ocupación rural a niveles de subsistencia

La ley de bronce de los salarios de subsistencia. Los trabajadores rurales, incluyendo los pequeños productores en "parcelas alquiladas" y los miembros trabajadores de sus familias, reciben salarios e ingresos menores a los de cualquier otro sector importante de la sociedad. En el capítulo I nos referimos al nivel de los ingresos que obtienen los campesinos. Aquí examinaremos las condiciones en que se obtienen los salarios e ingresos, y en particular los mecanismos mediante los que se conservan esos ingresos a los niveles de subsistencia. De hecho, una fuerza de trabajo de bajo costo y obediente es la piedra base del latifundismo; no podría existir sin ella. Por consiguiente, los hacendados tienen interés en conservar, disponible en cualquier momento, una oferta adecuada de mano de obra barata, así como en preservar un sistema tan ventajoso económica y políticamente para ellos. En realidad, es evidente que la población rural se enfrenta a una política consciente de salarios-ingresos por parte de la élite terrateniente que podríamos denominar *la ley de bronce de los salarios e ingresos de subsistencia,* y si se hace un estudio más detallado se encuentra que la élite latifundista muestra más ingenio e imaginación para encontrar formas y medios de defraudar a los campesinos y conservar bajos sus ingresos, que para emplear en forma más productiva los recursos humanos y físicos que controlan. Los salarios e ingresos de subsistencia no son "naturales". No son "inevitables". Son resultado de la falta de poder de negociación de la población rural, que les es muy fácil perpetuar en la actualidad a la élite latifundista. Esto significa que la ley de bronce de los ingresos y salarios de subsistencia es promulgada y puesta en vigencia por la poderosa élite rural, y no por la naturaleza.

Debemos explicar primero con brevedad por qué los pequeños productores y otros trabajadores residentes con parcelas de tierra "prestadas" por los hacendados se incluyen dentro de los "trabajadores asalariados" y son, por lo tanto, receptores de salarios, aunque sus ingresos pueden ser en especial del producto que obtienen en sus parcelas. Estos pequeños productores —en especial aparceros o pequeños arrendatarios— no son productores agrícolas en el sentido de que pueden determinar con libertad qué cultivarán, cómo lo harán y cuándo venderán el producto. Deben trabajar siguiendo órdenes estrictas y sometidos al control de los terratenientes. La mayoría de los países regulan los contratos de aparcería y de arrendamiento con algún detalle mediante leyes que garantizan a los aparceros y arrendatarios un considerable grado de libertad de acción para usar sus parcelas y su producto. Pero existe una gran diferencia entre la ley y la realidad de la vida rural. En teoría, los aparceros y los pequeños arrendatarios obtienen posesión de la tierra por un período determinado, por lo usual hasta después de la cosecha; a menos que su contrato se renueve explícita o implícitamente. Pero en la práctica, el derecho de los campesinos a la parcela "cedida" es débil y puede revocarse en cualquier momento. La ley les da derecho a que se les pague el trabajo y las mejoras que han hecho en la parcela (incluyendo la siembra de cultivos permanentes), pero en la realidad muy pocas veces les pagan los terratenientes cuando los obligan a irse. Además, en teoría los campesinos también pueden disponer, como más les convenga, de su parte del producto, pero en la práctica lo más frecuente es que la vendan al terrateniente o al comerciante que elija éste, por tradición o acuerdo, aunque esto puede ir en contra de la ley. Pero desde el punto de vista de la élite terrateniente, su relación general con los campesinos, aparceros y pequeños arrendatarios o trabajadores residentes con pequeñas huertas, no se diferencia mucho de su relación con los trabajadores asalariados —aunque no queremos menospreciar las importantes diferencias en el status de los trabajadores desde su propio punto de vista, que se deben a las diferencias en su forma de remuneración.

Los aparceros y pequeños arrendatarios son muy convenientes para los hacendados porque, como dijimos antes, se aseguran así una fuerza de trabajo permanente que no sólo cultiva a cambio de una parte o por una renta las parcelas que reciben —un modo poco costoso y sin esfuerzo de obtener un ingreso para los hacendados—, sino también servicios de mano de obra gratis o casi gratuitos para los cultivos o ganado que tiene el propietario en otra parte de su hacienda por cuenta propia, por así decir. A menudo proporcionan servicios domésticos. *Pero aunque la élite terrateniente desea "atar" sus trabajadores a la empresa rural, no desea "atarlos" a la tierra* —en especial no a través de los derechos de posesión que les otorga la ley, ya que ésta limita los derechos del propietario para actuar como le plazca. Por lo tanto, los terratenientes usan varios métodos para aclararles a los campesinos que no tienen ningún derecho sobre la tierra que trabajan. Les prohiben sembrar cultivos permanentes o conservar ganado en número significativo. Retienen la propiedad de la choza o casa que el campesino podría construir con sus propios gastos,[14] y a menudo siguen la práctica de cambiar a sus hombres asignándoles una parcela diferente en

[14] Véase p. 128.

cada estación de cultivo, lo que da por resultado una migración interna pequeña, pero forzosa, dentro de las empresas. A esto debemos añadir que la élite terrateniente puede "atar" los trabajadores a la empresa no sólo "prestándoles" una parcela, sino también endeudándolos mediante el anticipo de pequeños préstamos, a tasas de interés muy elevadas, para sus actividades agrícolas y gastos de vida, o por la venta de mercancías en las "tiendas de la compañía". Los trabajadores sin tierra que viven en las haciendas e incluso los trabajadores que no viven en ellas pueden ser retenidos de esta manera. Que tal endeudamiento está planeado para retener a los trabajadores en la empresa se hace evidente por el mismo sistema de contabilidad que se lleva, ya que por lo normal sólo el terrateniente conserva un registro de los anticipos que hace. Aquí presentamos dos interesantes casos característicos en los que participaban un trabajador y una trabajadora del Ecuador:

Antonio S.	*deuda (en sucres)*	*Mariana Y.*	*deuda (en sucres)*
Deuda no pagada del año anterior	237	Deuda de su difunto padre	108
Febrero 22: barril de ocas	25	Febrero: 23 anticipo en efectivo	23
Julio 16: cebada	40	Febrero 28: cebada	40
Nota: por robar patatas	50	5 de mayo: anticipo en efectivo	5
Deuda total	352	16 de julio: un barril de ocas	25
		9 de diciembre: anticipo en efectivo	10
		22 de diciembre: anticipo en efectivo	80
		Deuda total	291

Con la tasa de salarios vigente las ganancias anuales habrían sido insuficientes para pagar las deudas, incluso trabajando a tiempo completo, y las deudas continuarán hasta el año siguiente, debiéndose trabajar para pagarlas.[15]

En cierto sentido los campesinos están "atados" a los latifundios,

[15] CIDA, *Ecuador report*, *op. cit.*, pp. 143 *ss.*

aunque deban a los mercaderes de la aldea y no a los terratenientes, ya que con frecuencia los primeros actúan como agentes de éstos y son sus aliados cuando se trata de despojar a los campesinos de sus ahorros potenciales. Posteriormente nos referiremos de nuevo a esta situación.

La situación económica de los campesinos es tan precaria que las estadísticas no reflejan de modo adecuado la miseria en que viven. Es obvio que uno encuentra ciertas variaciones en los salarios o ingresos recibidos, ganando más unos trabajadores y sus familias y otros menos. Desde el punto de vista de los porcientos estas variaciones pueden ser importantes, pero la variación de los salarios o ingresos de los campesinos parece ser muy limitada en términos absolutos. Sólo permite variaciones en los niveles de pobreza, pero no entre el bienestar y la pobreza, aunque esto no quiere decir que un campesino no desearía estar más bien en el "nivel superior" de los pobres que en el inferior.[16] En realidad, falta información sobre los diferentes niveles de pobreza. Por ejemplo, algunos campesinos reciben parcelas más grandes con mejores suelos que otros campesinos, por razones que nadie ha estudiado. Quizá las parcelas con mejores suelos son más pequeñas porque se calcula que dan el mismo ingreso que parcelas grandes con suelos menos buenos. Pero esto no explicaría las diferencias en los ingresos. Una buena hipótesis es que, debido a la estructura del latifundismo, la élite terrateniente prefiere, y da una remuneración ligeramente mejor al campesino sumiso y obediente que tiene una gran familia, deseosa de trabajar sin salario o a los salarios nominales, que a una familia campesina trabajadora e ingeniosa que se queja de las condiciones en la comunidad y que probablemente ingrese a una liga campesina en la primera oportunidad. Algunos trabajadores obtienen salarios un poco mayores a los de otros por el mismo trabajo (excepto cuando se les contrata en grupo a través de contratistas de mano de obra). Por lo tanto, es probable que los patrones discriminen entre sus trabajadores sobre la base de la lealtad y obediencia, duración del empleo, tamaño de la familia, edad y otros factores, aunque no está claro el grado en que esto influye en sus decisiones. Lo anterior no significa que los patronos ignoren la ley de hierro de los salarios o ingresos de subsistencia. Por el contrario, parece demostrar que hacen un cuidadoso cálculo en cada caso con respecto a la cantidad (no necesariamente la calidad) de trabajo que pueden esperar de un determinado salario (bajo). Este cálculo se hace con respecto al nivel de salarios y la clase o forma de pago,

[16] Véase, por ejemplo, Andrew Pearse, *Agrarian change in Latin America*, en *Latin American Research Review*, verano de 1966, p. 54.

de tal manera que la suma final que el campesino lleva a su hogar sigue siendo casi siempre la misma, sujeta, por supuesto, a las pequeñas variaciones a que ya nos referimos.

Algunas diferencias entre los ingresos y salarios se deben a la aparente intención del patrono de otorgar "incentivos" o "desincentivos" a otros trabajadores. Algunos patrones tienen trabajadores "preferidos" a los que dan una mayor remuneración u otorgan privilegios especiales. Por ejemplo, en Ecuador se designó "veterinario" a un joven de la comunidad indígena, aunque todos los otros trabajadores eran siervos. En Brasil, en el estado de Matosinhos, un trabajador y su hijo cortaban leña en una pequeña comunidad, ganando mucho más que sus compañeros. O se puede dar trato privilegiado a un solo trabajador, otorgándole crédito y otras ventajas que se niegan a sus vecinos. La selección de "preferidos" se hace sin duda con mucho cuidado, tratando de hacer surgir en otros campesinos la esperanza de progreso personal. Esta es una maniobra útil ante la realidad desalentadora que con las condiciones prevalecientes implica poca o ninguna esperanza de mejora en la situación de los campesinos.

Polivalencia de la ocupación. En comparación con los trabajadores urbanos, por lo usual los campesinos obtienen ingresos provenientes de muchas fuentes, algunas de las cuales sólo pueden imputarse valores arbitrarios. Esto complica algo el análisis de su situación económica. Sus ingresos provienen de salarios, venta de cosechas comerciales o de subsistencia, alimentos producidos y consumidos en el hogar, y privilegios que les otorgan los terratenientes, o de una combinación de esas fuentes. Los ingresos imputados, si existen, aumentan sus ingresos totales a un nivel mayor, pero por lo normal no es un aumento importante. En muchos casos se encuentra que lo realmente importante es *sólo el ingreso en efectivo por la venta de cosechas o por salarios, desde el punto de vista de la familia campesina.* El efectivo es el nexo entre los campesinos y el mundo exterior. Sin embargo, lo más significativo es que el ingreso combinado de las diferentes fuentes por lo general no basta para llevar a las familias más allá del nivel de subsistencia. A esto debemos añadir que la mayoría de esas familias rurales son tan grandes que incluso si los ingresos familiares parecen a primera vista más adecuados los ingresos per cápita siguen siendo bajos. La respuesta a esto no es por necesidad el control demográfico, sino mejores términos de ocupación, producidos por reformas generales de la tenencia agraria. En las condiciones actuales una numerosa familia campesina *se ve obligada* a que sus miembros trabajen bajo diferentes contratos con el fin de tener alguna ocupación. Tales contratos son precisamente los de aparcería, ya que con los niveles actuales de tecnología y las demandas que hacen los patronos de servicios de mano de obra gratuitos o casi gratuitos tener una familia numerosa es uno de los requisitos previos para que se les otorgue una parcela de tierra. Lo mismo es cierto respecto del trabajo a destajo. Por lo usual el trabajo asignado a un trabajador a destajo es demasiado grande para un solo hombre y debe utilizar a los miembros de su familia o contratar hombres adicionales a su propio costo.

El hecho de que los campesinos, en su mayoría, obtengan ingresos de varias fuentes se debe a lo que el sociólogo brasileño Julio Barbosa ha denominado la *polivalencia de la ocupación,* fenómeno que no se refleja en las estadísticas y al cual han prestado poca atención hasta ahora los estudiosos de la agricultura latinoamericana. La polivalencia, uno de los mecanismos más efectivos para conservar la situación inestable de los campesinos, se debe en parte a la iniciativa de los campesinos que, ante la imposibilidad de obtener un nivel de vida adecuado con un solo contrato y estando subocupados, se ven obligados a buscar otras clases de trabajo. Vista de este modo, la polivalencia es una consecuencia de la excesiva oferta de mano de obra que existe en toda América Latina. Por otra parte, la polivalencia podría tener algunas implicaciones económicas para los patrones cuando cambian a sus trabajadores de un contrato a otro con el fin de reducir los costos de la mano de obra, buscando la combinación de contratos que resultará en un salario mínimo, conservando a los trabajadores a niveles de subsistencia. En este respecto es obvio que el cambio de los trabajadores de un modo de ocupación a otro no implica por necesidad para los trabajadores individuales o como grupo un aumento de las oportunidades alternativas de trabajo o una mayor cantidad de ocupación. Podría implicar únicamente que por una determinada cantidad de trabajo u ocupación se les paga en diferentes formas.[17] Pero en conjunto, las consecuencias más importantes para los patronos parecen estar en el fenómeno sociológico de la disposición de los esfuerzos de los trabajadores, lo que deja a éste en una situación de incertidumbre e inseguridad, ya que ninguno de los contratos implica la seguridad

[17] Para los trabajadores individuales el cambio podría implicar una mayor cantidad de ocupación e ingreso en algunos casos. Por ejemplo, si se pide a los trabajadores residentes que además de sus trabajos regulares hagan las labores que ejecutaban antes los trabajadores que no vivían en la hacienda. Sin embargo, por lo normal la flexibilidad de las tareas de trabajo es muy poca. A menudo la que introducen los patronos cuando pagan a los trabajadores en distintas formas por las diferentes tareas que realizan sólo beneficia a los primeros.

de la tenencia. Los terratenientes se benefician de esto y propician la polivalencia por medio de sus prácticas de empleo, en ocasiones al grado de obligar a los trabajadores o a miembros de su familia a buscar trabajo afuera de las haciendas.[18] La polivalencia de la ocupación les impide a los campesinos recurrir a la acción colectiva para proteger sus intereses. Implica que nunca estén seguros de si, por ejemplo, desean mejorar su situación en lo referente al reparto de la cosecha o al salario diario, la habitación o cualquier otra condición de su empleo. Entonces la polivalencia propicia el descontento y la tensión social en la comunidad rural al grado de que los trabajadores tratan de participar en los diferentes mercados de trabajo y compiten entre sí por las escasas oportunidades de empleo.

Presentaremos un ejemplo: el caso que surge cuando un pequeño propietario, arrendatario o aparcero busca trabajo adicional como trabajador diario o estacional, dejando en algunas ocasiones su parcela al cuidado de su familia. O cuando busca ocupación como administrador o aparcero en otra propiedad rural. En ocasiones podría tener tres o cuatro trabajos. En otros casos los aparceros, huasipungueros, inquilinos, etc., se ven obligados a trabajar ciertos días a cambio de salarios en los cultivos del terrateniente, o trabajar uno o más días sin cobrar nada, como un "servicio" al latifundista, ya sea en los campos o en trabajos domésticos en la casa del propietario. O un aparcero podría trabajar una parcela de tierra a mitades y otras a terceras y cuartas partes. También podría ocurrir que un trabajador residente que recibe salarios diarios trabaje a destajo parte del tiempo. Hay casos, como el de los "siervos" del noreste brasileño, en que los trabajadores con pequeñas parcelas de tierra obtienen cierta tasa de salarios durante (digamos) tres días a la semana, y otra tasa menor durante dos días, pudiendo incluso trabajar parte de la semana sin recibir paga. En la Sierra de Ecuador, en una familia característica de los huasipungos que residía en una hacienda de 2 500 hectáreas, los varones de la familia trabajaban un total de 200 días en la hacienda del terrateniente, 79 días en otras haciendas y 63 días en su propia parcela. Además, las mujeres adultas y los niños en edad escolar trabajaron un total de 171 días en el huasipungo. Esto hizo un total de 513 días de trabajo para 7 adultos y 2 niños en edad escolar, de los cuales sólo el 46 % se dedicó a su propia parcela. De este modo la estructura de la "ocupación" de los trabajadores rurales presenta un panorama complejo.

[18] Sin embargo, muchos hacendados les prohiben a sus trabajadores, trabajar fuera de sus haciendas.

La polivalencia es una característica distintiva de gran parte de la mano de obra rural pobre latinoamericana, con una tenencia insegura de la tierra y niveles de vida muy bajos, a todo lo cual contribuye el fenómeno que estamos estudiando. Es más común en las propiedades rurales en que predominan los cultivos, y menos en las ganaderías o empresas que tienen una división del trabajo bastante avanzada. Donde existe hace imposible la acción colectiva de los trabajadores. Barbosa concluyó que "la parcelización de la oferta de trabajo beneficia a los patronos y reduce casi a nada el poder de negociación de los trabajadores".[19]

Vaguedad de los contratos y violación a la ley

En el mercado latinoamericano de mano de obra rural no calificada, los términos de ocupación son determinados unilateralmente por los patronos.[20] Sólo los trabajadores calificados, como tractoristas y mecánicos, pueden obtener mejores condiciones de trabajo. En esencia cada contrato de ocupación es un acuerdo individual entre un patrono que cuenta con un poder abrumador y el trabajador cuyo poder de negociación es nulo, excepto en casos raros de negociación colectiva con sindicatos. Parece existir otra excepción donde los trabajadores se emplean a través de un contratista de mano de obra, haciendo que dicho elemento de individualidad tienda a desaparecer ya que a todos los trabajadores se les contrata en "grupo" bajo términos similares. Sin embargo, esto no aumenta el poder de negociación de los trabajadores. Por el contrario, el uso de contratistas de mano de obra es sólo una conveniencia para el patrono y muestra la falta de poder de negociación de los trabajadores. Un contratista de mano de obra es un agente y contrata los trabajadores a la tasa que establecen los patronos, menos una cuota que la pagan los trabajadores y en algunos casos el costo de transporte. El uso de contratistas de mano de obra aumenta el distanciamiento social entre los patronos y los trabajadores dispersando las respon-

19 CIDA, *Brazil report, op cit.*, p. 189.

20 El término "no calificada" se usa aquí principalmente en lo que se refiere a la capacidad de los trabajadores para usar equipo moderno. En realidad, la mayoría de los trabajos rurales requiere ciertas habilidades, aunque éstas no gocen de mucho prestigio. La élite terrateniente considera a los campesinos como una fuerza de trabajo no calificada, pero éste no es siempre un modo congruente de pensar. Para un gran número de tareas —manejo de las instalaciones de irrigación, poda de los árboles de cacao o café, cosecha de algodón— les gusta depender de trabajadores "calificados", aunque no les paguen como a tales.

sabilidades; en la práctica, se hace más difícil que los patronos cumplan las obligaciones que tienen con los trabajadores, que cuando los contratan directamente a través de su administrador. También aumenta mucho la inseguridad de la tenencia.

Pero aparte de estas excepciones el carácter del terrateniente, su sentido de responsabilidad social, su interés en el funcionamiento de la propiedad rural y en crear incentivos para que sus hombres trabajen y vivan bien, son elementos importantes en el establecimiento de las condiciones de trabajo de las empresas individuales. Esto explica un cierto grado de variación en las condiciones de trabajo de las haciendas, en tanto que los trabajadores tienen un conocimiento intuitivo de los buenos y malos "patrones". No obstante, por razones que explicamos al principio de este capítulo, las diferencias en las condiciones de trabajo entre las distintas propiedades rurales o dentro de una misma propiedad con respecto a los salarios y otros términos sólo tienen una importancia secundaria, ya que los mismos terratenientes deben actuar dentro de la estructura establecida por la tradición, a cuya formación han contribuido y de la cual no pueden alejarse sin incurrir en la hostilidad de sus colegas. Debido a su falta de poder de negociación, los trabajadores siempre aceptan los términos ofrecidos, ya que en las condiciones de exceso de oferta de mano de obra su única alternativa es un trabajo en esos términos o ningún trabajo. En consecuencia, de nuevo, las diferencias en las condiciones de trabajo reflejan variaciones en la ocupación a niveles de subsistencia, y no diferencias entre la pobreza y el bienestar.

Desde el principio, los contratos de ocupación se establecen en tal forma que hacen muy incierta la tenencia, esto es, la duración probable del empleo. Por lo tanto, la incertidumbre de la tenencia se convierte en un instrumento de represión. La incertidumbre se debe no sólo a la naturaleza del acuerdo, sino también, e incluso en mayor grado, al insignificante poder de negociación de los trabajadores. En las sociedades que tienen una gran movilidad de la mano de obra y una demanda activa de los servicios de ésta, los contratos de mano de obra flexibles son una ventaja tanto para los trabajadores como para los patrones, debido a que los primeros pueden cambiarse a otros trabajos que les prometen un mayor rendimiento, y los últimos pueden contratar mejores servicios. En un mercado de compradores para la mano de obra, la incertidumbre de la duración del empleo sólo favorece a los patrones, ya que los trabajadores, que se enfrentan a la posibilidad de ser despedidos en cualquier momento, probablemente se someterán a un maltrato excesivo antes que perder su empleo.

En la práctica los trabajadores rurales casi siempre son contratados mediante un acuerdo oral de manera informal. Sólo en casos excepcionales se encuentran en América Latina contratos escritos. Debido a la falta de educación y recursos de los trabajadores, los acuerdos escritos son más bien una "protección" para el patrono. Por lo normal, tales acuerdos se hacen con una sola copia que retiene el patrono, de manera que el trabajador no puede referirse a sus "puntos dudosos" o presentarlo a las autoridades legales. Pero ya sea oral o escrito, las condiciones precisas del acuerdo, incluso aspectos importantes, no le son expresadas al trabajador en el momento en que ingresa a la hacienda, sino que a menudo se determinan en el transcurso o al final del período de trabajo. Debido al abrumador poder de negociación del "patrón", los *contratos abiertos* sin plazo fijo permiten la imposición subsecuente de términos más desfavorables para el trabajador de lo que éste esperaba. Esto contribuye mucho a la incertidumbre e inseguridad en que viven la mayoría de los trabajadores rurales. La falta de precisión no implica una mayor libertad de acción para los trabajadores, sino que más bien facilita decisiones arbitrarias, sanciones y violaciones de la ley por parte de los patrones.

Como ya dijimos al referirnos a los acuerdos de "alquiler de tierras", por lo normal los contratos de empleo de los trabajadores rurales están bien cubiertos por los códigos civiles o por la legislación especial del trabajo. Las disposiciones de la ley podrían no ajustarse en todos los casos a las realidades de la vida rural y la ley podría estar incompleta. Pero esto es menos importante que la evasión o violación continua y consciente de la ley por parte de los patronos rurales, como el rechazo general a pagar los salarios legales establecidos por la legislación del salario mínimo. Un ejemplo interesante es el de Brasil, con su característica agricultura latinoamericana. Muestra no sólo la forma como la legislación del salario mínimo está adaptada parcialmente a las necesidades de los campesinos, sino también las violaciones sistemáticas de la ley. Numerosas investigaciones recientes muestran que en la práctica los patronos casi siempre pagan tasas de salarios inferiores a la legal. Sin embargo, esto se había demostrado antes de una manera indirecta mediante una encuesta del salario rural que realizó un organismo del gobierno federal del Brasil. En el cuadro se hizo un cálculo moderado de la diferencia entre los salarios legales y los reales, de manera que puede suponerse que en la práctica la diferencia es incluso mayor de lo que aparece en este cuadro. La legislación salarial está mejor adaptada a las necesidades de los trabajadores urbanos que a las de los rurales. Esto se debe a que la ley siempre establece salarios *mensuales* mínimos que se supone que apenas bastan para darle al asalariado rural y urbano un ingreso de subsistencia. Los salarios mínimos legales son menores en las zonas rurales. Los salarios diarios se calculan dividiendo la cifra mensual entre 30. Los trabajadores rurales, que por lo normal reciben su salario sobre una base diaria, no trabajan 30 días. Por lo tanto, un trabajador que sólo recibe salarios en efectivo está en desventaja desde dos puntos de vista: primero, debido a que el patrono no le paga el salario diario legal, y segundo, porque sólo trabaja parte del mes. Podría decirse que, después de todo, no es culpa del patrono que la legislación sea deficiente. Tal argumentación tiene cierta validez, pero sólo si no tenemos en cuenta que la élite terrateniente tiene una fuerte representación en los congresos y se opone efectivamente a una legislación más favorable para los trabajadores rurales. Por ejemplo, para los trabajadores empleados permanente o semipermanentemente en las propiedades rurales, pueden calcularse las tasas de salario diario dividiendo el salario mínimo mensual entre el número de días trabajados. De hecho, esto sería como un ingreso mensual mínimo garantizado igual al salario mínimo mensual legal. El seguro de desocupación podría financiarse con contribuciones de los hacendados a un fondo nacional de compensación. Así, el alegato de que la ley no es adecuada no basta para explicar, por supuesto, por qué los patrones no pagan los salarios mínimos diarios legales. Debe sospecharse que en las circunstancias actuales, independientemente de las leyes, las patrones las violan de un modo sistemático. Es parte del sistema de agricultura latifundista.

Hay otra causa que empeora la situación de los campesinos, muy relacionada con las dos anteriores. En los países en que el costo de los alimentos y otros artículos esenciales aumenta en términos absolutos y relativos —que es el caso en la mayoría de América Latina— los salarios en efectivo aumentan sólo como resultado de incrementos en las tasas del salario mínimo legal. Por lo tanto los trabajadores rurales con frecuencia se ven perjudicados por dos motivos: primero, los incrementos legales sólo se dictaminan mucho tiempo después de que los salarios reales han disminuido considerablemente, y segundo, los patronos rurales hacen más crítica la situación violando los salarios hasta después de un tiempo en que ya ha estado en vigencia el nuevo mínimo legal. De este modo hay una presión constante a disminuir los salarios reales de la agricultura.

Por último, debemos observar que existe otro abuso con respecto al tiempo extra. Aunque los salarios mínimos legales se refieren siempre a un día de trabajo de 8 horas, casi nunca se paga el tiempo de trabajo extra. Durante las estaciones de siembra o cosecha, por

CUADRO 21

DIFERENCIA ENTRE LOS SALARIOS QUE SE PAGAN A VARIAS CLASES DE TRABAJADORES Y LOS SALARIOS MÍNIMOS LEGALES EN ALGUNOS ESTADOS DEL BRASIL, 1957

Estado	*Porciento de la diferencia entre los salarios legales y los reales*		*Deducciones por las habitaciones de los trabajadores de campo (hombres) como porciento de los salarios.*	
	Trabajadores de campo (hombres)	*Cañeros*	*Autorizadas por la ley*	*Deducciones reales*
Ceará	—31	—29	30	48
Paraiba	—31	—26	27	42
Pernambuco	—36	—27	27	43
Minas Gerais	—42	—41	28	51
Espirito Santo	—31	—26	31	44
São Paulo	—23	—18	33	37
Paraná	+ 6	+ 9	24	16
Rio Grande do Sul	— 8	— 5	24	36

NOTA: Los cálculos se hicieron considerando la tasa de salario más baja que prevalecía en cada Estado. Por lo tanto, las violaciones al salario legal están subestimadas y se sobrestima el pago que excede a la tasa legal (por ejemplo, en Paraná, donde la agricultura tuvo un rápido incremento durante el período). Los horticultores y los cañeros son relativamente raros en Rio Grande do Sul.

lo normal se trabaja 10 o 12 horas diarias. Si se incluyera este tiempo extra en el cálculo de las violaciones a las leyes salariales, la diferencia entre los salarios reales y los legales aumentaría muchísimo.

Estudiaremos brevemente las implicaciones económicas de éstos y otros métodos de explotación de la élite terrateniente en el final de este capítulo.

Retornando al problema general de la vaguedad de los contratos y de las violaciones a la ley, debe observarse que estos fenómenos han sido y continúan siendo la fuente de graves conflictos. Debido a la ausencia de sindicatos, se hacen posibles las violaciones a la ley y se efectúan acuerdos confusos ya que no hay suficientes tribunales para hacer cumplir las disposiciones legales, a que las autoridades favorecen a los grandes terratenientes a los que deben por lo general su nombramiento, a que los trabajadores no tienen dinero para contratar abogados que los representen ante los tribunales, y a que muchos abogados no aceptan casos que implican conflictos entre los trabajadores y los hacendados. El que muy raras veces estén disponibles para los trabajadores los beneficios de la ley da por resultado que la relación patrono-trabajador se rija por el poder y no por la ley. Tal relación es intrínsecamente insegura para la parte débil.

Los contratos pueden ser abiertos en lo que respecta a la tasa de salario, la participación en las cosechas o la duración del empleo. Es obvio que esto último afecta la tenencia del trabajador. No obstante, hay incluso casos en que puede quedar sin definirse la parcela, objeto del acuerdo de renta. Con esta vaguedad el terrateniente desea impedir que su "arrendatario" piense que tiene algunos derechos sobre la tierra que cultiva, aunque la ley dispone que se puede adquirir por posesión u otros derechos.

En otros tiempos, la vaguedad tiene el mismo fin que algunas de las prácticas de ocupación antes mencionadas que afectan a quienes tienen parcelas "rentadas".

Por ejemplo, en Brasil, el conocido historiador Clovis Caldeira encontró, al realizar un estudio de los contratos escritos efectuados en el estado de São Paulo, que no se mencionaba el tamaño de la parcela y concluyó que: "El no mencionar el tamaño de la superficie cedida al cultivador e incluso el no ser más específico en algunos casos nos permite sólo tener una visión parcial de esta fase del acuerdo. El que la renta que se paga al terrateniente no se relacione con la superficie explica la vaguedad de muchos contratos. En tales casos, lo usual es declarar únicamente que el terrateniente le cede "un sitio" o una "parcela de tierra".[21] Esta omisión influye directa-

[21] Citado en CIDA, *Brazil report, op. cit.*, pp. 197 *ss.*

mente en la seguridad de la tenencia del arrendatario y, por lo tanto, en la duración de su empleo.

No es fácil encontrar indicios generales que orienten sobre la duración del período que cubre el contrato. Puede tomarse como un índice aproximado el método de pago. Por ejemplo, se puede considerar que un salario diario indica que el contrato puede renovarse cada día. Sin embargo, la mayoría de los acuerdos son más complejos. De hecho, una de las dificultades surge precisamente a causa de la polivalencia de la ocupación que ya mencionamos. La variedad de acuerdos por el que se emplean muchos trabajadores oscurece el problema de la duración de la ocupación.

Empero, lo que está claro es que al celebrarse los contratos de trabajo de modo informal, sin especificar en la mayoría de los casos la duración del empleo, los trabajadores rurales dependen en la práctica casi por entero de las decisiones unilaterales de sus patronos en lo relativo al tiempo que trabajarán para ellos. Por lo normal, si no hay un acuerdo específico, la ley o la costumbre determina la duración del contrato, pero los trabajadores no pueden confiar en esto. Aunque lo acostumbrado es que el despido de un trabajador asalariado no residente se haga al final de un día de trabajo, y el de un arrendatario al final de la cosecha, nada le impide al patrono despedir un trabajador inmediatamente por una supuesta falta, desobediencia u otras razones. Incluso si se contrata un trabajador durante un período especificado de tiempo, el patrono puede —y lo hace con frecuencia— terminar el acuerdo, ya que el primero no tiene medios para defenderse. Por lo tanto, sobre los trabajadores pende la amenaza potencial de despido como una espada de Damocles, y el mismo conocimiento de esa posibilidad de despido hace a los trabajadores sumisos y obedientes. Como los patronos utilizan su derecho para despedir a los trabajadores en cualquier momento, se explica en parte la gran rotación de la mano de obra en las haciendas. Esta rotación parece prevalecer más en los latifundios, pero aumenta en las zonas en que los trabajadores están concientes de su situación de dependencia, y tratan de organizarse en sindicatos o ligas campesinas, o donde ya existen conflictos. Una alta rotación de la mano de obra es, para el patrono, un instrumento importante para combatir a los sindicatos.

Los trabajadores diarios son los que tienen un empleo menos seguro, mientras que los arrendatarios y aparceros están un poco más seguros durante la estación de cultivo. Los temores de estos últimos se originan en relación con sus posibilidades de permanencia o de encontrar otra parcela. En años recientes sus temores han aumentado al amenazar los terratenientes con el despido de trabajadores con parcelas, o al hacerlo realmente alegando varias razones, entre ellas las reformas agrarias y el descontento campesino. En algunas ocasiones las amenazas son vagas o los despidos temporales, pero esto hace que los trabajadores se sientan aún más dependientes de los terratenientes. Por ejemplo, en Sapé, en el noreste brasileño, la esposa de un pequeño arrendatario informó que "aquí casi todas las personas tienen una parcela. El año pasado hubo mucha hambre porque los latifundistas no querían ceder tierra a nadie. Pero este año las cosas mejoraron..." [22] Cuando las grandes haciendas monopolizan la tierra y los campesinos se aglomeran en pequeñas parcelas, esto implica que los arrendatarios no sólo se enfrentan a la inseguridad de sus acuerdos particulares, sino que los terratenientes retienen la tierra para imponer sus términos de ocupación. Un campesino dijo: "cuando me despida, tendré que irme sin preguntar nada, porque es su tierra y es su casa... Mi tierra sólo serán dos metros cuando me muera".[23]

Otros instrumentos para reforzar la ley de bronce de los ingresos de subsistencia

En cierta medida, el ingreso total de la fuerza de trabajo rural se ve afectado por las condiciones climáticas (porque las buenas cosechas requieren una fuerza de trabajo algo mayor), y muy indirectamente por las tendencias económicas generales, como la inflación. Pero por varias razones los trabajadores individuales no están en posición de beneficiarse —o se benefician sólo en muy pocos casos— por las mejores cosechas, la prosperidad o la mayor productividad. Como dijo el sociólogo Carlos Alberto de Medina de los trabajadores campesinos del noreste brasileño asolado por la sequía: "su ingreso siempre es bajo, haya o no sequía". Las condiciones son tales que el patrono, con su abrumador poder de negociación puede determinar la cantidad total de ingresos que recibirán los trabajadores, mantenerlos endeudados y dependientes, e impedirles que ahorren. Aquí no es posible describir las muchas prácticas que pueden privar a los trabajadores de ganar más dinero o de sus derechos. Los pocos ejemplos que presentamos a continuación son un indicio de las prácticas generales de "administración de la mano de obra" en la agricultura latinoamericana.

Hay cuatro clases principales de acuerdos que conservan bajos los ingresos de los trabajadores: *1*) establecimiento de los salarios

[22] CIDA, *Brazil report, op. cit.*, pp. 192 *s.*
[23] *Ibid.*, p. 239.

(incluyendo la división de las cosechas cultivadas por arrendatarios, aparceros, etc.) a un nivel bajo; 2) Modificación de los términos generales en que se contratan los trabajadores cambiándolos de una clase de ocupación a otra menos favorable; 3) Violación o modificación de los acuerdos individuales de trabajo; y 4) Defraudando a los trabajadores. Los ejemplos siguientes caen en alguna de estas cuatro categorías. Ya nos hemos referido a algunos de estos acuerdos, pero queremos estudiar ahora de un modo específico su efecto sobre los ingresos y ahorros de los campesinos. Primero trataremos los acuerdos que conservan a niveles de subsistencia los ingresos de los trabajadores con tierra, y después los relativos a los trabajadores sin tierra, aunque es obvio que no hay una separación tajante entre los dos.

A ciertos trabajadores se les ceden parcelas *sólo para su uso propio* —esto es, huasipungueros y trabajadores residentes con huertos— como pago total o parcial de sus servicios de mano de obra. En muchos casos no se les cede una parcela determinada de tierra, sino que se les permite cultivar alimentos entre las hileras de los cultivos permanentes, como el café o los cocoteros, y en correspondencia deben cuidar las cosechas comerciales hasta que hayan madurado. Después se despide a esos trabajadores, excepto cuando se les cambia a otras zonas de plantación o bien a una ocupación asalariada dentro de la plantación. En teoría, las parcelas deberían proporcionar alimentos al trabajador y su familia y un excedente para vender en efectivo. Sin embargo, en la práctica las condiciones en que pueden explotarse las parcelas son por lo general contrarias a la utilización adecuada de la tierra. Normalmente, su superficie es muy pequeña, o de calidad inferior, con suelos erosionados y agotados, situados a menudo en las laderas de los cerros, de manera que los rendimientos son bajos y decrecientes. Los trabajadores no obtienen ayuda financiera o técnica para mejorar la administración de su tierra. Si logran obtener un pequeño préstamo o semilla del patrono, éste se las deduce de sus salarios a tasas exhorbitantes de interés, o se les obliga a prestar servicios de mano de obra. Por consecuencia, tal "ayuda" hace que los trabajadores tengan obligaciones adicionales con el terrateniente. Los trabajadores tampoco pueden cultivar lo que les plazca o conservar ganado, excepto unos pocos cerdos y gallinas. Por lo normal las siembras se limitan a cultivos de subsistencia. Es usual que se prohiba el cultivo de las cosechas que siembra el propietario, lo que los priva de obtener buenos ingresos en mercados bien organizados. De este modo se impide a los campesinos el acceso a esos mercados y la obtención de mayores ingresos. Para tener ganado deben tener permiso del propietario que por lo general exige que se le entreguen las crías del ganado a cambio de su autorización. De nuevo, esto hace imposible que los campesinos acumulen capital para mejorar sus ingresos y ahorros.

La administración de la tierra de los campesinos se complica además porque la prioridad la tiene siempre el trabajo en las tierras del terrateniente; en caso de conflicto —esto es, que el trabajador necesite cultivar su parcela mientras el terrateniente desea irrigar sus campos— la parcela del trabajador es la que sufre las consecuencias. Los terratenientes alegan que la familia del campesino puede hacer ese trabajo, o que el mismo trabajador puede atender su parcela en las horas que le quedan libres o los fines de semana, y en realidad es muy común oír que los terratenientes se quejan de que los trabajadores no administran bien sus parcelas. La verdad es que con los acuerdos que existen entre los terratenientes y los trabajadores, una mejor administración de las parcelas requeriría más energía física y mental de la que tienen los trabajadores y sus esposas e hijos, aunque los latifundistas serían los últimos en admitir que ellos son los culpables de que sus trabajadores no tengan un mejor desempeño. De este modo la administración de la parcela para la subsistencia del trabajador está por completo en manos del patrono, y no puede usarse para aumentar los niveles de ingreso por encima de esos niveles mínimos.

Debido a los ingresos extremadamente bajos de los trabajadores y a su falta de recursos, con frecuencia las ventas de la producción de la parcela no son ventas de un "excedente", sino ventas de emergencia para obtener efectivo necesario para las necesidades corrientes inmediatas. Estas ventas pueden ocurrir aunque lo que reste del producto sea insuficiente para proporcionar alimentos durante el resto del año. Por lo tanto, se acostumbra que los campesinos compren los mismos alimentos a mayores precios en el mercado o en las tiendas de las propiedades rurales que manejan los terratenientes, cuando se les acaban los alimentos que reservaron para su hogar. A menudo compran de nuevo la misma comida que vendieron a su patrono, quien se queda con la diferencia entre los precios de compra y los de venta.

La administración de sus huertos se hace en las condiciones más desventajosas para los trabajadores. En consecuencia, aunque se supone que sus huertos les proporcionan suficientes alimentos, la mayor parte de los salarios en efectivo de los trabajadores se gasta en alimentos. Si esos salarios en efectivo no bastan, pasan hambre. Un caso característico es el de los trabajadores residentes de las plantaciones de cacao en Bahia (Brasil). Su ingreso medio en efectivo, casi todo proveniente de salarios, ascendió a cerca de 67 000 cruzeiros en 1962, pero sus gastos en alimentos, tabaco y bebidas por sí solos —sin gastos en lujos, sino en artículos indispensables— fueron de 93 000 cruzeiros. Como resultado iniciaron el año nuevo con una gran deuda. De este modo la parcela no es lucrativa para los trabajadores debido a que los alimentos producidos no les compensan los esfuerzos que ellos o su familia invierten en la tierra en las condiciones prevalecientes. Insistimos en que la razón no está en que los campesinos sean malos administradores, sino en que se les impide ser mejores productores. No obstante, en las condiciones actuales, privar a los trabajadores de esas parcelas sin darles compensación empeorará aún más su situación, como es obvio. Por otra parte, la asignación de parcelas "de subsistencia" es un negocio lucrativo para los terratenientes, como explicaremos posteriormente.

En comparación con los trabajadores que reciben un huerto o una parcela para su subsistencia, los aparceros o pequeños arrendatarios cultivan la tierra *principalmente para provecho de sus terratenientes* y reciben como remuneración una parte de la cosecha, o de los rendimientos de su venta. El trabajo de aparcería se da también en las fincas ganaderas. Muchas de las características de los acuerdos relativos a las parcelas también se aplican a los de aparcería o arrendamiento, aunque los últimos dan mayor oportunidad a los terratenientes para defraudar a los campesinos. Independientemente de que los latifundistas empleen trabajadores asalariados residentes o cultiven su tierra indirectamente por medio de las formas tradicionales de empleo de la mano de obra, se acostumbra dejar sólo la tierra más pobre a los trabajadores. Los aparceros y arrendatarios no tienen ahorros, como la mayoría de los trabajadores rurales, y por lo normal cuando principia la estación agrícola ya se les han terminado sus alimentos y dinero. Como sólo obtienen ingresos hasta el momento de la cosecha, necesitan "ayuda" financiera de sus terratenientes o de los comerciantes en el momento en que empieza la siembra, incluso en aquellos casos en que el terrateniente proporciona todos los insumos que se requieren para empezar el trabajo. La "ayuda" financiera siempre es un negocio costoso para los campesinos —y lucrativo para los terratenientes y comerciantes— debido a los términos usureros de los préstamos. Presentaremos sólo dos ejemplos muy característicos: en una comunidad del Ecuador se encontró que la escasez de capital de los campesinos originaba un sistema de crédito muy oneroso por la intervención de los prestamistas locales a quienes habían solicitado préstamos los trabajadores; los prestamistas entregaban semilla y dinero a cambio de la mitad de la cosecha y compraban el resto de la producción a precios inferiores a los que prevalecían en los mercados de la zona. En consecuencia, sus ganancias con respecto a los insumos eran mucho mayores que las de los trabajadores. En otra comunidad, los prestamistas usureros usaban métodos fraudulentos para dar crédito a los trabajadores y pequeños propietarios a una tasa de interés que equivalía al 50 % de la cosecha. Un método consiste en entregar dinero y semillas por adelantado y en el momento de la cosecha apoderarse de la mitad de la producción total *después de reponer la cantidad de semilla prestada.* O cuando es el trabajador quien proporciona la semilla, el prestamista comparte la cosecha como si fuera un acuerdo de aparcería. La tasa de interés del dinero prestado es del 10 % mensual, más una garantía que podría ser la producción o la parcela lo que "en muchos casos da por resultado un robo descarado".[24]

Sólo en relativamente pocos casos puede el campesino obtener créditos directos de un prestamista institucional a una tasa de interés razonable. Pero en algunas ocasiones los terratenientes obtienen para sus trabajadores fondos de un prestamista institucional con la finalidad expresa de distribuirlo entre sus hombres (como ocurre con frecuencia en Brasil), sólo para prestarlo a una tasa de interés mayor. La diferencia es la ganancia del terrateniente, con el pretexto de que asume los riesgos del préstamo de fondos. Por supuesto, en realidad estos riesgos son mínimos, ya que en las condiciones que prevalecen los campesinos siempre deben pagar o trabajar a cambio del dinero que deben, antes de salir de las propiedades.

Por lo normal las tasas de interés de los terratenientes y comerciantes no aparecen como tales, aunque si se les calculara variarían por lo común entre un 50 y un 100 %. Existen muchos métodos de "ayuda" diferentes, algunos de los cuales equivalen al fraude. Un procedimiento frecuente es prestar dinero y semilla con la condición de que al terminarse la cosecha el trabajador regresará una y medio veces la cantidad prestada. Si la cosecha se hiciera seis meses después, la tasa de interés sería del 100 %; si sólo transcurrieran tres meses sería del 200 %. Las altas tasas de interés reducen mucho los rendimientos de los trabajadores, al grado de que continúan endeudados al final del año, en particular cuando la cosecha es mala. También surge un caso interesante cuando un pequeño arrendatario tiene que pagar todo o parte de su renta anticipadamente, como ocurre con frecuencia en Brasil. En teoría esto debería librarlo del control del terrateniente durante la estación. Sin embargo, como el pago de la renta lo deja sin recursos para empezar el cultivo de su tierra, tiene que pedir ayuda financiera del terrateniente y de este modo se encuentra en la situación de dependencia que describimos

[24] CIDA, *Ecuador report, op. cit.*, pp. 254 ss., 305.

para otros aparceros o pequeños productores. Comúnmente los terratenientes exigen el pago anticipado de la renta en aquellos casos en que la demanda de tierra que hacen los campesinos excede la oferta, situación artificial producida por el control de los hacendados sobre este recurso.

El endeudamiento, fenómeno muy difundido, no sólo "ata" los trabajadores a la propiedad rural, sino que también es lucrativo desde el punto de vista económico para el patrono-prestamista. Si un trabajador está endeudado, debe entregar (es decir, vender) su parte de la cosecha al terrateniente al precio que prevalece en el mercado, que siempre es bajo en el momento de la cosecha, o incluso a un precio menor, según desee el terrateniente; por su parte, éste puede vender tanto su parte como la del trabajador cuando los precios vuelvan a subir. La diferencia entre los dos precios es ganancia del terrateniente. Lo mismo ocurre con los comerciantes-prestamistas. Por ejemplo, en estudios realizados en Varzea do Acu (Brasil), el comerciante financió la siembra con la condición de que el sorgo se le vendiera *por anticipado* al precio de 600 cruzeiros por unidad, aunque el precio corriente del producto variaba entre 1 000 y 1 200 cruzeiros.[25] De este modo la dependencia de los trabajadores les impide aprovechar las fluctuaciones de los precios, ya que los aleja del mecanismo del mercado. Por lo tanto, lo que importa no es que los campesinos sean demasiado ignorantes para participar en la economía moderna, como les gusta declarar a los miembros de la élite latifundista, sino que mediante la violencia se les impide convertirse en parte de esa economía. Sin embargo, debe observarse que en muchos casos los aparceros o arrendatarios tienen que entregar su parte de la cosecha de acuerdo al contrato original, independientemente de que estén endeudados o no. Se les obliga a cumplir con esos términos a riesgo de perder las parcelas de tierra que les cedió el latifundista.

Surge una situación semejante con respecto a la administración de la tierra y la selección de las cosechas. Ambas son controladas por el terrateniente, con el resultado de que pocas veces sus trabajadores se benefician de las situaciones favorables del mercado que podrían situarlos encima del nivel de subsistencia. La parte (ingreso) del trabajador siempre está a un nivel bajo, no sólo porque es inferior con respecto a la contribución que él y su familia hacen a la producción final, sino también porque la calidad de la tierra es por lo normal mala y disminuye año con año o por los acuerdos contractuales iniciados por su terrateniente. Ambos lo privan de ingresos

[25] CIDA, *Brazil report, op. cit.*, p. 204.

adicionales, o en realidad, de lo que es suyo. Se presenta una situación grave cuando la parte de la cosecha que será del trabajador no se determina por anticipado, sino sólo inmediatamente antes, o durante la cosecha. Por ejemplo, en Brasil se han encontrado casos en que la participación es determinada sólo una vez que el terrateniente conoce la situación de la cosecha. Si la cosecha es buena, aumenta la parte del terrateniente. Esto significa que el ingreso del campesino no aumenta con los rendimientos. En algunos casos incluso un acuerdo específico podría ser violado por el latifundista. El sociólogo Maria Brandano afirmó que en Camacari, un municipio de Bahia, "por lo general el campesino empieza a trabajar y sólo después se determina el sistema de pago. En algunas ocasiones el sistema se decide tácitamente con base en la costumbre de manera que el trabajador sin tierra sabe en cualquier momento cómo procede cada propietario con respecto a cualquier clase de tierra. En ocasiones hay sorpresas, principalmente cuando después de un acuerdo informal sobre una forma de pago en efectivo de la renta el propietario exige el pago en especie una vez que ha inspeccionado las condiciones de la parcela".[26] Otra práctica es modificar un acuerdo que permita ganar a los trabajadores ingresos superiores a los de subsistencia. En la industria ganadera del Brasil, por ejemplo, se cambió el acuerdo de aparcería del *vaqueiro* por el cual obtenía una parte de las crías, a uno de salarios, para impedirle que se convirtiera en otro ganadero. O se puede obligar al *vaqueiro* a vender su parte de los animales después de la división, en apariencia con el mismo propósito.[27] Otras prácticas son abiertamente fraudes contra los trabajadores. Una de las más difundidas es el uso de balanzas "arregladas" para engañar a los trabajadores cuando se divide la cosecha. Los administradores u otros patrones también emplean pesas falsas para pesar la cosecha de un trabajador asalariado a destajo, por ejemplo durante la cosecha del algodón. O los capataces o administradores podrían engañar a los trabajadores asignándoles una parcela de tierra para su cultivo y midiéndola incorrectamente para pagarles menos. Por supuesto, también hay casos en que los trabajadores tratan de engañar a los patrones, en especial a los absentistas. Por ejemplo, los "pizcadores" de algodón, que saben exactamente en qué haciendas hay pesas falsas, añaden algunas piedras al algodón en el fondo de sus sacos. Pero la presencia de los administradores hace esto muy perjudicial para los campesinos. A un trabajador culpable de engañar a su terrateniente se le castigará con rapi-

[26] *Ibid.*, p. 211.
[27] *Ibid.*

dez, pero el trabajador defraudado no tiene forma de obtener que se le haga justicia.

Todos estos ejemplos tienden a mostrar que los rendimientos de los trabajadores no están relacionados con la productividad de la tierra o la mano de obra, sino con las políticas y prácticas de salarios de los patronos que limitan efectivamente esos rendimientos al nivel de subsistencia. Una teoría del salario que afirme que éstos son una función de la productividad está basada en la ignorancia de las condiciones que prevalecen en la agricultura.

Es necesario agregar algunos comentarios acerca de los *servicios gratuitos o casi gratuitos*, para completar el panorama de las condiciones de ocupación de los trabajadores con tierra. El derecho de usar y cultivar la tierra, ya sea en beneficio de los terratenientes o de los trabajadores, va acompañado, como ya hemos dicho varias veces, de la obligación de trabajar gratis para el propietario durante cierto número de días sin remuneración o a una tasa inferior a la que prevalece en el mercado. Los servicios podrían consistir en trabajo rural extra en otras empresas rurales del terrateniente, o en servicios domésticos. Estos servicios feudales o semifeudales están entre las razones por las cuales los ingresos de los trabajadores no pueden superar el nivel de subsistencia. Todavía son muy comunes en muchas regiones del hemisferio. Presentaremos algunos casos característicos de las pesadas obligaciones que particularizan esas prácticas tan difundidas en la actualidad.

En Ecuador, en una gran hacienda de 690 hectáreas, 45 yanaperos que residían en una pequeña comunidad vecina que está rodeada por grandes haciendas se vieron obligados a trabajar en ellas a cambio del derecho a utilizar sus caminos y otras instalaciones.[28] Constituyen la mayor parte de la mano de obra de esa hacienda. Las circunstancias los obliga a utilizar la tierra de la hacienda para juntar leña y aprovechar el agua y la hierba que crece a lo largo de los caminos para sus animales. A cambio de esto se ven obligados a trabajar dos días a la semana sin paga, proporcionándole a la hacienda cada año aproximadamente un mínimo de 4 700 días de mano de obra. Sin embargo, el supervisor le asigna a cada trabajador más tierra de la que puede trabajar por sí solo. En consecuencia deben pedir a los miembros capacitados de su familia que les ayuden. De este modo la mano de obra total que se proporciona excede de 5 000 días. El valor de los "privilegios" que se otorgan a los trabajadores no es más que una fracción del valor de la mano de obra

[28] En otra comunidad rodeada de haciendas, los campesinos debían pagar 4 sucres por persona y un sucre por animal para tener acceso a los caminos exteriores.

que proporciona, incluso si se le valúa sólo a la tasa de salario mínimo legal. Además, 12 lecheras deben cumplir otras tareas, en especial durante la cosecha. Su salario es de 4 sucres (0.16 dls.) diarios más medio litro de leche diario. Los huasipungueros que cultivan aproximadamente 1 hectárea de tierra cada uno deben trabajar cuando menos 4 días de la semana para el terrateniente, pero durante 2 meses deben trabajar junto con su esposa y su hija mayor. Reciben 1.6 sucres al día (0.6 dls.). Además deben usar sus propios instrumentos cuando trabajan para el terrateniente.

En otra hacienda de 2 441 hectáreas, propiedad del Estado y administrada por un organismo del gobierno, cerca de 287 hectáreas son manejadas por 16 aparceros. Reciben la tierra y semilla del propietario y la mitad del producto. Se les obliga a trabajar dos días a la semana a cambio del derecho de recoger leña. Los huasipungueros reciben tres sucres diarios (0.12 dls.) durante cuatro días a la semana a lo largo del año, pero además deben proporcionar mano de obra gratuita para otras tareas. El promedio de la tierra que se les asigna es de 2.78 hectáreas. Viven dispersos en la propiedad rural en las zonas marginales y la mayoría de sus parcelas son de mala calidad. Tienen derecho a utilizar las laderas de los cerros para pastos y recolectar leña y maleza, además de lo que haya quedado después de la cosecha del terrateniente (por ejemplo, patatas), tarea en la cual participa toda la familia. Bajo las presiones políticas en que funciona el organismo administrador, más sensible que un propietario privado, se han eliminado algunas obligaciones feudales, como los servicios domésticos. En otra hacienda rentada por una fundación que dirigen los jesuitas, 10 huasipungueros guardan el ganado del terrateniente durante los 7 días de la semana a cambio de un salario diario de 3.3 sucres (0.13 dls.). Otros 35 huasipungueros deben trabajar 5 días a la semana a cambio de un salario de 2.5 sucres, pero con frecuencia trabajan más días para aumentar su ingreso. Mano de obra adicional es proporcionada por pequeños arrendatarios de pastizales, que pagan en términos de varios días de trabajo a la semana a cambio del privilegio de ocupar la tierra.

En la provincia de Cotopaxi los habitantes de una comunidad indígena tienen que pagar con tres días de trabajo al año el derecho de usar los caminos de la hacienda ("pago de los pasos"). Además, deben entregar sus ovejas al terrateniente durante una semana para ayudar a fertilizar su tierra (majadeo). Sin aviso previo los empleados latifundistas reúnen los animales de los trabajadores de casa en casa, y de este modo juntan cerca de 3 000 o 4 000 animales sin costo para el terrateniente, y en ocasiones a un costo considerable para los propietarios si los animales se les devuelven heridos o mal alimentados.[29] En otra hacienda de 444 hectáreas, los trabajadores deben proporcionar 6 días de mano de obra al mes por cada unidad de tierra que se les asigna, así como otras tareas que incluyen servicios domésticos cuando el dueño está en la propiedad, aunque éstos se descuentan de los días de trabajo obligatorio. Por el derecho de recolectar leña y utilizar los pastizales de cerros ya secos, deben proporcionar trabajo que no se descuenta. La mitad de los trabajadores contratan a otros trabajadores a 14 sucres diarios para remplazarlos durante los días de trabajo obligatorio si no puede sustituirlos algún miembro de su familia.

Pueden encontrarse ejemplos semejantes en Perú. En una propiedad rural de 140 hectáreas, cuyo propietario tenía también una hacienda de aproximadamente 2 000 hectáreas, la fuerza de trabajo consistía de 4 colonos, además de 61 colonos de otra hacienda que trabajaban gratuitamente para el propietario. En otra hacienda de 30 000 hectáreas la fuerza de trabajo consistía en más de 100 colonos con parcelas de calidad inferior y que recibían salarios muy bajos.

En todo el Brasil están muy difundidas prácticas todavía feudales o semifeudales. En el municipio de Quixada (Ceará), en una gran propiedad rural característica, el pago por el uso de la tierra es la mitad de la cosecha de algodón (el cultivador retiene para sí otros productos, en especial las cosechas de alimentos). Sin embargo, está también obligado a dar un día de trabajo a una tasa de salario muy inferior a la prevaleciente. De este modo se asocian la aparcería y la servidumbre (*sujeição*).

En otra propiedad rural, los trabajadores se comprometen a trabajar tres días consecutivos de la semana por la mitad del salario que prevalece en la zona, aunque en este caso no hay un acuerdo de aparcería formal. No obstante, el patrono retiene el derecho de aprobar el principal producto que sembrará así como el de comprar toda la cosecha. Lo usual era que el aparcero vendiera su parte al propietario.[30] En Paraiba (al igual que en otras haciendas) se obliga a los trabajadores a trabajar gratuitamente para el propietario durante un día. Esta práctica feudal, la *cambão,* fue una de las razones del crecimiento de las *ligas camponesas* y otras organizaciones de trabajadores rurales. Un investigador informó que la *cambão*:

[29] Esto contrasta mucho con las fuertes sanciones que se imponen a los trabajadores a causa de daños supuestos o reales al ganado del terrateniente. Véase más adelante, la página 157.

[30] Muchos hacendados de la zona tienen algodón y ganado. Se encontró que en las propiedades rurales estudiadas el ingreso por hectárea cultivada por aparcero era mayor que en la tierra que manejaba el propietario. Esto demuestra la valiosa contribución de los aparceros al propietario.

Es una obligación personal, como un "servicio" al propietario, lo que implica que en algunas zonas no se permite que el arrendatario pague a otra persona para que realice esa tarea. Si podemos calcular un día de trabajo sobre la base de 150 cruzeiros... podemos observar que el arrendatario trabaja gratuitamente todos los años para el terrateniente hasta por una suma de 7 880 cruzeiros, lo que representa una renta en realidad exorbitante para la pequeña parcela que cultiva y la choza en que vive [esas tasas se refieren probablemente a 1960]. De este modo podemos ver en las relaciones de trabajo que describimos que el trabajador que carece de tierra resulta muy perjudicado cuando se ve obligado a sujetarse a las condiciones de contratos que en realidad son mal intencionados.[31]

Debe observarse que además de las obligaciones citadas, por lo usual, los propietarios cobran fuertes cuotas por servicios sin importancia que hacen a los campesinos, en adición a los ya mencionados. Un ejemplo característico es el uso del molino para moler la yuca o el maíz que consumen los campesinos. Por lo normal el terrateniente recibe a cambio de este servicio una parte del producto molido (digamos, una cuarta parte) y los campesinos deben proporcionar la mano de obra para la molienda.

Los servicios como la molienda de maíz o harina de yuca, o las tiendas de los terratenientes, sólo pueden perpetuarse cuando la condición de los trabajadores es casi una servidumbre y, por lo tanto, están incapacitados para realizar esas actividades por sí mismos o a celebrar acuerdos más convenientes.[32]

Es necesario hacer ahora algunos comentarios adicionales sobre las prácticas de ocupación referentes a los *trabajadores sin tierra.* La situación de incertidumbre de los trabajadores sin tierra junto con sus bajos salarios hacen que sus ingresos estén a un nivel de subsistencia muy bajo. En ocasiones podría preguntarse cómo se las arreglan para sobrevivir. En muchos casos los salarios diarios sólo ascienden a unos cuantos centavos al día. Por ejemplo, en la Sierra del Perú, los trabajadores de los distritos lejanos reciben sólo una pequeña fracción de las tasas de salario prevalecientes, que les representa unos cuantos centavos al día; en realidad, las tasas de salario disminuyen al alejarnos de los principales pueblos o aldeas. El censo de 1961 estableció que el 86 % de los trabajadores rurales del Perú ganaban entre 58 y 291 dólares al año, aunque es probable que esas cifras sean exageradas ya que se han calculado con base en los ingresos promedio *semanales* que informaron los trabajadores.[33]

[31] M. Correia de Andrade, *op. cit.*, p. 200.
[32] Todos estos ejemplos se tomaron del reciente informe del CIDA (*op. cit.*).
[33] CIDA, *Peru report, op. cit.*, p. 273.

En Guatemala no se pagan salarios más altos incluso ahí donde los trabajadores sean "escasos", debido a que la escala de salarios depende principalmente de la responsabilidad social del patrono.[34] Incluso en el México actual, los salarios pagados a los trabajadores sin tierra, incluyendo dentro de éstos a los trabajadores migratorios, son mínimos, y sus ingresos totales por salarios no exceden de 30-40 dólares al mes cuando trabajan todo el tiempo.

En general, la situación de los trabajadores no es mejor cuando se les paga por día o a destajo. Los patronos prefieren esta última forma de pago sobre la primera cuando desean obtener un esfuerzo máximo de los hombres. Que los trabajadores se equivocan cuando creen que obtienen más cuando se les paga a destajo es evidente por la siguiente observación del sociólogo brasileño Geraldo Semenzato:

> El mejor período para el trabajo a "destajo" es la cosecha y procesado del cacao, pero por lo general durante el mismo hay una gran afluencia de trabajadores... lo que hace que disminuya la tasa que se paga (digamos) por una caja de cacao. El trabajo que se paga en base al producto es intenso y muy supervisado, además de requerir un enorme esfuerzo del trabajador. Al fijar el pago, el productor toma en cuenta los salarios que se pagan por lo normal al trabajador por un día de trabajo, y la producción en términos de calidad y cantidad, exigiendo siempre una producción mayor... Es relativamente común que el trabajador se enfrente a una disminución en la tasa de pago por unidad producida cuando el terrateniente puede contar con un gran número de trabajadores y, por lo tanto, con la misma cantidad de trabajo [en menos tiempo]...[35]

En consecuencia, el error de los trabajadores se debe a que, en efecto, pueden ganar más por día, pero trabajan menos días, o a que tienen que hacer más esfuerzo por la misma paga. La información que dan los terratenientes con respecto a los salarios diarios y a las tasas a destajo confirman que calculan con mucho cuidado estas últimas, con el resultado de que la paga que el campesino lleva a su hogar está cerca de los niveles de subsistencia.

Surge otra desventaja para los trabajadores cuando los terratenientes, para mantener en la inseguridad a sus trabajadores, no les pagan puntualmente, no lo hacen a la tasa que se había acordado, o simplemente no les pagan nada. Por ejemplo, esto ocurre en grandes zonas de la Sierra del Ecuador: "En la mayoría de las haciendas en que predominan los huasipungueros, el jefe de familia casi nunca recibe su salario al terminar el día. El supervisor o propietario 'paga

[34] CIDA, *Guatemala report*, *op. cit.*, p. 177.
[35] CIDA, *Brazil report*, *op. cit.*, pp. 276 *ss.*

las cuentas' de vez en cuando cada 2 o 3 años. El salario en efectivo es una farsa..." "Los ingresos por salarios diarios (2 sucres) son nominales, en primer lugar porque sólo se paga [al trabajador] después de largos retrasos, y en segundo lugar, porque en vez de efectivo se les entregan 'panelas' (azúcar y otros artículos)". También debe observarse que en la Sierra, el pago de salarios se ha convertido en un método para medir las deudas de los trabajadores, y en realidad los salarios "en efectivo" han tenido la función adicional de retener a los trabajadores en la propiedad rural. También se informa que "en ninguna de las haciendas con huasipungueros reflejan los salarios el día de 8 horas que dispone el código del trabajo. Concretamente, los huasipungueros de las propiedades ganaderas trabajan casi 24 horas diarias. En la agricultura no rige la semana de trabajo. Sólo se cuentan los días de trabajo".[36] Cuando se engaña a los trabajadores, y el engaño lo hacen los administradores, por lo general los dueños prefieren ignorar estas prácticas ya que necesitan más sus supervisores que a los trabajadores.

Quizá la peor faceta de las relaciones élite terrateniente-campesinos es que en algunas ocasiones los hacendados usan castigos físicos o de otro tipo que ejecutan directamente, por medio de sus representantes, o llamando a las fuerzas policiacas o militares. Esto hace que los hacendados sean a la vez acusadores, jueces, jurado y agentes de la ley. La violencia se ha convertido en un aspecto más de la vida rural en América Latina. Como resultado, el temor y a veces incluso el terror se han convertido en parte de la vida de muchos campesinos.[37] Los castigos de los trabajadores se deben a faltas reales o supuestas, o a descuidos, en parte para atemorizar a los hombres y "dar un ejemplo", y en parte para privarlos de sus pertenencias. Los castigos más severos se reservan para quienes hacen esfuerzos por sindicalizar a los trabajadores rurales. También se recurre a actos de terrorismo para privar a los campesinos de su tierra, tanto en comunidades ya establecidas como en regiones fronterizas.

En Ecuador, por ejemplo, se encontró que en una hacienda característica de la Sierra el castigo consistía en días de trabajo extra. El control es muy severo y los castigos se ejecutan suprimiendo el pago de salarios por supuestas violaciones, fallas en el trabajo, o porque los supervisores no quedaron satisfechos. Es de suponerse que en muchos casos tales castigos son un simple pretexto para robar al campesino. Los trabajadores deben trabajar, gratuitamente, para

[36] CIDA, *Ecuador report*, *op. cit.*, pp. 144, 138-56.

[37] Véase, con respecto a esto, Alan Holmberg, *Some Relationships Between Psychobiological Deprivation and Culture Change in the Andes*, Cornell Latin American Year, 1966, Cornell University, Ithaca, Nueva York.

cumplir los castigos que se les han impuesto y con tal fin los patronos se apoderan de posesiones personales como sombreros, ponchos, instrumentos u otros artículos, lo cual es una práctica común en esa hacienda para obligar al campesino a cumplir con sus obligaciones de trabajo. En ocasiones los mayordomos o administradores atacan a los trabajadores de palabra o físicamente cuando un animal penetra accidentalmente en los pastizales de la hacienda y daña pasto recién sembrado, e incluso le hacen daño al animal para que su dueño se cuide más en el futuro y cumpla sus obligaciones. La pérdida de un animal o de animales pertenecientes al terrateniente y que estaban a cargo de un trabajador se castiga exigiendo el valor comercial del animal que se extravió. Como el campesino no puede pagar en efectivo, confiscan de modo arbitrario su ganado, calculando su valor a precios mínimos y reteniendo los salarios hasta que se paga la deuda.[38] En este respecto es importante recordar que en muchos casos los hacendados rehusan sistemáticamente cercar sus haciendas —no sólo en Ecuador, sino en toda América Latina—, y tampoco permiten a los campesinos (si éstos tienen el dinero necesario) construirlas por su cuenta, asegurando un máximo de flexibilidad en la estructura de la tenencia agraria. Esta flexibilidad siempre es ventajosa para los hacendados ya que les aclara a los campesinos que no tienen ningún derecho sobre la tierra.

En otra hacienda de 12 000 hectáreas del Ecuador, donde ya es tradicional la severidad de los propietarios, cualquier animal que se encuentre dentro de los pastizales del terrateniente es muerto inmediatamente o llevado al centro administrativo de la hacienda, multando o castigando a su propietario severamente con varios días de trabajo. En una comunidad indígena, el hacendado vecino ha prohibido el uso de los cerros para el pastoreo; cualquier violación se castiga reteniendo el animal e imponiendo una multa de 100 sucres o 20 días de trabajo gratuito. En la Sierra se informa con mucha frecuencia de insultos, golpes, encarcelamientos y otros actos de agresión.[39] Los indígenas de los Andes también informan que los miembros de la élite terrateniente o sus representantes, cuando encuentran a un campesino que lleva su producto al mercado, simplemente se apoderan de su carga o ganado para "darle una lección". Pero de ninguna manera ocurren los casos de brutalidad exclusivamente con los indígenas de los Andes.

Es obvio que no todos los terratenientes ejercen su "derecho" de castigar a un trabajador ni se encuentran todas las prácticas brutales al mismo tiempo en todas las haciendas. Sin embargo, se les en-

[38] CIDA, *Ecuador report, op. cit.*, pp. 226 *ss.* y 239.
[39] *Ibid.*, pp. 293 *s.*, 303 *s.*

cuentra con la suficiente frecuencia para indicar que hay una estructura sistemática de represión y brutalidad incipiente o real. Como ya dijimos, no todos los terratenientes son unos villanos. No obstante, dentro de la estructura social existente no hay un poder compensatorio que les impida a los terratenientes recurrir a la violencia.

Una breve digresión sobre la economía de la represión

La desfavorable posición de negociación de los campesinos hizo que el sociólogo brasileño Maria Brandano concluyera que "todo el sistema [de relaciones de trabajo] es un instrumento para apoderarse de los excedentes. Desde el punto de vista del trabajador, cualquiera que sea la forma en que participa dentro del sistema, se debilita de modo sistemático su habilidad para conservar parte de su ingreso. Si pide la tierra de otra persona, los rendimientos dependen de su trabajo y de la tierra. Una mayor productividad de la tierra hace que el propietario exija una renta mayor. Si el trabajador es un asalariado, el aumento en los salarios o en el precio por unidad (trabajo a destajo) se ve compensado por un control más intenso sobre el trabajador y por una mayor intensidad del día de trabajo". Y el sociólogo brasileño Carlos Alberto de Medina afirmó que la mayor parte de las ganancias de los hacendados provienen de los trabajadores. Es necesario hacer algunos comentarios adicionales, aunque el tema no sea muy popular. Quizá la conclusión de Medina sea algo exagerada, pero no hay duda de que la falta de poder de los campesinos es lucrativa para la élite terrateniente. Daremos algunos ejemplos para demostrar la veracidad de su argumentación. Su importancia no estriba tanto en que muestra las ganancias a corto plazo que por sus prácticas obtiene la élite terrateniente, sino en que explican las pérdidas a largo plazo acumuladas por los campesinos en el transcurso del tiempo.

Un caso característico es aquel en que los campesinos tienen la obligación de entregar una parte del producto al terrateniente a cambio del privilegio de usar *su* molino para hacer harina de maíz o yuca. Por ejemplo, en una hacienda de 4 200 hectáreas del estado de Maranhoe (Brasil) donde la pobreza y el feudalismo son tradicionales, 202 arrendatarios, que vivían a niveles de subsistencia, tienen que entregar una cuarta parte de la harina por el uso del molino, además de proporcionar su propio tiempo y mano de obra. Dos economistas —que incidentalmente tienen la anticuada opinión de que la tradición feudal del Brasil es "con toda probabilidad una ventaja social neta", y que el país tiene una considerable deuda con la élite terrateniente por la colonización, desarrollo y mejora de sus recursos agrícolas— afirmaron que lo que se cobra es "insignificante", después de compararlo con los ingresos brutos de los arrendatarios (¡1.2% después de pagar las rentas!) y concluyeron que no se explotaba a los campesinos.[40] Sin embargo, hay otras formas de contemplar el mismo problema y llegar a una conclusión opuesta. Se puede establecer un molino con una inversión de 200 dólares, suma relativamente pequeña para el hacendado. Suponiendo que en nuestro caso particular el molino valiera 300 dólares y cada arrendatario pagara 1 dólar en especie al año por su uso, sin contar su tiempo y mano de obra, el molino se pagaría, hablando conservadoramente, en un año y medio si lo usaran todos los arrendatarios de la hacienda —un supuesto razonable ya que la harina de yuca es un alimento básico en esa zona. Una vez amortizado, la ganancia neta anual en la pequeña inversión sería igual al ingreso familiar anual de un arrendatario, sin incluir su tiempo y esfuerzo de mano de obra. También debemos tener en cuenta las condiciones en que se hace esta pequeña empresa. Si el pago de una cuarta parte representa la diferencia entre una cantidad adecuada de alimentos para la familia del arrendatario y una dieta insuficiente, entonces el precio es exhorbitante. Si lo que se paga por la molienda es parte de una política sistemática del propietario para mantener a sus trabajadores a un nivel de subsistencia —incluyendo, por ejemplo, la prohibición de que los trabajadores compren su propio molino cooperativamente— es éste un caso claro de "explotación", pues si se agotan los alimentos de los arrendatarios y tienen que comprar comida adicional a precios de mercado, quizá obtengan los mismos alimentos que le han entregado al terrateniente, dándole así ganancias adicionales.

Pero hay otros casos en que los terratenientes obtienen rendimientos mucho más importantes de sus trabajadores, en algunas ocasiones sin inversiones o esfuerzo de su parte. Ya hemos mencionado la hacienda ecuatoriana que recibe aproximadamente 5 000 días de trabajo sin pagar nada, y la fertilización gratuita en otra hacienda de la Sierra del Ecuador.[41] Tales "ingresos" de la élite terrateniente llegan a cifras astronómicas si se las calcula sobre una base regional, por ejemplo en los Andes suramericanos, donde dichas prácticas de explo-

[40] W. H. Nichols y R. Miller Paive, *The Structure and Productivity of Brazilian Agriculture*, en *Journal of Farm Economics*, mayo de 1965; y *The Itapecuru Valley of Maranhoe; Caxias*, en 99 *Fazendas*, 1963, Vanderbilt University, Graduate Center for Latin American Studies, 1966, capítulo II. Los dos autores fueron atacados a causa de sus opiniones parciales por el sociólogo Carlos Alberto de Medina, en *América Latina*, Rio de Janeiro, julio-septiembre de 1968, pp. 146-53.

[41] Véase la p. 153.

tación indígena son ya tradicionales. Un ejemplo más complejo implica la violación sistemática de las leyes de salario mínimo que con frecuencia justifican los hacendados diciendo que les proporcionan a sus trabajadores una casa, una parcela, o ambos. En ocasiones las deducciones por la "renta" de la casa están especificadas por ley, como en Brasil. Pero en la mayoría de los casos, los salarios que se pagan son inferiores a la tasa mínima, independientemente de que la casa esté o no amueblada, de manera que la justificación de los hacendados es engañosa. Pero aunque la ley puede autorizar la deducción de la renta de la casa, no autoriza una deducción por la parcela. Sin embargo, en la realidad, tales rentas *se deducen*, debido a que la suma del salario pagado más la renta de la casa sigue siendo inferior a la tasa de salario mínimo. En otras palabras, los patrones deducen más que la renta autorizada para la casa. Esto muestra de nuevo, como ya dijimos,[42] que la legislación de salarios existente no está adaptada a las condiciones de la mano de obra rural. Podemos ocuparnos brevemente de este interesante tema.

La ley brasileña que podría servir como ejemplo permite a los patrones obtener beneficios financieros de varios modos. En primer lugar, a todo trabajador que vive en la propiedad se deduce la renta de una casa, independientemente de la forma en que viva. Por ejemplo, tanto al padre como al hijo que viven y trabajan en la misma hacienda se les deduce una renta, aunque viven en la misma casa. En segundo lugar, la ley no diferencía entre cuartos y casas. Esto significa que los trabajadores que viven en barracas deben pagar la renta completa de una casa. Tales barracas son comunes en las plantaciones. En tercer lugar, la deducción de la renta del salario diario —la forma acostumbrada de pago de salarios en la agricultura— implica que la renta total pagada por el trabajador aumenta a medida que aumenta su ingreso como asalariado. Cuanto más días trabaja mayor será la renta por la casa. Y por último, las deducciones de rentas autorizadas por la ley son exhorbitantes debido al tamaño y calidad de las habitaciones. Antes de 1963, los patronos de la mano de obra rural podían deducir cerca del 30 % del salario, pero en la actualidad la legislación lo redujo al 20 % si la casa entregada ofrece un mínimo de condiciones de salubridad e higiene —una ley imposible de ejecutar en las condiciones que prevalecen en Brasil—; pero incluso este 20 % es exagerado en vista de las casas que se entregan. Debido a la insignificante inversión de los propietarios en las casas de los trabajadores —por lo usual se construyen con material disponible en las haciendas y con la mano de obra gratuita que proporcio-

[42] Véase la p. 139.

nan los mismos trabajadores— las múltiples deducciones por concepto de rentas que podrían exceder el número de casas disponibles en la hacienda representan una utilidad neta para el propietario. Por ejemplo, se encontró en una plantación de cacao que sólo el "ingreso por rentas" de un gran productor de cacao con 30 trabajadores residentes fue en un año diez veces mayor que los ingresos en efectivo anuales de un trabajador, y aumentaba si los trabajadores laboraban más días y ganaban más.[43]

Por supuesto, la renta extra deducida por las parcelas —la diferencia entre la tasa de salarios mínima y el salario pagado en realidad, más la renta de la casa— llega a convertirse en otra ganancia neta para el hacendado. Por ejemplo, en la misma región productora de cacao del Brasil se calculó que un trabajador residente pagaría el valor de una parcela en cerca de 4 o 5 años, y que en base a un cálculo por hectárea el ingreso que se entregaba al propietario por concepto de renta de la parcela excedía su ingreso neto del resto de la hacienda por un margen considerable.[44]

Los ejemplos demuestran que los hacendados no son sólo patrones de los servicios de la mano de obra que obtienen a bajo costo o sin remuneración, sino que además obtienen grandes rendimientos de su mano de obra en términos de rentas de bienes raíces, o ganancias comerciales por la compra y venta de su producto, o por las tasas de interés de sus préstamos.

¿Podría la élite terrateniente pagar a sus trabajadores salarios más altos, digamos a las tasas de salario mínimo? Es una pregunta difícil de responder. La misma administración de las haciendas impide con frecuencia que los trabajadores obtengan mejores ingresos en especie o efectivo debido a los rendimientos decrecientes. Sin duda algunos hacendados marginales tendrían que vender su propiedad si debieran pagar mejores salarios. Pero la gran mayoría de los ingresos de la mayor parte de los hacendados son cuantiosos, aunque éstos sólo reinvierten en sus propiedades rurales una parte insignificante de sus ingresos agrícolas brutos, además de que casi no pagan impuestos. El resto se usa para sostener un alto nivel de vida. Por lo tanto, si los rendimientos brutos de la hacienda siguen iguales, el efecto de los mayores salarios sólo reduciría los niveles de vida y gastos de consumo de la élite terrateniente. Está claro que éstos pueden reducirse sin peligro de que los propietarios se empobrezcan. Su disminución podría ser incluso considerablemente benéfica para la economía nacional. Si los hacendados pagaran mayores salarios y desearan obtener todavía los mismos ingresos de su hacienda, bastaría en muchos casos

[43] CIDA, *Brazil report*, *op. cit.*, pp. 410 s.
[44] *Ibid.*, p. 412.

un pequeño incremento de los rendimientos por medio de una mejor administración, lo que por lo normal puede hacerse sin mucho costo adicional. Los pequeños productores con ingresos reducidos resultarían mucho más afectados que la élite terrateniente, ya que en la actualidad contratan mano de obra a bajos salarios, pero no podrían aumentar la producción ni los salarios porque el mercado de insumos está controlado por los latifundistas. No obstante, todo esto es un alegato teórico que no se aplica a una agricultura cuyo fundamento social, económico y político es más bien una fuerza de trabajo barata, obediente y sumisa, que un funcionamiento adecuado.

La desorganización de los campesinos

Con pocas excepciones, el contrato de empleo entre un propietario y un campesino se establece por medio de un proceso de negociación individual, en que el poder de negociación de los campesinos casi no existe. Podrían obtenerse mejores términos de ocupación (incluyendo las leyes de salarios mínimos), si el poder de negociación de los trabajadores rurales aumentara mediante la organización de sindicatos, de ligas campesinas o cooperativas rurales, y si se pudiera obligar a cumplir con los términos por medio de un sistema adecuado de tribunales de trabajo. Como tales organizaciones amenazarían la situación social, económica y política de los propietarios, los intentos de establecer procesos de negociación colectiva son reprimidos por la élite terrateniente de modo sistemático, por medios que varían desde el soborno de los campesinos y sus líderes hasta su eliminación física. Sólo una pequeña parte de la fuerza de trabajo rural está organizada. Los terratenientes se oponen con gran energía a la sindicalización incluso cuando las demandas de los trabajadores son modestas. La falta de organización de los campesinos resalta en comparación con la acción colectiva unificada de los grandes productores que están organizados en asociaciones según el grupo de mercancías que producen o en organismos generales de los terratenientes. Estos grupos tienen mucha influencia sobre las políticas agrícolas locales o nacionales, incluyendo la "dirección" de los trabajadores rurales. Están respaldados por considerables recursos financieros y si es necesario por la policía local y el ejército.[45] Sus actividades varían desde la elaboración de "listas negras" de los trabajadores que se unen o actúan en los sindicatos, hasta la organización de "vigilantes", es decir, la defensa armada contra los trabajadores y la oposición a las

[45] Véase el capítulo III.

políticas u organismos gubernamentales que defienden a los trabajadores.

Incluso en los países en que los sindicatos o las cooperativas han logrado algún progreso, la proporción de trabajadores o pequeños propietarios que pertenecen a ellos es por lo general muy pequeña o insignificante.[46] La mayoría de los países tienen leyes que autorizan a los campesinos a formar asociaciones, incluyendo sindicatos o ligas de pequeños propietarios, excepto El Salvador, donde están prohibidas las ligas campesinas. Pero con frecuencia la legislación es restrictiva y no permite, en la práctica, que sea fácil formar esas asociaciones. En muchos casos, la legislación no se ajusta a los principios establecidos por los acuerdos internacionales en que participan esos países. Los obstáculos legales específicos incluyen largos retrasos para reconocer oficialmente las uniones de trabajadores constituidas de acuerdo a las leyes. Según la información más reciente, en 1967 once países de 19 (incluyendo Cuba, pero excluyendo Puerto Rico y Haití) habían ratificado la convención No. 11 que se refiere a los Derechos de las Asociaciones y Uniones de Trabajadores Agrícolas de 1921; 12 habían ratificado la convención No. 87 que se refiere a la Libertad de Asociación y Protección del Derecho a Organizarse de 1948; y 12 países habían ratificado la convención No. 98 relativa a la Aplicación de los Principios del Derecho a Organizarse y Negociar Colectivamente de 1949. Sólo unos cuantos países han ratificado las tres convenciones. Pero incluso en los países que las han aceptado, la legislación nacional no siempre se ajustó a los principios enunciados en ellas, como lo demostró la Organización Internacional del Trabajo. Por ejemplo, en Costa Rica la federación de trabajadores *Rerum Novarum* se quejó en 1964 de que las autoridades habían disuelto reuniones de los líderes sindicales en las plantaciones de la "Compañía bananera" que controla grandes empresas en la zona platanera del Pacífico, alegando que los líderes eran "extremistas que pregonaban el odio, la confusión y el descontento con el fin de alterar la paz social que prevalecía en las plantaciones". Por lo general para la élite terrateniente la "paz social" significa el ejercicio irrestricto de relaciones administración-trabajo arbitrarias y autocráticas. Un caso semejante se refiere a la Standard Fruit Company de Hon-

[46] En años recientes las organizaciones campesinas sólo han tenido un desarrollo importante en Chile. Se ha dicho que en los cuatro años que siguieron a 1964 más de la mitad de los campesinos del país se habían organizado en uniones, sociedades de crédito, precooperativas, cooperativas y "asentamientos" de la reforma agraria. Los salarios de los trabajadores rurales aumentaron en promedio considerablemente. Para una exposición detallada del movimiento campesino de Chile, véase de Alfonso Alamino *Movimiento campesino chileno*, ICIRA, Santiago de Chile, 1970, vols. I y II.

duras. Es evidente que las opiniones "de izquierda" son un pretexto para obstaculizar las actividades sindicales. En algunos países, como Venezuela, los sindicatos sólo son reconocidos después de retrasos que pueden llegar hasta un año, aunque la ley dispone que se haga en un período de 30 días.[47]

En consecuencia, en la mayor parte de América Latina la organización de las uniones de trabajadores rurales estaba todavía en una etapa incipiente a principios de la séptima década y, como

CUADRO 22

RATIFICACIÓN DE LAS CONVENCIONES INTERNACIONALES DEL TRABAJO NÚMEROS 11, 87 Y 98 SOBRE EL DERECHO A ORGANIZARSE, EN 19 PAÍSES HASTA 1967 (SE EXCLUYEN PUERTO RICO Y HAITÍ)

Países que han ratificado	*Número de países*
Ninguna de las convenciones	1
Una	6
Dos	7
Las tres	5

mostraremos posteriormente, muchas de las organizaciones que ya existían fueron disueltas por la fuerza a mediados de esa misma década.[48] Por ejemplo, se informa que en el Ecuador sólo un porciento muy pequeño de los trabajadores está organizado, y las estadísticas de los sindicatos rurales son parciales, en especial para la Sierra, donde son más numerosos. La mayoría de las actividades sindicales son de una naturaleza clandestina o semiclandestina debido a las condiciones que prevalecen en la agricultura y la organización de los sindicatos locales no es espontánea debido a las tácticas represivas de los latifundistas, aunque recibe la ayuda de influencias exteriores al sector rural. Debido al aislamiento de la población rural, la acción colectiva sin ayuda de otros sectores sería casi inconcebible. Incluso con esa ayuda no es muy grande la viabilidad de las uniones rurales. Con frecuencia una organización de asociaciones locales se inicia debido a los abusos de los terratenientes. En algunos casos se basa en las organizaciones comunales o sociales existentes que

[47] Xavier A. Flores, *Le Role des Organisations Agricoles dans le Development Economique et Social des Zones Rurales*, OIT (en preparación). Véase también OIT, *Plantation Workers*, Ginebra, para un estudio más detallado.

[48] Véase el capítulo III, pp. 255 ss.

empiezan a actuar cuando esos abusos se hacen intolerables. Una forma de resistencia es la huelga. Parece ocurrir con relativa frecuencia y por lo general va acompañada de la violencia. Un ecuatoriano observó que "en las zonas rurales, la huelga tiene el carácter de una verdadera insurrección. Cuando esto ocurre, los trabajadores expulsan al terrateniente y a sus colaboradores principales. La intervención de la policía sólo sirve para darles más coraje y en esas condiciones los acuerdos y medidas de transición tienen poco efecto... Los trabajadores indígenas organizados presentan sus peticiones en el momento de la siembra o de la cosecha, ya que sólo en esos momentos puede ser efectiva una huelga". En ocasiones las demandas de los trabajadores se dirigen al Parlamento o al presidente de la República y en algunos casos incluso a la Iglesia. Pero no siempre se enteran las autoridades de esas peticiones y, en cualquier caso, las autoridades no siempre pueden interesarse en esos conflictos debido a su personal limitado. Las solicitudes revelan que los trabajadores sólo pretenden aquellos derechos que les otorga la ley: "frases como 'hemos formado una unión', 'nos estamos reuniendo de acuerdo a los términos del código de trabajo', 'actuamos dentro de los términos de la ley del trabajo', 'deseamos organizarnos dentro de los términos de la ley para nuestra propia defensa', 'los patronos se han adherido a esta ley', muestran una preocupación por ajustarse a la ley que es digna de mencionar, en particular si se tiene en cuenta que estas solicitudes las hacen organizaciones que virtualmente han prohibido los patrones y las autoridades locales". Esto también es importante si tenemos en cuenta que la mayoría de las peticiones de los trabajadores se debe al rechazo de los patronos a otorgar los derechos humanos y legales elementales. Las reacciones de los patrones a las actividades de los sindicatos parecen tener un común denominador: negarse a reconocer en principio la existencia de sindicatos (con lo cual niegan un principio aceptado por la ley), y desalentar la participación del trabajador mediante amenazas, persecución e incluso intentos de asesinato de los líderes de las uniones campesinas o personas que ante los patrones y las autoridades locales parecen peligrosas. Trabajadores entrevistados en el campo dijeron que "[los patronos y sus aliados] engañan a los trabajadores dándoles de comer y beber para que no se unan a la organización, y si persisten, el administrador les dice que deben salirse de la hacienda y los insulta". O "ese día él [se refería al representante del sindicato] visitó la hacienda y el 'patrón' salió a matarlo". Otro trabajador añadió: "Ahora que nos estamos organizando de nuevo el 'patrón' dice que debemos salir de aquí o que se quemarán las casas de los que creen problemas y además están ofreciendo dinero para matarlo [al líder local]".[49] Dentro de esta tradición de violencia no es sorprendente que en el Ecuador la sindicación se haga clandestinamente y no llegue a grandes proporciones.

También en Guatemala el derecho a organizarse y declarar huelgas está reconocido por la ley, pero la legislación no funciona en la agricultura. Hay graves dificultades que impiden la organización de sindicatos de mano de obra rural. La política gubernamental con respecto a los sindicatos ha sido "muy prudente". La vigorosa organización de los trabajadores durante 1952-4 —cuando se estaba realizando la reforma agraria— cuya finalidad específica era terminar con la gran dependencia de los trabajadores de las haciendas, fue suprimida debido a que el gobierno temía la influencia de los comunistas. Aunque la constitución no prohibe las uniones campesinas, en la actualidad prácticamente no hay uniones agrícolas. Los líderes potenciales no participan en la organización del movimiento por temor a represalias. Los grandes terratenientes no han olvidado los acontecimientos de años pasados y consideran cualquier intento en ese sentido como una maniobra en interés del comunismo internacional.[50] Como resultado de sus desafortunadas experiencias, los campesinos y en especial los trabajadores se han hecho muy escépticos sobre la efectividad de la política y de los sindicatos para lograr sus propósitos. Permanecen marginados de las actividades nacionales. Y sus sospechas son un obstáculo que será difícil superar antes de que puedan hacerse cambios fundamentales.[51]

En Colombia, los cañeros de zonas progresistas se han organizado en uniones bastante efectivas, pero sólo representan una pequeña parte de todos los trabajadores rurales. En general, éstos no cuentan con una organización adecuada para defender sus intereses. En 1962 el Ministerio del Trabajo tenía registradas 335 agrupaciones de trabajadores rurales, pero como la mayoría de ellas eran grupos locales muy pequeños, la sindicación rural sigue siendo débil. Son 270 los locales afiliados a la Federación Agraria Nacional (FANAL) que a su vez se asocia a la UTC, una federación nacional de trabajadores muy influida por la Iglesia católica. Se calcula que el número de miembros es de 50 000, pero que sólo 5 000 son miembros activos. El FANAL recibe su mayor apoyo de los pequeños propietarios y de quienes esperan obtener parcelas del gobierno por medio de la reforma agraria o la colonización. Se informa que algunos sindicatos apoyados por FANAL han realizado invasiones de tierra improductiva y la han distribuido entre sus miembros, a pesar de lo cual el movimiento no

[49] CIDA, *Ecuador report, op. cit.*, pp. 89-97.
[50] CIDA, *Guatemala report, op. cit.*, p. 90.
[51] *Ibid.*, pp. 177 s.

ha llegado a tener gran importancia. En este momento FANAL representa más bien un ideal para la acción potencial futura. Su debilidad financiera es notoria: En 1962 su presupuesto nacional era de menos de 50 000 pesos. Algunos sacerdotes progresistas le han dado su apoyo a FANAL, pero a su vez éstos no son apoyados por la jerarquía eclesiástica colombiana.[52]

En Brasil, con excepción de los cañeros, los trabajadores rurales están demasiado atemorizados para ingresar a ligas campesinas; en la actualidad con más razón que nunca.

La pobreza de los trabajadores hace difícil que conserven una unión efectiva. Además, ha sido difícil encontrar líderes dedicados y competentes. Hasta 1962-1963, el movimiento laborista que más publicidad había recibido era el de las "ligas camponeses". Aunque sus miembros sólo eran una pequeña parte de todos los trabajadores rurales, mientras existieron ejercieron una presión importante, aunque pequeña, sobre los patronos de algunas zonas del Brasil. Se les disolvió a partir de 1964 sustituyéndolas con una organización del todo inoperante patrocinada por el gobierno, cuyos líderes no tienen arraigo entre los campesinos. La oposición de los hacendados a la acción colectiva es sistemática y va acompañada de contramedidas drásticas que sólo pueden interpretarse como expresión del principio de que admitir los derechos reales en un caso individual equivale a que los terratenientes renuncien a su autoridad para determinar unilateralmente las condiciones de trabajo y de vida de la población rural. Las "ligas camponeses" surgieron por la determinación de los trabajadores de terminar con las obligaciones feudales de trabajo. Muchos de sus miembros eran pequeños propietarios o arrendatarios. La historia de la liga está llena de violencia, persecución o asesinato de los líderes campesinos. En 1963 un miembro de una de las organizaciones locales del noreste brasileño dijo que "la situación política es tensa en este lugar. Quien habla en favor de la liga puede esperar que le disparen en cualquier momento. Ninguno de los que estamos en esta habitación está seguro. Podría dispararnos desde la oscuridad uno de los capangas que quizá nos esté vigilando en este momento". Los terratenientes "desalientan" a los trabajadores para que no ingresen a las uniones. Se informó de un miembro que no se atrevía a ir a las oficinas de la Liga: "si fuera allá, estaría perdido; se le expulsaría de la propiedad y probablemente se le golpearía. Aunque hay propietarios que no ejercen presión sobre los trabajadores que se asocian a la liga. Uno de ellos incluso les presta su camión para transportarlos cuando hay alguna reunión en Sape

[52] CIDA, *Colombia report, op. cit.*, pp. 228 *ss.*

[un pequeño pueblo del estado de Paraiba]. Pero éstos son casos excepcionales. La mayor presión es la que ejercen los grandes terratenientes". Ésta es una razón por la que las actividades sindicales también se desarrollan clandestinamente en el Brasil. A este respecto hay que observar que las asociaciones campesinas parecen desarrollarse primero entre trabajadores con derechos sobre la tierra, ya que están en mejor condición financiera para unirse a los sindicatos. "El trabajador residente goza por lo general de un nivel de vida superior al del asalariado rural común, y en ocasiones puede ir al pueblo y pagar incluso un abogado, en caso de que la liga no lo pague. El asalariado está en una situación diferente. Si se queja del propietario es despedido inmediatamente y contra esta amenaza no hay garantías efectivas que funcionen de un modo eficiente".[53]

Por lo tanto, es obvio que la precaria situación financiera de los trabajadores rurales —posean o no una parcela— es casi un obstáculo insuperable para la formación de organizaciones campesinas. Incluso si la contribución mensual a una unión campesina equivaliera sólo a un día de salario de uno de los miembros de la familia del trabajador, sería una partida importante en el presupuesto familiar. En estas condiciones, *la cuota mensual de la unión significaría la diferencia entre comer o no durante uno o más días. En muchos casos no es posible hacer ese sacrificio en efectivo.* Debido a esto las uniones rurales —clandestinas o no— tienen entre los campesinos más miembros que no pagan cuotas que los que sí contribuyen financieramente.

Respecto a lo anterior es digno de mención que la estructura y organización de los tribunales de trabajo u otros organismos similares que tratan de los conflictos del trabajo es del todo inadecuada y le permite a la élite terrateniente violar casi con total impunidad las leyes de trabajo o de otro tipo. Además, se obstaculizan de modo sistemático los intentos de fortalecer esos tribunales. Incluso cuando existen tratan muy pocos conflictos laborales. Y cuando se logra esto, la aplicación de las leyes tiende a ser muy benévola. En los países industrializados los tribunales actúan con severidad para obligar a los patrones a pagar los salarios a que tienen derecho los trabajadores. Pero en América Latina los tribunales aún no han obtenido la independencia necesaria para hacer cumplir la ley. Con frecuencia permiten ofertas de compromiso por parte de los patronos, que son muy inferiores a la cantidad que se debe a los trabajadores y por la cual demandaron. Los patronos hacen esas ofertas sólo después que se aclaró que no tenían razón. Tales compromisos son aceptables desde el punto de vista legal, abrevian los procedimientos judicia-

[53] CIDA, *Brazil report, op. cit.*, pp. 309 ss.

les y, en las condiciones que prevalecen, deben considerarse pequeñas victorias de los trabajadores. Pero es obvio que hacen poco para desalentar en general a los patronos de la evasión de sus obligaciones. Además, los retrasos en estos procedimientos son notorios y los jueces favorecen a las patronos.[54] En la región indígena de los Andes, el personal de los organismos que se ocupa de los conflictos laborales está prejuiciado evidentemente contra los indígenas.

También el movimiento cooperativo es muy débil en la América rural. En muchos países se considera todavía subversivas a las cooperativas. Las estadísticas más recientes parecen reflejar una ligera mejoría en la situación de la cooperativa en términos absolutos. Pero es difícil obtener buenas estadísticas. Por ejemplo, en Perú las cooperativas agrícolas no aparecen por separado y no es posible obtener datos exactos. Parece que había 104 cooperativas "relacionadas con la agricultura", con 7 500 miembros aproximadamente, aunque de las 104 sólo 64 se reconocían oficialmente en 1965. Pero no todas eran cooperativas agrícolas en el sentido de que estaban constituidas por campesinos. Sin embargo, está claro que el movimiento cooperativo del Perú carece de importancia económica y política. Según las estadísticas oficiales, el 40 % de 102 de esas cooperativas tenía menos de 40 miembros; el 30 % entre 41 y 60; el 13 % entre 61 y 80 y el 2 % más de 400 miembros, aunque ninguna pasaba de 500 miembros. En todos los casos su base financiera era insignificante. Y esto ocurría en un país cuya fuerza de trabajo ascendía a 1.4 millones en 1960.

Desde el punto de vista regional, según un reciente informe de la OIT, el número de cooperativas en 20 países (sin incluir a Cuba) aumentó de 2 100 en 1948 a cerca de 5 000 en 1963, y el número de cooperativistas aumentó casi al quíntuple de aproximadamente 235 000 a 1.1 millones durante el mismo período. No obstante, el número de miembros disminuyó en cerca de 200 000 entre 1960-61 y 1963. La mayor parte del incremento se debió a su desarrollo en la Argentina. En consecuencia, el número promedio de miembros aumentó de 111 a 214. Sin embargo, en algunos países el número promedio de miembros es mucho menor, reflejando el pequeño poder de negociación de la mayoría de estas asociaciones. En realidad en 10 de 20 países el promedio de miembros en una cooperativa no excedió de 100. Sólo en Puerto Rico pasaba de 500.[55] En ninguno de los países ha ocurrido una "explosión" en el crecimiento de las cooperativas desde 1963, de manera que es probable que para finales de la séptima década el movimiento continuará al mismo nivel

[54] Para un caso interesante, véase CIDA, *Brazil report*, *op. cit.*, pp. 285 y 318 *s.*

[55] Xavier A. Flores, *op. cit.*

que en un principio. Se calcula que sólo cerca del 1.15% de la población rural participa en cooperativas en esos 20 países, reflejando una falta casi total de organización de los campesinos en lo relativo a sus actividades económicas, como la adquisición de insumos o la venta de su producción.[56]

Concluimos este capítulo recalcando que en la agricultura latifundista de América Latina las relaciones entre las personas, y entre ellas y la tierra, se rigen por el poder, no por la ley. Poder e ilegalidad son sinónimos. Como dijo Pearce: "Una sociedad abierta en que los ciudadanos pretendan derechos universales es incompatible con el gobierno personal de un patrono en un fundo en que los derechos de los representantes de la ley no rigen. Se discrimina entonces efectiva y públicamente a los siervos de tal modo que sus miembros continúen sintiéndose aislados de la sociedad incluso cuando estén libres de obligaciones con el fundo..."[57] La ilegalidad principia con la situación caótica de los títulos de propiedad o los archivos de documentos de bienes raíces, que introducen un elemento de incertidumbre y confusión con respecto a "quién posee qué cosa y cuánto", permitiéndole al poderoso terrateniente reclamar una tierra que sencillamente no es suya. Termina con la eliminación de los campesinos y sus líderes que actúan para organizar a la población rural que no tiene ningún otro medio de defensa. El gobierno del poder vigente refleja el extraordinario desequilibrio en la distribución del ingreso y la riqueza. El poder se emplea en su mayor parte para conservar el *statu quo* por todos los medios, tanto con respecto a la distribución de los recursos físicos y su empleo, como con respecto a la impotencia de los campesinos. En consecuencia, parece que el desarrollo agrícola y el latifundismo son incompatibles. En el último capítulo concentraremos nuestra atención en este tema.

[56] En Cuba aumentó mucho el número de cooperativistas. Según Sergio Aranda, *La revolución agraria en Cuba*, Siglo XXI, México, 1968, el movimiento cooperativo ha sido reforzado por un gran número de pequeños propietarios y otros campesinos.

[57] Andrew Pearse, *op. cit.*, pp. 57 s.

CAPÍTULO III

LA INDECISIÓN DE LAS "REFORMAS AGRARIAS" DE LA SÉPTIMA DÉCADA

Los estatutos del 19 de febrero de 1861 no sólo dispusieron la emancipación de esos millones [de campesinos sometidos a las haciendas privadas] sino también su dotación de tierra y su organización económica. Esta ley de 1861 era tan demagógica, variable, llena de limitaciones y excepciones, y en general tan asombrosamente partidarista y complicada, que es difícil comprender cómo cualquier siervo tuviera alguna vez la posibilidad de saber los derechos que se ocultaban en ese monstruo legislativo.

G. TANQUARY ROBINSON, *Rural Russia under the Old Regime*, cap. V: The Emancipation", p. 65.

NOTA PRELIMINAR

En un continente en fermento como América Latina, los cambios súbitos en los campos económico, político y social son de esperarse. El capítulo III contiene repetidas referencias a los procesos de reforma agraria en Perú bajo la legislación de 1964. Pero, después de escrito este libro, el viejo estatuto ha sido reemplazado por dos decretos de reforma agraria que el nuevo gobierno militar pasó en 1969,[1] los cuales parecen introducir una "nota" enteramente nueva en el panorama de la reforma agraria latinoamericana,[2] aunque todavía es prematuro un juicio consecuente sobre su importancia y los efectos sobre los problemas agrarios del Perú. Esta nueva legislación presenta una desviación aguda con respecto a los conceptos y procedimientos previos: pone las bases para una reforma agraria más amplia y rápida que la anterior y ha eliminado algunos, pero no todos, defectos de la complicada ley de 1964. Puede ser modificada y mejorada de nuevo mediante nuevos decretos, y es de esperarse que esto suceda en el futuro.

Nuestro análisis de la legislación de 1964 continúa, no obstante, siendo válido: tipifica la mayoría de las leyes sobre reforma agraria de América Latina; tiene importancia histórica porque explica cómo los procesos de reforma son obstruidos por las instituciones legales, administrativas y políticas, y, finalmente, sirve como ejemplo de cómo la legislación agraria debe examinarse a la luz de la realidad de los problemas agrarios del país y no exclusivamente en términos legales estrictos.

Los nuevos decretos peruanos —que todavía presentan una complicada legislación con 215 artículos— intentan acortar tajantemente el tiempo requerido para expropiar predios y redistribuir la tierra a los campesinos, aunque las expropiaciones siguen siendo manejadas bajo una base individual y consumen tiempo. En muchos casos, las reservas de los propietarios ("tierras inafectables") pueden ser reducidas a cero, y, en conjunto, los bienes de capital de un predio, inclu-

[1] Decretos 17716 y 18296 de mayo de 1969, vueltos a publicar como Decreto 265-70-AG del 18 de agosto de 1970. Otros decretos complementan la legislación de reforma agraria: 17752 de julio sobre aguas; 17395, 17713 y 240-69, de junio y noviembre de 1969, sobre las cooperativas; 37-70-A, de febrero de 1970, sobre las comunidades indígenas. La nueva legislación sobre aguas es particularmente importante puesto que nacionaliza este recurso y da por abolidos todos los derechos antes adquiridos sobre este elemento.

[2] Véase Edmundo Flores, *La reforma agraria del Perú*, en *El Trimestre Económico*, julio-septiembre de 1970, pp. 515 *ss.* Para un análisis menos político y más detallado, véase T. Carroll, *Land Reform in Peru*, USAID, Spring Review Country Paper (SR/LR/C-6), junio de 1970, Washingotn, D. C.

yendo el ganado, son expropiados junto con la tierra. El valor estimado de la tierra es bajo y, en algunos casos, las expropiaciones son casi confiscaciones. Los decretos también prevén severas sanciones para los propietarios que evaden la ley o desobedezcan a las autoridades. También prohiben la propiedad de la tierra por empresas privadas. Cambios de igual importancia comportan dar la mayor prioridad en la redistribución de la tierra a las cooperativas, comunidades indígenas y otros grupos de campesinos que hayan de trabajar la tierra en común, sobre los lotes de propiedad individual. La ley también prevé la participación por parte de campesinos y obreros de las ganancias netas de las empresas agrícolas. Más aún, la ley pone las bases para proyectos de desarrollo regional por encima del desarrollo de haciendas individuales, que es lo que contemplan la mayoría de las reformas agrarias latinoamericanas.[3] De hecho, el instituto de la reforma agraria ha iniciado una firme política con miras a planear y realizar la reforma agraria sobre una base zonal.

Sin embargo, hasta ahora, la separación radical con respecto a conceptos previos incorporada en la legislación no ha encontrado su paralelo en una acción de similares características en el campo, a una escala nacional, aunque metas muy ambiciosas han sido formuladas por el gobierno (500 000 familias habrán de beneficiarse de ello en 5 años).[4] Pero hay algunas excepciones. Una fue la "intervención" (para la subsiguiente expropiación) por el Estado de los poderosos monopolios del azúcar, lo que parece haber roto la espina dorsal de una élite hacendaria que por generaciones había dominado las plantaciones agrícolas de la costa peruana, si no es que las políticas económicas del país. Además, las expropiaciones de haciendas tanto en los valles irrigados costeros como en la Sierra van ahora a un paso más rápido. Pero la redistribución a los campesinos ha sido lenta, si bien algunas de las tierras expropiadas son manejadas ya por el Estado, en cooperación con los representantes de los campesinos, en espera de su redistribución. Todo esto ha aumentado mucho las esperanzas de los campesinos. El Estado, hasta ahora, ha sido muy cauteloso en su apoyo a las organizaciones campesinas, así como en sus apelaciones a éstas. La participación de los campesinos en los procesos de reforma agraria todavía presenta un estado embrionario. Si los proyectos de desarrollo de zona pueden ser llevados

[3] El artículo 92 del Decreto 265-70-AG estipula que, en zonas de reforma, el instituto de la reforma agraria debe preparar planes de desarrollo zonal que han de acompañar la nueva estructura agraria.

[4] El total de beneficiarios potenciales de la reforma agraria en el Perú es de 1.2 millones de familias.

a cabo con éxito mediante la participación activa de los campesinos a escala nacional y si son acompañados por cambios fundamentales en la estructura de los servicios de apoyo (crédito, comercialización, etc.), la reforma agraria peruana puede convertirse en el nuevo símbolo del campesinado latinoamericano; pero sin una activa participación de los campesinos, el desarrollo agrícola puede verse estorbado y la condición socioeconómica y política de los campesinos no mejorará en el porvenir.

La reforma agraria y el progreso

Durante mucho tiempo ha sido evidente para los instruidos —e incluso para los menos inquietos— observadores del panorama latinoamericano que las reformas agrarias son un prerrequisito indispensable para mejorar el bienestar de los campesinos oprimidos y un fundamento esencial para el progreso general económico, político y social. Desde el punto de vista de los campesinos también es evidente que el tan nombrado funcionamiento de las fuerzas del mercado no les asegura un mayor acceso a la tierra y otros recursos agrícolas o a los mercados de los bienes que producen en sus parcelas, sino que por el contrario, tiende a producir mayores desigualdades en la distribución de la riqueza y de los ingresos. Esto debe quedar en claro del análisis de las tendencias actuantes en la agricultura latinoamericana durante la sexta y séptima décadas.

La preocupación por realizar cambios institucionales que originen el progreso de la agricultura no es nueva, ya que las instituciones que existen tienen la responsabilidad de guiar a las llamadas fuerzas del mercado. Desde hace mucho tiempo la teoría de que el progreso debe ser precedido —y no sólo acompañado— por reformas sociales, económicas y políticas como una nueva base para el "despegue" ha sido defendida desde hace largo tiempo por científicos de las ciencias sociales y políticos que, al no ser esclavos intelectuales de un determinado sistema social, han entendido que el progreso consiste en difundir al mayor número posible de personas los beneficios que la sociedad puede distribuir y eliminar los obstáculos institucionales que para impedir su difusión establecen determinados sistemas sociales.

Esta teoría ha tenido una popularidad diferente según las condiciones políticas. Pero incluso cuando ha sido menos popular se le ha prestado apoyo verbal.

Poco después de la segunda guerra mundial, las Naciones Unidas resumió el problema. Afirmó que "en gran medida", el problema de los países subdesarrollados del mundo es el problema de la pobreza de sus poblaciones rurales; que los niveles de vida indebidamente bajos de las zonas rurales no están limitados a los países subdesarrollados; que también se pueden encontrar en países que han llegado a un alto nivel de desarrollo económico. Pero en los países subdesarrollados el problema asume magnitudes diferentes, debido a que la economía de estos países es principalmente agrícola. Entre los factores más importantes que afectan los niveles de vida rurales está la estructura agraria. Este término se emplea aquí para denominar a la estructura institucional de la producción agrícola. La estructura agraria puede disminuir el nivel de vida del campesino imponiéndole rentas exhorbitantes o tasas de interés muy altas; le puede negar el incentivo u oportunidad de progreso y limitar su inversión porque no le ofrece ninguna seguridad; podría llevar al predominio de propiedades rurales que son muy pequeñas para ser eficientes, o demasiado grandes para que sean cultivadas intensivamente" [5]

Casi dos décadas después, el Banco Interamericano de Desarrollo comentó que la "lenta tasa de crecimiento general de la agricultura" en el continente latinoamericano es una de las más bajas del mundo y observó que hay una creciente evidencia de la necesidad de reformas estructurales en el sector rural.

"Mientras continúa la controversia ideológica sobre los objetivos y la estrategia de la reforma, están recibiendo cada vez más aceptación tres argumentos principales en favor de los cambios de la estructura agraria tradicional. Éstos son la ocupación más plena de los recursos naturales y humanos, la mayor integración de las poblaciones rurales en la economía del mercado mediante una mejor distribución del ingreso y el efecto anticipado de mayores ingresos rurales y mayor movilidad social con estabilidad política." [6] Es importante que una institución cuya principal función es la de banquero admita esta situación. Incluso el Comité Interamericano de la Alianza para el Progreso (CIAP), cuyas simpatías por la reforma agraria están en estado cataléptico, confesó que "con toda claridad los logros con respecto a los programas de distribución de la tierra son inadecuados en comparación con la magnitud de los problemas rurales", [7] y sin duda se vio obligado a referirse a un concepto tan delicado como la

[5] Extractos de *Land Reform, Defects in Agrarian Structure as Obstacles to Economic Development,* E/2003/Rev. 1, ST/ECA/11, Nueva York, 1951, pp. 3-5.

[6] BID, *Socio-Economic Progress in Latin America: Social Progress,* Fondo Fiduciario para el Progreso Social, séptimo informe anual, 1967, p. 29.

[7] CIAP, *Informe ante el CIES,* 12ª reunión, Viña del Mar, junio de 1967.

distribución de tierras debido a la situación agraria cada vez más grave del continente, que no podía ser ignorada.

Una teoría del desarrollo, en que el progreso se hace una función de cambios básicos necesarios en las instituciones humanas que conforman la agricultura tradicional, no está basada y no puede estarlo en demostraciones estadísticas o matemáticas. Sólo puede basarse en la lógica, apoyada por la evidencia histórica y la experiencia. En su mayoría, las instituciones humanas que se consideran señal de progreso, es decir, de mayor justicia y seguridad económica, de mayor participación del pueblo en los procesos económicos y políticos surgieron al eliminarse las instituciones anticuadas que obstaculizaban el progreso. Anticuadas o no, esas instituciones tienen defensores con "intereses creados", que en ocasiones combatirán hasta el final para conservarlas. Cuanto más "básica" sea la institución, tanto mayor será el combate, más ardua será la lucha. Por esa razón, generalmente un cambio en favor del progreso va acompañado de mucha violencia, incluso revoluciones. En las sociedades en que prevalecen los procesos democráticos —donde ya está generalizada la participación del pueblo en los procesos políticos y económicos— con frecuencia se obtienen nuevos beneficios mediante cambios institucionales pacíficos. Incluso entonces la presión política o la necesidad de apoyo político es un importante factor, necesario para producir el cambio. Como ejemplo, la seguridad social se amplió a mediados de la sexta década a los agricultores de los Estados Unidos, aunque no habían presionado por ella, para ampliar el apoyo político del partido que estaba entonces en el poder. Significó un cambio casi revolucionario que favorecía el progreso de la agricultura en los Estados Unidos y que tuvo sin duda fuertes efectos económicos sobre la estructura del consumo, gastos e inversiones de la población rural, y sobre las relaciones familiares y otros aspectos de la vida rural. Pero tales procesos democráticos no prevalecen en América Latina, y menos en el sector agrícola.

El que la teoría de las relaciones funcionales entre los cambios institucionales y el progreso no pueda demostrarse cuantitativamente es una dificultad, aunque no sea una señal de debilidad de la teoría, excepto ante los científicos sociales que se dedican a analizar los problemas sociales en términos de modelos estadísticos, y a los enemigos de las reformas, o quizá a quienes creen que el destino de la raza humana está dirigido por fuerzas supernaturales. Esto no implica que no se pueda demostrar. Por el contrario, se puede demostrar mediante el estudio de los cambios sociales históricos o contemporáneos. La dificultad estriba en que no todos están de acuerdo en el significado y amplitud del progreso. La mayoría de la gente —en especial los pobres— estaría de acuerdo en que los seguros de desempleo y vejez son un signo claro de progreso. Pero los herederos de grandes fortunas cuya seguridad económica está asegurada de por vida desde que nacen, o los militares que pueden retirarse y disfrutar de una buena pensión desde los 52 años, lo considerarían un signo de consentimiento a las multitudes que probablemente las haría más independientes (es decir, menos obedientes a los ricos, sus patronos). En otras palabras, el progreso es un concepto muy influido por los juicios de valor, para el cual no existe una definición objetiva.

También se debe observar desde diferentes puntos de vista la situación y funcionamiento de la sociedad y sus diferentes sectores, con el fin de emitir una opinión sobre el progreso. Pero esto es exactamente lo que muchas personas no pueden hacer. Por ejemplo, sólo en raros casos pueden los ricos o poderosos ponerse en la situación de los pobres o débiles e identificarse con sus problemas y preocupaciones. Sólo unas cuantas personas con ingresos medios o cuantiosos podrían imaginarse qué es lo que significa progreso para un trabajador rural con un ingreso familiar anual de 200 dólares o menos, que labora en condiciones semifeudales. La actitud de la aristocracia terrateniente de las naciones latinoamericanas —aunque estén concientes del grado y naturaleza de la pobreza y la situación de humillación de los campesinos— es de indiferencia, ignorancia o falta de interés, aunque en algunas ocasiones da lugar al orgullo, cuando ven en su situación la evidencia de fuerzas sobrenaturales que castigan a los pobres (que son malos) y recompensan a los ricos (que son buenos). Para los ricos y poderosos, las desventajas y falta de privilegios de los pobres o débiles no son prueba de falta de progreso. Por esa razón la teoría de las relaciones funcionales entre las reformas sociales y el progreso, que para la gran mayoría podría ser obvia, no encuentra mucho apoyo intelectual o político en la élite terrateniente. Es más probable que para ésta el progreso consista en cambios que vengan a reforzar su situación como élite.

Los objetivos de la reforma agraria. Al dirigir nuestra atención a la necesidad de reformas agrarias en las agriculturas tradicionales de los países subdesarrollados, es evidente que llamamos "reformas" a ciertas acciones que favorecen el progreso de la población rural pobre, el nuevo proletariado del siglo XX. No hay unanimidad total respecto al significado, naturaleza y amplitud de la reforma agraria. En realidad, cuanto más se discute el problema, como ocurrió en América durante la séptima década, tanto más probable es que las personas se confundan. Quizá la reforma agraria no pueda definirse con exactitud, ya que una reforma es lo que los reformistas piensan al referirse a ella.[8] Para un "reformista", la reforma agraria podría significar la introducción de maíz híbrido,[9] para otro cuantiosas inversiones públicas en fábricas manufactureras situadas en la región en que vive (como afirmó con toda seriedad un miembro de la élite terrateniente del sur del Brasil durante una reunión); un tercero podría referirse a los dos aspectos esenciales de una "verdadera reforma agraria" que serían, primero, la expropiación de todos los latifundios, y segundo, la libre redistribución de la tierra a todos los campesinos. Quizá la mejor "definición" de reforma agraria —mejor, en el sentido de que es la más relacionada directamente con los problemas agrarios de la agricultura tradicional— consiste en la ennumeración de los tres objetivos que están implícitos en el concepto: *mayor igualdad y justicia social, redistribución del poder político, y mejoras en el funcionamiento económico de la agricultura* (con mayores niveles de ingreso para los campesinos).

Los cambios económicos, sociales y políticos que producen las reformas agrarias no pueden ser marginales. Deben ser en gran escala para poder tener éxito.[10] Con respecto al logro de una mayor igualdad social, una reforma en gran escala en América Latina implica fundamentalmente una redistribución de la tierra, el recurso agrícola básico, mediante la eliminación de las haciendas de propiedad privada y del rígido control que una pequeña élite terrateniente ejerce sobre la tierra: su redistribución a la población rural que carece o tiene muy poca y que está deseosa de cultivarla por sí misma, dentro de un nuevo sistema de tenencia agraria que elimine la propiedad absentista. Este nuevo sistema podría incluir, por ejemplo, empresas de tipo familiar, cooperativas, propiedades rurales colectivas o administradas por el gobierno, o una combinación de todas éstas. En la mayoría de los países del mundo que han realizado una reforma agraria existen simultáneamente varios sistemas. Habría crédito disponible para los productores rurales, no en base a la riqueza, el prestigio social o la filiación política, sino en base a las necesidades y la contribución real o potencial que los prestatarios puedan hacer al producto global. Los trabajadores agrícolas que no tuvieran acceso a la tierra —quizá porque prefieren trabajar a cambio de sala-

[8] Solon Barraclough, *Lo que implica una reforma agraria*, ICIRA (FAO), Documento 2, Santiago de Chile, pp. 5-8.

[9] Edmundo Flores, *La economía de la reforma agraria y el desarrollo agrícola*, ICIRA (FAO), Documento 32, Santiago de Chile, p. 32.

[10] Véase, por ejemplo, J. K. Galbraith, *Conditions for economic change in underdeveloped countries*, en *Journal of Farm Economics*, noviembre de 1951, pp. 695 *ss.*

rios, porque no hay suficiente tierra que repartir, o porque el nuevo sistema de tenencia incluye unidades administradas por el gobierno que requieren mano de obra asalariada— obtendrían ocupación plena a niveles de salario satisfactorios, mejor habitación, educación y beneficios de seguridad social. Y, por supuesto, el trabajo rural se convertiría en una ocupación más decorosa.

La redistribución del poder político significa, entre otras cosas, el fin del control exclusivo que los propietarios de haciendas tienen con respecto a las decisiones relativas a la agricultura y las condiciones de vida o de trabajo de la población rural; el derecho de los campesinos a formar cooperativas o uniones de trabajo, elegir sus representantes para los gobiernos locales o nacionales, y tener una participación más decisiva en las actividades y desarrollo de su comunidad. En vista de las condiciones que prevalecen en la actualidad en América Latina, tal progreso sólo puede realizarse por medio de cambios drásticos y de largo alcance en la estructura institucional y de poder político.

Una vez que se han logrado esos cambios, establecen los fundamentos y proporcionan un ambiente propicio para un considerable aumento de la producción y un mejor funcionamiento económico. La principal razón es que crean nuevos incentivos para que la población rural trabaje y produzca más. Las recompensas pueden ser mayores debido a la eliminación de los recursos humanos y físicos ociosos que en la actualidad caracterizan a la agricultura latinoamericana.

Otra razón es que se pueden reorganizar los procesos de producción y distribución para que se ajusten a las necesidades de una sociedad en crecimiento que se está modernizando. La experiencia histórica parece confirmar que éste es el efecto de una verdadera reforma agraria.

Reformas agrarias anteriores a 1960

Entre 1910 y 1960 tres países latinoamericanos realizaron reformas agrarias drásticas. De éstas, la reforma agraria mexicana fue la más violenta. Empezó con la Revolución de 1910 que puso fin a un período de severas represiones campesinas durante la segunda mitad del siglo XIX y la primera década del siglo XX. En esa época casi toda la tierra de México estaba controlada por unos pocos miles de hacendados, una gran parte de los cuales eran extranjeros. Se calcula que murió cerca de un millón de personas durante la Revolución, que Frank Tannenbaum describió como una guerra de exterminio (de campesinos).[11] En nueve años fue destruida una tercera parte de la población del estado de Morelos, donde Zapata empezó su revolución agraria. La distribución de tierra a los campesinos empezó antes de 1920, pero a mediados de la cuarta década, durante el régimen del presidente Lázaro Cárdenas, se entregó más tierra a los campesinos bajo el sistema de tenencia ejidal que en cualquier otro momento —esto es, después de 15 años de haberse terminado la Revolución. El proceso de distribución de la tierra continúa, pero quizá no sea una casualidad que el período en que el reparto se hizo con más intensidad fue el de la gran depresión de la cuarta década.

La reforma boliviana empezó con la Revolución de 1952. Puso fin a la mayoría de las relaciones feudales de trabajo de ese país. En muchos aspectos, fue mucho menos violenta que la mexicana. Se informa que en una importante zona de reforma agraria, el Cantón Ancoraimes, cerca del Lago Titicaca, no se presentó ningún caso de violencia en gran escala, aunque en ciertas ocasiones los campesinos usaron la fuerza ante los esfuerzos de los terratenientes por evadir las leyes de reforma agraria. Según un cálculo, durante los disturbios iniciales murieron 3 000 personas. Por otro lado, el gobierno boliviano armó a los campesinos de manera que pudieran defender mejor lo que habían ganado bajo la reforma.

La reforma agraria cubana empezó poco después de la caída del régimen de Batista en 1959, con la primera Ley de Reforma Agraria de mayo de 1959. El cambio de régimen fue precedido por una guerra de guerrillas de varios años. Pero después de la caída de Batista, no se informó de ninguna violencia durante la ejecución de la reforma. En octubre de 1963 se abolió la propiedad privada que excedía de 67 hectáreas por medio de una segunda ley de reforma agraria.

De las tres reformas que produjeron cambios radicales en la estructura agraria de los tres países, la cubana fue la más drástica. Por primera vez en la historia latinoamericana se creó un sector agrícola socialista al lado de un sector privado que todavía controla cerca del 30 % de la tierra de cultivo. El sector socialista se basa en empresas de propiedad gubernamental. El efecto inmediato de la innesperada reforma agraria cubana fue tremendo. Produjo muchos cambios en las políticas agrarias nacionales e internacionales de América. Pareció señalar el principio de un gran movimiento de reforma en todo el continente. La naturaleza drástica de la reforma cubana fue comprendida rápidamente por los campesinos latinoamericanos porque eliminaba las grandes haciendas privadas, muchas de las cua-

[11] *Peace by Revolution: Mexico after 1910*, Columbia University Press (1933), edición económica, 1966, p. 178.

les eran propiedad de extranjeros y que siempre están asociadas en la mente de los campesinos con su opresión, y debido a que trataba de proporcionar beneficios directos e inmediatos a los pequeños campesinos y trabajadores rurales.[12] Pero también la clase terrateniente comprendió su naturaleza drástica. Durante décadas se han hecho en todo el hemisferio llamados para eliminar los latifundios y la agricultura tradicional que la caracterizan. Por ejemplo, en Brasil se presentaron ante el Congreso cuando menos 45 leyes sobre reforma agraria entre 1947 y 1962, además de una serie de decretos, enmiendas u orientaciones. Durante el mismo período hubo 110 discursos importantes en el Congreso que se referían a este tema, de los cuales 85 se hicieron en 1959. Pero pocas personas los tomaron seriamente.

Tampoco puede decirse que la clase terrateniente no sabe lo que significa una reforma agraria. Los legisladores colombianos, por ejemplo, conocían perfectamente bien los tres objetivos de la reforma agraria que mencionamos antes, debido a que el artículo 1 de la ley de reforma agraria de 1961 enunciaba específicamente que su objetivo era reformar la estructura social agraria por medio de disposiciones destinadas a eliminar e impedir la concentración desigual de la propiedad de la tierra o su excesiva subdivisión, incrementar la producción, obtener mejores condiciones de trabajo para los trabajadores rurales, y elevar el nivel de vida de los campesinos. El artículo no hablaba de electrificación, irrigación o construcción de caminos, proyectos piloto de colonización, educación, mejora del ganado o una mayor eficiencia del sistema de precios, como si fueran una reforma agraria. Por lo tanto, puede suponerse que cuando los miembros de la élite terrateniente se refieren a esas últimas medidas como si fueran iguales a una reforma agraria, lo hacen para ocultar los problemas internos reales de tenencia de la tierra ya que saben muy bien lo que significa una verdadera reforma agraria: el fin del monopolio de la propiedad de la tierra y del poder político.

Casi todos los países aprobaron nuevas leyes de reforma agraria a nivel nacional poco después de la reforma agraria cubana. Organizaron institutos de reforma agraria y realizaron algunos proyectos de redistribución de la tierra. Esto se hizo incluso en países como el Perú, que tenían una agricultura tradicional y donde hasta entonces la reforma agraria había sido un "tabú". Por ejemplo, además de la ley colombiana de 1961, Perú aprobó otra ley en 1964,[13] aunque había sido precedida por decretos que sólo se referían a las zonas donde habían ocurrido levantamientos campesinos. En la República

[12] Eric Jacoby, *Cuba: The Real Winner is the Agricultural Worker*, en *Ceres* (FAO), julio-agosto de 1969, pp. 29 *ss.*

[13] En 1969 se promulgó en Perú una nueva ley. Véase la p. 174.

Dominicana se aprobó una ley en 1962 y en Chile se legisló por primera vez sobre reforma agraria en 1962 y nuevamente en 1967. En la actualidad sólo El Salvador carece de una ley de reforma agraria.*

CUADRO 23

LEYES DE REFORMA AGRARIA Y FECHA EN QUE SE APROBARON EN ALGUNOS PAÍSES LATINOAMERICANOS

País	*Año en que se aprobó*
Brasil	1964 [a]
Chile	1962 [b]
Colombia	1961
Costa Rica	1961
Ecuador	1964
Guatemala	1962
Nicaragua	1963
Panamá	1962
Perú	1964 [c]
República Dominicana	1962
Venezuela	1960

[a] Precedida por una legislación parcial sobre un instituto de reforma agraria (SUPRA) en 1963.
[b] Remplazada por una nueva ley en 1967.
[c] Precedida por legislación parcial en 1962 y 1963, y remplazada por una nueva legislación en 1969.

El descontento de los campesinos ha sido un factor importante que ha presionado en favor de la legislación, además de atemorizar la élite terrateniente. En algunos países, la ley se aprobó después de considerable intranquilidad y violencia. El principal movimiento campesino ocurrió en el Perú y participaron en él cerca de 300 000 campesinos, hombres y mujeres. En otras partes, como en Colombia, la legislación tenía por fin pacificar al sector rural prometiéndole reformas en gran escala, anticipándose así a un mayor descontento.

La Alianza para el Progreso y otros acontecimientos

Sin embargo, otro factor de igual importancia fue la aparente ilustración repentina de los funcionarios públicos de los Estados Unidos

* Según parece, después de su conflicto con Honduras el gobierno de El Salvador ha promulgado una nueva ley de reforma agraria. [T.]

y de América Latina. Por primera vez admitían las autoridades superiores que el desarrollo económico estaba siendo obstaculizado por el retraso de la agricultura. Se reconocía que este último era no sólo la causa de un bajo producto global y una baja productividad por hectárea o por trabajador, lo que dificultaba la producción per cápita y retrasaba el incremento de la tecnología, sino además una función de desigualdades extremas en la distribución de los recursos agrícolas y de los ingresos. Por ejemplo, en Colombia, incluso los políticos conservadores muy relacionados con la oligarquía terrateniente empezaron a hablar de la necesidad de hacer ajustes en la estructura agraria, prestando apoyo verbal a la nueva "moda" ideológica, aunque esto no quería decir que los ajustes a que se refería fueran a favorecer por fuerza a los campesinos.

Parte de ese gran impulso también se debió al aparente cambio en la política de los Estados Unidos con respecto al desarrollo económico latinoamericano. Esto tuvo un importante efecto sobre las políticas nacionales, debido a la evidente influencia que los Estados Unidos ejercen sobre los programas sociales, políticos y económicos de América Latina. Poco después de la Revolución cubana, los Estados Unidos consideraban al desarrollo económico en términos de incrementos en la productividad.[14] Pero ya en septiembre de 1960, en el Acta de Bogotá, se trató más directamente el problema de la tenencia de la tierra (es decir, la estructura agraria) y del desarrollo agrícola. El Acta recomendó de hecho un programa especial para el desarrollo social que tuviera como finalidad la ejecución de medidas (entre otras) que mejoraran las condiciones de vida rural y de uso de la tierra. Pero el Acta fue titubeante, y las medidas recomendadas consistieron principalmente de "estudios" de la situación y aceleración de programas marginales en lo que se refería a cambios en la estructura agraria, como reclamo de tierras, colonización o medidas fiscales.

El Acta de Bogotá tenía el germen de ideas que se expresaron con más energía en la Carta de Punta del Este de 1961, fundamento legal de la Alianza para el Progreso. La preocupación por los efectos de las desigualdades económico-sociales y políticas sobre el progreso se enunció con claridad, ya que la Carta hace referencia a la necesidad de "una efectiva transformación de las estructuras injustas y de los sistemas de tenencia y uso de la tierra" y hablaba de "remplazar el latifundio y el minifundio por un sistema equitativo de

[14] Véase, por ejemplo, el Informe al Presidente del Dr. Milton S. Eisenhower, 27 de diciembre de 1958, United States-Latin American Relations, U. S. State Department, publicación 6764, Inter-American Series 55, enero de 1959, Washington, D. C.

tenencia de la tierra de modo que ...la tierra sea para quien la trabaje: base de su estabilidad económica, fundamento de su creciente bienestar y garantía de su libertad y dignidad".[15]

La Alianza para el Progreso no cumplió su promesa de convertirse en la piedra clave de una efectiva transformación de las injustas estructuras agrarias de América Latina. Se le ha atacado por su inefectividad, y por su hipocresía, por ser un instrumento del imperialismo norteamericano. Pero como documento histórico, la Carta tiene una función única y una gran importancia, ya que nadie puede objetar la conveniencia de realizar cambios pacíficos y sistemáticos en la estructura de las agriculturas tradicionales, aunque se objetara que esto no es fácil o posible. La Carta estableció los fundamentos para la política de los Estados Unidos durante varios años con respecto al desarrollo agrícola y sirve como base para juzgar las desviaciones que se han presentado en sus principios a partir de entonces.

La Carta reconocía explícitamente que la distribución de los recursos e ingresos es desigual en la agricultura latinoamericana; que los ingresos per cápita y las tasas de crecimiento están a niveles muy bajos; que la desocupación es alta y las relaciones de trabajo deficientes; y que la solución a estos problemas está en "cambios económicos, sociales y culturales profundos". Se consideraba además a la reforma agraria como un instrumento importante para realizar esos cambios en la agricultura. Por lo tanto, parece haberse considerado la reforma agraria como base de un crecimiento agrícola sostenido que trataba de obtener la Alianza. En consecuencia, la Carta es un acuerdo internacional complejo. Reconoce con claridad que el desarrollo no es sólo una función de más inversiones de capital, comercio, mayor productividad y otras variables exclusivamente económicas, sino también de variables políticas y culturales, como la justicia social y la libertad de los hombres que trabajan por medio de la institución de la democracia representativa.

La Alianza trataba de ser un acuerdo mutuo, "un gran esfuerzo de cooperación" para ayudarse. Los Estados Unidos prometieron su ayuda financiera a cambio de que los países latinoamericanos movilizaran sus propios recursos para acelerar el crecimiento agrícola. Con el fin de aprovechar sus recursos los países aceptaron elaborar planes y programas de desarrollo, y se les "alentó" a que hicieran programas globales de reforma agraria. Aunque la Carta no enunció con claridad que la principal ayuda financiera sólo estaría disponible si se realizaban reformas agrarias de acuerdo a los planes de desarrollo, esto está implícito en el texto de la Declaración a los Pueblos de

[15] Título I, objetivo 6.

América, en que se dice que los países están de acuerdo en "hacer las reformas necesarias para asegurar que todos compartan plenamente los frutos de la Alianza para el Progreso" y que "como contribución adicional, cada país elaborará un programa nacional global y bien concebido para el desarrollo de su propia economía".

Pero surgieron tres problemas importantes con respecto a la Alianza. La Carta no enunciaba específicamente que los planes y programas de desarrollo debían incluir objetivos y mecanismos para la reforma.[16] De hecho, parecía tratar las reformas y los planes de desarrollo como dos aspectos diferentes y separados. En años posteriores, la mayoría de los países latinoamericanos los ha tratado de esa manera, aunque el Comité de los Nueve, un grupo de expertos de alto nivel de la Alianza cuyas funciones se relacionaban principalmente con la formulación de planes de desarrollo, y después el CIAP, indicaron varias veces la necesidad de establecer objetivos de reforma agraria e incluso cuando menos en un caso (Colombia) dijeron cuáles eran esos objetivos a incluir en los planes de desarrollo.

Además, la Carta y otros documentos que la siguieron, no especifican qué debemos considerar como reforma agraria. Como éste no es un concepto preciso, sólo la experiencia podía decir cuándo considerarían los líderes de la Alianza que los cambios en la estructura de la agricultura tradicional de un país eran una reforma agraria. Por lo tanto, existía el peligro inherente de que la simple aprobación de una ley de reforma agraria y unos cuantos proyectos de colonización o distribución de la tierra en que participaran algunos beneficiarios se considerara como evidencia adecuada de que el país estaba empleando sus recursos para la reforma agraria con el fin de poder obtener ayuda financiera. El peligro no consistía solamente en que se diera ayuda sin respetar los principios de la Carta, sino además en que un programa ineficaz de redistribución de la tierra a los campesinos conservaría la estructura básica del latifundismo y con ella los obstáculos tradicionales al crecimiento agrícola que la Carta reconocía, obteniendo, sin embargo, la complacencia de la ALPRO. Los acontecimientos subsecuentes demostraron que esto fue lo que ocurrió. Con el fin de ayudar a los líderes de la Alianza a formular las guías para una reforma agraria, en agosto de 1961 se organizó un comité especial (CIDA), integrado por representantes de cinco organizaciones internacionales[17] que tenían dentro de sus funciones la investigación agrícola y la ayuda financiera a la América Latina, habiéndose

[16] Véase, sin embargo, la Reunión Extraordinaria del Consejo Interamericano Económico y Social al Nivel Ministerial, Punta del Este, Actas y Documentos, OEA/Ser. H.XI. 1, pp. 714 ss; Grupo de expertos en Planeamiento.

[17] FAO, CEPAL, BID, OEA e IICA.

establecido su programa de trabajo durante el mismo año en una reunión de expertos de alto nivel. Los estudios y misiones de este grupo forman en la actualidad una documentación impresionante sobre las condiciones de tenencia de la tierra con respecto al desarrollo agrícola y se les puede usar (y en algunos casos se les ha usado) para formular objetivos de reforma agraria en la mayor parte de América Latina.

Aunque en la Carta no se especificó la amplitud de las reformas agrarias requeridas, el documento debe interpretarse como un mandato claro para realizar reformas pacíficas y racionales que traten de obtener *cambios en la estructura de las agriculturas tradicionales dentro de la estructura legal establecida, incluyendo nueva legislación sobre reforma agraria y, en consecuencia, dentro de la estructura de poder social y político existente.* Por lo tanto, intentó canalizar las reformas dentro de programas controlados que no implicaran, como la reforma cubana, un cambio fundamental en las bases sociales, políticas y económicas de los países latinoamericanos. Esta incongruencia inherente es lo que provocó el fracaso de la Alianza. Dejó a los gobiernos que ya existían la eliminación de los latifundios para beneficio de los campesinos, aunque en la mayoría de los casos esos gobiernos debían su existencia a la clase latifundista.[18] En las páginas siguientes intentaremos demostrar esta inconsistencia con algún detalle.

En resumen, la Alianza fue un aviso de que si las tendencias que se presentan actualmente en la agricultura continuaban, los conflictos sociales y políticos se multiplicarían. Pero no tuvo en cuenta el poder político, económico y social de la élite terrateniente y sus aliados, así como su ingenio para encontrar formas y medios de conservar el *statu quo*. Éstos les permitieron empezar una contrareforma en gran escala a la cual nos referiremos en varias ocasiones posteriormente.

Poco después de que se firmó la Carta de Punta del Este, sin embargo, un movimiento político del todo diferente y de gran importancia hizo casi imposibles las reformas en América Latina, al menos por el momento. Éste se presentó de la siguiente manera: A principios de la séptima década eran muy comunes los disturbios campesinos, invasiones en gran escala de la tierra y las presiones políticas en favor de cambios de la estructura agraria. Perú y Brasil fueron el escenario de importantes movimientos campesinos; pero en Colombia, Ecuador, Chile y Venezuela, el descontento acumulado de los

[18] Edmundo Flores, *Land reform and the Alliance for Progress*, Center of International Studies, Woodrow Wilson School of Public and International Affairs, Princeton University, 20 de mayo de 1963.

campesinos sin tierra originó nuevos conflictos abiertos u ocultos. Aunque los movimientos campesinos del Perú y Brasil fueron de grandes proporciones, su amplitud y desarrollo no habían sido captados por la opinión pública de un modo sistemático. En Perú parece que la violencia apareció en 1960, en la Costa, Sierra y región selvática. Se hizo más grave en 1962 en la zona semiselvática del departamento de Cuzco y pronto se extendió a todo el altiplano. Los acontecimientos que ocurrieron después están envueltos en el misterio. Parece que en 1962 y 1963 se realizaron grandes operaciones militares que dieron por resultado la muerte y prisión de muchos campesinos y de sus líderes. Los vestigios de esas operaciones podían percibirse todavía en 1966 por la presencia de contingentes militares en las zonas más afectadas por la violencia junto a la pasividad y desconfianza obvias de los campesinos. Como las operaciones militares se dirigieron contra los campesinos y sus líderes, implicaron una gran ayuda para la élite terrateniente y se les debe interpretar de este modo.

En Brasil, la acción militar y policial contra los campesinos, sus líderes y sus organizaciones, dio fin en 1964 a las presiones de la población rural en favor de la reforma agraria. Pero sobre esas operaciones se sabe incluso menos que sobre las peruanas. Es un hecho, no obstante, que las principales organizaciones campesinas, como las *ligas camponeses*, que habían actuado en favor de una reforma agraria, fueron desintegradas y sus líderes asesinados, torturados, encarcelados o exilados. En los años que siguieron al golpe militar, sólo se permitió la existencia de las organizaciones más pequeñas, que no tienen el apoyo de los campesinos y, en consecuencia, carecen de influencia política, además de que algunos de sus líderes sólo tienen unas relaciones muy débiles con la población campesina. Al igual que en el Perú, los beneficiarios de la represión del movimiento campesino brasileño fueron los latifundistas. En Colombia se hicieron operaciones en gran escala, a las que no se dio publicidad, contra las llamadas "repúblicas independientes" a mediados de la séptima década. Estas "repúblicas" eran centros pacíficos de campesinos que trabajaban la tierra colectivamente en regiones aisladas del país. Se informa que las operaciones dirigidas contra ellas causaron muchos muertos. Muchos las consideran como meras provocaciones de las fuerzas de la ley y el orden sin ninguna razón aparente, excepto permitir que la élite terrateniente se apoderara de esas tierras.

Actualmente, finalizada ya la séptima década, puede decirse que son pocos los países de América Latina en que las organizaciones campesinas han aumentado en número e influencia. Al contrario, su posición es ahora más débil que al principio de la década. En comparación, la posición política de la élite terrateniente es mucho más fuerte. La destrucción casi total de los movimientos campesinos en los años que siguieron a la Conferencia de Punta del Este en 1961 ha producido un cambio radical en la base política en que podía haberse apoyado en principio un movimiento de reforma agraria. Mientras que la élite terrateniente parecía estar a la defensiva en los años que siguieron a la Revolución cubana, la situación cambió después y en la actualidad se ha reforzado el poder político de esa élite. La contrareforma hizo muy improbables las reformas agrarias a partir de 1965.

Por supuesto, no es una casualidad que, dentro de la perspectiva histórica, la contrareforma se presentó en un momento en que muchos gobiernos latinoamericanos eran dirigidos directa o indirectamente por los militares, aunque quizá no se deba dar mucho crédito a estos últimos por ellas. En diciembre de 1968 de 19 países latinoamericanos, 10 tenían un régimen militar, 4 estaban muy influidos por los militares y sólo 5 tenían gobiernos civiles, si usamos la clasificación de Lieuwen.[19] Entre marzo de 1962 y junio de 1966 habían sido derrocados por golpes militares nueve presidentes civiles electos constitucionalmente. Liewen atribuyó en parte esta "nueva ola de militarismo" a la Alianza para el Progreso, "porque en opinión de muchos líderes militares latinoamericanos el apoyo y ayuda pública del gobierno de los Estados Unidos a los programas acelerados de desarrollo material y cambio social realizados por los regímenes auténticamente democráticos equivalía a patrocinar la inestabilidad política y la desintegración social".[20] Por supuesto, esa opinión es absurda, ya que la inestabilidad política y la desintegración social son consecuencia de la anticuada estructura agraria y de la opresión a los campesinos y no de la Alianza para el Progreso. Desde luego, la destrucción casi total de las organizaciones campesinas en muchos países no puede negarse, pero lo que es menos seguro es que se pueda culpar del todo a los militares por el éxito de la contrareforma. Este alegato sólo es válido en la medida en que el brazo de los latifundistas haya sido fortalecido por la acción militar. Pero en otros países con gobiernos civiles la reforma agraria tampoco logró muchos progresos, y es evidente que los latifundistas disponían de un gran número de medios para hacer fracasar la redistribución de tierra a los campesinos mediante la expropiación, incluso sin recurrir excesivamente a la fuerza.

[19] E. Lieuwen, *The Latin American Military*, Subcommittee on American Republic Affairs, Committee on Foreign Relations, U. S. Senate, 90th Congress, 1a. sesión, 9 de octubre de 1967, Washington, 1967, p. 4.

[20] *Ibid.*, p. 6.

La legislación de la reforma agraria en la séptima década

La Alianza para el Progreso trataba de producir cambios en la estructura de la agricultura por medio de programas nacionales e internacionales, dentro de la estructura legal y de poder establecidos. Debido a la importancia que la ley y el poder tiene con respecto a la reforma agraria, es necesario analizar la base legal de los programas de reforma, principalmente la amplitud, facilidad y rapidez con que permiten que se realicen las reformas en la América Latina rural.

Debido a las indeseables condiciones de tenencia de la tierra que existen, las leyes de reforma agraria deben intentar eliminar la actual estructura de la tenencia agraria —esto es, eliminar los latifundios y su consecuencia, los minifundios— y establecer los fundamentos legales para un nuevo sistema de tenencia. Lo primero implica de manera principal la expropiación de las grandes haciendas, incluyendo las que son propiedad de organismos públicos, aunque es dudoso que se puedan "expropiar" estas últimas en el sentido correcto de la palabra, ya que en su caso sólo ocurre una simple transferencia de la propiedad de un organismo público o semipúblico a un organismo de reforma agraria y de éste a los campesinos (por lo tanto, en cierto sentido es sólo una operación contable, aunque en algunos casos hay organismos públicos que dependen del ingreso que obtienen de sus bienes raíces rurales para completar su presupuesto). También implica establecer qué tierra debe eximirse de expropiación y, consecuentemente, la consolidación de las pequeñas propiedades. Incluye además disposiciones para terminar con acuerdos de tenencia indeseables entre los propietarios de la tierra y los campesinos que la trabajan bajo algún contrato (posesión y uso) o entre patronos y otros trabajadores rurales que deben proporcionar servicios feudales o semifeudales. También debe establecer la cuantía y tipo de compensación que recibirán los hacendados a quienes se expropió. Por último, las leyes deben disponer la forma en que se obligará a cumplir sus disposiciones.

La creación de un nuevo sistema de tenencia implica el problema de nuevas empresas rurales y en este sentido, las leyes deben tener en cuenta: su tamaño; quiénes recibirán la tierra; las relaciones de tenencia entre la tierra y los campesinos que la cultivan; cómo se estabilizarán los derechos sobre la tierra (listas de propiedades y disposiciones sobre límites); las relaciones entre los mismos campesinos (por ejemplo, con respecto a la herencia); y las obligaciones financieras o de otro tipo de los beneficiarios con el Estado o de éste con los campesinos. Donde la irrigación es importante, las leyes también deben regular el acceso y uso del agua.

Debido a que la reforma agraria requiere mucho tiempo y una gran cantidad de recursos humanos y financieros, las leyes también deben establecer prioridades para la expropiación y redistribución de la tierra. Además, también pueden regir sobre el acceso a nueva tierra de cultivo que aún no se usa, con el fin de establecer las futuras condiciones de tenencia de la tierra en zonas aún no explotadas. Por último, se deben incluir disposiciones sobre un organismo que esté a cargo del programa y sus objetivos.

Hay otros problemas que se relacionan con la reforma agraria. Entre ellos están las relaciones de la mano de obra rural, la habitación, cooperativas, tributación, crédito, producción, venta y otros. Pero en la mayoría de los casos éstos deben regirse por leyes y programas independientes, ya que no forman parte de la reforma agraria propiamente dicha.

La "función social de la tierra" como un instrumento de la contrarreforma

Una parte intrínseca de la estructura legal y de poder establecidas dentro de la cual debe operar la legislación de reforma agraria es la existencia y protección de la propiedad privada de la tierra de cultivo. Por supuesto, esto significa una protección independientemente del tamaño de la propiedad y del número de propiedades que tenga un dueño.[21] Las leyes de reforma agraria de la América Latina no han modificado este elemento básico de la economía latinoamericana, sino

[21] Los oponentes de la reforma agraria alegan con frecuencia que las reformas se dirigen contra la propiedad privada y que, por lo tanto, son ilegales. Esto es incorrecto si la reforma trata de establecer propiedades familiares de propiedad privada, o incluso cooperativas, ya que esas reformas en realidad tratan de ampliar la propiedad privada, pero para beneficio de los campesinos, no de la élite terrateniente. Tales reformas sólo se dirigen contra las grandes propiedades rurales porque son antisociales. Las reformas agrarias sólo están contra la propiedad privada si nacionalizan la tierra. Pero sólo pocos países lo han hecho así una vez que han realizado la reforma; más bien lo usual ha sido mantener un régimen de propiedad mixta. Las reformas agrarias pueden dirigirse contra las grandes propiedades y seguir protegiendo a sus propietarios al disponer una compensación a cambio de la propiedad expropiada. La cuantía de esta protección depende del tipo de compensación, y éste a su vez depende de la estructura de poder. Si los terratenientes retienen el poder, como lo han hecho en América Latina, la compensación es alta y por lo general se paga en efectivo. Esto tiene una doble finalidad: proteger las inversiones de la élite terrateniente y reducir las posibilidades de expropiaciones en gran escala cuando se limitan los recursos financieros del instituto de reforma agraria.

que han intentado introducir un cambio importante en el panorama legal de la propiedad privada de los bienes raíces rurales: a saber, proteger las pequeñas propiedades rurales mejor que las grandes, aunque este intento ha sido hecho de mala gana, como veremos. Por consecuencia, las leyes tratan de preservar la propiedad privada de la tierra, aunque permitan la expropiación de grandes haciendas privadas (y en algunos casos de "unidades antieconómicas"). En este sentido, se ha creído necesario justificar esas expropiaciones sobre bases formales. Los legisladores han recurrido al confuso concepto de la "función social de la tierra" con el fin de racionalizar el tipo de expropiación de haciendas que en teoría permiten las leyes. En ese proceso, tal concepto se ha convertido en un instrumento para justificar la expropiación de unas pocas haciendas y eximir a la gran mayoría de ellas. En otras palabras, la "función social de la tierra" se ha convertido en un instrumento de la contrareforma. Esto requiere un mayor análisis durante el cual tendremos que hacer breves referencias a las características de la legislación de reforma agraria que se estudiarán con más detalles posteriormente.

Con el fin de entender por qué se introdujo este complicado concepto en la legislación, debe recordarse que por lo general las constituciones de los países latinoamericanos han permitido las expropiaciones de propiedades privadas urbanas o rurales "en aras del interés público", dando una compensación en efectivo a sus propietarios. Estos casos casi siempre son excepcionales —por ejemplo, cuando el gobierno contempla la construcción de edificios públicos, carreteras o grandes presas. Las constituciones no consideraban, en el momento en que se les escribió, expropiaciones de haciendas en un amplio programa de reforma agraria. Esta última sólo puede justificarse dentro de la legislación actual si hay implícito un "interés público", y por esta razón, el concepto de la función social de la tierra parecía ser útil. Supone que la expropiación de tierra de cultivo puede ser de interés público. Por supuesto esto implica una ampliación del significado de "interés público".

Debe decirse, en resumen, que en el proceso de introducción de este concepto los legisladores no siempre fueron lógicos o congruentes. La tierra agrícola *per se* no tiene una función social. Lo que interesa desde el punto de vista social es su uso, y éste lo determinan sus propietarios o usuarios y la sociedad en conjunto. Algunas leyes hablan de la función social de la propiedad o de la tierra.[22] Otras se refieren, más correctamente, al "uso de la tierra en el interés públi-

[22] La ley de Ecuador afirma que la propiedad privada de la tierra de cultivo llena su función social si cumple los siguientes requisitos: a] uso eficiente de la tierra, etcétera.

co", subyaciendo en esto el concepto de la función social de la tierra, por así decir. Sería más correcto referirse directamente a los propietarios de la tierra y al uso o no uso de su propiedad en el interés público. Pero ninguna de las leyes ha dado ese paso lógico, suponemos que debido a que esto atacaría directamente a la élite terrateniente.[23]

Las leyes de reforma agraria han especificado que la tierra "llena su función social" en unos casos, mientras que en otros no ocurre así. Por lo general disponen que, cuando la tierra se ha destinado a fines productivos, y cuando se ha conservado su calidad, cumple su función social; pero no cuando está ociosa o se la usa ineficientemente. Entonces, lo que dicen las leyes es que la expropiación es de interés público si las haciendas no se usan en el interés público. Identificar la función social de la tierra con el uso de la tierra significa que ahora la atención se concentra en la eficiencia e intensidad del uso de la tierra, o mejor dicho, en la producción y productividad de las empresas individuales, más que en las desigualdades sociales inherentes a una distribución desigual de la tierra, que son la razón real de una reforma agraria y que tienen poco que ver con la "función social" de la tierra. Otra consecuencia es que entonces no es necesario hacer expropiaciones en gran escala para eliminar esas injusticias, sino sólo caso por caso, juzgándose a cada uno de acuerdo a sus propias características. Por consecuencia, se ha retrasado mucho el programa de reforma agraria y, ante todo, *se pueden seguir considerando las expropiaciones de haciendas como casos excepcionales.*[24] Sin embargo, algunas leyes han hecho aún menos claro el problema de la justicia en la reforma agraria añadiendo que la tierra no cumple su función social a causa de "la existencia de métodos antisociales o

[23] Cuando la propiedad privada es aprobada por la sociedad, los propietarios pueden usarla para su propio interés y beneficio mientras esto no se oponga al interés público. La ley y la costumbre determina cuándo se oponen el interés privado y el interés público. La determinación exacta de este punto depende de la etapa de desarrollo de la economía. Históricamente la sociedad ha tendido a imponer mayores obligaciones sobre los propietarios de modo que tengan en mente cada vez más el interés público, lo que equivale a decir que los propietarios privados se ven cada vez más limitados para usar su propiedad en su propio interés y beneficio.

[24] También es interesante observar que el concepto de la función social de la tierra no se ha relacionado en las leyes de reforma agraria de América Latina, con la idea de "la tierra para quienes la cultivan". En algunos países en que se han hecho reformas agrarias, se consideró que la tierra cumplía su función social si la trabajaba personalmente el dueño o la persona que la rentaba. Es obvio que si se emplea en este sentido, permitiría una redistribución más amplia de las haciendas ya que ataca directamente el problema esencial de la reforma agraria, o sea, la desigual distribución de la tierra, y la propiedad y administración absentistas.

feudales de explotación de la tierra", o "concentración de la tierra", o "existencia de minifundios". La ley agraria brasileña de 1964 dice, por ejemplo, que "la propiedad de la tierra (*a propiedade da terra*) cumple su función social si [*sic*] contribuye al bienestar de los propietarios y trabajadores que trabajan en ella y sus familias... y si se ajusta a las leyes que rigen las relaciones de trabajo justas entre quienes la poseen y quienes la cultivan" (traducción literal). Aparte de la mala redacción, decir que la tierra o su propiedad no cumplen su función social (o no se le usa en el interés público), debido a que las relaciones de trabajo de las haciendas son antisociales o hay concentración de la propiedad de la tierra, es francamente absurdo, ya que el concepto de la función social de la tierra se relaciona con el uso de la misma. El uso de la tierra es una cosa; el empleo de personas contratadas por el propietario de la tierra y los términos de su ocupación es otra. De igual modo, el uso de la tierra es una cosa y otra la cantidad de propiedades que se tienen. No podemos decir que la tierra no cumple su función social (cuando está ociosa o se la usa mal) porque su propietario tenga muchas propiedades. Esto arroja la culpa sobre la tierra cuando en realidad la tienen los propietarios, o mejor dicho, la sociedad que permite tal situación. En consecuencia estas disposiciones legales son confusas y de difícil aplicación. Quizá los legisladores sólo trataban de mostrar que se daban cuenta de las injusticias sociales y que éstas no podían ser olvidadas en el texto de las leyes. Pero en este caso, sólo le dieron reconocimiento verbal y el resultado fue una acumulación de palabras que no parecen tener relación entre sí.

En realidad no se necesita utilizar el concepto de función social de la tierra. Bastaría decir que el propietario actúa contra el interés público si monopoliza tierra o explota a los campesinos. Si no hay una disposición clara en este sentido, ni siquiera se reconoce oficialmente que el monopolio o concentración de la propiedad de la tierra sea antisocial, ni mucho menos ilegal y, por lo tanto, no hay una verdadera razón para expropiar.[25] Las leyes de reforma agraria que se aprobaron durante la séptima década en la América Latina no hicieron ilegal poseer una gran superficie de tierra (como lo hizo la cu-

[25] Debe observarse que la mayoría de las leyes de reforma agraria especifican que la tierra no cumple su función social si no se le usa o se le usa inadecuadamente, y después proceden a establecer las prioridades para la expropiación de acuerdo a la intensidad del uso de la tierra. Sin embargo, no hay disposiciones equivalentes cuando las leyes se refieren a la concentración de la propiedad o la explotación de los campesinos. Si las leyes hubieran sido congruentes y la referencia a las desigualdades sociales no hubiera sido más que verbal, habrían establecido también prioridades para la expropiación de acuerdo al grado de monopolización de la tierra o explotación de los campesinos.

bana), aunque implícitamente admiten quizá muy vagamente que es antisocial. Si una ley de reforma agraria dice —como ocurre con el art. 1 de la ley colombiana de 1961— que desea "reformar la estructura agraria por medios dirigidos a la eliminación de la desigual concentración de la tierra", no está afirmando que la concentración de tierras o los latifundios son ilegales. En realidad tal afirmación no tiene ninguna fuerza legal, además de que en una agricultura dominada por los latifundistas su efecto moral es muy reducido. En términos generales podemos decir lo mismo de la explotación de los campesinos.[26]

Debemos concluir que el concepto de la función social de la tierra, aunque fue introducido en apariencia para facilitar las expropiaciones en gran escala, sirve en realidad para distraer la atención de las injusticias inherentes a una distribución muy desigual de los recursos agrarios, poniendo el acento en los usos de la tierra, lo cual resulta menos comprometedor.

Examinaremos ahora la forma en que los legisladores han usado dicho concepto para hacer difícil o imposible expropiar tierras en gran escala. Independientemente de las confusiones semánticas y lógicas, el uso del concepto de función social de la tierra se ha empleado ante todo para alejar la reforma agraria a los distritos periféricos, ya que en éstos la tierra no cumple por lo general con su función social porque no se le usa o es obvio que no se le usa adecuadamente, pero también —y esto es más importante— para justificar la exención de la reforma agraria de toda la tierra de las haciendas que *cumple* su función social porque se le usa o "administra adecuadamente".

El primer punto debe estudiarse teniendo en cuenta las disposiciones de las leyes que establecen prioridades para las expropiaciones y asentamientos. La ley colombiana es muy característica. Por ley, la primera prioridad en la distribución de tierras a los campesinos afecta a la tierra pública (por supuesto esto es una colonización y no una reforma agraria, lo cual no bastó para detener al legislador). Si "es necesario", los campesinos pueden asentarse en tierra privada que puede expropiarse —pero sólo en esta secuencia: primero en tierra no utilizada; después en tierra que no se usa adecuadamente; después en la tierra que cultivan pequeños arrendatarios o aparceros; y después en la tierra que los propietarios cedan voluntariamente al

[26] La mayoría de los países tienen leyes que declaran ilegal la existencia de relaciones de explotación (y por lo usual esto es evidente en sus constituciones). También tienen una legislación de salario mínimo. Las leyes de reforma agraria que mencionan la explotación reconocen, por lo tanto, la existencia de tales prácticas ilegales a pesar de la ley. Lo que se necesita no son más leyes, sino hacerlas cumplir.

instituto de reforma agraria. Sólo como última prioridad puede expropiarse la tierra que está "bien administrada". Pero los obstáculos legales (aparte de los políticos) a esas expropiaciones son muy fuertes.[27] Ésta es pues la forma en que el concepto de función social de la tierra se ha usado por medio de disposiciones legales para hacer casi imposible la reforma agraria en las mejores zonas agrícolas; para hacerla una empresa arriesgada para los campesinos ya que en la tierra mala en que se les asentará no pueden tener éxito,[28] o para hacerla muy costosa para la economía si las regiones periféricas requieren, como sucede, grandes inversiones en infraestructura, de modo que los beneficiarios de la reforma agraria no queden marginados por completo. A esto se debe añadir que términos como "empleada con eficiencia" o "administrada adecuadamente" son vagos y por lo normal no están definidos en las leyes, además de que es dudoso que una definición sea útil en el contexto de una verdadera reforma agraria. Si se llevaran a un tribunal, es poco probable que se les interpretara en favor de los campesinos, debido a la estructura de poder que existe. El resultado más visible del uso de tales términos es que la reforma se ve reducida a mera demagogia si se establecen a un nivel bajo las normas de eficiencia o de uso adecuado de la tierra.

De igual importancia es que ese concepto les permite a los terratenientes transformar con rapidez cualquier hacienda que no cumple con su función social —por ejemplo, si no se le está usando— en haciendas que *sí* cumplen con ella y liberarse así de la posibilidad de la reforma. Esto es muy importante porque, por omisión o intención, las leyes nunca hacen referencia a la fecha en que debe considerarse si el uso de la tierra es inadecuado o no hay una plena utilización de ella. En algunos casos, las haciendas pueden estar exentas simplemente porque en las condiciones que prevalecen en América Latina la reforma se hace con mucha lentitud y los propietarios pueden hacer los ajustes necesarios, como llevar ganado a la tierra o dedicar una parte a la aparcería. En algunos países, como Ecuador y Chile, los legisladores prestaron su ayuda a la élite terrateniente llegando a una conclusión más extrema: dispusieron que los hacendados que tratan de mejorar el funcionamiento de sus propiedades rurales están exentos de la reforma. Esto elimina definitivamente de la reforma agraria el objetivo de la justicia social para los

[27] J. R. Thome, *Limitaciones de la legislación colombiana para expropiar o comprar fincas para parcelarlas,* Land Tenure Center, LTC 14, University of Wisconsin. Madison. Wisc., noviembre de 1965.

[28] O, para emplear la terminología de los legisladores, la tierra de los beneficiarios de la reforma agraria no cumpliría con su función social.

campesinos. De este modo, las leyes hacen que la mayor parte de las grandes haciendas no puedan ser afectadas por los institutos de reforma agraria.

La "función social de la tierra" no es sólo un obstáculo al problema de la justicia social para los campesinos en tanto que traslada las razones de la expropiación a los campos más neutrales del uso de la tierra, e.g. producción y eficiencia, sino que también introduce de ese modo *un nuevo concepto de justicia social para la élite terrateniente*: que es injusto expropiar la tierra cuando se le utiliza más intensamente. Ahora la élite terrateniente puede sostener que es injusto privarlos de tierra que adquirieron ellos o sus antepasados y que ha sido mejorada con el fruto de sus esfuerzos y una capacidad administrativa más alta. Tal pretensión tiene bastante valor como propaganda. Como por lo general sólo los campesinos saben cómo adquirieron originalmente la tierra, y pocas personas comprenden qué frutos del trabajo han sido incorporados a las haciendas, y que la capacidad de administración de los latifundistas es un mito, la mayoría de las personas encuentran el argumento convincente e injusta la reforma agraria. Por supuesto, esto no es compatible con la meta fundamental de la eliminación de las injusticias inherentes en la distribución desigual de la tierra. Un razonamiento oculto que subyace en el planteamiento del uso de la tierra es la esperanza de que quizá la élite terrateniente se "reformará" y explotará la tierra de tal modo que cumpla con su función social y haga innecesaria la reforma agraria. Incluso si esto fuera así, sería de poco valor para los campesinos: no sólo porque tal esperanza no está justificada, sino también porque continuarían existiendo las desigualdades al igual que la explotación de los trabajadores rurales.

La técnica de la legislación de reforma agraria. Incluso aceptando que las formas establecidas de tenencia agraria varían de país a país, y dentro de cada país de una a otra región, y que esas diferencias deben considerarse en la legislación de reforma agraria, está claro que tal legislación puede ser breve y sencilla y seguir ocupándose efectivamente de las reformas básicas de que se trata. Las leyes sólo necesitan establecer los lineamientos generales de la base legal del programa. No pueden dictar reglas para cada detalle ni tener en cuenta todas las variaciones que se encuentran en el campo. Se debe dar cierta libertad al instituto de reforma agraria para resolver muchos problemas prácticos que surgen en la ejecución del programa. Existen ejemplos de leyes de reforma agraria breves y efectivas. Por ejemplo, en 1962 el Partido Demócrata-Cristiano de Chile sometió al Parlamento una ley que tenía 62 artículos y consideraba dos nuevos tipos de tenencia de la tierra: propiedad privada (pequeña) y propiedad comunal. Pero la propuesta no se convirtió en ley. La reforma agraria cubana de 1959 (enmendada posteriormente por la ley de 1963) contenía 67 artículos y unas pocas disposiciones relativas a su ejecución.

Exceptuando la cubana, la brevedad y sencillez no son un rasgo común de las legislaciones de la América Latina de la séptima década. Por supuesto, la brevedad *per se* no es una virtud, pero la palabrería no lo es casi nunca. ¿Por qué son tan voluminosos los estatutos de reforma agraria de la América Latina? Quizá hay varias razones. En primer lugar las leyes contienen con frecuencia disposiciones que no son propiamente de reforma agraria y que habría sido mejor incluir en otras leyes. En segundo lugar, la legislación pasó por meses y hasta años de debates parlamentarios. Se tenían que hacer compromisos para ajustar las diferentes opiniones políticas y los diferentes intereses económicos.[29] Otro factor más importante fue que los legisladores, muchos de los cuales son miembros de la élite terrateniente o están asociados a ella, no tienen intención de confiar el programa de su ejecución a un instituto de reforma agraria sin legislar sobre todos los problemas posibles y circunscribir con exactitud los límites de sus actividades. Esto ha dado por resultado textos legales muy complejos y de muy difícil aplicación, debido a que es obvio que cuantas más palabras se tengan que interpretar, más difícil será aplicar la ley. Muchas disposiciones son poco claras,[30] contradictorias o poco útiles, además de que dan evidencia de una redacción apresurada y un pensamiento poco claro. Tampoco se puede excluir del todo la posibilidad de que algunas disposiciones hayan sido redactadas por los abogados con el propósito de "enturbiar las aguas". Si el texto del estatuto es poco claro o contradictorio, esto les da a los terratenientes muchas oportunidades para desafiar la ley o su constitucionalidad, posponer su ejecución y en algunos casos impedirla.

Es sorprendente que cuanto más reciente fuera la ley, y más evidente que el momento de las verdaderas reformas había pasado, tanto más voluminosa se hacía la legislación. La nueva ley chilena, promulgada en 1967, después de varios años de preparación y debate público, consiste, por ejemplo, de 356 artículos. Su texto es "muy

[29] Véase R. Mac-Lean y Estenós, *La Reforma Agraria en el Perú*, en XV *Congreso Nacional de Sociología* (*Estudios sociológicos sobre la reforma agraria*), Tomo 2, Instituto de Investigaciones Sociales, UNAM, México, 1964, pp. 437 *s.*

[30] Se dio un ejemplo de esto en la página 194 (con el Estatuto da Terra del Brasil).

largo y complejo" e incluye disposiciones que no se relacionan con la reforma.[31] Además, se emitieron varios decretos poco después de la vigencia de la ley, que sirvieron para hacerla aún más voluminosa. La legislación del Perú de 1964 tiene 244 artículos y una larga serie de regulaciones. La ley venezolana tiene 209 y la de Ecuador 180 artículos. El estatuto de Colombia de 1961 tiene un tamaño más moderado con 111 artículos y el Estatuto da Terra del Brasil 128, de los cuales sólo una pequeña parte se refiere a los cambios de la tenencia agraria.[32]

En muchos casos, se llevó muy lejos el "control" que los legisladores trataron de imponer al desarrollo de la reforma agraria. En varios países, por ejemplo Colombia, los institutos de reforma agraria pronto se dieron cuenta de los obstáculos legales a la expropiación y redistribución de tierra a los campesinos y han tratado de modificar la ley. Por supuesto, cuando el ambiente no es favorable para la reforma agraria, cualquier enmienda corre el riesgo de obstaculizar aún más el proceso de reforma. En algunos casos los institutos se han tenido que basar en legislaciones anticuadas que todavía siguen vigentes para realizar parte de su programa (por ejemplo, Colombia), lo que hace que la nueva legislación parezca superflua.

La deficiente técnica legal que se usó en la preparación de las leyes de reforma agraria es obviamente de especial importancia en relación con la política de realizar reformas pacíficas "dentro de la estructura legal existente".

Una reforma agraria gradual. El concepto de *función social de la tierra* ha facilitado el camino para un cambio lento, gradual, de la agricultura y, por lo tanto, las leyes de reforma agraria no disponen la total reestructuración agraria. Ésta es una característica inherente de las leyes que examinaremos ahora con más detenimiento. En realidad algunos cambios dispuestos por las leyes son de dudoso beneficio para los campesinos. Esta conclusión se basa en tres hechos: las disposiciones con respecto a la expropiación y redistribución de la tierra y las prioridades para la expropiación; la organización y funcionamiento de los institutos de reforma agraria y los fundamentos financieros que establecen las leyes para la ejecución de los programas. Por supuesto, no es posible examinar aquí

[31] Exposición metódica y coordinada de la Ley de Reforma Agraria de Chile, Estudio Realizado por el Departamento de Derecho y Legislación Agrarios del ICIRA, Editorial Jurídica de Chile, 1968, pp. 5 y 325 *ss.*

[32] Sólo 28 de sus 128 artículos tratan de la reforma agraria, el resto con el catastro, tributación, colonización, etc.

con detalle la legislación de cada país. Sólo estudiaremos algunos casos característicos y tendremos en mente que por lo general hay una considerable similitud entre las leyes de los diferentes países. Existen pocas dudas de que las leyes más recientes se han basado en gran medida en la legislación de reforma agraria que se hizo durante los primeros años de la década.

Primero estudiaremos las *prioridades de la reforma agraria y los límites de las expropiaciones.* Las leyes han tendido a restringir la reforma agraria a una pequeña parte de la tierra que está potencialmente disponible para redistribución a los campesinos, relegando la reforma a las zonas agrícolas periféricas o más pobres. Esto se logró mediante cuatro tipos de disposiciones: Las prioridades establecidas en la legislación con respecto a dónde debe empezarse la reforma agraria; los requerimientos y condiciones necesarias para la expropiación; las excensiones a la expropiación que excluyen ciertas tierras por completo del programa de reforma agraria; y los derechos que se otorgan a los propietarios de la tierra expropiada. Por supuesto, estas limitaciones no se enuncian siempre explícitamente, pero se hacen obvias al analizar las leyes con cuidado.

La ley cubana de 1959 enunciaba en su primer artículo que los latifundios eran ilegales y que las propiedades agrícolas privadas no podían exceder de 30 caballerías, es decir, cerca de 400 hectáreas. Después se redujo el límite a 67 hectáreas. De este modo, Cuba eliminó casi simultáneamente el control de los pocos propietarios privados sobre los recursos agrarios. Las mismas leyes disponían que el instituto de reforma agraria podía expropiar primero la tierra que era propiedad del Estado, después la tierra de propiedad privada que cultivaban aparceros y otros trabajadores y por último toda la tierra privada que no estuviera exenta de expropiación.[33] De las otras leyes latinoamericanas ni siquiera la ley chilena de 1967 contiene disposiciones tan drásticas. La ley de Colombia es un buen ejemplo de la legislación latinoamericana. Como indicamos antes, establece que los campesinos obtendrán primero el acceso a la tierra de dominio público. Sólo "si pareciera necesario" se les asentará en tierra de propiedad privada. Por supuesto, el acceso a las tierras públicas no es de ninguna manera una reforma agraria, sino colonización, y en teoría los campesinos de Colombia siempre han tenido el derecho de establecerse en esas tierras. Si la tierra privada se va a distribuir a los campesinos y se la tiene que adquirir o expropiar,

[33] La ley chilena de 1962, presentada ante el congreso por el Partido Demócrata Cristiano, a la cual nos referimos antes, enunciaba que la tierra rural de propiedad privada no podía exceder de 80 hectáreas de buena tierra cultivada y tenía que ser cultivada por el dueño. Esta propuesta no se convirtió en ley.

las prioridades legales son las siguientes: tierras ociosas, tierra que se usa inadecuadamente, tierra cultivada por pequeños arrendatarios o aparceros, y tierra que los propietarios ceden voluntariamente al instituto de reforma agraria. La intención del legislador era no afectar de modo esencial la tierra de propiedad privada, en especial cuando se trataba de tierra de buena calidad. La expropiación de la tierra privada es la excepción y la regla es la colonización. El decreto de 1964 del Ecuador estableció características similares respecto a la expropiación. Dispone que primero se expropie la tierra que haya estado ociosa tres años consecutivos; después, la tierra que no se usa de modo adecuado. Sin embargo, incluso esas superficies se pueden excluir de la reforma agraria si los propietarios presentan "planes de inversión" para mejorar sus haciendas. Pero no hay ninguna disposición que determine lo que ocurrirá si esos planes no se realizan, y el decreto no contiene información con respecto a la intensidad con que debe usarse la tierra en esos planes de inversión. La ley peruana de 1964 tiene disposiciones semejantes, que dan prioridad a la tierra pública o a la tierra privada que está ociosa o mal utilizada. En Chile, la propiedad privada de más de 80 hectáreas de tierra de irrigación (o su equivalente) está "sujeta a expropiación" bajo el artículo 3 de la ley de 1967. Las propiedades agrícolas que no se explotan o están mal administradas pueden expropiarse en su totalidad excepto las que no excedan de 80 hectáreas, a las cuales se concedía un período de gracia de tres años después de la promulgación de la ley.

Es significativo que la ley colombiana en realidad no haga referencia a las *propiedades rurales* en que la tierra está ociosa o mal administrada, sino a la *tierra* ociosa o mal usada. Como resultado, sólo se podría expropiar la tierra que esté ociosa o mal usada en una hacienda. Por lo usual esto implica que la tierra más pobre sea la que esté disponible para la reforma agraria, ya que se puede suponer que el propietario ha cultivado sus mejores tierras, o que sólo la tierra que no se ha limpiado de piedras y árboles estará disponible. La ley define la tierra ociosa como la tierra que "visiblemente" no se explota de un modo organizado. Puede suponerse que si el propietario de dicha tierra, al verse amenazado por la expropiación, organizara con rapidez una pequeña empresa ganadera (por ejemplo), explotando de este modo "visiblemente" la tierra de una manera organizada, estaría de inmediato exento de la expropiación. Tales prácticas se facilitan porque la ley no relaciona el grado de utilización de la tierra con alguna fecha determinada, como la fecha en que se promulgó la ley o un determinado período anterior a la misma. Si se considera que la ley colombiana es muy detallada con respecto a todas las fases de la expropiación, el no incluir este importante aspecto que trata del período de tiempo legal representa una omisión que facilita la evasión de los hacendados. La ley peruana de 1964 sí se refiere a las propiedades rurales, no a la tierra, pero su lenguaje no es congruente. Otros países tienen textos parecidos al de Colombia.

Tales disposiciones vagas tienen tres peligros inherentes. El más grave es que, al no afectar la esencia de la agricultura latifundista, no elimina los latifundios o minifundios, es decir, la estructura agraria tradicional que debe modificar la reforma agraria. Esto puede afectar a los campesinos, quienes, en lugar de recibir tierra en las mejores zonas agrícolas y las más desarrolladas, obtienen tierra principalmente en zonas subdesarrolladas que carecen de infraestructuras o tierra poco productiva y tienen que invertir su esfuerzo para conseguir un ingreso que quizá nunca sea adecuado. Resultaría caro para el país si cubriera directamente parte de los costos del desarrollo de las zonas agrícolas. Como vimos, no hay escasez de tierras buenas, relativamente bien desarrolladas en América Latina. Por lo tanto, este planteamiento amenaza al éxito de los beneficiarios de la reforma agraria y aparenta que la reforma agraria "perjudica" a los campesinos.

Debe añadirse que la simple declaración de prioridades para la tierra privada ociosa o subutilizada no equivale a una expropiación automática de esa tierra debido al lento y complejo procedimiento de expropiación, que describiremos posteriormente. De este modo, la ley chilena, que se refiere a la tierra expropiable de las propiedades rurales que exceden de 80 hectáreas, indica con claridad que la propiedad de tierra que exceda esa superficie no es ilegal *per se*. Sólo está disponible para expropiación después que las autoridades han hecho una importante decisión administrativa al respecto.

Con excepción de las disposiciones que se refieren a la expropiación de las haciendas que son cultivadas por aparceros, colonos, pequeños arrendatarios y otros trabajadores similares, las leyes no establecen un criterio objetivo para la expropiación. En cambio se basan, como dijimos antes, en condiciones que deben interpretarse mediante juicios de valor (como "tierra mal usada"). Se puede suponer que esas condiciones serán interpretadas por los institutos de reforma agraria o por los tribunales, y su interpretación o definiciones dependen entonces de las normas adoptadas.[34] Si las normas

[34] La ley chilena de 1967 trató de evitar esta dificultad dando una definición de "tierra mal administrada", incluyendo un criterio basado en factores más objetivos como el porciento de tierra cultivada. Pero éste fue un caso excepcional.

para saber cuál es una "tierra bien usada" son bajas, entonces una gran parte de la tierra estará exenta de expropiación. De este modo, las leyes de reforma agraria no definen la tierra que en realidad está disponible para repartir, e introducen un fuerte elemento de incertidumbre en el proceso de reforma.

De igual importancia es que varias leyes eximen la expropiación de zonas enteras. No es necesario referirse con detalle a todas esas exenciones, ya que son sólo el resultado de las disposiciones o prioridades que automáticamente eximen de reforma a la tierra agrícola buena. Pero en algunos casos los legisladores han tomado esta precaución adicional para asegurarse que algunas haciendas o grupos de haciendas no se vean afectadas por la reforma. Las exenciones pueden ser condicionales o incondicionales. Son incondicionales cuando las leyes establecen el criterio que rige la exención de una manera inequívoca. Por ejemplo, el decreto ecuatoriano de 1964 exime las haciendas de hasta 2 500 hectáreas, más 1 000 hectáreas adicionales de pastos para las haciendas costeras. En la Sierra exime hasta 1 800 hectáreas. Sin embargo, se puede permitir a las empresas ganaderas exceder esos límites. Además, la ley también exime las empresas rurales que están bien administradas y proporcionan materias primas para sus propias fábricas de procesado, así como otras empresas bien administradas. Como es obvio, éstas son exenciones importantes, al grado de que es dudoso que los latifundios se puedan expropiar con fines de reforma agraria. La ley peruana de 1964 tiene un sistema muy complejo de exenciones y hace referencia confusa tanto a las propiedades rurales o predios rústicos que están mal administrados, como a las tierras abandonadas u ociosas. En realidad parte o toda la hacienda que pertenece a las sociedades anónimas o condominios son eximidas sobre el supuesto de que hay tantas propiedades rurales como accionistas o personas que participan en el condominio, cada una de las cuales puede retener una reserva máxima de acuerdo a la ley. No es sorprendente que antes y después de la promulgación de la ley muchas haciendas se hayan convertido con rapidez a ese tipo de propiedad.

Las exenciones son condicionales cuando dependen de factores que, aunque especificados por el legislador, sólo se presentan debido a sucesos imprevisibles. Por ejemplo, la ley colombiana dispone que el instituto de reforma agraria sólo expropiará la tierra de propiedad privada si puede usarse para cultivos o ganadería "en pequeña escala",[35] eximiendo otras tierras. De igual manera la expropiación de la tierra bien administrada está sujeta a una variedad de precondicio-

[35] "No adquirirá sino tierras que sean adecuadas para labores agrícolas o de ganadería en pequeña escala", artículo 57, párrafo 2.

nes que determinará el instituto. El decreto ecuatoriano exime haciendas, como dijimos antes, si sus propietarios presentan "planes de inversión", e indirectamente las haciendas cuyos propietarios no violan repetidamente las leyes de trabajo o de tenencia, declarando que las tierras de los propietarios que sí cometen esas violaciones están "sujetas a expropiación". Otra sutileza adicional es que la ley incluso permite la anulación de la expropiación en ciertas condiciones, por ejemplo, si no se pagó el precio de compensación que dispone la ley. En esos casos la propiedad es reintegrada a su antiguo dueño. En otras palabras, el legislador parece haber previsto que la expropiación no será definitiva. En la ley peruana de 1964 grandes superficies de tierra pueden quedar exentas en el caso de propiedades rurales que pertenecen a ciertas industrias procesadoras, una vez que el presidente ha autorizado las exenciones. Éstas pueden aplicarse también a tierras que producen cosechas industriales, aunque no pertenezcan a las industrias procesadoras. En Chile el presidente puede autorizar exenciones de hasta 20 años en el caso de propiedades rurales cuyos propietarios presenten planes de inversión para la mejora de sus empresas, aunque en este caso los propietarios sí deben ajustarse al plan presentado. En Brasil las disposiciones que se refieren a las exenciones son complejas y difíciles de interpretar. Las leyes parecen eximir muchas propiedades rurales medianas y multifamiliares en las zonas prioritarias de la reforma agraria, que caerían dentro de la definición de "empresas rurales", es decir, haciendas razonablemente bien administradas. Las haciendas que no son todavía "empresas rurales" también están exentas en las zonas no prioritarias, si están en proceso de convertirse en dichas empresas. Según opiniones bien informadas, no es seguro que con la legislación existente pueda hacerse *alguna* expropiación.[36] Entonces, un estudio de las legislaciones agrarias de la séptima década nos deja la impresión de que lo que predomina son las exenciones y que la expropiación, disposición fundamental de la reforma agraria, sólo se lleva a cabo ocasionalmente.

Lentitud de los procedimientos

Por supuesto, los costos de las exenciones los pagan los campesinos que no tienen tierra. Sin embargo, en cierto sentido todas las expropiaciones son condicionales —y, por consecuencia, la tierra está exenta

[36] Véase FAO, *Informe al gobierno de Brasil sobre aspectos de la reforma agraria en Brasil* (Informe de la Misión de la FAO, abril-mayo, 1968) Roma, RU:MISC/69/17, 31 de marzo de 1969, p. 32.

hasta que se disponga lo contrario—, ya que están sujetas a muchos procedimientos que a su vez dependen de decisiones administrativas impredecibles, aunque por lo normal, legalmente toda la tierra de cultivo es "susceptible" de incluirse en el programa de reforma agraria, una fórmula muy vaga en realidad. En casi todos los casos las expropiaciones de haciendas privadas deben ser precedidas por varias actividades y decisiones de tipo administrativo. La ley peruana de 1964 puede servir como ejemplo de un procedimiento de expropiación complicado.

En primer lugar, la reforma agraria mediante la expropiación de la tierra de propiedad privada sólo se lleva a cabo en una zona que el presidente haya decretado zona de reforma agraria (lo mismo ocurre en Brasil). Tal decreto debe fundamentarse en un estudio previo hecho por el ONRA, principal organismo del instituto de reforma agraria. El estudio debe probar que esa zona merece seleccionarse antes que las demás. Para esto el ONRA debe tener en cuenta varios factores, como la presión demográfica o la existencia de propiedades rurales abandonadas en la zona que se propondrá como zona de reforma agraria. Por lógica, tal prioridad sólo se podría establecer si el instituto hiciera un estudio de todo el país. Pero la ley no exige esto. La ley tampoco especifica los límites de tiempo en que debe terminarse el estudio, ni exige que el presidente emita el decreto dentro de cierto período. Por esta razón, todo el procedimiento depende no del texto de la ley, sino de las presiones políticas que prevalecen en ese momento. Si el instituto hiciera un estudio serio de todos los factores que exige la ley, tardaría meses o hasta años para satisfacer en realidad los requerimientos legales, debido a la falta de información adecuada. En la práctica, la mayoría de las zonas de reforma agraria no se seleccionan en base a los factores que menciona la ley, sino por razones políticas, como presión de los campesinos y violencia, que es lo que en realidad ha ocurrido. En consecuencia, no tiene sentido incluir tales disposiciones legales en la declaración de zonas de reforma agraria, sino se supone que los legisladores no desean que el instituto de reforma agraria tome decisiones sobre prioridades, pues desean evitar una reforma rápida.

Pero una vez que se ha declarado zona de reforma agraria, la ley establece un procedimiento determinado hasta el momento de la expropiación. Se calculó que, bajo la ley de 1964, el tiempo necesario para una expropiación *variaba de 392 días (13 meses) hasta 490 días, o 16 meses, sin incluir el tiempo necesario para declarar a una región zona de reforma agraria y excluyendo el tiempo necesario para distribuir la tierra a los campesinos.* Sin embargo, ese período podía excederse en varios meses o años si los propietarios recurrían a los diversos medios legales para someter a un tribunal las decisiones administrativas.[37]

CUADRO 24

PROCEDIMIENTO ADMINISTRATIVO NECESARIO APROXIMADO, ANTES DE LA EXPROPIACIÓN DE HACIENDAS PRIVADAS Y ANTES DEL DECRETO PRESIDENCIAL, PERÚ [a]

Secuencia del procedimiento	*Período disponible según la ley (días)*
Plan catastral	70
Justificación legal y técnica	30-60
Plan provisional de afectación [b]	15
Notificación a los propietarios	7-15
Primera apelación de los propietarios	60
Revisión del plan provisional	45
Evaluación de la propiedad rural	60
Segundo plan de afectación (prel.) [b]	10
Ajustes al segundo plan	60
Segundo plan de afectación [b]	10
Plan final de afectación [b]	10
Resolución del Consejo Nacional Agrario del ONRA	15-90
TOTAL	392-490

[a] Basado principalmente en los artículos 62-77 de la ley de 1964.
[b] Superficie de cada hacienda que podría llegar a expropiarse.
NOTA: Esto no incluye el tiempo necesario para las apelaciones de los propietarios ante los tribunales, ni el que se requiere para establecer una zona de reforma agraria, ni para la distribución de la tierra a los campesinos.

Tampoco incluyen los 13-16 meses el tiempo necesario para que el presidente emita el decreto legalizando la expropiación con aprobación del ministro de agricultura. Y la ley no especifica dentro de qué plazo emitirá el presidente el decreto. Por último, debe observarse que el plan para expropiar las haciendas no se refiere por necesidad a toda la zona de reforma agraria, sino que podría referirse sólo a una subzona o subzonas más pequeñas.

Por lo tanto, es evidente que la expropiación siempre se hace sobre una base individual. Las leyes de reforma agraria de América

[37] En algunos países, el instituto puede tomar posesión de una propiedad que decida expropiar, aunque lo objete el propietario. En teoría esto podría acelerar el procedimiento.

Latina, como las del Perú, no disponen la expropiación general de las haciendas de una región determinada, y mucho menos del país en general. Es decir, *las leyes no disponen una reforma agraria en gran escala, sino un programa fragmentado de pequeños proyectos de reforma agraria.*

Parcialidad en el trato hacia los hacendados

Finalmente, las leyes de América Latina otorgan un trato considerado a los hacendados permitiéndoles retener una parte de sus haciendas (reserva) que pueden seleccionar, así como las mejoras, edificios, cosechas o ganado. Por ejemplo, según la ley colombiana, cada propietario puede retener cuando menos 100 hectáreas, independientemente de que la tierra esté o no bien administrada, y de hecho el propietario de malas tierras rurales puede solicitar 100 hectáreas adicionales —un ejemplo de equidad a la inversa. El propietario puede retener esa reserva como una sola unidad en la medida de lo posible, aunque la tierra expropiada debería ser de la misma calidad que la del propietario. Pero en realidad ésta es una estipulación que carece de significado y contradictoria. La disposición implica que el propietario retiene las construcciones y los bienes muebles. Se le da al propietario un período razonable para sacar el ganado o las cosechas de la tierra. La ley nicaragüense de 1964 es más específica y declara que el propietario puede retener 500 hectáreas de tierra de primera clase (o su equivalente en suelos más malos) además de una reserva forestal, y de seleccionar la tierra que desea retener. La ley peruana de 1964 dispone que el propietario puede retener 100 hectáreas de tierra irrigada (o 1 500 hectáreas de pastos) aunque en ciertas circunstancias puede solicitar que la superficie expropiable se reduzca en un 20 %. Dependiendo del tamaño de la propiedad rural esto puede añadir una superficie de tierra considerable a la que ya ha retenido el dueño. Esta ley también permite que el propietario seleccione sus reservas, incluyendo las instalaciones permanentes, y dispone además que se compensará en efectivo al dueño por las cosechas e instalaciones permanentes y el ganado. Esto puede significar una importante carga financiera sobre el instituto de reforma agraria en las condiciones en que se le permite trabajar, además de que los campesinos a quienes se entrega la tierra tendrán que empezar prácticamente sin nada. La ley chilena de 1967 es igualmente generosa con respecto a la reserva de los propietarios de la hacienda. Distingue entre las reserva normal, que otorga entre 80 y 100 hectáreas de tierra irrigada (o su equivalente), dependiendo del número de hijos que trabajan en la empresa si la tierra está bien administrada por el dueño,[38] y una reserva extraordinaria de hasta 320 hectáreas de tierra irrigada en el caso de empresas rurales que estén especialmente bien administradas y proporcionen beneficios sociales, como la participación de los trabajadores en el producto bruto de la propiedad rural. El propietario tiene derecho a solicitar que su reserva incluya edificios y otras mejoras. También puede seleccionar la localización de la reserva, aunque la ley no reconoce este último derecho a los propietarios cuya hacienda esté cultivada en parte por otros productores por medio de un acuerdo de arrendamiento.

Es obvio que tal liberalismo no beneficia a los campesinos, que recibirán sin nada más la tierra que no retienen los propietarios. En la reforma agraria de México disposiciones similares han producido una situación en que los antiguos hacendados o sus herederos han retenido la mejor parte de su propiedad rural y con ello el control del agua en los distritos irrigados. A largo plazo esto ha resultado en una situación de gran desigualdad que pudo haberse evitado si se hubiera evaluado en forma más real el poder de los hacendados sobre los campesinos. Una mejor solución sería dejar la decisión sobre la tierra que retendrán los hacendados a los institutos de reforma agraria (si es que van a retener alguna tierra). Después, éstos podrían dividir la tierra más equitativamente entre los campesinos.

Con todas estas cláusulas sobre prioridades, exenciones y reservas, es *muy difícil calcular en cualquier país determinado la cantidad de tierra que por ley se puede incluir en realidad en los programas de reforma agraria.* Sin embargo, este problema es de importancia capital. Es obvio que en las condiciones más favorables una parte relativamente grande de la tierra privada de las haciendas no estará sujeta a la reforma agraria y en algunos casos aparentemente sólo lo estarán superficies insignificantes de tierra debido a los términos de la ley. Para el Perú, el CIDA calculó tentativamente que entre una tercera y una quinta parte de la tierra estaría sujeta a expropiación. Pero este cálculo es una aproximación o mejor dicho, un supuesto. Por ejemplo, no toma en cuenta los artículos de la ley que eximen a las sociedades anónimas [39] cuyo número no se conoce, ni los derechos de los propietarios para solicitar la exención de más tierra.

En resumen, queda poca duda de que las leyes tienden a dejar la estructura agraria latifundio-minifundio casi sin afectar.

[38] El término "administrada por su propietario" es otra cláusula que exime a los hacendados de la reforma.

[39] Véase pp. 203-4.

Los institutos de reforma agraria como agentes de la élite terrateniente

Nos ocuparemos ahora de algunos aspectos administrativos. Cuanto más grande sea la autonomía de una oficina y mayores sus recursos, mayor será su campo potencial de acción. Las leyes de reforma agraria de la séptima década no crearon organismos para la reforma agraria fuertes y autónomos, con recursos financieros adecuados. Esto ha tendido a frenar considerablemente el progreso de los diferentes programas de reforma agraria.

Hablando en términos generales, el hacer que las leyes se cumplan depende de los mismos institutos de reforma agraria. Sin embargo, algunas decisiones no dependen de ellos, en particular las más importantes. Como esto ocurre en una sociedad en que la élite terrateniente ha retenido su poder, en muchos casos lo anterior resultó ser fatal para los programas de reforma agraria. Todas las actividades de los institutos están sujetas a aprobación, o se decide sobre ellas en una junta de directores en que están representados todos los sectores de la economía. En consecuencia, estos sectores ejercen una considerable vigilancia sobre los institutos. Lo anterior implica que todos los proyectos de reforma agraria, colonización, irrigación o de otro tipo que realizan los institutos han sido aprobados antes por esa junta. No se puede hacer ninguna reforma fuera de este procedimiento. Un ejemplo es el caso del Perú, que aunque tiene un arreglo institucional *sui generis*, en lo que se refiere a los detalles, presenta evidencia del tipo de problemas administrativos y políticos a que se enfrentan la mayoría de los institutos de reforma agraria de la América Latina. La ley peruana de 1964 creó una organización y jerarquía administrativas complejas en la cual intervenían toda una serie de organismos públicos y privados. Aparentemente, la legislación tenía intención de hacer participar gran parte de los organismos gubernamentales en la ejecución del programa de reforma agraria. Sin embargo, en la práctica no ocurrió de esa manera ya que algunos de los organismos gubernamentales se oponían a la reforma agraria y rehusaban cooperar con el instituto. La organización del instituto mismo no es propia para una acción rápida, sino que, por el contrario, se ajusta a un programa lento de reforma agraria. En lo que respecta al sector público, cuando menos cinco organismos diferentes que forman el instituto tienen responsabilidad directa en el programa[40] sin tener en cuenta las intervenciones del sistema

[40] En 1964 los organismos del Instituto eran: el Consejo Nacional Agra-

judicial que exige o autoriza la ley. Cuando menos siete organismos principales del gobierno tienen funciones auxiliares relacionadas con el programa y cuatro organismos públicos intervienen en ocasiones en el proceso de reforma agraria —por no referirnos a los organismos semipúblicos o privados representados en las diferentes secciones del instituto, ya sea con poder para tomar decisiones o en calidad de asesores.

Debemos tener en cuenta que la ley peruana de 1964 es característica de la legislación latinoamericana. El organismo que toma las decisiones, y que también tiene funciones ejecutivas, es el Consejo Nacional Agrario (CNA). Toma decisiones en la resolución de problemas principales y secundarios. Por ejemplo, designa a los principales funcionarios de las oficinas centrales y regionales del ONRA (Oficina Nacional de Reforma Agraria), el organismo que tiene a su cargo la reforma agraria propiamente dicha. Sólo un miembro de los nueve que tienen derecho a voto y cuatro de los que carecen de ese derecho del CNA representan los millones de campesinos del Perú con derecho a tomar parte en el proceso de decisiones del instituto. Se puede suponer que un representante del principal sindicato de trabajadores del Perú tiene intereses de clase semejantes a los de los campesinos, aunque tal supuesto es más teórico que real. A pesar de lo anterior, el delegado de los campesinos, que representa a una organización campesina patrocinada por el gobierno (FENCAP) sólo habla por una pequeña parte de los campesinos del Perú, ya que varias organizaciones campesinas grandes que existían antes de la vigencia de la ley desaparecieron después de la represión del movimiento campesino a principios de la séptima década. La inclusión de dos delegados de las dos asociaciones de hacendados más poderosas, las Sociedades de Agricultores y las Asociaciones de Ganaderos, que representan a la poco numerosa clase superior agrícola peruana y que se oponen en forma notoria a todo tipo de reforma agraria, hace que el poder de decisión del CNA favorezca mucho a los intereses económicos, sociales y políticos de los hacendados. De hecho, podría decirse que *el instituto tiene dentro de sí un eficiente sistema de sabotaje, desde el punto de vista de los campesinos.* Esta falta

rio (CNA); el Consejo Técnico de Reforma y Promoción Agraria, más bien un organismo de consulta; el Instituto de Reforma y Promoción Agraria (IRPA); la Oficina Nacional de Reforma Agraria (ONRA) y el Servicio de Investigación y Promoción Agraria (SIPA), tres organismos de naturaleza ejecutiva, de los cuales la ONRA es la que se ocupa más directamente de la expropiación y redistribución de la tierra; los Consejos zonales de Reforma Agraria, de naturaleza consultiva y la Corporación Financiera de Reforma Agraria (CORFIRA) que maneja los asuntos financieros.

de equilibrio es agravada porque los campesinos no están representados en otras secciones del instituto.

El CNA centraliza el funcionamiento del instituto y supervisa muy de cerca las actividades de los programas de todo el país, aunque no tiene una participación directa en el trabajo cotidiano de la ejecución de los proyectos de reforma agraria. Como cada uno de sus miembros tiene otras funciones políticas, ejecutivas o administrativas de alto nivel, que por lo general no los ponen en contacto con los campesinos, no conocen bien los procesos del programa o de los proyectos, ni, como es obvio, los problemas de los campesinos. Por lo tanto, las relaciones entre el CNA y los campesinos se parecen en

CUADRO 25

MIEMBROS DE LA JUNTA DE GOBIERNO DEL INSTITUTO DE REFORMA AGRARIA (CNA). CLASIFICADOS APROXIMADAMENTE DE ACUERDO A SUS RELACIONES CON LA ÉLITE TERRATENIENTE. PERÚ (LEY DE 1964)

Representantes de la élite terrateniente o relacionados con ella	*Neutrales*	*Representantes del sector campesino o con intereses de clase similares*
Ministerio de Agricultura (3)[a]	Director, ONRA (sin voto)	Confederación de Trabajadores (CPT)
Banco de Fomento Agropecuario	Director, SIPA (sin voto)	Federación Nacional de Campesinos (FENCAP)
Corporación Financiera (CORFIRA)	Ministerio de trabajo y de Asuntos Indígenas	
Sociedades de Agricultores	Oficina Nacional de Fomento Cooperativo	
Asociación de Ganaderos		
Cámara de Senadores (sin voto)		
Cámara de Diputados (sin voto)		

[a] Incluyendo el Ministro de Agricultura, que la preside.

parte a la relación que existe entre la élite latifundista y los campesinos.

Debido a las amplias funciones del CNA, las actividades del Director ejecutivo de la ONRA están limitadas a realizar las decisiones del CNA, al que debe su nombramiento. También es significativo que el director y su personal de la capital y el de las oficinas regionales estén aislados, por ley y por la práctica, de cualquier influencia de los campesinos o sus organizaciones, excepto, como se dijo antes, a través de su representante en el CNA. La ley de Perú no contiene ninguna disposición que incluya a los campesinos o sus líderes en la formulación, preparación o ejecución de los proyectos de reforma agraria, cualquiera que sea su naturaleza, ni ha dispuesto algún mecanismo por el cual los campesinos puedan tomar la iniciativa para presentar esos proyectos. Por lo tanto, los proyectos se realizan sin la intervención o cooperación activa de los campesinos. Esto significa que deben ser aceptables para la élite terrateniente.

La misma situación prevalece en otros países. Por ejemplo, en Colombia y Ecuador las fuerzas armadas tienen incluso un miembro con derecho de voto en la junta. En Colombia, una enmienda reciente (1968) para que los trabajadores rurales tengan dos representantes en vez de uno no cambia en forma importante el equilibrio del poder en la junta de gobierno, debido a que en la misma enmienda se otorgó un representante adicional de un instituto agrícola (para todos los fines prácticos un organismo de la élite latifundista). De este modo las fuerzas civiles y militares combinadas que se enfrentan a los campesinos son formidables. En consecuencia es imposible, por ley, que los procesos de reforma agraria se "salgan de su cauce", desde el punto de vista de la élite terrateniente. Por lo tanto, no es de sorprender que, en varios casos, funcionarios que estaban dispuestos a ayudar a los campesinos y que eran con mucho los que tenían las mejores relaciones con éstos fueran eliminados gradualmente del instituto y que por lo general los directores ejecutivos duraran poco en el cargo, excepto cuando se plegaban de modo obvio a los deseos de la élite latifundista. Aún más grave es la exclusión de los campesinos de todos los procesos de reforma agraria. Con la única excepción de Venezuela, donde los campesinos pueden solicitar un proyecto de reforma agraria en determinadas empresas, nunca tienen derecho a tomar la iniciativa, ya que cualquier acto en ese sentido por parte de ellos sería considerado ilegal y les enfrentaría a las fuerzas de la ley y el orden. Ante esta situación, las leyes han convertido a los campesinos más bien en las víctimas que en los beneficiarios de las reformas agrarias.

En Perú, como en varios otros países, bajo la ley de 1964 la junta de gobierno de los directores no puede tomar decisiones importantes, ya que éstas son responsabilidad del presidente. La más importante de éstas es la declaración de una zona de reforma agraria sin la cual no puede empezar ningún programa de reforma y mucho menos la expropiación de la tierra. En Brasil se sigue un procedimiento similar con respecto a las zonas prioritarias. En consecuencia, en última instancia el progreso de la reforma agraria está en manos del presidente. Como el presidente está sujeto a varias presiones políticas entre las cuales no se deben descartar las de los terratenientes, puede retrasar la firma de los decretos de expropiación por tiempo indefinido, ya que la ley no contiene ninguna disposición que lo obligue a firmarlas dentro de cierto período. De hecho, en varios países se han presentado grandes retrasos y algunos decretos de expropiación todavía están esperando la decisión presidencial final. En fecha reciente (1968) la ley colombiana intentó acelerar esta fase del proceso de expropiación remplazando el decreto presidencial con la aprobación del Ministro de Agricultura. En la práctica éste es sin duda un paso en la dirección equivocada, ya que en América Latina los ministros de agricultura dependen por completo de la élite terrateniente. En este caso no se siguió la única solución práctica del problema desde el punto de vista de los campesinos, e. g. dar al presidente tres o cuatro días para firmar el decreto de expropiación.

En resumen, las disposiciones restrictivas de la legislación de reforma agraria que limitan su amplitud están constituidas por un mecanismo administrativo rígido y acuerdos institucionales tendenciosos que favorecen a los terratenientes.

Financiamiento: otro factor limitador

Estudiemos ahora el tercer factor inherente a la legislación de la séptima década, que obliga a los institutos de reforma agraria de América Latina a realizar una reforma fragmentaria: su financiamiento.

Si las reformas agrarias se hacen en gran escala, como por ejemplo en Cuba, exigen una gran proporción de los recursos físicos, humanos y financieros del país. Una reforma agraria real puede compararse a un esfuerzo de preparación bélica: necesita que la apoyen casi todos los sectores de la economía. Cuando las reformas agrarias van acompañadas por un gran cambio en el poder político de la agricultura, en perjuicio de la élite latifundista, los problemas económicos más importantes son los de inversiones de capital para el crecimiento agrícola a corto y largo plazo, una mayor productividad de la tierra y mayores ingresos de la mano de obra que antes recibía salarios muy bajos, así como la creación de incentivos para los productores y trabajadores rurales.

Por otra parte, la experiencia histórica parece mostrar que cuando las reformas agrarias son realizadas en agriculturas controladas por los terratenientes, como sucedió en América Latina durante la séptima década, la atención se concentra en la compensación a los terratenientes. Se ha llegado a decir que "la importancia de los pagos de compensación en el financiamiento de la reforma agraria es obvia, porque a menudo este aspecto es el que fundamenta la oposición del hacendado a la reforma y podría ser el elemento principal para el inicio y ejecución venturosos de todo el programa de reforma agraria".[41] Esta afirmación simplifica demasiado el problema. Podría tomarse en el sentido de que si la compensación es adecuada y satisfactoria para los hacendados desaparecerá la oposición de los terratenientes y facilitará el camino para una exitosa reforma agraria. Podría también considerarse que implica que la propiedad de la tierra es sólo una inversión y que sólo tiene beneficios económicos. Hay algunos hacendados que, a cambio de una compensación adecuada desearían y hasta ansiarían en algunos casos deshacerse de sus propiedades rurales. Pero no puede decirse lo mismo de la élite terrateniente como grupo. La propiedad de las haciendas les otorga a los terratenientes no sólo rendimientos económicos adecuados, sino también una base para el poder político y el status social. Ninguna compensación les bastaría para conformarse por la pérdida de estos últimos, en particular en países en que son limitadas las oportunidades de inversión y de trabajo, al mismo tiempo que proporcionan poder político y status equivalentes, como sucede en la mayoría de los países latinoamericanos. La oposición de los terratenientes a la reforma agraria se ha concentrado en la compensación porque opone un problema de equidad —el de que no se debe expropiar a los latifundistas sin una compensación justa— a otro —la búsqueda de una distribución y acceso iguales a la tierra. Es evidente que se puede presentar un argumento contundente para expropiar a los terratenientes sin ninguna compensación o con una compensación pequeña. Por lo tanto, debemos formular el problema de la siguiente manera: cuando la compensación de los terratenientes es importante, probablemente no se esté considerando en serio la reforma agraria. El problema de la compensación es una fachada tras la cual los terratenientes, como grupo, ocultan su oposición a cualquier reforma agraria, sabiendo que ningún gobierno puede pagar una compensa-

[41] *Progress in land reform, Fourth Report,* Naciones Unidas, Nueva York, 1966 (E/4020/Rev.1.ST/SOA/61), p. 98.

ción por la pérdida de todas las propiedades latifundistas. Esto equivale a decir que la oposición a la reforma agraria no se basa del todo en aspectos económicos.

El financiamiento de la reforma agraria es un problema complejo. Varias publicaciones se han referido a él.[42] Aquí nos limitaremos a comentar fundamentalmente los efectos de las disposiciones financieras de las leyes de reforma agraria en el progreso de la misma y su relación con las necesidades de esa reforma. También se prestará atención a dos o tres casos, como ejemplos del efecto limitador de las leyes.

Las leyes de reforma agraria siempre tienen disposiciones sobre todos o algunos aspectos de ingreso, activos, gastos o inversiones de los institutos de reforma agraria y las actividades que habrán de realizar. Estas disposiciones pueden clasificarse como sigue: *i)* La dotación financiera del instituto, incluyendo el financiamiento de la compensación de los terratenientes; *ii)* los organismos, si existen, autorizados para manejar los aspectos financieros de la reforma agraria; *iii)* la expropiación y compensación de las haciendas, o de las pequeñas propiedades para programas de consolidación de las tenencias; *iv)* las obligaciones financieras de los beneficiarios de la reforma agraria y, *v)* la naturaleza y costo de los servicios que patrocinará el gobierno. Hasta ahora se han hecho pocos intentos de analizar estas disposiciones con detalle. No obstante, parecería que influyen mucho en la amplitud y naturaleza de los programas que los legisladores tienen en mente: las disposiciones financieras proporcionan una base de pesos y centavos para la reforma.

Si nos ocupamos primero de los recursos que tienen disponibles los institutos de reforma agraria, un examen de las cláusulas pertinentes demuestra la limitada visión que parece haber tenido la mayoría de los legisladores sobre la amplitud y naturaleza de una reforma agraria. Esta afirmación no se puede demostrar teniendo en cuenta sólo los fondos asignados por ley. Debe demostrarse a la luz de las reglas generales y específicas que se relacionan con las distintas fases de la reforma, tal como la permiten las leyes (por ejemplo, prioridades que regulan la expropiación de la tierra o el

[42] Véase, por ejemplo, T. F. Carroll, *Issues of Financing Agrarian Reform, The Latin American Experience*, World Land Reform Conference, Roma, Italia, junio-julio de 1966, FAO/WLR/66/5-WM/46788. J. Strasma, *Financiamiento de la reforma agraria en el Perú*, en *El Trimestre Económico*, julio-septiembre de 1965, México, D. F., pp. 484 *ss.* Véase también de las Naciones Unidas, *Progress in Land Reform, Fourth Report*, cap. II, Nueva York, 1966, E/4020/Rev. 1, ST/SOA/61; *Third Report*, cap. V, Nueva York, 1962, E 3603/Rev. 1. ST/SOA/49. Véase también el *Seminario sobre el Financiamiento de la Reforma Agraria*, Panamá, 25-30 de mayo de 1964, IICA-CIRA, Bogotá, 1964.

precio al que ésta se expropiará), y de las diferentes funciones del instituto, al igual que en comparación con las necesidades específicas de reforma agraria del país.

Por regla general, parece evidente que las asignaciones de recursos a los programas han sido hechas sin un concepto claro de las necesidades reales de reforma agraria y sin el beneficio de la planeación de la reforma. Tomemos como ejemplo las legislaciones brasileñas y colombianas. Los documentos que acompañaban la legislación antes de su vigencia hacían referencia a la mala distribución de la tierra, la primera en términos breves y generales, la segunda citando las estadísticas del censo.[43] Pero no contenían ninguna indicación del número de campesinos que se beneficiarían anualmente o durante el período en que se realizaría la reforma agraria. En Colombia o Perú parecería que los legisladores pensaban en un programa de 10 o 20 años, si se toman como un indicio ciertas disposiciones financieras de la ley, por ejemplo, con respecto a las asignaciones presupuestales, la emisión de bonos y su amortización. Pero en ausencia de tales indicios parecería que los legisladores pensaban en la reforma agraria como un programa de duración indefinida. No se hicieron planes relativos a metas globales o anuales ni durante la preparación de la legislación, ni después, cuando se estaban ejecutando las leyes. La única excepción parece ser un plan preparado por la Junta Nacional de Planificación del Ecuador, que estableció como meta el asentamiento de 250 000 familias durante un período de 20 años en 4.5 millones de hectáreas.[44] Pero por razones que ya explicamos, el decreto ecuatoriano de reforma agraria de 1964 exime tanta tierra del programa de reforma que es difícil lograr esos objetivos, y debe suponerse que el decreto no tomaba muy en serio las metas de la junta de planificación.

Los institutos de reforma agraria obtienen sus fondos principalmente de dos fuentes: las asignaciones presupuestales anuales y los bonos agrarios emitidos por el Estado. Por ejemplo, el Instituto Colombiano, INCORA, recibe cada año "no menos" de 100 millones de pesos del presupuesto nacional —que sólo hasta hace poco aumentaron a 300 millones— además de un total de 1.2 mil millones de pesos —ahora 2.6 mil millones— por bonos agrarios, que se prorratean, como ya se dijo antes, a varios años. En Brasil, el organismo

[43] Brasil: *Estatuto da Terra,* Ministerio de Agricultura, INDA, Departamento de Imprenta Nacional, 1965, p. 8, item 10. Colombia, *Reforma Agraria,* Senado de la República, Imprenta Nacional, Bogotá, 1961, pp. 81 *ss.*

[44] Junta Nacional de Planificación y Coordinación Económica, *Reforma a la estructura de tenencia de la tierra y expansión de la frontera agrícola. Plan general de desarrollo económico y social,* Libro sexto, Quito, 1963.

recibe exactamente el 3% de los ingresos presupuestales anuales. No se emite ningún bono agrario, ya que la tierra debe pagarse en efectivo. En Perú, según la ley de 1964, se asigna un mínimo del 3% de los ingresos del presupuesto nacional durante 20 años, no al organismo de reforma agraria, ONRA, sino a la Corporación Financiera (CORFIRA) que maneja casi como un banco todos los aspectos del programa de reforma agraria. Por supuesto, está muy alejada de los procesos de reforma. Sin embargo, como veremos en breve, en realidad estos fondos no se destinan sólo a la reforma agraria, ya que CORFIRA debe dividirlos entre los distintos organismos del instituto. CORFIRA también puede autorizar [45] la emisión de bonos agrarios hasta por 6 mil millones de pesos (oro). En Venezuela, la asignación anual de fondos depende del ejecutivo, pero la emisión de bonos está regulada por ley.

Además, el instituto recibe medios financieros de otras fuentes. En algunas ocasiones estas últimas tienen cierta importancia, como la tierra adquirida por los institutos, los pagos de amortización hechos por los beneficiarios de la reforma agraria o los préstamos nacionales e internacionales. Todos esos recursos forman parte del patrimonio de los institutos y en algunas ocasiones se les llama fondos agrarios nacionales.

La función principal de los bonos es la compensación a los propietarios de las haciendas. En Colombia la ley autoriza además su uso como colateral para ciertas actividades del INCORA. En Venezuela, el instituto también paga en bonos las diversas inversiones para la adquisición de tierra. Sin embargo, en general, las demás actividades de los institutos de reforma agraria se deben cubrir con las asignaciones presupuestales anuales. La magnitud de la asignación es de especial importancia en los casos en que el precio o compensación por la expropiación se paga en efectivo. Es necesario, por lo tanto, hacer un breve estudio de algunas disposiciones de compensación y de valuación de las haciendas.

La expropiación de las haciendas por medio de bonos gubernamentales en vez de efectivo ha sido tema de fuertes debates. Los terratenientes se oponen en forma violenta a los bonos por razones obvias. Pierden su valor por la inflación, de modo que los terratenientes no tienen confianza en ellos; sus tasas de interés son muy bajas, y sus poseedores sólo reciben la compensación a plazos, a menos que los bonos sean negociables. En varios países los bonos de expropiación requieren una enmienda constitucional. La oposi-

[45] El texto de la ley es incongruente. El artículo 220 dice que el organismo supervisor de la CORFIRA, el Consejo Superior, puede "autorizar" la emisión de bonos; el artículo 229 autoriza al ejecutivo a emitir bonos a solicitud del CORFIRA.

ción de la élite terrateniente ha dado por resultado en varios países una serie de compromisos. (En México y Cuba los terratenientes sólo recibieron bonos. En México la expropiación equivalió a una confiscación real, ya que los bonos perdieron pronto su valor.) La compensación en efectivo por las haciendas expropiadas podría referirse a la tierra, a las mejoras de capital o al inventario. En conjunto, representan y han representado un verdadero obstáculo a la realización de las expropiaciones debido a la escasez de fondos de los institutos.

Los compromisos hechos en Colombia en favor de las demandas de los latifundistas pueden servir como ejemplo. La expropiación de las haciendas privadas, excepto las que habían estado ociosas más de 10 años y que pueden ser tomadas por el INCORA sin ninguna compensación, tiene por ley una baja prioridad además de que la ley dispone también la compensación en efectivo a los hacendados por las tierras bien o mal administradas y la tierra cultivada por arrendatarios o aparceros. En este último caso, bajo una nueva enmienda de 1968, la mitad del precio de expropiación se paga en bonos negociables del tipo B (2 % de interés, a 25 años). Por lo tanto, por regla general los bonos B sólo se usan en caso de expropiación de tierra ociosa y de tierra cultivada por ciertas clases de pequeños arredantarios y aparceros. En todos los demás casos la compensación es en efectivo, y la mayor parte se paga en unos pocos años. Es verdad que los hacendados pueden elegir recibir bonos negociables del tipo A (7 % de interés, a 15 años) en vez de pagos en efectivo periódicos, y obtener inmediatamente la mayor parte de su capital. Si sólo aceptan bonos de tipo A ganan un poco en términos de las tasas de interés, pero pierden en términos de amortización. Si el recipiente de los bonos B los vende en el mercado abierto, obtiene acceso inmediato a todo o parte de su capital, dependiendo de la fuerza del mercado. Como las tasas de interés de ambos bonos son bajas en comparación con otros valores comerciales, se puede suponer que el mercado para los bonos agrarios no es muy popular. Por otra parte, si sólo se expropia a unos pocos hacendados y éstos negocian sólo unos cuantos bonos, los poseedores de bonos pueden esperar venderlos sin ninguna pérdida (véanse los cuadros del apéndice para Colombia y Perú).

En Perú, de acuerdo a la ley de 1964, todos los hacendados reciben compensación, en parte en efectivo y en parte en bonos negociables, independientemente del tipo de tierra expropiada. Excepto en las empresas ganaderas, donde el instituto puede, si quiere, comprar el ganado a cambio de efectivo, éste siempre tiene que pagar por el ganado, las plantaciones y las instalaciones en efectivo si el dueño no desea sacarlos de la propiedad. La ley no es muy clara en este respecto, pero debemos suponer que en el último caso el instituto tiene que pagar en efectivo por ellos.

De cualquier manera, las cosechas permanentes, el ganado y otras instalaciones son valuadas por separado, y en algunos casos su valor puede exceder al de la tierra.

En Ecuador, la tierra ociosa y mal usada que no llena su función social se paga en bonos; pero la tierra bien administrada expropiada en zonas con una gran presión demográfica se paga en un 50 % en efectivo y en otro 50 % con el mejor tipo de bonos. En Venezuela, el hacendado también recibe una parte en efectivo y otra en bonos; en algunos casos el inventario y las mejoras también se pagan en efectivo. Según la nueva y complicada ley chilena de 1967, casi todas las expropiaciones se compensan en parte en efectivo y en parte en bonos, según el tipo de expropiación, las condiciones de la propiedad rural y otros factores. Los pagos en efectivo varían del 1 al 10 %, aunque en casos excepcionales ascienden hasta el 33 %. También se pagan algunas mejoras en efectivo.

Desde el punto de vista de los campesinos y del interés de una rápida reforma agraria, estas disposiciones no parecen de ningún modo satisfactorias debido a que en las expropiaciones de las mejores haciendas, que son las que en realidad se deberían entregar primero a los campesinos, la carga financiera de los institutos es mayor que en las tierras rurales alejadas y pobres.

Al aceptar algunas pretensiones de los propietarios de las haciendas, algunos legisladores han creado un obstáculo potencial a las finanzas de los institutos, y/o de las tesorerías. Pero la carga real dependerá del valor que se asigne a la tierra expropiada. En este aspecto los legisladores, y el ejecutivo en algunos casos, también han sido generosos en su aceptación de las demandas de la élite terrateniente. Los precios de compensación no son "punitivos": no tienen como fin castigar a los propietarios de las haciendas por sus actividades antisociales y las injusticias sociales inherentes al sistema latifundista. En la mayoría de los casos la compensación es adecuada o más que adecuada, considerando que los bienes raíces y otras inversiones han sido amortizadas ya desde hace mucho tiempo (si no es que se heredó la hacienda); los gastos por mejoras a largo plazo han sido mínimos; los propietarios han pagado pocos impuestos por su tierra o sus ganancias agrícolas; y el funcionamiento de las haciendas se ha hecho con un mínimo de gastos de operación y a menudo con trabajo gratis. En estas circunstancias, en algunos casos la expropiación puede ser un negocio bastante lucrativo.

El precio de las haciendas puede variar entre el precio fijado por el dueño —el máximo— y una cifra mucho menor, como la base tributaria declarada para la hacienda. El valor tributario declarado siempre es sólo una fracción del valor "real' de la hacienda, ya que de esa manera sus propietarios evaden los impuestos. Por otra parte, el valor de "mercado" calculado por el propietario tiende a ser mayor que su valor productivo real, ya que el latifundista incluye factores como su control sobre la tierra, personas e insumos agrícolas, influencia y función política y la capacidad de la tierra para absorber la inflación. Por consecuencia, su precio representa una combinación de factores económicos y no económicos. Por supuesto, puede esperarse que en una agricultura dominada por unos pocos hacendados el precio de la tierra de las haciendas se conserva a niveles inflados artificialmente. No puede representar la oferta y demanda de tierra, ya que son muy pocas las haciendas sujetas a operaciones de compraventa. En realidad, la valuación, es decir, el precio de compensación, al igual que el método de compensación, refleja la posición relativa de negociación de la élite terrateniente, y no sólo las características económicas de la tierra. Podríamos añadir entre paréntesis que en ningún caso pueden intervenir los campesinos en el proceso de valuación, aunque tienen un interés vital en este proceso siempre que el precio de expropiación tenga alguna relación con el precio que ellos pagan a su vez por la tierra que se les entrega. La mayoría de las leyes de reforma han adoptado evaluaciones aceptables para los hacendados. En 1962, en Colombia, un decreto sobre la valuación de la tierra, al cual nos referiremos más adelante y que no fue aceptable para los terratenientes, se remplazó rápidamente por otro más favorable a estos últimos.

Con frecuencia, las leyes establecen las normas que servirán para valuar la tierra, aunque en algunos casos dejan los detalles a los decretos reguladores. En Colombia, la ley dispone que el instituto debe exigir que la valuación sea hecha por profesionales del Instituto de Geografía y actuar después en base a dos posibilidades: cuando el propietario está de acuerdo con esa valuación y cuando no lo está. Si está de acuerdo, se acelera la expropiación, pero existe el peligro de que el precio de la misma sea muy alto. Si el propietario no está de acuerdo, el procedimiento siguiente incluye otra valuación por tres expertos, uno de los cuales puede ser designado por el propietario. La ley se revisó en 1968 para permitir tanto al propietario como al instituto solicitar la revisión de la primera valuación, pagando los costos la parte que lo solicita. Pero la ley no especificó cómo debía valuarse la tierra. En apariencia se basó en los métodos tradicionales utilizados por el Instituto de Geografía que en realidad por lo normal llega al valor "comercial" de las haciendas. En 1962 el gobierno emitió un decreto según el cual la valuación de la tierra no podía exceder en más de 30 % el valor catastral registrado durante el año que precedía a la expropiación. Pero, según el mismo instituto de reforma agraria, el decreto creó "un ambiente hostil a la reforma agraria", y se le remplazó con un decreto por el cual se convertía al valor comercial de la tierra en el límite superior del precio de expropiación.

Por otra parte, la ley peruana de 1964 sienta las bases para un método muy complicado de valuación. La ley fue complementada por dos series de disposiciones reglamentarias detalladas aprobadas por el Consejo Nacional Agrario del instituto de reforma agraria. El precio de expropiación de la hacienda debe promediar: a) el valor tributario declarado (para los impuestos sobre el ingreso rural); b) la capacidad productiva potencial de la tierra, y c) el valor tal como se le ha determinado de acuerdo a las reglas más recientes del grupo de valuadores. En el caso de tierra ociosa la ley autoriza una deducción de b), esto es, la capacidad productiva potencial de la tierra, del total de inversión necesaria para hacer productiva la tierra. La tasa de capitalización es por lo normal del 9 %, lo que resulta en valuaciones relativamente altas. Parece que la ley deseaba depender de un método que no incluyera el valor comercial o de mercado, sino una combinación justa de criterios. Es dudoso que el resultado no sea igual de favorable para los propietarios, debido a la evidente presión que se ejerce sobre el Cuerpo Técnico Peruano de Valuadores para que apruebe valores muy inflados de la tierra. Si el propietario objeta la valuación, se hace una valuación final por tres expertos, uno del Colegio de Ingenieros, el segundo del Cuerpo de Valuadores y el tercero de la Asociación de Agricultores de la región. Es difícil no llegar a concluir que la composición de este grupo de expertos es una invitación a los terratenientes para que objeten la valuación original y esperen un resultado probablemente más favorable de la segunda.

La ley de reforma agraria venezolana basa su precio de expropiación en el valor comercial de la propiedad rural. En Brasil, la ley autoriza al instituto de reforma agraria a tomar en cuenta el valor tributario declarado, el nuevo valor catastral y el valor comercial de la hacienda, aunque no indica la ponderación relativa de cada uno. En Chile, la nueva ley de 1967 establece que el precio de compensación se basa en la valuación que rige para los fines de los impuestos sobre los bienes raíces (equivalente al avalúo, vigente para los efectos de la contribución territorial), además de las mejoras no incluidas en esa valuación. De todas las mencionados, esta última parece ser la valuación menos favorable para los propietarios. En la mayoría de las leyes de la séptima década el precio de expropiación tiende al valor comercial o de mercado de la hacienda, es decir, el precio fijado de manera principal por los mismos propietarios.

¿De qué modo afectan estas disposiciones o acuerdos relativos al financiamiento de los institutos y el precio de expropiación al progreso del programa de reforma agraria?

Antes de responder esa pregunta, debemos decir que podrían desprenderse tres hipótesis generales de la legislación actual tal como lo hemos descrito. Estas hipótesis no se excluyen, sino que se complementan. En primer lugar, puede esperarse que si se gastaran recursos en efectivo limitados —es decir, excluyendo los bonos, ya que su transferencia a los propietarios de las haciendas expropiadas no es un costo propiamente dicho para los institutos— en la expropiación de haciendas privadas con tierra de calidad relativamente alta en comunidades agrícolas prósperas, y, por lo tanto, con un alto valor de valuación, no se podrán expropiar muchas haciendas cada año para redistribuirlas a los campesinos, incluso si se supone que la mayor parte de los recursos estaba disponible para esas expropiaciones. Los recursos se agotarían muy pronto y sólo se beneficiarían unas pocas familias campesinas. En segundo lugar, si las expropiaciones de haciendas privadas se hicieran principalmente en tierras abandonadas, ociosas o mal administradas, que según las leyes tienen la mayor prioridad, se podría obtener la tierra a un costo en efectivo relativamente bajo para el instituto, pero éste se vería obligado a gastar sus fondos en inversiones de infraestructura para poner la tierra en condiciones de producción antes de colonizarla. Esto a su vez podría hacer que la tasa anual de asentamientos fuera baja ya que por lo normal se requiere un largo tiempo para hacer esas inversiones, en especial si se han de prorratear los recursos del instituto durante varios años. En tercer lugar, si las expropiaciones de las haciendas privadas se dificultan o se hacen imposibles por razones legales y/o políticas, los recursos del instituto podrían no encontrar en qué gastarse, lo que a su vez puede usarse para justificar una reducción en los presupuestos de los institutos de reforma agraria en años subsecuentes, o bien se podrían destinar a proyectos diferentes de la reforma agraria. Esta última hipótesis también puede expresarse de modo algo diferente: si el instituto de reforma agraria intenta realizar proyectos por medio de la expropiación y redistribución de la tierra privada cuando el ambiente político general es desfavorable a la reforma agraria, su presupuesto se vería amenazado o se le reduciría, hasta el momento en que el instituto use sus fondos en proyectos diferentes de la reforma agraria.

No es fácil separar las actividades reales de reforma agraria de las otras actividades de un instituto. Esto se debe al concepto a menudo equivocado de reforma agraria y a que las leyes prescriben muchas funciones diferentes para los institutos, algunas de las cuales carecen o sólo tienen la relación más leve con la reforma agraria propiamente dicha: títulos y catastros, impuestos, irrigación, construcción de carreteras, crédito, colonización y otros. Los proyectos de reforma agraria verdaderos sólo son los que modifican la estructura de tenencia y poder en las comunidades agrícolas tradicionales, por medio de expropiaciones y redistribución de la tierra de las haciendas. No siempre es clara la medida en que el costo de asentamiento de los campesinos deba considerarse como un costo de reforma agraria, en vez de como costos generales del desarrollo agrícola. Por ejemplo, si, como ocurre en Chile, el gobierno dispone que durante tres años los beneficiarios no obtendrán el título correspondiente de la tierra que reciben ¿terminarán los costos de la reforma agraria una vez que se han asentado los colonos en la tierra, o sólo después de que haya terminado el control y supervisión del gobierno? En algunos casos, la población rural no puede asentarse sin ninguna inversión pública previa. Pero incluso si un instituto gasta una gran parte de sus fondos en tales inversiones en distritos periféricos, éstos no son por fuerza gastos de reforma agraria, y lo serán menos si hay muchas haciendas privadas con tierra buena o potencialmente buena en las comunidades agrícolas desarrolladas que no se afectan por el programa de reforma agraria. En otras palabras, la irrigación, la construcción de carreteras u otros proyectos similares que realizan los institutos de reforma agraria con el fin de preparar la tierra para su colonización en años posteriores no pueden considerarse como gastos de reforma agraria y mucho menos si el instituto no ejecuta un programa en gran escala para expropiar y redistribuir muchas haciendas privadas que no necesitan ninguna inversión adicional en infraestructuras.

Los informes anuales del INCORA de Colombia tienen hojas de balance de los activos y pasivos del instituto y cuadros resumidos de los gastos de inversión y de operación. Las hojas de balance no revelan las transacciones que en realidad hace cada año el instituto, aunque muestran los recursos generales que tiene a su disposición al final del año. Si se examinan hojas de balance consecutivas y se les evalúa a la luz de los recursos anuales y del programa del instituto, dan un indicio de la amplitud y naturaleza de las actividades del organismo. (El instituto podría tener relativamente pocos recursos a finales del período y seguir realizando un programa de reforma agraria en gran escala si sus transacciones anuales son cuantiosas.) Los activos del instituto aparecen en el cuadro. Los activos totales menos los bonos agrarios aumentaron de aproximadamente 27 millones de dólares en 1962, año en que se creó el INCORA, hasta 72.5 millones en 1967, o sea, cerca de tres veces. Esta última cifra incluye más o menos 20 millones de dólares en "préstamos", la mayoría con toda probabilidad de las operaciones de crédito del INCORA. Sus bonos agrarios aumentaron de 40 millones en 1963, hasta 52 millones en 1967, aunque los informes anuales no indican cómo se usaron esos bonos. Debe recordarse que la principal contribución anual del gobierno al INCORA durante 1962-1967 fue un mínimo de 7 millones de dólares del presupuesto nacional y cerca de 14 millones de dólares en bonos agrarios, sin considerar cualquier préstamo internacional que haya recibido el instituto. Sin embargo, durante el primer año de su funcionamiento el instituto sólo recibió una pequeña parte de los fondos del presupuesto nacional a que tenía derecho —20 millones de pesos, o sea, cerca de 1.8 millones de dólares— "debido a dificultades fiscales".

CUADRO 26

ACTIVOS DEL INSTITUTO DE REFORMA AGRARIA DE COLOMBIA (INCORA), 1962-1967 (EN DÓLARES)

Año	*Bonos*	*Tierra y proyectos*	*Irrigación*	*Otros activos*	*Activos totales*	*Activos totales*
1962	—	—	—	21.1	27.1	27.1
1963	40.1	4.0 [a]	—	11.7	15.7	55.9
1964	45.0	9.3 [b]	—	15.2	24.5	69.5
1965	40.6	8.8 [c]	—	15.0	23.8	64.5
1966	55.1	17.1 [b]	—	22.2	39.3	94.4
1967	51.9	16.5 [b]	19.0	37.0	72.5	124.4

[a] Proyectos de colonización y distribución de tierras.
[b] Proyectos de colonización y distribución de tierras, propiedades rurales y trabajo en proceso de realización.
[c] Proyectos de colonización y distribución de tierras y propiedades rurales.

Los 1.8 millones de dólares no eran una cantidad que permitiera empezar un programa de reforma agraria a nivel nacional en un país de ese tamaño y con una población agrícola de la magnitud de la colombiana. No se ha informado de fallas de esta naturaleza en años posteriores, cuando la política del INCORA ya estaba firmemente establecida. A finales de 1967 el INCORA había invertido en tierras rurales (proyectos de colonización y de asentamiento y trabajos en proceso) cerca de 16.5 millones de dólares. Pero a esto debemos añadir una nueva partida, que apareció durante ese año, de 19 millones de dólares en proyectos de irrigación (que suponemos que incluyen el valor de la tierra). Sólo los activos en tierras aumentaron de 4 millones de dólares en 1963 a 17.1 millones en 1966 y después disminuyeron un poco a 16.5 millones. Estos activos, al igual que los proyectos de irrigación, son sin duda tierra rural adquirida por el INCORA y entregada posteriormente a familias campesinas, ya que de otro modo no aparecían en las hojas de balance, o al menos no de esta manera, dependiendo de la forma en que se haya entregado la tierra a los campesinos. La mayor parte de la tierra en irrigación y en otros proyectos similares que requieren una larga preparación no estarán listos, según el INCORA, hasta principios de la octava década. En realidad, el total de las tenencias de tierra del INCORA en 1967 es sorprendentemente pequeño en términos absolutos aunque representa el 27 % de todos los activos del INCORA (menos los bonos) o cerca del 50 % si se incluyen los proyectos de irrigación. Esto puede implicar que el INCORA ha distribuido con rapidez a los campesinos la tierra que adquiere. Pero ya que ésta no ha sido la política del INCORA, como veremos posteriormente, sólo implica que el Instituto, con sus adquisiciones de tierra, se ha convertido por el momento en un importante propietario de bienes raíces.

En general, los datos no parecen reflejar una operación que esté de acuerdo con un programa nacional, elaborado para reformar la estructura agraria de una nación con una agricultura que en 1967 generó un ingreso (producto bruto) de aproximadamente 1.4 mil millones de dólares y una economía que tiene un producto bruto total de 5 mil millones de dólares. Más bien refleja una actividad marginal que, como es obvio, no puede afectar la estructura agraria nacional.

Tampoco parece que se haya hecho una contabilidad de la inversión y otra clase de gastos del INCORA que dé más indicios del género de actividades de este organismo. Durante sus primeros cuatro años el INCORA gastó un total de aproximadamente 48 millones de dólares, o un promedio de sólo 12 millones al año en sus diferentes actividades. Poco más de una quinta parte, es decir, 2.3 millones de dólares cada año, puede atribuirse a la reforma agraria propiamente dicha y un 17 % o 2.2 millones de dólares anuales a la administración de todos los programas del INCORA. En otras palabras, la administración consumió casi lo mismo que la verdadera reforma agraria. Casi la mitad, o sea, 5.5 millones de dólares al año se gastaron en actividades que no estaban relacionadas con la reforma. En 1966 el INCORA gastó también 23.6 millones de dólares, esto es, casi el doble que el año anterior, pero parece que la mayor parte del incremento se debió a proyectos de infraestructura y a un programa de créditos en gran escala financiado con préstamos extranjeros. Para finales de 1966 el INCORA había gastado 18 millones de dólares en trabajos de ingeniería y 10.8 millones en adquisición de tierras. Una creciente proporción se destinó a los primeros durante 1966. En otras palabras, el presupuesto del INCORA se parece más a un presupuesto general de agricultura, aunque se ejecuta en el nombre de la reforma agraria.

Si se dividieran los costos de la adquisición de tierras y de los servicios de asentamientos (cerca de 9.9 millones de dólares hasta 1965) entre el número de familias campesinas asentadas en ese período —1 127—, el INCORA gastó cerca de 9 000 dólares por familia, sin incluir los costos de administración. De hecho, para justificar el asentamiento de 1 127 familias en todo el programa de reforma agraria, el INCORA gastó un total de aproximadamente 42 000 dólares por familia durante 1962-1965. No debe llamar la atención que la élite terrateniente se queje de que los programas de "reforma agraria" son muy caros. Por supuesto, es obvio que un instituto que no puede ejecutar una reforma agraria gaste sus fondos en otros actividades.

El Perú es otro ejemplo en que el financiamiento tenía poca relación con las necesidades; donde los procesos de reforma agraria y de financiamiento no se han planeado sistemáticamente, aunque esto debe formar parte de la "ejecución racional" de la reforma agraria; donde los obstáculos a la reforma agraria hicieron que se desperdiciara dinero; y donde los gastos de reforma agraria se han combinado con otros gastos. Durante los dos primeros años del programa —esto es, como en Colombia durante un período en que todavía no se habían establecido en definitiva las políticas del ONRA— en realidad no se le asignó el 3 % del presupuesto nacional que según la ley se debía asignar al instituto, sino sólo el 1 %, en contravención de la ley.[46] La suma de 522 millones de soles asignada en 1965, por ejemplo, se redujo después en 77.3 millones de soles, haciendo que los fondos reales disminuyeran hasta 445 millones de soles, o sea, 16.6 millones de dólares —una cantidad de dinero insignificante para empezar un programa de reforma agraria nacional en un país que en 1960 tenía casi un millón de familias rurales pobres. Por supuesto, los más afectados por esta denominada política de austeridad del instituto fueron los organismos que tenían una relación más directa

[46] Por ejemplo, el 3 % de los ingresos presupuestales anuales para 1965 y 1966 habría sido 735 y 860 millones de soles respectivamente. Al Instituto sólo se le asignaron 522 y 529 millones de soles respectivamente, pero de esa cantidad ONRA sólo recibió 167 y 180 millones de soles.

con los programas de reforma agraria; por ejemplo, el presupuesto del ONRA se redujo en un 13 % en comparación con el proyecto de irrigación de San Lorenzo, que también administra el instituto y que sólo se redujo en un 6 %. De igual manera, las reducciones preliminares en el presupuesto propuesto para 1966 hicieron que se sustrajeran 44.5 millones de soles de la reforma agraria, pero sólo 1.5 millones de la colonización. De hecho, en 1966 las asignaciones a SIPA, la sección extra del instituto, aumentaron considerablemente, pero las de ONRA aumentaron muy poco. A consecuencia de esto, ONRA tuvo que reducir sus proyectos y su personal sólo dos años después de haberse establecido. El 3 % del presupuesto nacional que asigna la ley a la reforma agraria se emplea, entonces, en proyectos que de ninguna manera son de reforma agraria. De hecho, en 1965 sólo cerca del 30 % de la asignación legal fue prometida al ONRA, y en realidad se entregó menos; además, cerca de 48 millones de soles fueron para proyectos de colonización e irrigación en ese mismo año. Para finales de 1966 aún no se habían emitido bonos agrarios.

Decir que las finanzas de la reforma agraria han sido del todo inadecuadas tanto en Colombia como Perú es por supuesto más fácil que hacer un cálculo de lo que costaría una reforma agraria real. Tal cálculo es muy difícil porque el financiamiento de las denominadas actividades de reforma agraria del INCORA y del ONRA no es en realidad una buena medida, ya que la mayor parte del dinero no se gastó en la reforma agraria y el número de beneficiarios fue en un caso ridículamente bajo y en otro prácticamente inexistente. Sin embargo, es interesante observar que el CIDA calculó tentativamente en el informe no publicado de una misión sobre el progreso de la reforma agraria peruana, bajo la ley de 1964 que si se asignara el 3 % de los presupuestos nacionales exclusivamente para los fines de reforma agraria del ONRA, podría bastar para dar tierra cada año a un gran número de campesinos. CIDA también indicó los altos costos de administración del programa de Perú, que se debían de manera principal a los excesivos retrasos en el proceso de expropiación, y concluyeron que cuanto más se prolongaba el proceso, más altos serían los costos administrativos por hectárea. Es obvio que si los costos administrativos de iniciación de la reforma agraria se redujeran considerablemente, se gastarían muchos más recursos en la mejora de la producción y productividad de los campesinos que se benefician por la reforma, por no mencionar la mayor cantidad de tierra que se les entregaría.

Parece necesario sacar algunas conclusiones en este momento. En primer lugar, es evidente que gran parte de los recursos asignados a los institutos de reforma agraria no pueden denominarse correctamente "recursos para gastos de reforma agraria" en las circunstancias que predominan. Aparte de eso, se debe considerar que los recursos son muy insuficientes a la luz de las necesidades de los campesinos. El problema parece de hecho más fundamental, a saber, que los limitados fondos que deberían obtener los institutos de acuerdo a la ley, ni siquiera son siempre entregados. Entonces, el problema no consiste sólo en aumentar los recursos financieros, sino en que el gobierno cumpla sus obligaciones de acuerdo a la ley. Es dudoso que el no haber asignado los fondos suficientes a los programas de reforma agraria se deba sólo a razones económicas. Es más probable que tenga un fondo político. Puede considerarse que las reducciones reales o potenciales del presupuesto tienen dos finalidades específicas: hacer difícil que el instituto termine sus proyectos o impedirle que empiece nuevos y haga planes para el futuro; y encauzar las actividades a zonas donde perjudiquen menos a los terratenientes. Como la élite terrateniente está bien representada en los organismos legislativos y ejecutivos, así como en los círculos financieros que participan en la elaboración de los presupuestos nacionales, no es difícil que logren esas finalidades. En algunos casos, se puede urgir a un instituto para que haga proyectos que no sólo no sean perjudiciales para los propietarios de haciendas, sino que además los beneficien, como carreteras de penetración en zonas marginales que aumentan el valor de las propiedades. Por extraño que parezca, esto hace que el instituto de reforma agraria se convierta en un organismo benéfico para la élite latifundista. Comentaremos más sobre esto posteriormente.

El fracaso para asignar fondos parece haber coincidido con el temor inicial de los latifundistas sobre lo que harían los institutos de reforma agraria y la forma en que funcionarían. Una vez que se han asegurado de que su política no será la expropiación de la tierra sino la inversión en proyectos de irrigación y colonización, y que se ha comprobado que las leyes no funcionan para beneficio de los campesinos o que sólo beneficiarán a unos cuantos, hay dos cursos de acción a seguir. Puede empezarse a entregar más recursos a los institutos para que los usen en proyectos que no sean de reforma agraria, o los fondos que se han retenido se pueden usar como precedente con el fin de hacer que desaparezca el instituto. El mal funcionamiento del instituto (en realidad sería de la ley) puede servir como argumentación para retener fondos adicionales sobre la base de la "ineficiencia" de los directores y personal del instituto. Por supuesto, debido a la naturaleza y contenido de las leyes, es muy escasa la posibilidad de que los institutos hagan una verdadera reforma o que los directores de los institutos busquen con firmeza, pero pacíficamente, "la transformación verdadera de las estructuras y sistemas injustos de tenencia de la tierra y del uso de la misma" (según el lenguaje de la Carta de Punta del Este). Dentro de la actual situación política, la élite terrateniente no se arriesga. Esta conclusión tiende a confirmar la validez de las otras dos hipótesis que mencionamos antes: que unas cuantas expropiaciones de propiedades rurales privadas de buena calidad en comunidades prósperas agotarán con rapidez los recursos de los institutos; y que el asentamiento de los campesinos en tierras pobres en distritos marginales, que tiene la prioridad legal, hace que gran parte de los fondos de la reforma se gasten en proyectos de infraestructura, dejando muy pocos recursos para la colonización real. No obstante, no debemos omitir que todavía no se puede establecer con precisión la relación real entre la ley, las finanzas y la amplitud y naturaleza de la reforma agraria, ya que hasta ahora la tierra expropiada, pagada y repartida a los campesinos es muy poca, aunque los institutos gastaran todos los recursos que se les asignaron. La discusión seguirá siendo teórica mientras los institutos se ocupen básicamente de proyectos que no son de reforma agraria y que cuando mucho serían actividades previas a esta última.

Por último, parece existir una débil relación entre la cantidad de dinero gastado y el éxito que hasta ahora ha tenido la reforma agraria en América Latina. El éxito depende más de factores políticos, incluyendo el apoyo de los campesinos y la rapidez con que se realiza. De hecho, con un apoyo campesino real, se podrían reducir mucho los costos de reforma que debe cubrir el instituto. A menos que la reforma se haga con rapidez, como se hizo en Bolivia a principios de la sexta década cuando se redistribuyó casi toda la tierra en unos pocos meses y se armó a los campesinos para que protegieran sus derechos, la élite terrateniente puede beneficiarse por los atrasos y elaborar estrategias antirreformistas u obstaculizar la reforma por medio de varios instrumentos que van desde las represiones violentas de los campesinos y sus organizaciones, hasta la retención de fondos de los institutos de reforma agraria. Por supuesto, es obvio que las estrategias antirreformistas han contribuido mucho al aumento de los costos de los programas de "reforma agraria" de América Latina, a la vez que dificultan su éxito.

Las leyes de reforma agraria y los campesinos. La legislación de reforma agraria de la séptima década no sólo excluye legalmente a los campesinos, como hemos visto, de todas las fases de los programas reformistas, sino que también parece haber incluido ciertas opiniones y actitudes que reflejan la opinión que los latifundistas tienen de los campesinos. Con frecuencia se oye a los primeros decir que los campesinos no están preparados para asumir responsabilidades importantes con respecto a la administración de la tierra. Por lo tanto, "*no están preparados para una reforma agraria*". En ocasiones esa opinión se ha expresado de la siguiente manera: sólo una pequeña parte de los campesinos es capaz de ejercer la función de empresarios. En esa opinión se basa el razonamiento para hacer la reforma agraria con lentitud. Por supuesto, coincide con el concepto de reforma agraria que tienen muchos hacendados: la creación de un pequeño número de empresas familiares especializadas y muy capitalizadas con ganado de pura raza importado y otros insumos complejos. La ley de reforma agraria chilena de 1962, que precedió a la ley actual de 1967, disponía en realidad que hubiera dos clases de beneficiarios de la reforma agraria: algunos que se convertirían en empresarios medianos y otros que quedarían marginados de los proyectos de reforma agraria o colonización, ocupando huecos familiares y trabajando para las haciendas restantes o para las nuevas unidades.

Aunque el alegato de que los campesinos no están preparados para la reforma agraria es dudoso —durante generaciones los campesinos han hecho el trabajo agrícola y la contribución de los propietarios absentistas a los procesos de la producción agrícola ha sido exagerada por la élite terrateniente—, parece que se le ha incluido de alguna u otra forma en la legislación. No se permite que el ritmo al que se puede hacer la reforma agraria sea más rápido que el ritmo al que los institutos de reforma agraria seleccionan, entrenan y asientan a familias campesinas capaces de llenar los requerimientos necesarios para hacer frente a las demandas de una producción supuestamente compleja y del sistema de mercado.

La ley chilena de 1967 afirma específicamente, por ejemplo, que un objetivo de la redistribución de las haciendas expropiadas es preparar y capacitar a los beneficiarios de los proyectos de reforma agraria de manera que puedan, al terminar el período de prueba, asumir todas las responsabilidades de la propiedad y la empresa. De tal modo la ley dispone que los campesinos que reciben tierra adquirirán la propiedad sólo después de tres años, período durante el cual trabajarán bajo el control y supervisión del gobierno. Desde el punto de vista de los campesinos esto introduce un fuerte elemento de incertidumbre en el proceso de reforma agraria, aunque por supuesto esto es compatible con la opinión de que debe enseñarse a los campesinos cómo cultivar. Todo esto viene a significar una reforma agraria a plazos.

En su ansiedad por controlar tanto a los campesinos como a las actividades del instituto de reforma agraria, dejándole muy pocas libertades, la mayoría de las leyes establecen que el asentamiento de los campesinos deberá hacerse principalmente en unidades privadas que se asemejen a las "propiedades rurales familiares". En la mayoría de los casos no se mencionan o se les da una baja prioridad a otras formas de tenencia agraria. El reglamento colombiano de 1961 afirma, por ejemplo, que el INCORA puede usar la tierra que adquiere para formar unidades rurales familiares o empresas cooperativas, pero en un capítulo especial dedicado a las propiedades rurales familiares también dice que el INCORA deberá dar preferencia al establecimiento de unidades rurales familiares. La ley peruana de 1964 es más explícita: el asentamiento de los campesinos (personas naturales) deberá hacerse en unidades rurales familiares, con excepción de los feudatarios, aparceros o pequeños arrendatarios a los que podrían asignarse las pequeñas parcelas que cultivan y que se les permite recibir en propiedad de acuerdo al título XV de la ley. En las regiones periféricas se podrían asignar a los colonos empresas de mediana extensión. Se hizo una excepción con las comunidades indígenas y con las cooperativas autorizadas antes por el instituto de reforma agraria. La ley brasileña de 1964 dispone que la tierra expropiada se redistribuya como propiedades rurales familiares o como unidades (glebas) para que las exploten grupos de campesinos organizados en cooperativas, solución que deja sin resolver el problema de la propiedad de esas empresas trabajadas en cooperativa. Sin embargo, la segunda alternativa parece muy remota, ya que la legislación se fundamentó explícitamente en la "'opción democrática" que favorece la propiedad privada (A *opçao democratica basea-se no estimulo a propiedade privada*, una definición bastante confusa) y el derecho de los agricultores a los frutos de su trabajo.[47] Sólo la reciente ley chilena de 1967 dispone varias formas de unidades rurales de propiedad o explotación cooperativa como el segundo sistema de tenencia agraria en importancia, aunque el texto de la ley otorga una clara prioridad a las unidades rurales familiares privadas y deja la decisión sobre el establecimiento de unidades cooperativas en cada caso particular al instituto de reforma agraria.

Por supuesto, no hay nada incorrecto en el establecimiento de propiedades rurales familiares o cooperativas *per se*. La desventaja está en que la mayoría de los institutos de reforma agraria se ven

[47] En el mensaje que acompañaba a la propuesta (Mensagem No. 33 de 1964, C.N., párrafo 15) se hace una distinción entre opción democrática y opción socialista. Es dudoso que sea correcto identificar el sistema de propiedad privada con el de opción democrática, en particular en Brasil, donde esto ha traído una de las estructuras de distribución de la tierra más injustas del mundo. Sólo muy difícilmente puede afirmarse que para los hacendados los beneficios de la propiedad privada se deben a los frutos de su propio trabajo. Es más correcto decir que se debe al trabajo de otros.

impedidos de ejecutar una política de asentamientos más flexible con respecto a los nuevos sistemas de tenencia que se establecerán, y parece obvio que los legisladores intentaban evitar la organización de grandes unidades rurales de propiedad o explotación cooperativa o colectiva que pudieran enfrentarse con eficiencia al problema de crear una mayor ocupación y producción rurales. Las grandes unidades podrían tener un mayor poder de negociación para obtener acceso al crédito, maquinaria y otros insumos, y serían un constante recordatorio al gobierno de que deben otorgárseles privilegios que hasta ahora se han destinado casi de manera exclusiva a la élite terrateniente. La experiencia ha mostrado que las unidades rurales familiares establecidas en los proyectos de reforma agraria y colonización —debido a la sobrevivencia y predominancia del latifundismo— están, con respecto a los insumos y producción rurales, casi en la misma posición marginal que otras pequeñas tenencias de América Latina. De aquí que la inflexibilidad inherente a la ley sea una desventaja para los campesinos y que se deba sospechar que esto no es una casualidad. Las nuevas propiedades rurales familiares sólo pueden tener éxito si la distribución de la tierra estuviera acompañada por reformas en los mercados de insumo y producción. Pero la legislación de reforma agraria de la séptima década no incluía esas reformas. Es verdad que la mayoría de las leyes obligan a los beneficiarios de los proyectos de reforma agraria a pertenecer a una cooperativa. Por lo usual ésta será una cooperativa de ventas o de servicios. Pero como los proyectos de asentamiento casi siempre son pequeños —por lo normal con un máximo de 200 colonos, ya que se les establece en propiedades individuales y no en grandes zonas expropiadas— es probable que tales cooperativas sean pequeñas e ineficientes. Las disposiciones de las leyes de reforma agraria con respecto a la formación de las cooperativas deben considerarse más bien como un tributo verbal al movimiento cooperativo que como un intento serio de reformar la estructura del mercado. Esas pequeñas cooperativas no son una competencia importante para los canales privados de distribución de insumos y productos, y se presentaron casos en que el gobierno no pudo dar un apoyo efectivo a las mismas cuando los negociantes privados se propusieron nulificarlas, lo que finalmente lograron.

El latifundismo prospera con una oferta de mano de obra barata y sumisa, y aunque la legislación de reforma agraria de la séptima década trata de eliminar e impedir la concentración desigual de la propiedad de la tierra, existen indicios de que tiende a preservar una abundante oferta de mano de obra barata y obediente para las grandes haciendas en el futuro. Esto ya es inherente en el planteamiento fragmentado o de proyectos piloto que se ha hecho para la reforma agraria y que no es capaz de cambiar la naturaleza fundamental de las estructuras agrarias existentes. Pero, además, hay disposiciones en algunas leyes que con claridad intentan conservar a los campesinos en una situación de dependencia económica y social en relación con las haciendas.

Una de éstas es el tan mencionado título XV de la ley peruana de 1964, una enmienda de última hora de la legislación reformista que se hizo como un gesto aparente para dar tierra simultáneamente a un gran número de campesinos.[48] Dispone que los trabajadores denominados feudales o semifeudales, como los aparceros, pequeños arrendatarios y trabajadores residentes con parcelas (comprendidos todos bajo el nombre de *feudatarios*) tienen el derecho a demandar la propiedad de la parcela que les han cedido los propietarios a cambio de la obligación de trabajar gratis o por salarios muy bajos. Sólo para demostrar lo inconsecuentes o apresurados que fueron los legisladores, es interesante indicar el texto contradictorio de la ley. El título XV se denomina "Derechos preferenciales de los feudatarios", pero la primera disposición enuncia que los feudatarios "se convertirán en propietarios", implicando que los feudatarios tienen algo más que un derecho preferencial y que con la vigencia de la ley se convertirán en propietarios. Pero la misma disposición también dice que se convertirán en propietarios sólo después de que el instituto haya pagado al dueño de esas parcelas. Si el derecho a convertirse en propietario de una parcela fuera un "derecho preferencial" del feudatario, la decisión de convertirse en propietario le pertenecería. En realidad la decisión la hace el instituto, y en último análisis la tesorería o el parlamento, que tienen que proporcionar los fondos para expropiar esas parcelas. De este modo el "derecho preferencial" de los feudatarios se convierte en un derecho preferencial del gobierno. En realidad, como el instituto nunca dispuso de fondos suficientes, la disposición de que se debe pagar primero al propietario antes de que el feudatario se convierta en dueño de la parcela ha creado un importante obstáculo a este programa. Aunque cerca de 120 000 feudatarios se registraron con el instituto para reclamar su derecho preferencial, a mediados de 1966 ni uno solo se había convertido en propietario de su parcela, excepto unos cuantos obtuvieron los títulos de las mismas después de una transferencia voluntaria de los dueños. El ONRA distribuyó cerca de 32 000 certifi-

[48] Debe observarse que esta clase de legislación —en que se supone que los arrendatarios se convertirán en propietarios— ha sido aprobada en muchos países del mundo, por lo general con desastrozos resultados para los campesinos, como se indica en el texto.

cados en que se establece la situación de los campesinos y su futuro derecho a la propiedad de su parcela. Pero estos certificados no dan a sus poseedores ningún derecho que no tengan ya según la ley. De este modo el título XV no ha funcionado en beneficio de los campesinos. Como el instituto no tiene suficientes fondos para pagar a los propietarios de las parcelas de un número tan grande de campesinos, el retraso les permitió a muchos hacendados despedir a muchos de sus feudatarios, ya que no deseaban entregar ni siquiera las pequeñas superficies de tierra que les habían cedido. En ocasiones, se logró el despido de los campesinos residentes por medios violentos, lo que les impidió ejercer su derecho según la ley, y miles tuvieron temor de reclamarlo ante la perspectiva de ser expulsados de la propiedad. El despido de los feudatarios fue una clara violación de la ley, sin que se haya enjuiciado a los hacendados y sin que los campesinos hayan recibido ayuda del instituto. Por supuesto, a largo plazo la aplicación de la ley podría haber ayudado a los campesinos sólo de un modo limitado, ya que en muchos casos las parcelas eran muy pequeñas, aunque les habrían dado seguridad. En consecuencia, tanto la ejecución de la ley como su no cumplimiento son un daño real o potencial para los campesinos a corto y largo plazo. Son benéficas para los hacendados que continúan dependiendo de una oferta barata de mano de obra.

La experiencia del Perú es importante. Por su parte Colombia en 1968 enmendó su ley de 1961 para incluir una disposición muy anunciada que haría propietarios de sus propias parcelas casi simultáneamente a la mayoría de los pequeños arrendatarios, aparceros y otros trabajadores residentes en condiciones semejantes. Se calculó que cuando menos 200 000 campesinos estaban incluidos en esa categoría y quedó la impresión de que la enmienda beneficiaría, al igual que en Perú, a un gran número de familias campesinas. Es demasiado pronto para decir si la experiencia de Colombia será más feliz para los campesinos de lo que fue en el Perú. El INCORA inició un registro de los beneficiarios potenciales en el cual cooperaron 60 000 campesinos. Se informa que un gran número de campesinos fueron presionados por los hacendados para que no se registraran, con la amenaza de que si lo hacían se les despediría de las haciendas. Como la ley peruana, la enmienda colombiana dispone que los campesinos, en cuyo beneficio se modificó la ley, tiene un "derecho preferencial" de propiedad de la parcela que cultivan bajo un acuerdo de "alquiler". No adquieren este derecho de propiedad de modo automático con la vigencia de la enmienda. De hecho, el nuevo artículo sujeta el ejercicio del "derecho preferencial" de los campesinos a la expropiación previa de las haciendas en que están las parcelas que cultivan, y esta expropiación no es automática. El artículo sólo dice que las haciendas explotadas por medio de pequeños arrendatarios o aparceros están "sujetas a expropiación": tienen que ser expropiadas como cualquier otra hacienda para la reforma agraria y el lector sabe bien a estas alturas que tal expropiación es muy difícil y lenta. Por lo tanto, en la actualidad la ley dificulta doblemente el que los campesinos obtengan la propiedad de las parcelas que cultivan: la ley peruana sólo una vez. En Perú la ley convierte a los campesinos en propietarios de sus parcelas tan pronto como el instituto de reforma agraria ha pagado por las mismas. En Colombia se debe expropiar primero la hacienda a discreción del instituto de reforma agraria, después de lo cual los campesinos pueden ejercer sus "derechos preferenciales" de propiedad. Por lo tanto, también en Colombia fue una equivocación obvia usar la frase "derechos preferenciales".

Desde 1961, cuando se publicó la ley de reforma agraria colombiana, el INCORA no ha tenido éxito en la expropiación de haciendas privadas, como mostraremos en breve. En consecuencia, no está claro la forma en que este nuevo artículo sobre los derechos preferenciales de los campesinos le permitirá al instituto realizar expropiaciones en gran escala y con más rapidez.[49] Por lo tanto, lo más probable es que sólo unos cuantos campesinos se beneficien con esta nueva disposición. Contra esta eventualidad la ley intentó proteger a los pequeños arrendatarios y aparceros que en teoría resultarían beneficiados por la nueva enmienda, al establecer que todos los contratos por los cuales cultivan la tierra se prolongarán automáticamente durante 10 años. Los hacendados sólo pueden exigir que se les regresen sus parcelas si los campesinos no han cumplido sus obligaciones. No se puede decir aún qué tan efectivas serán esas disposiciones. La perspectiva es que no se cumplirán y que los pequeños arrendatarios y aparcereos compartirán la suerte de sus hermanos del Perú. En realidad se informó que mientras se discutían esas enmiendas en el congreso, es decir, antes de que se convirtieran en ley, la élite terrateniente había echado a sus campesinos como una medida de precaución, con el fin de evitar que los campesinos reclamaran la tierra en propiedad cuando se emitiera la ley. De este modo las nuevas disposiciones no tienen más que un valor propagandista, a menos que se pueda hacer cumplir la ley. El INCORA informó que cuenta con 20 profesionales —posiblemente abogados,

[49] No nos ocuparemos aquí de las contradicciones que producen las nuevas disposiciones cuando se las relaciona con las disposiciones de 1961. Como de todos modos no se aplicará la ley (debe haber pensado seguramente la élite terrateniente), ¿para qué nos preocupamos de su consistencia y lógica?

pero no es seguro— para ayudar a los 200 000 campesinos que pueden reclamar tierras de acuerdo a las nuevas disposiciones. Esto significa un profesional por cada 10 000 campesinos. El número parece muy decepcionante. Además, la ley no establece sanciones importantes a los hacendados que violan la ley y el campesino despedido injustamente tendrá que pasar por un complejo procedimiento antes de poder obtener una rectificación de su situación. Pero no tiene ni los recursos ni el tiempo necesario para esperar.

Al respecto, debemos mencionar otra consecuencia de la reforma agraria por proyectos pilotos y fragmentada que tiene su campo de batalla en América Latina: que la legislación sólo concede una protección inadecuada a los campesinos que, después que se ha subdividido una hacienda entre sus arrendatarios o aparceros en unidades familiares, no obtienen ninguna tierra de la hacienda expropiada. Algunas leyes, como la de Colombia dispone que es posible adquirir haciendas vecinas. Pero debido a la naturaleza de los procesos de expropiación y adquisición, la redistribución de la tierra adicional a las familias campesinas excedentes puede ser muy lenta y cara, además de que para el momento en que esté disponible la tierra, *si* es que se logra tener disponible más tierra, el campesino puede haberse trasladado ya a otro lugar. Esto implica que el instituto de reforma agraria estará presionado para "aglomerar" tantas familias campesinas como sea posible en una hacienda expropiada, para evitar conflictos sociales, con el riesgo de hacer que el tamaño de esas unidades familiares no sea suficiente. La experiencia con los proyectos de asentamiento muestra que éste no es un peligro imaginario. En realidad es el camino para la creación de nuevos minifundios, y quizá los oponentes de la reforma agraria no están lejos de la verdad cuando afirman algunas veces que lleva al establecimiento de minifundios, ignorando, por supuesto, que las actividades de los institutos de reforma agraria no son una verdadera reforma.

En resumen, las medidas de reforma agaria de la América Latina no sólo *no* benefician a los campesinos, sino que además los pueden perjudicar. Ésta es sin duda una conclusión sorprendente a la que sólo se puede llegar cuando se sabe cómo funcionan las leyes y el latifundismo. Se puede despedir en gran escala a los trabajadores rurales residentes; puede aumentarse el número de trabajadores asalariados y migratorios; la tierra se hace cada vez más inaccesible y la desocupación y subocupación resultantes ayudan a incrementar el número de habitantes de los barrios pobres de las ciudades.

Por último, debemos mencionar la desigual protección a los derechos de los propietarios y a los derechos de los campesinos. Las leyes de reforma agraria de la mayoría de los países tienden a tratar a los hacendados con más consideración que a los campesinos, los beneficiarios de las leyes. Aunque la meta de la legislación es crear nuevos derechos de los campesinos a la tierra y limitar a la vez los derechos de los hacendados, no se puede obligar a los propietarios de haciendas a respetar los derechos de los campesinos a la tierra, si a los primeros se les dan muchos instrumentos legales, además de la influencia política que tienen, para combatir la expropiación y otras decisiones de los institutos de reforma agraria. En otras palabras, las leyes no corrigen adecuadamente un desequilibrio evidente en las relaciones de poder de la agricultura. La mayoría de las leyes le dan a los propietarios más instrumentos legales para detener el proceso de reforma que a los campesinos para obtener la tierra con rapidez. Por ejemplo, la ley peruana de 1964 dispone que los propietarios pueden objetar la clasificación de su tierra (para los fines de expropiación) ante la autoridad suprema del instituto, con el posible resultado de que se exima la tierra de la reforma. Los campesinos también tienen igual interés en esta expropiación, pero no se les da una oportunidad similar, por ejemplo, para insistir en la expropiación de determinada hacienda. En consecuencia, en la práctica el procedimiento de expropiación es sólo un asunto entre el instituto de reforma agraria y los hacendados y no, como debería ser, un asunto entre los campesinos y el instituto. En teoría, por supuesto, el instituto de reforma agraria representa los intereses de los campesinos, pero su estructura y composición y el hecho de que funciona dentro de la estructura política existente hacen poco probable que se protejan del todo sus intereses.

Con excepción de Venezuela, los "derechos de los campesinos a la tierra" que otorgan las leyes sólo estarán protegidos cuando y en la medida en que un instituto de reforma agraria realice una verdadera reforma. La decisión depende del instituto. En la práctica casi siempre la iniciativa para los proyectos de expropiación depende del instituto, aunque hay casos, como hemos visto, en que el descontento de los campesinos influyó en la decisión. Pero una vez que ha desaparecido el descontento ese factor ya no tiene una influencia importante. Si los campesinos desean ejercer presión sobre el instituto para expropiar la tierra, esto debe hacerse con medios políticos y extralegales. Lo que implica que en realidad la ley trata los derechos de los campesinos a la tierra como una conseción que se les hace. En realidad, existe, como vimos, el claro riesgo de que los campesinos que intenten presionar al instituto serán considerados violadores de la ley y actúen contra ellos las fuerzas de la ley y el orden. Sólo en Venezuela han tenido los campesinos el derecho a solicitar que se expropie una hacienda.

De acuerdo con estos principios, las leyes de reforma agraria no incluyen sanciones por las actividades de los hacendados que atentan contra el espíritu de las leyes, excepto en algunos casos aislados. Como resultado, no se castiga la resistencia activa o pasiva de la élite terrateniente ante las decisiones del instituto de reforma agraria. Tampoco se castigan las violaciones cometidas por los propietarios contra los derechos de los campesinos o con respecto a sus obligaciones hacia los institutos. El no disponer sanciones en esos casos es una importante omisión, ya que la experiencia histórica debía haber enseñado que la legislación en favor de los campesinos ha sido violada e ignorada de modo sistemático. Por supuesto, si las leyes tuvieran sanciones contra los terratenientes es probable que de todos modos no se cumplirían, debido a la estructura política existente —sin embargo, lo importante es que al no establecer sanciones las mismas leyes toman sin duda la actitud general de que debe protegerse a los hacendados contra los campesinos. Una de las pocas sanciones que existen se encuentra en la ley peruana de 1964. Obliga a los hacendados a permitir la inspección de su propiedad y a dar informes sobre sus operaciones, pudiéndoseles someter a una multa que puede ascender al 50 % del valor de expropiación. Esta disposición proteje al instituto de reforma agraria en la ejecución de sus actividades y sólo de manera indirecta a los campesinos. Pero en realidad, la élite terrateniente ha logrado sabotear el trabajo del instituto, no sólo mediante sus influencias económicas y políticas al nivel nacional, sino también al nivel local.

Por otra parte, no se puede someter a juicio a los hacendados que impiden a los campesinos aprovechar los beneficios que les otorga la ley. Por ejemplo: La ley de Perú declaró que los campesinos que violan los derechos de propiedad de los hacendados —por medio de invasiones— quedan excluidos de los beneficios de la ley (es decir, no obtendrán ninguna tierra). En realidad los campesinos que violan esa disposición son tratados con más severidad que las personas que no son campesinas y cometen actos similares: se les condena al doble de la pena estipulada en el Código Penal y no pueden obtener la libertad bajo fianza o solicitar la libertad condicional. El castigo es de 4 años en la cárcel. Pero, si como ocurre continuamente, los hacendados simulan esas violaciones o les impiden a los campesinos reclamar sus beneficios, expulsándolos de las haciendas, o atemorizando a otros de manera que no los reclamen, parece que la ley no dispone ningún castigo y en la práctica casi es inconcebible que se juzgue a esos hacendados en las circunstancias que predominan.

De este modo, los campesinos se convierten más bien en los enemigos que en los amigos de la reforma agraria. Por extraño que pueda parecer, la legislación de reforma agraria está contra los campesinos.

La ejecución de la reforma agraria en la séptima década: ¿un retroceso?

Hemos creído necesario dedicar un considerable espacio al análisis de la legislación de reforma agraria de la séptima década, debido a que la década se inició con fanfarrias que pregonaban cambios racionales, pacíficos, en las estructuras agrarias de América Latina, basados en procesos legales ordenados. Por lo tanto, era esencial determinar primero cómo habían intentado las naciones latinoamericanas llevar a cabo esta política. En tal proceso se encontró que, por extraño que parezca, la legislación de reforma agraria no es una base para hacer reformas estructurales reales en la agricultura. Ahora debemos seguir adelante y evaluar los logros de los diferentes institutos de reforma agraria, que se han encargado de realizar los programas de reforma de acuerdo a la ley.

Si el criterio usado es el de las demandas y necesidades de los campesinos de más tierra, mejores trabajos, ocupación a tiempo completo y mejores niveles de vida, la evidencia disponible hace concluir que el progreso ha sido insignificante. Sin embargo, no es fácil disponer de información detallada sobre el progreso de la reforma agraria y es difícil interpretar parte de la evidencia disponible. Una importante causa de confusión es la multiplicidad de funciones de los institutos de reforma agraria. Con el nombre de "reforma agraria" se llevan a cabo muchas actividades que la mayoría de las veces no corresponden a esa denominación. Por lo tanto, no siempre son útiles los informes anuales de los institutos. Por ejemplo, normalmente se pide a los institutos de reforma agraria que realicen el asentamiento de un determinado número de familias campesinas dentro de los proyectos de colonización de nuevas regiones en tierra inculta. En ocasiones es difícil diferenciar un proyecto de colonización de la verdadera reforma agraria. Si el asentamiento de las familias campesinas se hace dentro de una propiedad privada que expropió el Estado, en tierra ociosa y abandonada prácticamente por el dueño, tal proyecto aislado tiene algo de reforma agraria y algo de colonización. En realidad, *podría argüirse que una expropiación y un proyecto de colonización aislados en una hacienda individual, sin importar lo grande que ésta sea, no puede ser reforma agraria cuando no modifica de un modo importante la estructura agraria de la comu-*

nidad. Hay casos en que tales proyectos contribuyen incluso a fortalecer la estructura agraria tradicional en la zona donde no se afecta directamente a los hacendados, pues estos intentan luego compensar la "influencia negativa" de esos proyectos sobre los campesinos mediante una contrarreforma en contra de los últimos.

Actualmente, ningún país de América Latina, excepto Cuba, ha realizado en la séptima década un programa que haya modificado de modo radical y a gran escala la estructura agraria de una gran comunidad o región, y los programas de los institutos han consistido, cuando mucho, en proyectos individuales de asentamiento en tierra pública o privada. No obstante, con el fin de llegar a una evaluación del progreso de la reforma agraria e ignorando por el momento la sutil diferencia entre una reforma agraria real y las "reformas agrarias" fragmentadas de proyectos piloto a que dan cabida las leyes de la séptima década, podríamos tratar de ser prácticos y definir a la reforma como proyectos de asentamiento en haciendas privadas, expropiadas dentro de zonas de cultivo tradicionales, por otra parte, la colonización, cuando tales proyectos se localizan en otras zonas. Pero incluso tal clasificación relativamente simple no es fácil de seguir debido a la falta de información específica suficientemente detallada.

En ocasiones, los institutos de reforma agraria emiten títulos de propiedad, construyen carreteras, hacen grandes inversiones de capital en irrigación, proyectos de drenaje o elaboran un catastro. Estas actividades siempre tienen beneficiarios. Pero no todos son beneficiarios de la reforma agraria, y en realidad podría ocurrir que ninguno lo fuera. Por ejemplo, la emisión de un título significa en muchos casos una pequeña mejora en las condiciones de tenencia de la tierra de los recipientes, ya que los títulos podrían incrementar la seguridad de su tenencia a largo plazo y permitirles recibir crédito con más facilidad, si tal crédito está disponible para ellos. Pero todo esto no altera de modo significativo su situación económica y política. Sólo confirma o legaliza la antigua posesión precaria de la tierra por los campesinos. Proteger la posesión o propiedad de la tierra es una obligación del gobierno, con o sin reforma. Si los gobiernos no han podido asegurar la posesión precaria de los "invasores" que están sujetos a los caprichos de los grandes hacendados o inversionistas, esto se debe a que es una parte inherente del sistema latifundista que prospera debido a la inseguridad de los campesinos. Los títulos son una mejora; pero no son reforma agraria. Con respecto a otras actividades mencionadas al principio de este párrafo, nunca está claro si los principales beneficiarios son los campesinos, incluso si modifican la estructura actual de la agricultura (si se usa en un significado muy amplio el término estructura). Por ejemplo, la construcción de carreteras de penetración en regiones aisladas para permitirles a las personas vender sus productos y tener un acceso más fácil a las ciudades más próximas podría beneficiar a corto plazo a los campesinos, pero podría beneficiar aún más a los propietarios de las grandes haciendas y a los inversionistas urbanos y rurales ya que además de las mejoras físicas obtendrían grandes ganancias imprevistas en términos de mayores valores de la tierra, lo que llevaría a fortalecer el sistema latifundista en la zona; de este modo, los campesinos, a quienes se les había destinado en primera instancia, resultarían a largo plazo desposeídos.

Hasta ahora, se han hecho pocos intentos para evaluar en términos cuantitativos para América Latina en conjunto los logros de los institutos de reforma agraria. Pero en fechas recientes se logró algún progreso cuando se sostuvo que "cerca de 700 000 familias de América Latina se han asentado o reasentado en su propia tierra desde que se concibió la Alianza para el Progreso en 1961. Cerca de 450 000 familias recibieron los títulos de su tierra. Un total de 3.6 millones de personas han sido beneficiados por los programas de asentamiento o reasentamiento".[50] No está claro lo que se quiere decir con la afirmación anterior. Indicaría que quizá las familias que han recibido títulos de tierras (450 000) se cuentan entre los beneficiarios de la reforma agraria y se deben añadir, por lo tanto, a las 700 000 familias que se han asentado o reasentado en su propia tierra; y que no se les incluye en los 3.6 millones de personas que se han beneficiado con los programas de asentamiento y reasentamiento, ya que la emisión de títulos no es un programa de asentamiento o reasentamiento. Quizá los 3.6 millones de personas son las mismas 700 000 familias, si suponemos 5 miembros por familia, lo que no es irrazonable. Pero es obvio que no todas esas 700 000 familias se asentaron en haciendas privadas expropiadas; muchas lo hicieron dentro de proyectos de colonización. Si suponemos que la mitad de las 700 000 familias fueron beneficiarias de la reforma y no de la colonización —supuesto bastante optimista— esto implicaría que durante el período de 7 años (1961-1968) la tasa anual de los beneficiarios de la reforma agraria habría sido de 50 000 familias. Pero como dijimos antes, durante la séptima década el incremento anual en nuevas familias —del 75 % al 90 % de las cuales se calcula que serán pobres y por lo tanto beneficiarios potenciales de la reforma agraria— se estimó en 271 000 para 19 países latinoamericanos, o cerca de 220 000 familias si se excluyen Mé-

[50] James R. Fowled, Office of Public Affairs, Bureau of Interamerican Affairs, U. S. Department of State, julio de 1968, p. 8.

xico y Bolivia, por lo que es evidente que, incluso si se aceptaran las estadísticas que hemos mencionado, el incremento anual de los beneficiarios potenciales de la reforma agraria sería mucho mayor que el número de familias beneficiado por los proyectos de reforma y que en realidad no se afectarían las condiciones de pobreza en que viven la gran mayoría de las familias rurales antes de que apareciera una nueva generación de pobres. En consecuencia, el número de beneficiarios potenciales continúa aumentando con rapidez. Sin embargo, hay razones para creer que de hecho, el número de beneficiarios de la reforma agraria asentados o reasentados en su propia tierra es bastante menor. Esto nos lleva al estudio de la amplitud y naturaleza de algunos programas nacionales de reforma agraria.

En Brasil, el Instituto Brasileño de Reforma Agraria (IBRA) obtuvo en un principio fondos destinados en gran medida a la elaboración de un "catastro" de más de 4 millones de propiedades rurales, cuya finalidad era establecer una base tributaria real en el campo, dar información sobre la estructura agraria y determinar si la propiedad estaba o no sujeta a expropiación de acuerdo a la ley de 1964. Indirectamente la encuesta también determinaría las tierras públicas. En otras palabras, la nueva encuesta catastral se parecía más a un censo que a un catastro técnico, es decir, a un registro de la propiedad que determinara títulos definitivos y delimitara las propiedades. Sin embargo, a diferencia de un censo normal, el "catastro" tenía una finalidad política, estimular la producción por medio de una mayor tributación cuya base sería el catastro. Las disposiciones de la *Ley da Terra* de 1964 no intenta llevar a cabo una eliminación de "las estructuras y usos injustos de la tierra", como lo había pedido la Alianza para el Progreso.

Según la encuesta "catastral" del instituto, en teoría había cerca de 195 000 latifundios con un total de 44 millones de hectáreas que podían someterse a expropiación, si no fuera por las complejidades de la ley que limita las expropiaciones de haciendas. En realidad, entre 1964 y 1968 sólo se asentaron 329 familias, aunque el IBRA tenía planes a largo plazo para asentar cerca de 12 770 familias en 14 proyectos, varios de los cuales parecían más bien colonización y no reforma agraria, incluso de acuerdo con la definición "práctica" que adoptamos aquí (el IBRA también tenía otros 8 proyectos para la consolidación de los minifundios). En sólo 3 de los 14 proyectos se hicieron en realidad asentamientos. Si se supone que cada colono recibió en promedio 30 hectáreas, la superficie total sería menos de 10 000 hectáreas —una parte insignificante de los 44 millones de hectáreas en manos de los latifundistas de que informó el "catastro".

En conclusión, no ha existido nada que se parezca a una reforma agraria en Brasil y casi ningún beneficiario de una reforma agraria. Debido a que el Brasil cubre cerca de dos terceras partes del continente latinoamericano y tiene la mayor población rural del continente, su fracaso para lograr algún progreso influye mucho en el resultado total de las reformas agrarias de la América Latina en la séptima década.

Examinaremos a continuación el programa de reforma agraria de Colombia sobre el cual tenemos disponible más información publicada que sobre la mayoría de los demás países de América Latina, y que con frecuencia se ha presentado como modelo para los demás países. Encontraremos también allí que el progreso ha sido insignificante, aunque una buena campaña publicitaria ha intentado crear otra opinión. En su primer informe anual en 1962, el Instituto de Reforma Agraria, INCORA, hizo referencia a una recomendación del Comité de los 9 de la Alianza para el Progreso[51] la que después de un cuidadoso estudio concluyó que desde su primer año de operación, hasta 1965, Colombia debería asentar un total no menor de 35 000 familias rurales y que en el segundo quinquenio debería asentar otras 100 000 familias.[52] También debemos indicar que el CIDA calculó que existían 961 000 familias beneficiarias potenciales de la reforma agraria. Por lo tanto, bajo un programa de reforma agraria de 20 años, cerca de 60 000 familias recibirían tierra u otros beneficios anualmente, si se incluye el incremento anual de población de 14 000 familias en su mayoría pobres.

¿Cómo se comparan los logros reales de Colombia con estas metas? El método más fidedigno para examinar los logros del INCORA es analizar los informes anuales del instituto desde 1962 hasta 1967 inclusive, que durante los primeros años fueron muy completos y en los últimos menos. Estos informes no sirven para un análisis riguroso de las distintas actividades del organismo, pero bastan para permitir una visión que sea suficiente para obtener conclusiones tentativas generales del progreso. El INCORA no sólo se ha ocupado de proyectos de reforma agraria propiamente dicha, sino que ha asumido, como dijimos antes, algunas funciones del ministerio de agricultura y de las instituciones de crédito, o bien están en competencia con éstos. Lo anterior se debe en gran medida, aunque no exclusivamente, a las disposiciones de la ley, que asignan al INCORA un gran número de funciones. En parte se debe a las presiones políticas para reducir a un mínimo las medidas de reforma agraria. Por lo tanto, el INCORA se convirtió desde todo punto de vista en el organismo más importante para la agricultura del país, organismo que tenía como

[51] Véase la p. 186.
[52] Véase INCORA, *Informe de actividades en 1962*, pp. 6 s.

finalidad el cambio. Además de las actividades de asentamiento de campesinos en tierras públicas y privadas y de la construcción de sus viviendas, tiene las siguientes funciones: crédito y ayuda técnica a los beneficiarios de la reforma agraria y a otras clases de población rural, programas de desarrollo de cultivo y ganadería, organización de mercados, incluyendo la construcción de carreteras y la formación de cooperativas, mejora de las tierras incluyendo irrigación y drenaje para aumentar la oferta de buena tierra, y capacitación.[53] Por lo tanto, los esfuerzos del organismo no se concentran de manera principal en el asentamiento de campesinos.

La política de reforma agraria del INCORA sufrió dos cambios importantes durante el breve periodo de actividades. Se admite por lo general que el principal problema de la tenencia agraria de Colombia —como en el resto de los países latinoamericanos— es el control monopólico de la tierra y otros recursos. El CIDA informó que el 1.2 % de las propiedades rurales, las grandes propiedades multifamiliares, controlaban cerca del 45 % de la tierra; y un 4.5 % adicional de las propiedades rurales, las propiedades multifamiliares de tamaño medio, controlaban un poco más del 25 % de la tierra de cultivo, de tal modo que el 5.7 % de las propiedades rurales controlaba los siete décimos de la tierra, sin tener en cuenta que varios productores podrían pertenecer a una misma familia, o que varias haciendas podrían pertenecer a un mismo propietario, hechos que hacen que el control de la misma superficie de tierra se reduzca a un número más pequeño de familias. Carlos Lleras Restrepo afirmó cuando era senador y presentó la legislación de reforma agraria ante el Senado en 1961, cuya elaboración se le atribuye, que:

> No es aventurado afirmar, pues, que la concentración de la propiedad rural es mayor de lo que muestran las imperfectas estadísticas disponibles.[54]

Ante esta realidad, el INCORA adoptó en 1963, el segundo año de su funcionamiento, la tesis de que Colombia tiene un problema de tenencia agraria *sui generis*. Afirmó que "en Colombia no hay un control monopólico de la tierra" y que los grandes hacendados no controlan de modo decisivo la maquinaria política del país.[55] Según este nuevo concepto, el principal "problema social de la agricultura colombiana en la actualidad es el minifundio y la subutiliza-

[53] INCORA, *Seis años de reforma social agraria en Colombia, 1962-1967*, pp. 21-38.

[54] *Tierra, 10 ensayos sobre la reforma agraria en Colombia*, Ed. Tercer Mundo, Bogotá, 1961, pp. 29-37, en especial las pp. 29 y *s.*

[55] INCORA, *Segundo año de Reforma Agraria*, 1963, pp. 13 *ss.*

ción de recursos".[56] El INCORA afirmó incluso que los latifundios sólo ocupan una pequeña parte de la tierra y que además ésta es de mala calidad. No es necesario ser un reformista proclamado para entender que esta nueva política trataba de reducir a un mínimo la importancia de la expropiación de haciendas y su redistribución a los campesinos dentro del programa general de "reforma agraria", o que el problema de los minifundios y la subutilización de recursos es una característica inherente a la agricultura de latifundio que impide a los campesinos el acceso a la tierra y reduce la ocupación de sus recursos con el fin de conservar una oferta de mano de obra excedente que trabaja a cambio de salarios bajos y en condiciones de sumisión.

El segundo cambio político importante ocurrió en 1967 y 1968, después que se hizo evidente que el instituto había encontrado graves obstáculos para expropiar y redistribuir mucha tierra que pertenecía a los terratenientes sin importar el fracaso de estos últimos para controlar de modo decisivo la "maquinaria política del país", como había pretendido el instituto.[57] Por lo tanto, el INCORA trató de obtener enmiendas a la ley de 1961, ya que no quería o no podía admitir que su nuevo "planteamiento" de la reforma agraria en 1963 había estado equivocado. La principal enmienda fue la que permite al instituto un mecanismo más efectivo para ayudar a los pequeños arrendatarios y aparceros a solicitar en propiedad las parcelas que han cultivado en beneficio de los antiguos propietarios. La naturaleza de esta enmienda ya fue examinada.[58] El segundo "nuevo planteamiento" implicó, por lo tanto, un cambio de la expropiación, redistribución y asentamiento de la tierra de cualquier hacienda, a un proyecto más simple que sólo afectaba las haciendas caracterizadas por relaciones de ocupación tradicionales.

Estudiemos ahora con más cuidado lo que hizo el INCORA entre 1961 y 1968. Durante ese período, el instituto adquirió cerca de 2.3–2.4 millones de hectáreas de tierra "para su programa de reforma agraria" por varios medios legales. De ese total casi dos millones de hectáreas se obtuvieron de acuerdo a una antigua ley que data de 1936 (ley 200), y no bajo la ley de reforma agraria de 1961. La legislación antigua permitía que la nación reclamara la tierra privada no utilizada y la añadiera al dominio público. De esos 2 millones de

[56] *Ibid.*, p. 17.

[57] Para un estudio de las dificultades legales que ha encontrado el INCORA en sus expropiaciones véase de J. R. Thome, *Limitaciones de la legislación colombiana para expropiar o comprar fincas con destino a parcelación*, Land Tenure Centre, Univ. of Winsconsin, Madison, Wisc., LTC, Nº 14, noviembre de 1965.

[58] Véase p. 234.

hectáreas 1.3 millones se adquirieron en 4 provincias (departamentos), Bolívar, Magdalena, Boyaca y Choco en donde grandes zonas no están desarrolladas ni cuentan con infraestructuras, siendo más apropiadas para colonización que para reforma agraria. Además el INCORA adquirió 265 000 hectáreas mediante cesiones; 109 000 hectáreas por medio de compras y sólo 44 000 hectáreas mediante expropiaciones. La tierra expropiada, es decir, la tierra adquirida realmente bajo un programa de reforma agraria, fue sólo del 1.8 % de toda la tierra que manejaba el INCORA y sólo una pequeña parte de la tierra de las haciendas. En las zonas agrícolas más prósperas donde el latifundismo es poderoso, el INCORA sólo adquirió superficies insignificantes de tierra con medios legales diferentes a la reforma agraria. En Valle, una de las zonas más ricas de Colombia, donde también hay grandes superficies de tierra de buena calidad y ociosa, se adquirieron menos de 5 000 hectáreas de las cuales sólo 710 lo fueron por expropiación. Lo mismo es cierto para Antioquía, Narino, Santander o Tolima. En algunas provincias ricas, el instituto no adquirió ninguna tierra. Por lo tanto, por la evidencia de esas adquisiciones de tierra, todo programa de reforma agraria ha ocurrido en las regiones marginales de Colombia. Pero las adquisiciones de tierra *per se* no revelan toda la amplitud del programa. Debemos traducir las adquisiciones de tierra en términos de beneficiarios.

Si el INCORA hubiera cumplido las recomendaciones del Comité de los Nueve —35 000 familias hasta 1965, más 40 000 familias adicionales hasta 1967, con un total de 75 000 familias— hubiera necesitado 2.1 millones de hectáreas para acomodar a las 75 000 familias a un promedio de 30 hectáreas por familia. Esta tasa parece razonable dada la localización de la tierra que adquirió el organismo. Pero en apariencia los 2.3–2.4 millones de hectáreas adquiridas no se distribuyeron a las 75 000 familias y de hecho no hay ningún indicio en los informes anuales del modo en que en realidad se redistribuyó la tierra a las familias rurales, ni del número de éstas o de los términos de la redistribución.

Por otra parte, el INCORA distribuyó cerca de 66 000 títulos de propiedad, es de suponerse que al mismo número de familias rurales, lo cual implica un total de 2.2 millones de hectáreas. No está claro si estos 2.2 millones de hectáreas se incluyen en parte en los 2.3–2.4 millones de hectáreas adquiridas por el instituto debido a que no ha informado si sólo entrega títulos de propiedad a las familias que son exclusivamente "invasores". Entre los 66 000 receptores de los títulos podrían estar verdaderos beneficiarios de la reforma agraria que reciben parcelas en los proyectos de reforma agraria del INCORA. Pero no sabemos cuántos son. Sin embargo, es indudable que entre quienes reciben títulos hay muchos ocupantes de tierra en situación de tenencia agraria precaria, que han poseído sus parcelas durante muchos años, y que las han mejorado y limpiado con su propio esfuerzo. Como ya explicamos no se les puede incluir entre los beneficiarios de la reforma agraria.

El número de beneficiarios reales sólo puede calcularse de modo indirecto en base a la descripción de los proyectos que en toda Colombia hace el instituto y que aparecen en los informes anuales. A principios de 1965 el INCORA había sido autorizado para realizar 34 proyectos, 21 de los cuales eran de asentamiento y 13 de naturaleza distinta a la "reforma agraria" (véase el cuadro del apéndice). Entre estos últimos había proyectos de ayuda a la colonización espontánea. Éstos no pueden considerarse dentro de las actividades de reforma agraria del INCORA. De los 21 proyectos de asentamiento, varios de los cuales estaban en el límite entre la reforma agraria y la colonización, parece que en realidad sólo seis han tenido colonos, esto es 1 127 familias en 23 600 hectáreas. En otras palabras, en 3 años de operación los beneficiarios reales de la reforma agraria fueron 1 127 familias, o sea, menos de 400 al año. No disponemos de cifras precisas sobre el número de familias que recibieron tierra en los años posteriores a 1965, pero se sabe que se firmaron pocos decretos de expropiación (si es que se firmó alguno, y sin esa firma no se puede entregar la tierra a los campesinos), y no es exagerado decir que el programa de reforma agraria no adquirió un mayor impulso en esos años. Suponiendo que en el siguiente período de 3 años se haya duplicado el número de beneficiarios, a finales de 1967 se habrían asentado cerca de 3 380 familias, o sea, cerca de 560 anualmente.[59] Por lo tanto podemos concluir tentativamente que de los 66 000 recipientes de títulos de propiedad, se calcula que cerca de 62 620 corresponden a ocupantes de tierras de dominio público.

Como vimos antes, en Colombia no puede ocurrir ninguna reforma agraria sin un proyecto específico autorizado, como ocurre en otros países de América Latina. Los proyectos de reforma agraria del INCORA que aparecen en el cuadro I del apéndice, indican por lo tanto, la amplitud de la "reforma agraria" colombiana. A principios de 1965, 20 proyectos de asentamiento en tierras del instituto, excluyendo el proyecto del Magdalena (Número 4), usarían entre 328 000 y 351 000 hectáreas para cerca de 18 200 o 19 400 beneficiarios como mínimo y como máximo. Pero tal cálculo podría ser exagerado. Por ejemplo, en un proyecto se informó que no se podía realizar debido

[59] Una evaluación independiente de la reforma agraria colombiana que hizo a principio de 1968 un organismo internacional, llegó a calcular que 3 785 familias han recibido tierra dentro del programa de asentamientos del INCORA.

a la oposición de los terratenientes de la zona, aunque, según las palabras históricas del INCORA, no "controlan de modo decisivo la maquinaria política del país". Puede observarse que en promedio los proyectos planeados son pequeños —aproximadamente 1 000 familias. Como la mayoría de los proyectos requieren, según las mismas proyecciones del INCORA, cuantiosas inversiones para control de inundaciones, drenaje o irrigación, es probable que los 20 proyectos no estén terminados antes de 1970 o 1972. Si este fuera el caso, los proyectos de asentamientos o colonización de tierras del INCORA implicarían una tasa anual promedio de asentamiento de 1 900 familias entre 1961 y 1971, o cerca del 14% del incremento anual de las familias rurales (14 000), que en su gran mayoría son pobres. Y es obvio que no toma en cuenta la cantidad de familias pobres que existía en 1960. Es decir, el número total de familias en condiciones desfavorables que necesita tierra o algún otro beneficio de una reforma agraria aumenta cada año, en 12 000 familias cuando menos, que no emigran a la ciudad.

En resumen, entonces, el programa de reforma agraria de Colombia resultó en una distribución de la tierra que benefició aproximadamente a un total de 3 500 familias en el período de 1962 a 1967, mientras que el incremento neto de las familias rurales pobres (deduciendo la migración a la ciudad y los beneficiarios de la reforma agraria) ascendió casi a 69 000 familias durante el mismo período. Si

CUADRO 27

HOJA DE BALANCE DE LOS PLANES DE ASENTAMIENTO DE COLOMBIA Y LOS ASENTAMIENTOS REALES, 1961-1965

Proyectos planeados, 1962-1971 *			
Hectáreas		351 400	(328 100)
Beneficiarios		19 414	(18 213)
Asentamientos reales, 1961-1965			
Hectáreas	1962-1965	23 689	
Beneficiarios	1962-1965	1 127	
Beneficiarios	1962-1967	3 500	(estim.)

* Excluyendo el proyecto Magdalena Nº 4. Las cifras entre paréntesis reflejan los ajustes que hizo posteriormente el INCORA a los proyectos sugeridos. Cuando los informes anuales no indicaban el número de beneficiarios o de hectáreas, éste se calculó en base a 19.4 hectáreas por colono, que fue el promedio en todos los proyectos para los cuales se disponía de información completa.

FUENTE: Informes anuales del INCORA. Véase el cuadro I del apéndice.

entre 1961 y 1971 reciben tierra 20 000 familias (lo que no es seguro), el número de familias en condiciones desfavorables que necesitan ayuda habrá superado al número de beneficiarios de la reforma agraria en 100 000.

No hay evidencia para suponer que las actividades de reforma agraria de Colombia aumentarán considerablemente durante los próximos años, en términos de nuevos proyectos de asentamiento. Por lo tanto, se debe anticipar que la octava década empezará con una lenta ejecución y terminación de los proyectos que se planearon a mediados de la séptima década, y quizá después la reforma agraria se detendrá totalmente.

¿Qué influencia ha tenido hasta ahora este programa sobre la estructura agraria global de Colombia? Por ejemplo, en una provincia, Córdoba, dos proyectos que cubren en total 74 000 hectáreas representan el 4.5 % de la tierra de cultivo total y sólo un porciento algo mayor de la tierra de las haciendas. En Antioquia un proyecto de 4 000 hectáreas representa cerca de dos décimas del 1 % de toda la tierra de cultivo y sólo un porciento algo mayor de toda la tierra de las haciendas. Para todo el país los proyectos planeados representan cerca del 1.4 % de toda la tierra de cultivo, el 2.1 % de la tierra controlada por las haciendas y el 2 % de las familias en malas condiciones que existían en 1960, sin tener en cuenta las nuevas familias que se crearon entre 1960 y 1970. Podemos concluir que casi no se afectaron las tenencias de la élite terrateniente.

El triste panorama que describimos de la reforma agraria colombiana está apoyado en gran medida por una evaluación que hizo el Senado de los Estados Unidos, en la que se dijo que parece que en Colombia se da mayor importancia a una "mayor productividad" de la agricultura y no a los objetivos sociales de la reforma agraria, incluso en un momento en que la Alianza para el Progreso estaba en sus etapas iniciales. Es significativo que Colombia haya recibido entre 1963 y 1966 dos préstamos de 10 y 8.5 millones de dólares respectivamente para un crédito supervisado, que debía manejar el INCORA. Al mismo tiempo, los ganaderos, que se cuentan entre los principales opositores de la reforma agraria, recibieron en 1964 y 1966 dos préstamos de los Estados Unidos con un valor total de 12 millones de dólares, en parte para "eliminar los temores que habían aparecido entre los ganaderos a causa de la reforma agraria".[60] Como en Colombia hay relativamente pocos ganaderos, el préstamo de 12

[60] *Colombia, A Case History of United States Aid*, Survey of the Alliance for Progress, Subcommittee on American Republics Affairs, Committee on Foreign Relations, U. S. Senate, 91 st. Congress, 1st. Session, febrero de 1969, Washington, D. C., pp. 79 *ss*.

millones de dólares es, obviamente, mucho más importante que el préstamo de 18.5 millones de dólares al Instituto Colombiano como crédito supervisado, considerando que existe cerca de un millón de familias pobres.

En Panamá, la Comisión de Reforma Agraria informó en 1966 de 10 pequeños proyectos que cubrían una superficie de cerca de 12 000 hectáreas con un poco más de 1 000 beneficiarios que se asentarían en parcelas que en promedio tenían 10 hectáreas, pero hasta ahora sólo una pequeña parte de los colonos ha recibido tierra. En Perú ocurrió alguna reforma agraria antes de la aprobación de la ley de reforma y de la creación del instituto, debido a las invasiones legalizadas. La mayor invasión y subsecuente asentamiento ocurrió en Algolan, donde 3 000 familias que pertenecían a 14 comunidades indígenas y 12 grupos de feudatarios recuperaron la posesión de su tierra.[61] En otra zona de levantamientos campesinos, La Convención y Lares, la expropiación de varias haciendas prometió que se entregaría la tierra a 10 000 familias, pero para finales de 1966 estas expropiaciones no se habían llevado a cabo.[62] Desde que se creó el instituto se "expropiaron" 16 haciendas de propiedad pública en la zona del Puno (45 000 hectáreas, lo que es muy poco debido a las condiciones ecológicas de la zona) y en la costa, a mediados de 1966. Por supuesto, si se usan las haciendas públicas para los proyectos de reforma agraria no se trata de verdaderas expropiaciones, ya que sólo representan una transferencia de la posesión de un organismo gubernamental a otro. A finales de 1966 todavía no se asentaba ninguna familia en las haciendas públicas en los Andes, ni se había expropiado ninguna propiedad privada. Por medio del título XV, bajo el cual el instituto registró a 120 000 "feudatarios" y distribuyó cerca de 32 000 documentos temporales confirmando sus derechos de posesión, en realidad sólo 4 feudatarios habían recibido tierra en 1966 y no por expropiaciones, sino por transferencias voluntarias para fines de demostración, en cooperación con el hacendado. Aunque el instituto tenía jurisdicción sobre 213 000 km² en tres zonas oficiales de reforma agraria con una población rural de 1.3 millones de personas, y había establecido 13 oficinas adicionales para cumplir con el título XV, además de realizar varios proyectos de irrigación en zonas que tenían en total 3.3 millones de habitantes, el progreso de la reforma agraria era prácticamente nulo. Prorrateadas sobre una base anual, las familias campesinas que se habían asentado en el Perú antes o después de la creación del instituto

[61] Véase p. 228.

[62] Varios proyectos de reforma agraria iniciados antes de 1964 fueron continuados por la ONRA.

no fueron probablemente más que unos cuantos centenares entre 1961 y 1967.[63]

En la República Dominicana, un pequeño país que en 1968 tenía una población total de 4.4 millones de habitantes y una población rural de 2.7 millones, las familias rurales pobres acendían, cuando menos, a 350 000 familias en 1960, con un incremento neto anual de 15 000 familias. Su agricultura es notoria por el latifundismo, al igual que los demás países latinoamericanos, y gran parte de la tierra es propiedad de extranjeros. Bajo la ley de reforma agraria de 1962 se habían asentado cerca de 3 400 familias hasta abril de 1965, antes de la revolución, o sea, 1 136 familias al año. Se informa que entre 1964 y 1967 el Instituto de Reforma Agraria entregó cerca de 28 500 hectáreas a 6 035 familias. Esto implica que la tasa de asentamiento después de la revolución no fue mayor que antes de la misma. Pero las estadísticas de ese organismo son muy confusas. Sin embargo, debe observarse que el tamaño promedio de las parcelas de los nuevos colonos fue sólo un poco mayor de las 4 hectáreas y que en gran medida los proyectos no fueron satisfactorios para muchos colonos que abandonaron sus parcelas debido a un apoyo y ayuda inadecuados. En realidad los asentamientos son proyectos

[63] En realidad la información sobre el asentamiento de familias en Perú es confusa. Según una evaluación del CIDA de la reforma agraria del Perú desde 1964, entre 1964 y 1966 no se expropió ninguna hacienda privada, aunque si hubo "expropiaciones" de tierra pública. Por lo tanto, el CIDA concluyó que la ONRA había beneficiado a unas cuantas familias campesinas. Sin embargo, en mayo de 1968, ONRA informó que entre mayo de 1964 y mayo de 1968 se habían distribuido a 11 163 familias 353 000 hectáreas de tierra expropiada (otra cifra oficial para el período de mayo de 1964 a septiembre de 1968 es la de 314 000 hectáreas distribuidas a 9 224 familias). Por otra parte, S. Barraclough (*Agrarian reform in Latin America, actual situation and problems*, en *Land Reform, Land Settlement and Cooperatives*, Rural Institutions Division, FAO, 1969, Nº 2, pp. 1 ss.) afirma que "en Perú cerca de 14 000 familias campesinas (1 % de los beneficiarios potenciales) han recibido tierra durante los últimos cuatro años mediante programas de colonización o redistribución de grandes haciendas.

¿Cómo pueden reconciliarse las conclusiones del CIDA con los 11 163, 9 224 o 14 000 beneficiarios de la "reforma agraria"? Sin duda la respuesta es que entre finales de 1966 y mayo (o septiembre) de 1968, se asentaron familias campesinas en proyectos de reforma agraria iniciados antes de finales de 1966 e incluso antes de 1964. Por lo tanto, esos proyectos tuvieron un período de gestación muy largo. Sin embargo, una parte de los beneficiarios se estableció en obras de colonización. Si aceptamos como buenas las cifras oficiales, el párrafo del texto debería modificarse para que diga que entre 1961 y 1969 el total de familias rurales establecidas *al año* por los proyectos de reforma agraria fue aproximadamente de 1 500 (dependiendo de la magnitud de los proyectos de colonización). No obstante, es obvio que incluso esta cifra, más alta, sólo representa una pequeña parte del incremento anual de las familias rurales pobres.

de colonización dispersos en todo el país, y no reforma agraria, además de que parece que casi todos se han hecho en tierras que pertenecían al Estado, aunque el instituto informó que había comprado 6 500 hectáreas a sus propietarios. Se suponía que después de la caída del régimen de Trujillo, el Estado obtendría el dominio de las antiguas propiedades de aquél y se podría iniciar un programa rápido y en gran escala para beneficiar a un considerable número de campesinos. No obstante, nunca se estableció en forma precisa la superficie de la tierra que era propiedad de la familia Trujillo. En 1965 el Estado había tomado cerca de 50 000 hectáreas, lo que hizo que la tierra del Estado aumentara hasta 365 000 hectáreas. Pero se sabe que las 50 000 hectáreas sólo eran una pequeña parte de los bienes raíces de esa familia. ¿Qué ocurrió con el resto? Sólo se pueden hacer suposiciones. Es obvio que en un país en que puede ocultarse una gran propiedad, no puede esperarse una reforma agraria en gran escala y quizá ni siquiera en pequeña escala. En 1965 el Instituto de Reforma Agraria planeó asentar de 60 a 70 000 familias en tierras del Estado (no en las propiedades de Trujillo), que en su mayor parte no incluyen la buena tierra agrícola que ya se está usando, sino tierra en distritos periféricos que carecen de infraestructura. Pero a la tasa a que se hacen los asentamientos se necesitarían 60 años para lograr esa meta. Es claro que la República Dominicana perdió una oportunidad única para entregar una gran parte de la propiedad de Trujillo, si no es que toda, a los campesinos, después del asesinato del dictador. Hasta ahora no se ha prestado seria consideración a la expropiación de haciendas privadas, excepto las de la familia Trujillo. El caso dominicano es de particular interés, en vista de la considerable y creciente ayuda técnica y financiera que ha recibido después de la eliminación de Trujillo, a pesar de lo cual sólo una pequeña parte se destinó a los esfuerzos de reforma agraria. Con el rápido incremento de la población rural pobre puede predecirse que en unos cuantos años más será difícil manejar los problemas de tenencia agraria del país, de acuerdo a los principios y mecanismos advocados por la Alianza para el Progreso.

Otro caso importante es Honduras, debido a que demuestra que el tamaño del país o sus recursos tiene poca relación con el éxito de la reforma agraria. En Honduras no ha existido una verdadera reforma agraria en el sentido de un cambio rápido y en gran escala de la estructura agraria. Sin embargo, ha hecho más por su población pobre rural que otros países que han gastado más dinero en la publicidad de sus "reformas agrarias" que en la expropiación de las haciendas privadas. Honduras ha asentado más familias campesinas entre 1963 y 1967 que, por ejemplo, Perú y Colombia. Su instituto de reforma agraria inició 10 proyectos de asentamiento de tierras en haciendas expropiadas o donadas, que tenían una superficie total de 52 000 hectáreas (lo que de todos modos es una superficie pequeña), beneficiando a 4 425 familias, o sea, 885 al año, con un promedio de 12 hectáreas por familia, según las estadísticas publicadas por el instituto. Varios proyectos se hicieron en tierras que ya habían invadido los campesinos y sólo después se legalizaron las invasiones. El éxito de esas invasiones se debe en gran parte a la influencia política y la efectiva organización de dos asociaciones campesinas, lo que demuestra que la reforma agraria no puede llegar muy lejos sin apoyo campesino. Un caso interesante lo tenemos en un proyecto de asentamiento que manejan colectivamente los colonos y que ha tenido un éxito considerable en la mejora de la administración y producción de la tierra. Esa propiedad rural colectiva tenía tres tractores y equipo pesado sólo tres años después de empezar a operar. Esto es mucho más de lo que ocurre en la mayoría de los proyectos de asentamiento planeados y ejecutados por los institutos de reforma agraria, donde se deja a los colonos abandonados a su propia suerte una vez que han recibido sus parcelas individuales y sin que se les permita trabajar la tierra en cooperativas o en forma colectiva. Pero incluso este éxito relativo del instituto de reforma agraria de Honduras no oculta el hecho de que las 4 425 familias sólo eran una pequeña parte del total de 200 000 familias pobres.

Evaluación final

Estos ejemplos bastan para demostrar que en los países en que ha existido alguna actividad de reforma agraria durante los años recientes es difícil evaluar con exactitud cuántos beneficiarios de la reforma agraria hubo y para demostrar que las estadísticas oficiales deben usarse con precauciones. En particular, es difícil separar a los beneficiarios de los proyectos de colonización de los verdaderos beneficiados por la reforma agraria. Podría argumentarse que no importa cómo obtienen los campesinos la tierra, siempre que la obtengan, y hay algo de verdad en esto, pero omite el aspecto de importancia decisiva, a saber, que los proyectos de colonización o la emisión de títulos de propiedad no modifican la estructura agraria básica, ni el control de una pequeña élite terrateniente sobre los recursos agrícolas y de los campesinos.

Sin duda no estamos muy alejados de la verdad cuando afirmamos, con base en la evidencia disponible, que el número de colonos que recibieron tierra mediante la expropiación de haciendas privadas (que es a los que hemos llamado proyectos verdaderos de reforma agraria) por parte de los institutos de reforma agraria establecidos por la legislación de las séptima década, llegó cuando mucho a 1 000 o 1 500 al año, y comúnmente fue todavía menor. Sin embargo, en muchos países no ocurrió ninguna redistribución. Sólo en Venezuela se entregó tierra a cerca de 100 000 familias, antes de la Alianza para el Progreso. Pero en todos los países, incluyendo Venezuela, las actividades de "reforma agraria" han disminuido mucho o se han detenido del todo, a medida que se acercaba el final de la década.

Un cálculo nada conservador sería que hasta ahora, durante la séptima década, 16 países (exceptuando México y Bolivia) asentaron a cerca de 500 familias como beneficiarias de la reforma agraria cada año, y Venezuela a cerca de 12 000, durante un período de 7 u 8 años, habiéndose beneficiado un total de 140 o 160 000 familias por las actividades de los institutos de reforma agraria. Esta cifra sería menor que la tasa anual de incremento del número de familias rurales de esos 17 países, calculado en 220 000 familias que en su gran mayoría son pobres. Incluso si la tasa promedio de asentamiento en los 16 países fuera de 1 000 y no de 500 (que es la cifra más real), las familias beneficiadas por la reforma agraria durante la Alianza para el Progreso no excederían de 196–225 000. Con la reciente disminución de las actividades de la mayoría de los organismos de reforma agraria se espera que el número anual de beneficiarios disminuya con rapidez.

La tasa de asentamiento de los institutos ha sido tan lenta que a su ritmo actual requeriría generaciones para asentar sólo el 75 % de las familias pobres que existían en 1960. Por ejemplo, en Honduras se necesitaría un programa de 155 años; en Perú duraría casi una eternidad a la tasa de asentamientos que operó la ONRA durante un período de tres años (1964-1966); en Brasil se necesitarían 34 000 años; en Colombia casi 1 300 años. Pero como esas cifras no toman en cuenta el aumento natural de las familias rurales, que en su mayoría son pobres, esos programas nunca podrán ser efectivos para combatir la pobreza.

En realidad no podemos omitir en nuestra evaluación final que mientras los institutos de reforma agraria distribuían tierra a los campesinos, por pequeña que haya sido la escala en que lo hacían, la élite terrateniente arrojaba a los campesinos de sus haciendas y de la tierra a que tenían acceso por algún acuerdo de alquiler. La principal razón era que los hacendados deseaban impedir que los campesinos reclamaran la tierra a que los legisladores les habían otorgado ciertos derechos. Las cifras precisas nunca se conocerán. Pero un

CUADRO 28

ASENTAMIENTOS REALIZADOS POR LOS INSTITUTOS DE REFORMA AGRARIA EN DETERMINADOS PAÍSES, Y TIEMPO NECESARIO PARA DAR LA TIERRA AL 75 % DE LAS FAMILIAS RURALES POBRES

País	*Número de familias pobres en 1960*	*Incremento anual de las familias*	*Tasa real de asentamiento de los institutos durante la séptima década (familias)*	*Años necesarios para asentar al 75 % de las familias pobres que existían en 1960*
Brasil	4 535 000	106 000	100	34 000
Colombia	961 000	14 000	560	1 287
Perú (1964-66/7)	960 000	29 000	— [a]	casi indefinido
Rep. Dominicana	350 000	15 000	1 150	228
Honduras	183 000	5 000	885	155

[a] Casi ninguno.
NOTA: Cifras aproximadas.

supuesto aceptable sería que esas expulsiones fueron cuando menos iguales al número de familias que recibía tierra de los institutos, y que probablemente lo excedieron por bastante. De este modo, la acción de los institutos de reforma agraria fue compensada por la acción —ilegal— de la élite terrateniente, y a finales de la séptima década los campesinos no estaban mejor que cuando empezó la década.

Contrarreforma: la otra cara de la moneda

Algunos estudiosos de la situación latinoamericana han considerado que los fracasos de las reformas agrarias de la séptima década demuestran con claridad que una política destinada a modificar radicalmente la estructura agraria con el fin de aportar el progreso, como la ha estipulado la Alianza para el Progreso y los verdaderos reformadores, es un error por sí misma.

Por ignorancia o interés, esos investigadores omiten dos aspectos importantes. Primero, que las políticas agrícolas tradicionales para una mayor producción y las mejoras marginales de la tenencia agraria no han aumentado la producción incluso a las tasas relativamente bajas que recomienda, por ejemplo, la Alianza para el Progreso, y que han tenido menor éxito en la disminución de la pobreza rural. En segundo lugar, y más importante, que en respuesta a la solicitud de los campesinos y muchos líderes políticos por una reforma agraria, la séptima década presenció la campaña más intensa para obstaculizar o sabotear dichas reformas que se ha presentado en el continente. A esta campaña la llamaremos la contrarreforma.

La contrarreforma no es un movimiento reformista, como podría indicar el término. Por el contrario, se refiere a todos los esfuerzos que hace la élite terrateniente o que hacen otras personas en su beneficio para conservar al *statu quo* en la estructura agrícola tradicional; esto es, para conservar sus características fundamentales, incluyendo el control casi monopólico de la élite latifundista sobre los recursos agrícolas y los campesinos que les permite controlar a todo el sector agrícola y en realidad, a toda la sociedad latinoamericana. La contrarreforma no es sólo un mecanismo de defensa por parte de la élite terrateniente que se ve amenazada en el ejercicio ilimitado de todos sus privilegios, a los que cree tener derecho. También puede emplear la agresión e intentar "modificar" la estructura agraria prostituyendo los programas de reforma que ya existen, para que no afecte a quienes tienen el control de la tierra y el poder político, con la intención de reforzar el *statu quo* existente o restablecer el previo. Pero de ninguna manera esto la convierte en un movimiento de reforma, en el sentido usual de la palabra.

Independientemente de que sea una defensa o una agresión, no se puede medir con facilidad el éxito de la contrarreforma en términos cuantitativos, aunque es obvio que se refleja de modo general en los fracasos de los institutos de reforma agraria. La contrarreforma usa presiones políticas, militares y de otro tipo con la intención de hacer imposible la reforma agraria. Es un ataque directo, aunque algunas veces sutil, contra las fuerzas que tratan de hacer una verdadera reforma. En realidad en muchos casos la contrarreforma no es sólo sutil, sino además elusiva. Las reformas agrarias son programas relativamente bien organizados y se conocen e identifican sus agentes, defensores y beneficiarios. La contrarreforma, por el contrario, nunca es algo formal. Es una política, no un programa. Tiene agentes, pero no organismos. Es difusa, por lo general anónima y desconocida, excepto cuando degenera en acciones militares o policiales en gran escala dirigidas contra los campesinos o sus líderes. Pero incluso en el último caso, como se ha dicho varias veces, los instrumentos de publicidad que publican o critican con rapidez las acciones de los institutos de reforma agraria pueden con la misma rapidez ocultar todas las actividades de contrarreforma y engañar a la opinión pública, como ocurrió en Perú y Brasil. Esto es fácil de lograr, ya que por lo usual la prensa, la radio y la televisión están sometidas a influencias políticas, si no es que son propiedad de la élite terrateniente y sus asociados. Un programa de reforma agraria que se realiza en una sociedad que sigue teniendo al latifundismo como fundamento se enfrenta a todas las fuerzas políticas, administrativas y militares existentes y que luchan por su supervivencia. De aquí que las fuerzas de la reforma y de la contrarreforma sean muy disparejas.

Aunque la contrarreforma no tiene un programa formal, esto no quiere decir que las acciones contrarreformistas no sean resultado de acciones concertadas, aunque reciban poca publicidad. Es cierto que algunas medidas de contrarreforma surgen con frecuencia de un instinto de autoconservación de los hacendados. Pero para los relativamente pocos agentes activos de la contra-reforma que son miembros de la élite terrateniente y para sus asociados en los sectores aliados a la agricultura, que forman la élite de poder de un país agrícola, es fácil lograr una acción concertada, y mantenerla oculta. Con frecuencia deja de reconocerse que en comparación con los campesinos que en su mayor parte están desorganizados y a los que se prohibe organizarse, los hacendados están muy organizados en los niveles local, nacional e internacional, además de estar muy integrados en otros sectores poderosos, como el financiero, comercial, político, militar o administrativo. Como vimos antes, con frecuencia los hacendados son banqueros, comerciantes, importadores, exportadores o políticos, todo a la vez. De este modo representan una fuerza pequeña pero poderosa en el continente latinoamericano. Por supuesto, es obvio que no todos los miembros de la élite terrateniente ven de igual forma los problemas a que se enfrentan. En algunos casos podrían ser enconados competidores. Pero actúan como un solo hombre cuando se trata de conservar y defender el latifundismo y mantener a los campesinos en la sumisión. Los hacendados por sí solos han formado grupos de intereses económicos y políticos más poderosos que cualquier otro sector de América Latina y pueden disponer de abundantes recursos para dar completa expresión y apoyo a sus opiniones económicas, sociales y políticas favoritas. Ante todo están las asociaciones comerciales que se forman para proteger las cosechas que cultivan sus miembros —por ejemplo, algodón, café, o, fuera del sector agrícola, la ganadería— y que podrían oponerse entre sí con respecto a la tierra y otros insumos, excepto la mano de obra. Pero en general actúan en defensa del latifundismo y protegen sus intereses. Igual hacen las asociaciones generales de latifundistas que se integran con el nombre de Sociedades de Agricultores, en que el término agricultores denomina a los propietarios de plantaciones y haciendas adinerados y por lo usual absentistas. Estas sociedades siempre participan en la orientación de las políticas agrícolas. Interfieren primero en la aprobación de la legislación de reforma agraria y después en su ejecución —por lo usual tienen más éxito en esto último, aunque como hemos visto han tenido éxito para confundir los problemas en la misma ley o para incluir en las disposiciones de ésta algunas de sus ideas favoritas sobre cómo tratar a los campesinos y hacer casi imposible la aplicación de la ley. Pero los hacendados de América Latina también forman una verdadera Internacional que tiene sus ramificaciones en todos los centros de poder de América. Por ejemplo, las Asociaciones Agropecuarias Americanas Amigas (AAAA), cuya sede se supone que está en Chicago, es muy activa y en reuniones periódicas secretas establece estrategias comunes contra los campesinos y los reformistas agrarios siendo difícil no concluir que la acción colectiva interncional de la élite terrateniente en América ha tenido resultados concretos en el sabotaje de las reformas agrarias.

Por supuesto, no es tan necesario para los hacendados unirse para una acción concertada ya que la estructura de la nación funciona, en gran medida, a su favor, aunque sí les son de utilidad las asociaciones de propietarios. Los organismos gubernamentales son dirigidos por hacendados o miembros de su familia tanto al nivel nacional como local. Tales organismos son instrumentos efectivos de la élite terrateniente para realizar la contrarreforma. Los gobernadores de los estados o provincias también son terratenientes millonarios con importantes intereses financieros en la agricultura y sus industrias relacionadas u otros negocios —como un reciente gobernador de Pernambuco en el empobrecido noreste brasileño—, así como los directores de los organismos de crédito públicos o semipúblicos, jueces de tribunales nacionales o locales, presidentes de los tribunales de trabajo o de los organismos indigenistas, jefes de policía o prefectos de los pueblos y aldeas —todos con intereses financieros similares a los de los gobernadores aunque no sean millonarios— pueden usar y han usado sus cargos, para ayudar conciente o inconscientemente a la élite terrateniente en su "autodefensa" contra las justas demandas de los campesinos. Muchos están simplemente en la nómina de los latifundistas. De este modo parece que los institutos de reforma agraria están luchando siempre en desventaja, ya que los intereses en contra de la reforma agraria son muy poderosos.

Al ocupar tantos cargos importantes en el gobierno, los instigadores de la contrarreforma le dan a su estrategia tantas facetas como cargos de control existen. Estos medios van desde arrojar a los campesinos de las haciendas antes de que puedan pretender derechos a la tierra bajo las leyes de reforma agraria, y otros actos semejantes de hostilidad que ya mencionamos, hasta enjuiciar o amenazar con enjuiciar a los directores de los institutos de reforma agraria sobre la base de un supuesto mal manejo de los fondos públicos o de incompetencia (como ocurrió en Perú) o intentos de cohechar o amenazar a los funcionarios del instituto, en particular cuando han creado buenas relaciones de trabajo con los campesinos; o, como vimos antes, privar a los institutos de sus fondos e impedir que los dirigentes del gobierno firmen los decretos de expropiación, enfrentando así a un funcionario ejecutivo contra el otro.

La contrarreforma es la causa por la cual los institutos de reforma agraria de América Latina empiezan con un personal relativamente joven y entusiasta de técnicos, dispuestos a cumplir con la ley nacional y ayudar a los campesinos, y terminan en la frustración, habiéndose remplazado a los primeros reformistas con contrarreformistas declarados, voceros de la élite terrateniente, que sabotean el trabajo del instituto con discusiones interminables y estériles y trabajos imaginarios que no benefician a nadie, excepto a los latifundistas.

La contrarreforma encuentra ayuda en los sectores más inesperados y en ocasiones esto da a la gran tragedia rural del hemisferio un tinte cómico. En su ansiedad de justificarse ante la opinión pública, la contrarreforma ha aceptado cautelosamente la ayuda de los intelectuales que, con la ingenua convicción de que la reforma agraria se puede resolver científicamente "eliminando los aspectos políticos del problema", han intentado dar fundamento teórico a la idea de que la reforma agraria es en esencia el problema de aumentar la eficiencia económica de la agricultura, y, por lo tanto, un problema para técnicos expertos, que no sean idealistas románticos o buscadores de justicia social. La teoría de que la reforma agraria puede ser apolítica es tan absurda como las proposiciones para convertir al problema racial en un problema psicológico, con la finalidad de ajustar a la raza discriminada a los preceptos de la clase media de la sociedad. Es un planteamiento hipócrita debido a que está muy influido por una política que favorece el *statu quo*. Los expertos técnicos que tratarán problemas de la estructura agraria de las agriculturas feudales empezarán por determinar objetivamente, primero, las condiciones óptimas en que puede tener éxito el asentamiento de tierras. Esto exige una investigación sistemática y el uso de los métodos más modernos y refinados de análisis, de preferencia el uso de computadores electrónicos para tratar las diversas variables que intervienen en las ecuaciones y dar respuestas correctas. Deben reunirse datos sobre las condiciones de los suelos, climas, abastecimientos de agua, y condiciones del mercado, lo que sólo se logra después de años, ya que la mayoría de los países latinoamericanos no tienen disponible información cuantitativa. Después se les debe analizar, lo que requiere otro par de años antes de que se pueda ayudar a los campesinos. Todo se estudia con detalle, excepto el intolerable sistema social y su efecto sobre la vida de los campesinos, que nunca ingresa en los tercos computadores, a pesar de que es el problema esencial de la reforma agraria. El proceso debe repetirse innumerables veces, ya que los procesos de reforma agraria siempre se hacen en regiones con diferentes condiciones ecológicas y sociales. ¡La reforma agraria se retrasa! De este modo las "reformas técnicas" detienen el proceso de reforma: en vez de resolver inmediatamente el problema político del monopolio de la propiedad de la tierra mediante expropiaciones y redistribuciones, se aseguran primero de que se establezca lo que es "mejor para los campesinos", por medio de las computadoras.

Sin embargo, en realidad éste es sólo un aspecto de las reformas técnicas. Se hace mucho esfuerzo para demostrar al público y a los organismos de ayuda técnica y financiera nacionales e internacionales que la colonización es "más adecuada económicamente" que las expropiaciones de las haciendas privadas, aunque muchos de esos organismos ya tienen esa convicción. Aunque admiten que la colonización resulta más cara en términos de los costos de asentamiento de cada familia campesina, agregan que no interrumpe el proceso productivo de las empresas que ya existen y que de ocurrir esto último se reduciría la producción agrícola y, en último análisis, resultarían perjuidicados los campesinos. Por supuesto, es posible que la producción en haciendas expropiadas que se hayan administrado muy bien y con técnicas modernas, disminuya temporalmente. Pero, como ya vimos, esas haciendas no abundan y sólo ocupan una pequeña parte de la tierra de cultivo de la América Latina. Esa disminución de la producción (si se presentara) estaría compensada, y con mucha probabilidad más que compensada con creces por el esfuerzo de millones de campesinos que obtienen tierra hasta entonces ociosa, incluso en las mejores y más antiguas comunidades agrícolas. Pero este razonamiento tiene poca influencia sobre un gobierno que desea invertir sus "recursos escasos" en grandes y costosos proyectos de irrigación y drenaje para colonización de distritos periféricos, y en el mecanismo de préstamos por parte de los organismos internacionales que desean ayudar a los gobiernos a evitar las reformas agrarias.

El razonamiento contrarreformista de que la reforma agraria podría ser perjudicial para los campesinos sólo lo pueden tomar en serio los hacendados que descansan cómodamente en sus oficinas con aire acondicionado en Caracas o Río de Janeiro. Un campesino lo consideraría una broma de mal gusto.

Finalmente haremos un comentario sobre las funciones de la propiedad rural o del control de mercados e instalaciones de procesado que están en manos de inversionistas extranjeros.[64]

Es interesante saber que parece difícil evaluar en términos cuantitativos la propiedad extranjera de tierra agrícola. Los censos de la América Latina son tan renuentes para indicar la superficie de las haciendas o plantaciones propiedad de extranjeros, como lo son para indicar la superficie de tierras que posee la Iglesia. En sus estudios de siete países latinoamericanos que representan la mayor parte de la región, el CIDA encontró poca evidencia de que los extranjeros sean dueños de gran parte de la tierra. Esto se puede deber a dos razones. O bien en realidad no es mucha la tierra propiedad de extranjeros, o éstos la han registrado a nombres de nacionales ("prestanombres"). Si esto último es una costumbre generalizada, como parece serlo, es obvio que no es posible obtener un panorama correcto de las tenencias extranjeras. Creemos que hasta hace poco, si consideramos la agricultura latinoamericana en conjunto, la proporción de tierra que no era propiedad de nacionales era pequeña. En fechas recientes parecen existir dos tendencias opuestas. Por una parte algunos inversionistas extranjeros —por ejemplo, las empresas bananeras de los Estados Unidos— han reducido sus tenencias de tierra (aunque conserven el control de la producción y las ventas), además de que algunos programas de reforma agraria pueden haben hecho que algunos extranjeros vendieran sus propiedades por temor. Por otra parte, parece que se usó capital extranjero para comprar grandes superficies. Por ejemplo, se informa que en el Brasil enormes superficies agrícolas se han transferido a inversionistas de los Estados Unidos. ¿Quiénes son esos inversionistas? Nadie parece saberlo con exactitud. Si los informes son correctos puede suponerse que en conjunto la propiedad extranjera de la tierra de cultivo ha tendido a incrementarse.

Pero aunque en general la propiedad extranjera puede ser muy pequeña, no ocurre lo mismo con respecto a determinados países (por ejemplo, los centroamericanos), o en determinado país con respecto a ciertas cosechas, como sucede, por ejemplo, en la República

[64] Véase también mi capítulo sobre la contrarreforma, en *Agrarian Problems and Peasant Movements*, R. Stavenhagen (comp.), Anchor, Nueva York, 1970, pp. 137 *ss.*

Dominicana donde las plantaciones de caña de azúcar de los Estados Unidos desepeñan un papel importante en la economía nacional. Cuando la producción de fibras o alimentos cosechada en propiedad de extranjeros es una fuente importante de divisas, o cuando permite la repatriación de ganancias al país extranjero, esto crea en ambos casos un evidente interés en la conservación del *statu quo*.

Los propietarios extranjeros de la tierra de cultivo son básicamente contrarreformistas. Los propietarios extranjeros de las haciendas se oponen tanto como los hacendados nacionales a las expropiaciones de tierra.[65] Pero su poder para influir en el curso de las reformas sociales depende en gran medida de las circunstancias. Si sólo son inversionistas individuales, su influencia no es mayor que la de los hacendados locales, y de hecho podría ser menor si no tienen fuertes relaciones con la estructura política del país. Si son grandes empresas extranjeras capaces de afectar las decisiones políticas en su país de origen y de unificar la oposición a las reformas agrarias y expropiaciones para que se traduzca en presiones económicas, políticas o incluso militares, es obvio que su efecto es mucho mayor. Parece haber poca duda de que tales empresas son capaces de obstruir o eliminar las reformas agrarias en aras al interés de sus accionistas. Por supuesto, en esos casos los intereses de las empresas privadas tienden a identificarse con los intereses nacionales generales del país de origen de esas empresas. El problema de la reforma se convierte entonces en una fuente real o potencial de conflictos internacionales. En Guatemala, a principios de la sexta década, después de que Arbenz subió al poder, se deshizo su reforma agraria *manu militari* y se remplazó su gobierno con otro que se plegaba más a los intereses de los inversionistas de los Estados Unidos. Durante la séptima década la falta de éxito de la Alianza para el Progreso puede deberse en parte a la actitud negativa de los grandes inversionistas extranjeros que poseen tierras.

Sin embargo, con frecuencia la propiedad extranjera de la tierra (*como tal*) no es un elemento contrarreformista más importante que el control de los extranjeros sobre otros sectores o fases de la economía, que también les permite en ocasiones tener influencia en la conformación de las decisiones sobre problemas políticos y económicos internos y que pueden usar también para obstruir las reformas sociales. Nos referimos al control, por el capital extranjero, de recursos y servicios distintos a la tierra. Puede abarcar varias fases de la producción (es decir, sobre la utilización de la tierra), procesado, financiamiento, banca, ventas, precios, transporte y ex-

[65] Es difícil saber si las compras de tierra se emplean en la actualidad como una estrategia de la contrarreforma.

portación. Esta influencia es decisiva en el caso de productos agrícolas sobre los cuales las empresas extranjeras retienen el control monopólico u oligopólico del mercado mundial. Un ejemplo es la industria algodonera de América Latina, que es dominada por unas cuantas empresas de los Estados Unidos; otro, la producción de vegetales en México, que en gran parte se financia con crédito de prestamistas norteamericanos.

El control de ciertos sectores de la agricultura latinoamericana por medios "indirectos" como el financiamiento y el transporte no crea, relativamente, muchas dificultades —aunque no es menos efectivo—, pero históricamente existe la tendencia de que el control extranjero se amplía geométricamente una vez iniciado. Las empresas extranjeras que proporcionan servicios y recursos a varias actividades económicas relacionadas con la agricultura tienden a participar directa o indirectamente en la formulación de las políticas agrícolas y otras decisiones relacionadas con la agricultura de la nación, de modo que se aseguren sus intereses financieros; por otro lado, hay ciertos casos en que parecen tener el control de la economía. En otras palabras, se convierten en los enemigos naturales de quienes se oponen a la élite terrateniente y a sus aliados, teniendo el mismo interés que los hacendados en la conservación del *statu quo*. La razón es sencilla: las reformas agrarias reales estarán acompañadas por cambios institucionales fundamentales en los sectores no agrícolas, si es que se quiere que las reformas tengan éxito.

De este modo, muchos, si no es que la mayoría de los países latinoamericanos, toleran un formidable y creciente ejército de fuerzas extranjeras que se oponen a la reforma agraria.[66]

Se afirma que las inversiones extranjeras en plantaciones y otras empresas rurales opera siguiendo lineamientos modernos de administración y que hacen una contribución positiva a la agricultura latinoamericana: proporcionan ocupación, experiencia en administración y tecnología moderna que de otra manera no estaría disponible. Por lo tanto, las reformas agrarias perjudicarían los intereses de América Latina, ya que las expropiaciones de empresas extranjeras privarían al continente de una experiencia mayor y del conocimiento técnico de los países industriales. Es difícil negar que las inversiones extranjeras y la mayor experiencia en el cultivo científico de las naciones industriales es esencial para la mejoría de la agricultura latinoamericana. Pero en las condiciones en que se hacen en esos países sus

[66] El alegato de que los inversionistas extranjeros se oponen a las reformas agrarias cuando resultan en expropiaciones sin una compensación correspondiente simplifica demasiado los problemas. Véase mi capítulo sobre la contrarreforma, en R. Stavenhagen (comp.), *op. cit.*, p. 221, nota 42.

efectos son duales. Por ejemplo, con respecto a la ocupación, las empresas rurales extranjeras podrían no incrementar la ocupación agrícola o mejorar la situación y el ingreso de los campesinos. No toda la tierra que poseen y trabajan los extranjeros usa mano de obra intensiva, y algunas se manejan igual que las de los nacionales (por ejemplo, mediante administradores). Cuando se le usa con más intensidad, puede resultar en más ocupación, pero no cuando se remplaza la mano de obra con maquinaria. En muchos casos, aunque no en todos, esto depende de la situación económica. Donde la mano de obra es abundante, barata y obediente, la administración la preferirá a la maquinaria, debido a los costos de operación, aprovechando las condiciones que existen en el mercado de mano de obra rural. Esto resultará en mayor ocupación pero no en mejores términos de empleo para los campesinos —mejores salarios, habitación o paga del tiempo extra, para mencionar algunos ejemplos. Dependiendo de las cosechas que se cultiven podría haber más ocupación temporal y no más ocupación total, lo que como hemos dicho varias veces, disminuye el *status* y la seguridad de los campesinos, e igual lo hace la mecanización de las empresas agrícolas.

Las plantaciones propiedad de extranjeros son un fácil blanco para los conflictos de mano de obra inspirados por motivos políticos, y en algunos casos el remplazo del trabajo humano por trabajo mecanizado es una forma relativamente conveniente de evitar esos conflictos. Cuando esto es imposible debido a la naturelaza de las cosechas, en ocasiones los propietarios se ven obligados a hacer concesiones a los trabajadores. En algunos casos, a causa de la presión de los sindicatos y de la opinión pública, las plantaciones propiedad de extranjeros se han visto obligadas a adoptar términos de ocupación superiores al promedio después de aceptar alguna forma de negociación colectiva con los trabajadores. Por lo tanto, aunque sea contra su voluntad, podría contribuir a ciertas mejoras en las condiciones de los mercados de mano de obra.[67] Pero por supuesto, tales concesiones no se hacen siempre. Resumiendo, el capital extranjero en la agricultura latinoamericana hace poco para mejorar la calidad o cantidad de la ocupación rural y las condiciones de vida de los campesinos.

Podría llegarse a una conclusión parecida cuando se introducen en la agricultura tradicional la administración y la técnica modernas (véase el último capítulo). Puede tener resultados contrapuestos. La afirmación de que la administración moderna que acompaña al capital extranjero aumenta el nivel general de administración de la

[67] Véase el informe del CIDA, próximo a publicarse, sobre la estructura agraria en la América Central.

propiedad rural por medio del efecto de demostración es con toda probabilidad exagerada, en especial en lo que se refiere a los productores nacionales. Estos últimos manejan sus propiedades rurales dentro de una estructura institucional del todo diferente, y como dijimos antes, la administración moderna no es una parte inherente a la agricultura latifundista. Los pequeños productores no tienen los medios y no reciben ayuda para mejorar sus propiedades, por lo cual para ellos el efecto de demostración es nulo. La administración moderna de las plantaciones extranjeras o de otras empresas podría, en realidad, tener efectos de demostración adversos en algunos casos, cuando se consideran aspectos que no sean exclusivamente técnicos, como la propiedad absentista, procedimientos contables que tienen como finalidad evadir los impuestos u ocultar ganancias, o la repatriación de las ganancias.

CAPÍTULO IV

CONCLUSIONES: LOS REFORMISTAS, LOS TECNÓCRATAS Y EL PROGRESO

El latifundismo —como la esclavitud en el siglo XIX— no caerá y se desintegrará por sí solo, por ser un mal negocio para la élite terrateniente. Por el contrario, en una agricultura tradicional la propiedad de la tierra —en especial de grandes superficies de tierra— es muy lucrativa financieramente. Por regla general el tamaño de las tenencias determina la magnitud del ingreso y riqueza de su propietario.

Pero el latifundismo desaparecerá en algún futuro previsible debido a que es perjudicial para los países latinoamericanos. Sin temor de caer en frases vanas, podemos afirmar que lo que es bueno para los latifundistas es malo para América Latina.

Los países latinoamericanos importan en al actualidad más de 500 millones de dólares en productos agrícolas de otros países.[1] Sólo Chile, con una población total de 9.6 millones y una población rural de 2.8 millones, importa cada año cientos de millones de dólares en alimentos y su pequeña reforma agraria ha hecho muy poco hasta ahora para reducir esos gastos. Algunas importaciones son artículos de lujo, como caviar, salmón ahumado, quesos y *champagne*; pero muchos son alimentos básicos necesarios para la alimentación de la población de la región. Estos alimentos, frutas, vegetales y otros productos básicos podrían ser producidos en cantidades más que suficientes por las naciones latinoamericanas en conjunto, con sólo usar la tierra, el capital y la mano de obra con más intensidad y con una agricultura más diversificada. Pero no sucede así debido al anticuado sistema de tenencia de la tierra. En varios países las condiciones ecológicas son tan variadas que pueden cultivar innumerables variedades de productos, desde frutos tropicales hasta cultivos de plantas de clima templado con una breve estación de crecimiento. Sin la importación de alimentos, habría hambre en varias partes de la región. La perspectiva es que aumentarán las necesidades de importación de alimentos durante la octava década.

Las importaciones de alimentos se justificarían si se pudieran obtener suficientes divisas extranjeras por la exportación de bienes industriales, artesanías o servicios. Excepto por el turismo en México, en su mayor parte esas exportaciones carecen de importancia. En estas condiciones las importaciones de alimentos son absurdas. Los países latinoamericanos padecen una escasez continua de divisas, aunque no se deba sólo a las importaciones de alimentos, pero es evidente que toda importación de un producto agrícola que se puede producir internamente reduce su capacidad para importar los bienes de capital necesarios para impulsar a los sectores agrícolas y no

[1] CEPAL, *Desarrollo agrícola en América Latina*, E/CN.12/829, 12 de febrero de 1969, p. 21.

agrícolas en el camino hacia el progreso. Se permite que continúe esa situación absurda debido a que su eliminación requiere grandes cambios en las prácticas económicas de estos países. Por ejemplo, se pueden mejorar radicalmente los resultados de la agricultura mediante cambios en los sistemas de tenencia agraria; la desocupación debe desaparecer; debe privarse de recursos a los monocultivos; las empresas agrícolas y no agrícolas deben reinvertir sus ganancias en sus propios países, en lugar de depositarlas en los bancos de las naciones industriales; la ayuda financiera y técnica exterior debe cesar de ser el acicate para esas mejoras; los gobiernos deben obtener los poderes necesarios para ejecutar sus planes de desarrollo.

Sería interesante saber cuál es el potencial de la agricultura latinoamericana. Esta es una pregunta que, aunque de gran importancia, es difícil responder. Sólo podemos dar un panorama general, usando supuestos muy sencillos, para dar una respuesta aproximada. Una forma es comparar el mal funcionamiento del sector latifundista, con el mejor funcionamiento del sector agrícola familiar, ignorando por razones de simplificación los demás sectores de la agricultura, y estimar después lo que podrían lograr las haciendas si su funcionamiento fuera más o menos igual al de las propiedades rurales familiares. Por supuesto, esto presenta inmediatamente varias limitaciones. Por ejemplo, debemos tener en mente que los latifundios no producen ahora los mismos productos que las propiedades rurales familiares; que emplean trabajadores asalariados y mano de obra familiar sólo al nivel administrativo; que tienen acceso casi exclusivo a todos los insumos que contribuyen a incrementar la producción y la productividad; y que venden en mercados en que la relación de precios de intercambio es mucho más favorable para los vendedores que en aquellos donde venden sus artículos los productores de las propiedades rurales familiares. Uno de nuestros supuestos simplificadores, pero que sigue siendo real,[2] es que los recursos de los latifundios están subutilizados u ociosos y que, por lo menos, su tierra se podría cultivar con la misma intensidad que la tierra de las propiedades rurales familiares en términos de la proporción de tierra cultivada o cosechada, y podríamos suponer que el valor de la producción por hectárea sería igual en los latifundios al de la de las propiedades familiares. Otro supuesto es que la tierra se trabajaría con los niveles de administración, tecnología e insumos de mano de obra que prevalecen actualmente en las propiedades rurales familiares.

El cuadro resume la situación de las propiedades rurales familiares y de los latifundios en seis países,[3] y los incrementos esti-

[2] Véase el capítulo I.

[3] Argentina, Brasil, Chile, Colombia, Ecuador y Guatemala.

mados en la tierra cultivada o cosechada, la ocupación y el valor de la producción de los latifundios. Debido a la gran subutilización de los recursos en estos últimos que refleja el cuadro, parece ser posible incrementar la producción hasta magnitudes inesperadas. En nuestro ejemplo, se podría aumentar el valor de la producción de los latifundios de 1.4 mil millones de dólares a entre 4.1 y 6.3 mil millones de dólares.[4] No es necesario agregar que incluso una fracción de ese incremento eliminaría las acostumbradas importaciones de alimentos básicos y de otro tipo. Si se incluyeran las haciendas medianas, podría obtenerse un incremento adicional de la producción y ocupación. Y si también mejorarán los niveles de administración y tecnología en todas las propiedades rurales, la producción total anual de la misma superficie de tierra cultivada, y de los millones de hectáreas de los latifundios que ahora se destinan a pastizales, podría aumentar a cifras enormes, aunque debemos tener en cuenta que las variaciones en la composición de la producción de los distintos sectores afectaría en cierta medida los valores relativos de la producción. Pero en la agricultura latifundista de América Latina no es probable que ocurran aumentos espectaculares.

El latifundismo es también el principal obstáculo al crecimiento económico general, ya que perpetúa la existencia de multitudes rurales que viven a niveles de subsistencia, si no es que más bajos. Estas multitudes representan un mercado muy pequeño para los bienes industriales semiduraderos o duraderos o de consumo de producción nacional o importados, hecho que conocen bien la mayoría de los economistas planificadores y algunos hombres de negocios. Pero también es necesario entender que las ventajas económicas de los mercados rurales muy expandidos, desde el punto de vista de los comerciantes e industriales, parece ser mucho menor que las ventajas del *statu quo*. Si los mayores ingresos de los campesinos requieren de modo fundamental cambios en la estructura agraria —que como indicó correctamente Barraclough implican un mayor número de incógnitas políticas— los comerciantes e industriales preferirán el *statu quo*. Por lo tanto, en cierto sentido son aliados de la élite terrateniente, aunque esto es más bien sólo una forma de expresarlo, ya que por lo general también son hacendados. Además, la mayoría de los negocios o industrias propiedad de latinoamericanos o extranjeros funcionan en mercados monopólicos u oligopólicos que permiten una

[4] El cuadro muestra los incrementos en forma de un posible campo de variación entre máximos y mínimos, calculándose estos últimos con base en los promedios simples para los seis países; el máximo se calculó con promedios ponderados. La diferencia es consecuencia de las diversas estructuras de las propiedades rurales familiares en los distintos países.

tasa de ganancias muy alta. Se satisfacen con una tasa de crecimiento de las clases medias urbana y rural. Esperar fuertes presiones de la comunidad empresarial en favor de cambios radicales en la estructura agraria y la mejoría concomitante en el bienestar económico de los campesinos es, por lo tanto, poco real en las condiciones que prevalecen en la actualidad.

Los ingresos de subsistencia de los campesinos conservan los ahorros a niveles muy bajos, reduciendo a un mínimo sus posibilidades de invertir para mejorar la producción y productividad de la tierra, el capital y la mano de obra; esto indica que los gastos se destinan principalmente a remplazar el equipo obsoleto. Sus contribuciones a los ingresos del gobierno para mejorar las instalaciones y servicios públicos son insignificantes. De nuevo es interesante observar rápidamente las consecuencias, para las economías latinoamericanas en conjunto, de la situación de estancamiento financiero en que se encuentran los campesinos. Podemos tomar como ejemplo un estudio brasileño de once comunidades al cual ya hicimos referencia, y que demuestra que en 1959-60 los gastos promedio de capital por minifundio (incluyendo la ganadería) eran de 5.50 dólares. Dos municipios informaron que no se hizo ningún gasto de capital. Podemos considerar que es insignificante el efecto de tales gastos mínimos por tantas familias campesinas para mejorar la producción. Representan en su mayor parte, como dijimos, remplazos y no adiciones al capital fijo y la ganadería. Apenas bastan para mantener el nivel de producción. Por lo tanto, las compras a los sectores no agrícolas son mínimas. Las familias rurales que se incluyeron en esos once municipios tenían un promedio de gastos de capital, incluyendo la ganadería, de 59 dólares, lo que también es una cifra baja. Es probable que los minifundios del Brasil y las familias rurales sean característicos de toda latinoamérica.

Las compras que hace a los sectores no agrícolas la fuerza de trabajo rural pobre —las herramientas, las industrias de construcción, los comerciantes en textiles y alimentos, etc.— podrían incrementarse mucho incluso con un moderado aumento de salarios e ingresos, debido al gran número de compradores potenciales. Por ejemplo, supongamos que en siete de los principales países latinoamericanos,[5] de los 6 millones de trabajadores rurales en los minifundios (sin incluir los trabajadores asalariados) se capacitara a cada trabajador, como resultado de una política deliberada de ayuda técnica y financiera, a gastar 2.50 dólares más al mes, o 30 dólares al año; para los 4.5 millones de familias en propiedades familiares (excluyendo de

[5] Argenttina, Brasil, Chile, Colombia, Ecuador, Guatemala y Perú.

nuevo a los trabajadores asalariados), 100 dólares adicionales al año; y para cada uno de los 8.7 millones de trabajadores asalariados, 50 dólares adicionales al año, como resultado de un ligero aumento de los salarios.[6] Entonces los gastos totales adicionales en herramientas, vestidos, materiales de construcción y alimentos ascenderían cada año a más de mil millones de dólares. Quizá no todos los pequeños propietarios podrían seguir invirtiendo en sus inadecuadas parcelas durante muchos años con grandes ventajas; pero los productores de las propiedades rurales familiares podrían incrementar sus gastos de capital una vez que hayan dado fruto las inversiones iniciales, y podrían esperarse ventajas similares en provecho de los trabajadores asalariados. Se cree que la productividad marginal de las nuevas inversiones en las propiedades rurales más pequeñas no sería muy alta durante los primeros años. Sin duda ésta es una opinión simplificada, y no una recomendación para una política agrícola, sino un índice global de una de las consecuencias económicas a corto plazo de las políticas sistemáticas de la élite terrateniente para impedir el acceso a los campesinos a más recursos, y por lo tanto, a mayores ingresos, y para conservar la fuerza de trabajo a niveles de subsistencia.

Pero el latifundismo no es sólo un mal negocio para la región; en esencia es un sistema de ilegalidad que debe producir inevitablemente frecuentes y violentos conflictos sociales y políticos. Fundamentalmente, los hombres que hacen el trabajo del campo, si son trabajadores asalariados, no tienen interés en mejorarlo, ya que no se les permite tener ninguna iniciativa. De hecho, los patrones castigan la iniciativa. Todo el sistema de las relaciones de trabajo es, desde el punto de vista de los trabajadores rurales, un conglomerado de *desincentivos para mejorar el trabajo*. El resentimiento de los trabajadores contra un sistema semejante debe ser, por lo tanto, arraigado y permanente. Desde su punto de vista, en consecuencia, la solución no consiste sólo en crear nuevos incentivos para un mejor funcionamiento que sin duda considerarán como nuevos métodos de explotación, sino crear toda una nueva estructura de relaciones trabajo-administración, o de relaciones de tenencia de la tierra en general. Si poseen o cultivan una pequeña parcela de tierra, cualquier iniciativa para obtener acceso a más tierra o capital se enfrenta a obstáculos importantes y a menudo insuperables. En cierto sentido, también se le "castiga", pero no sólo con el despido (si son arrendatarios pequeños o aparceros) o sanciones económicas y corporales, sino además con la opresión que todo el sistema ejerce

[6] Véase el cap. II.

CUADRO 29

PRODUCCIÓN Y OCUPACIÓN POTENCIAL EN SEIS PAÍSES (MILLONES)

Concepto	Situación actual			Incremento a partir de dicha situación actual en los latifundios,	
	Propiedades rurales familiares	*Latifundios*	*Todas las propiedades rurales*	*desde un mínimo*	*hasta un máximo*
Tierra total en las propiedades rurales (has.)	101.3	242.6	470.9	—	—
Tierra cultivada (has.)	29.0	39.7	113.4	69.4	107.4
Tierra cosechada (has.)	14.3	8.8	40.8	34.2	57.7
Fuerza de trabajo activa	5.1	3.3	18.8	12.3	37.8
Valor anual de la producción (dls.)	1 687.2	1 434.8	5 319.0	4 051.1	6 311.8

NOTA: Datos no ajustados del CIDA y, por lo tanto, algo diferentes a los cuadros que se ajustaron para tener en cuenta censos más recientes.

sobre ellos. El pequeño arrendatario que desea mejor tierra de la que le fue asignada podría encontrarse con que no tiene ninguna tierra para cultivar. Si desea crédito, lo usual es que tenga que cohechar al inspector de préstamos y pagar sus costos de transporte y comidas, además de pasar innumerables horas en las oficinas bancarias, a menos que pida prestado al terrateniente o al comerciante, lo que en muchos casos, algunos de los cuales describimos en el capítulo II, equivale a un verdadero robo. Si en alguna ocasión recibe crédito, obtiene los fondos mucho después de que le sean útiles, en pequeñas asignaciones, distribuidas en el tiempo de un modo arbitrario por medio de bancos que están asociados a la élite terrateniente y, además, con frecuencia debe dar el título de su tierra como garantía de pago. Los precios que obtiene por el producto que vende son una pequeña parte de los precios a que su comprador los vende al siguiente intermediario. Los trabajadores asalariados y los pequeños arrendatarios no pueden insistir en sus "derechos" porque sólo los tienen en teoría, pero no en la práctica.

Los campesinos latinoamericanos han aprendido a ser sumisos y apáticos; Pearse al citar a José Pastore habla del estereotipo popular del campesino del norte del Brasil, caracterizado por una "resignación interna, que es parte de la matriz cultural, ante el poder abrumador del sector social que controla el acceso a los recursos naturales:

el norteño sufre, pero tiene calma y es paciente".[7] Holmberg se refiere al "comportamiento fingido" de los indios vicos que son siervos, característico de los grupos subordinados, pero también indica que su comportamiento cambia mucho cuando no están en presencia del patrón o de los mestizos; ante estos últimos los siervos "aparentaban ser los seres más locos e incapaces"; [8] y los estudios del CIDA tienen amplio material de otros países en el mismo sentido. Un campesino que actúa de modo sumiso y tonto no es un elemento de desarrollo agrícola. Es un elemento para la rebelión.

La casi imposibilidad de obtener el progreso mediante la iniciativa de los campesinos muestra lo poco prácticas, si no es que absurdas, que son las proposiciones para "aumentar el nivel educativo de los campesinos" cuando no van acompañadas de cambios profundos en la estructura agraria. Los hacendados no tienen lugar ni tratrabajo para los campesinos instruidos. La tradicional relación paternalista entre la élite terrateniente y los campesinos implica que los primeros están más interesados en la obediencia de los últimos que en su eficiencia como trabajadores.

Es obvio que hay fuerzas económicas, sociales y políticas que tienden a debilitar este paternalismo tradicional y la estructura agraria predominante.[9] Por ejemplo, Pearse continúa la cita anterior diciendo que los trabajadores que viven más cerca de las ciudades llegan a desear una vida mejor y se consideran no sólo pobres sino "más pobres de lo que deberían ser, e injustamente explotados". En otras palabras, la sumisión no es sinónimo de ignorancia. Sin embargo, como dijimos antes,[10] los cambios que ocurren no son de ninguna manera ventajosos para los campesinos, ya que se presentan dentro del mismo sistema latifundista que sólo se modifica un poco. En realidad, dentro de la actual estructura agraria, los campesinos resisten los cambios en la rutina cuando se los ordenan la administración u otras autoridades.[11] Esta resistencia se debe en parte a la desconfianza inherente que tienen los campesinos de la administración y de todas las instituciones que, en su opinión, son parte del sistema latifundista, incluyendo las autoridades públicas. La desconfianza se basa en la experiencia de generaciones que les ha probado que los cambios no les producen mejoras, sino perjuicios a ellos y sus comu-

[7] A. Pearse, *Agrarian change trends in Latin America*, en *Latin American Research Review*, verano de 1966, p. 61.

[8] *Some relationships between psychobiological deprivation and culture change in the Andes*, Cornell Latin American Year, 1966.

[9] En CIDA, *op. cit.*, *Regional report*, puede encontrarse una buena descripción de esas fuerzas.

[10] Capítulo II.

[11] A. Pearse, *op. cit.*, p. 55, también hace hincapié en este hecho.

nidades. *Para la mayoría de los campesinos la seguridad está en el* statu quo *dentro de las condiciones que prevalecen.* Por supuesto, esto también es cierto para la élite terrateniente, pero no es posible comparar las situaciones ya que en realidad los campesinos necesitan cambios radicales para mejorar su situación y aceptan el *status quo* sólo como medio de supervivencia. La élite terrateniente debe reforzar constantemente el *statu quo* para conservar sus beneficios. Por ejemplo, para los campesinos hay mayor seguridad en el uso de semillas no mejoradas que rinden un mínimo de *ciertos* alimentos para la familia, que en la introducción de semillas desconocidas de las cuales se afirma que dan mayor rendimiento.[12] Se resisten a los cambios en la rutina del trabajo porque resultan en una mayor exigencia de esfuerzos de la mano de obra sin una mayor remuneración. Un cambio en ese tipo de remuneración (por ejemplo, de especie a efectivo) resulta en una menor paga para el hogar y en menor seguridad. En este respecto Laswell dijo de los habitantes de Vicos, el conocido proyecto de reforma agraria del Perú, que "generaciones de opresión han creado un profundo escepticismo en relación con los motivos de cualquier extraño, en especial si se trata de un patrón".[13] Holmberg concluyó que la experiencia de Vicos tiende a confirmar la hipótesis que expresó hace mucho Marx de que el no control de los medios de producción por parte de los trabajadores retrasa el desarrollo económico y social.

Se desconfía incluso de los líderes campesinos debido a que los hacendados los cohechan y a que algunos líderes usan su posición para iniciar carreras políticas y traicionar a quienes los han elevado al poder. El problema de los líderes campesinos corruptos es un círculo vicioso que sólo puede terminarse una vez que se ha eliminado la relación tradicional entre la élite terrateniente y los campesinos.

Como la desconfianza, la sumisión y la torpeza son la mejor defensa del campesino, la élite terrateniente está convencida de que los campesinos son tontos, perezosos, desobedientes, incompetentes y deshonestos. Por supuesto, los campesinos no tienen una inteligencia superior a los demás. Entre ellos hay, al igual que entre los hacendados, individuos indolentes y ambiciosos. Su actitud sólo sigue la "línea de menor resistencia" para sobrevivir a las continuas agresiones. Por lo tanto, las opiniones de la élite terrateniente sobre

[12] Debe tenerse presente que con frecuencia las nuevas semillas mejoradas están menos adaptadas a los campesinos que operan en pequeñas unidades con un equipo primitivo.

[13] Laswell, *Integrating communities in more inclusive systems*, en *Human Organization*, verano de 1962, p. 117.

las habilidades y potencialidades de los campesinos están equivocadas. Las opiniones de que los campesinos son perezosos e incompetentes, que no saben manejar dinero, que no son personas capaces de tener iniciativas, que usan cualquier ingreso monetario excedente en bebidas alcohólicas, y otros juicios equivocados, son parte tan integral del credo de la élite terrateniente que les impide desempeñar alguna función en el desarrollo de los campesinos. Hay muchos ejemplos que demuestran que una vez que se ha eliminado la estructura social tradicional de la agricultura y con ella la falta de esperanza en un mejor futuro para los campesinos y sus hijos, el desempeño de los campesinos mejora notablemente. Tenemos ejemplos de esto en todo el mundo, y en Latinoamérica hay casos en Perú, Bolivia, México, Honduras, Chile y Cuba. A estos casos no se les da mucha publicidad por razones obvias, ya que la maquinaria de publicidad de América Latina se dedica a pregonar las virtudes de la élite terrateniente.

El poder político y económico de los hacendados tiene incluso un efecto corruptor sobre algunos campesinos, ya que ven en el éxito de los primeros una forma de vida que debe imitarse. De este modo los valores que cultiva la élite terrateniente son adoptados en algunas ocasiones por los campesinos, algo inevitable en estas circunstancias. Para algunos de estos campesinos la forma de obtener riqueza y prestigio no es por medio de su propio trabajo y de su habilidad para ahorrar e invertir, sino por medio de la explotación del trabajo de otros, sin que sea necesario principiar por la agricultura. Siempre hay lugar para que algunos individuos sigan esta ruta hacia el éxito, si desean aceptar e imitar el comportamiento del *establishment*, y éste favorece su éxito para alentar falsas esperanzas en el resto de los campesinos.

Actualmente, la perspectiva para la octava década es que, en general, no cambiará la situación de los campesinos de la América Latina. De hecho, hay fuertes evidencias de que se deteriorará. El acceso a la tierra está más cerrado que nunca. Se nota que la desocupación aumenta. Los salarios e ingresos reales disminuyen. La seguridad de la tenencia es menor. No sólo no se ayuda a las organizaciones campesinas, sino que además se les reprime. Sin embargo, lo peor es la difundida aceptación por los gobiernos nacionales, empresarios privados y acuerdos internacionales, de programas y políticas agrícolas, en nombre del "desarrollo agrícola" que tienen toda la apariencia de agravar una situación del todo intolerable (desde el punto de vista de los campesinos).[14] A este problema debemos dedicar algunos de los párrafos finales de este libro.

[14] Para una opinión semejante sobre el desarrollo en el sector industrial

Presenciamos ahora, y continuaremos presenciando durante varios años, una batalla gigantesca, donde se pelea con armas muy distintas, entre los reformistas y los tecnócratas, y parece que en este momento los tecnócratas y las políticas que recomiendan y ejecutan llevan la mejor parte. En este momento no necesitamos prestar mucha atención a los objetivos y programas de los reformistas a los cuales dedicamos todo un capítulo (el capítulo III), excepto para recordar al lector que casi se han interrumpido los programas de las reformas estructurales (reformas agrarias) realizadas a principios de la séptima década bajo la gran influencia de la Revolución cubana y en menor grado de la Alianza para el Progreso —importantes recordatorios para la élite terrateniente y sus aliados de que la América Latina se dirige a un *impasse* a menos que se eliminen las desigualdades sociales, políticas y económicas en la agricultura. Los programas siguen en los "escritorios" por así decir, ya que ni los más violentos antirreformistas pueden arriesgarse a ignorar del todo el problema de las reformas sociales, y éstas tienen aún muchos defensores vehementes. Debemos ver el papel de los tecnócratas.

Los tecnócratas son los "modernistas" de la agricultura, los "revolucionarios verdes", los "proveedores de alimentos". Elaboran programas para desarrollar la agricultura mediante más y mejores insumos en el sector con la esperanza de mejorar así el mal funcionamiento de la agricultura latinoamericana, pero sin modificar su estructura fundamental. Son los defensores del "síndrome de la tecnología por sobre todo, característico de nuestro tiempo; la noción de que todos los problemas tienen soluciones que por lo general son tecnológicas".[15] Por lo tanto, los tecnócratas son los antirreformistas de las décadas sexta y séptima.

Como dijo Barraclough recientemente,[16] los esfuerzos para incrementar la producción agrícola y su eficiencia no son nuevos en la historia. El nacimiento de una nueva generación de "modernizadores" parece haber tenido lugar a mediados de la séptima década como un medio de evitar las reformas agrarias. Quizá no es sorprendente encontrar entre sus progenitores al entusiasta conservador W. W. Rostow, quien como representante de los Estados Unidos en el Comité Interamericano de la Alianza para el Progreso (CIAP), expresó sus puntos de vista sobre los problemas latinoamericanos a los que se había ya referido la Carta de Punta del Este, diciendo esta última

véase de David Felix, *Economic development: take offs into unsustained growth*, en *Social Research*, verano de 1969.

[15] *Ibid.*, p. 268.

[16] Solon Barraclough, *Why land reform?*, en CERES (FAO), Roma, noviembre-diciembre de 1969.

que el mejoramiento de la agricultura dependía de otros "programas comprehensivos de reforma agraria que produjeran una transformación efectiva... de las injustas estructuras y sistemas de la tenencia y uso agrarios". Rostow creyó que el desarrollo agrícola era el problema de "modernizar la vida rural", y propuso la disminución de "los obstáculos al acceso a los mercados urbanos" por medio de programas nacionales de integración, afirmando que "un aspecto esencial y hasta ahora descuidado de la relación entre la vida urbana y la rural es la modernización de los mercados y las instituciones".[17] Esta frase y las ideas que contiene no son claras. En apariencia por integración se quiere decir que el sector rural debe contribuir más y beneficiarse más del desarrollo económico. En este sentido es obvio que es lo mismo que "desarrollo económico" y la frase de Rostow carece de significado. Rostow usó el término integración con un sentido diferente al que usan normalmente los economistas al referirse a la consolidación de las funciones de producción y ventas "vertical y horizontalmente", aunque también podría haberlo usado en este sentido. Si lo hizo así, parece que Rostow no conocía los mecanismos de los mercados latinoamericanos que ya están muy integrados (es decir, son monopólicos), tanto en lo referente a los mercados de insumos en que compran los campesinos como a los mercados de productos en que venden. Y si no conocía bien esta realidad, es iluso creer que la modernización e integración de la organización e instituciones mercantiles puede hacerse sin cambios fundamentales en la estructura agraria. O quizá tenía la intención de identificar la reforma agraria con las mejoras en los mercados —una noción parecida a otros conceptos equivocados de lo que es una reforma agraria—.[18]

La falta de claridad de pensamiento en este nuevo término —que en realidad no es un concepto nuevo— del "modernista" no impide que vuelva a presentarse en un documento de mayor importancia política que la declaración original de Rostow: la Declaración de los Presidentes de América (Punta del Este, 1967), un acuerdo internacional para determinar, entre otras cosas, nuevos planteamientos para sacar a la América Latina de su estancamiento agrícola. Pero en esta ocasión se expresó con más precisión. En comparación con la Carta de 1961, la nueva declaración relegó las reformas a un tercer lugar y dio a la "modernización" el lugar que la Carta había reservado a las reformas. La declaración afirmó que "con el fin de promover un aumento en el nivel de vida del campo y mejorar las

[17] Véase de Ernest Feder, *Land reform under the Alliance for Progress*, en *Journal of Farm Economics*, agosto de 1965, pp. 664 *s.*

[18] Capítulo III, p. 259.

condiciones de la población rural latinoamericana así como su total participación en la vida económica y social, es necesario dar un mayor dinamismo a la agricultura latinoamericana por medio de *programas comprehensivos de modernización,* asentamiento de tierras y reforma agraria".

De este modo, la Declaración prestaba un apoyo verbal, aunque indirecto, a los problemas de distribución de la tierra. Posteriormente, pasaba a definir lo que significaban los programas de modernización, hecho que demostraba un cambio obvio en relación con la política de la Alianza en 1961. En consecuencia, continuaba donde terminó Rostow, pues partía de su recalcado interés en los programas de modernización de los mercados:

> Tales programas se orientarán hacia el incremento de la *producción de alimentos*... en suficiente *volumen* y *calidad* para proveer adecuadamente a su población y hacer frente a las necesidades mundiales de alimentos en mayor medida, así como para mejorar la productividad agrícola y diversificar las cosechas, lo que asegurará las posibles condiciones competitivas de esa producción.

El texto de este importante documento continuaba enumerando las siguientes medidas ("programa de acción") para obtener esas metas:

a. La formulación y ejecución de programas y políticas nacionales e internacionales.
b. Mejores sistemas de crédito y facilidades para la producción, ventas, etc.
c. Incentivos de precio.
d. Un mayor uso de insumos y la ampliación de las industrias de insumos y procesado.
e. Sistemas tributarios adecuados.
f. Mejor educación.
g. Programas de desarrollo de la comunidad y cooperativas.

De este modo, la modernización de la agricultura tiene un significado mucho más amplio que el atribuido originalmente por Rostow. Su característica más notable es que tiene todo género de medidas "orientadas a incrementar la producción de alimentos", excepto las medidas de ajuste de la tenencia agraria. Haremos más comentarios sobre el significado de la modernización en el contexto de las realidades de los programas y políticas agrícolas, pero primero debemos examinar qué puntos de vista expresaba la declaración, es decir, si era principalmente la opinión oficial de los Estados Unidos acerca del desarrollo agrícola latinoamericano en 1967 o, por el contrario, partía de una concepción que no había sido influida en esa etapa, por el planteamiento conservador que prevalecía en los círculos de los Estados Unidos que tenían suficiente prestigio y autoridad para influir en estos problemas de esencial importancia. Al respecto, debemos hacer referencia principalmente a un documento que publicó recientemente la Universidad Estatal de Iowa,[19] cuya importancia no estriba tanto en su contenido como en sus patrocinadores, que incluyen al Agricultural Development Council y la Fundación Ford, con una pequeña participación, en apariencia, de la Fundación Rockefeller. *Latin American Agricultural Development* es una selección de análisis "económicos" de las agriculturas de 8 países, en que se da especial importancia a la producción total durante un determinado período de años; balanzas comerciales; índices de producción de las principales cosechas; las zonas de los distintos cultivos y su distribución regional. Sin embargo, casi no se refiere a los peculiares obstáculos que enfrenta el crecimiento de la agricultura latinoamericana y que hemos sugerido en los dos primeros capítulos, ni a los acuerdos institucionales específicos que afectan el comportamiento de la agricultura latinoamericana. No se hace ninguna referencia a las desastrosas tendencias que ahora son evidentes en América Latina ni a sus efectos sobre la situación de los campesinos. Es evidente que en opinión de los 13 autores de esta monografía, los economistas no están capacitados para discutir problemas en el que no estén disponibles informaciones cuantitativas que puedan someterse a una computadora, aunque esos problemas sean esenciales para el funcionamiento del sector agrícola. Por lo tanto, el lector se sorprende al ver que los autores terminan con 9 recomendaciones políticas [20] que igual podrían aplicarse al desarrollo de la agricultura de los Estados Unidos como a la de América Latina. Estas recomendaciones son:

a. Aumentar la productividad.
b. Desarrollar adaptaciones de la tecnología de producción agrícola y aplicarlas.
c. Establecer políticas agrícolas gubernamentales congruentes y estables.
d. Aclarar las prioridades con respecto a cómo, dónde y quién aumentará la producción.

[19] L. B. Fletcher y W. C. Merril, *Latin american agricultural development and policies*, International Studies in Economics, Monografía Nº 8, Iowa State University, septiembre de 1968.
[20] Monografía Nº 8, *op. cit.*, p. 90.

e. Mejorar la estructura y las políticas comerciales.
f. Organizar industrias de abastecimiento eficientes.
g. Invertir en la población rural (educación).
h. Utilizar los recursos agrarios (reformas tributarias).
i. Reducir las pérdidas del mercado y mejorar los sistemas de mercados.

Para mayor asombro del lector, no se dice nada en este valioso documento de alto nivel sobre *cómo* se obtendrá con esas recomendaciones el desarrollo de sociedades que tratan de conservar el *statu quo*. No hay nada en las mismas que recuerde al lector la realidad de la agricultura latinoamericana. El asombro continúa cuando se observa la similitud de estas recomendaciones con el Programa de Acción de la Declaración de los Presidentes de América de 1967 que citamos antes, aunque la primera está expresada en un lenguaje más complicado, como corresponde a economistas académicos. De hecho, seis de los puntos del programa de acción se reproducen claramente en las nueve recomendaciones. El Programa de acción reconoce la necesidad de alguna mejora en el desarrollo de las comunidades y las cooperativas, pero el Documento de Iowa se inspira al final en la nebulosa importancia que da Rostow a una mejor organización de los mercados.

¿Cuáles son las posibles concepciones que se ocultan tras estos análisis y recomendaciones económicas que tratan de evitar los problemas más importantes de la agricultura latinoamericana, que no son la eficiencia, ni los mejores insumos, o mercados, sino la evidente desigualdad en el ingreso y la riqueza, además de la opresión de los campesinos? Al respecto el documento de Iowa es revelador desde dos puntos de vista. Uno es el comentario de los autores acerca del desarrollo agrícola que ocurriría si los países latinoamericanos siguieran esas nuevas recomendaciones, pues, dicen, "produciría una distribución más equitativa del ingreso a largo plazo".[21] La segunda es la recomendación en el sentido de aclarar las prioridades para saber "cómo, dónde y *quién* aumentará la producción".

Prefiero tratar esta segunda cuestión primero. Es extraño que economistas que conocen profundamente la economía de la producción agrícola no se hayan dado cuenta de que en América Latina el problema de *quién* va aumentar la producción agrícola no requiere mayor análisis, ya que la élite terrateniente y las instituciones aliadas a ella han decidido durante generaciones que la prioridad corresponde a la misma élite terrateniente. En tanto que los pro-

[21] *Ibid.*, p. 87.

pietarios de haciendas tienen acceso casi exclusivo a la tierra, el capital, la mano de obra, y además a la *nueva* tierra, capital y mano de obra que harán marchar el desarrollo ulterior, es legítimo suponer que la prioridad que se les otorga en los insumos decide de modo automático *quien* aumentará la producción, y que un razonamiento semejante se aplica al "cómo" y "dónde" de la producción agrícola. Por supuesto, el "quién" se refiere sólo a los productores, los empresarios de las propiedades rurales, propietarios absentistas o no, que se supone son quienes hacen marchar a la economía y la agricultura, sin que se haga ninguna referencia a los millones de trabajadores que ocupan a través de diferentes contratos y en cuyas manos está el verdadero proceso productivo del sector agrícola. Si esta recomendación particular se formulara teniendo en cuenta las realidades del latifundismo latinoamericano, tendría que decirse que debe darse la primera prioridad a las hasta ahora descuidadas unidades familiares y a la mejora del trabajo de los asalariados, con el supuesto y esperanza de que la productividad marginal de las nuevas inversiones en las unidades más pequeñas será mucho mayor que en las haciendas fosilizadas y que las mejores relaciones entre la mano de obra y la administración demostrarán ser un importante aliciente para los trabajadores y sus patrones. Se podría agregar a esta recomendación, por ejemplo, que la mayor parte de la tierra de los latifundios y la mitad de los fondos de crédito disponibles, fertilizantes, maquinaria y equipo deberían ponerse a disposición de los campesinos que superan considerablemente a la élite terrateniente. Otra adición podría recomendar instituciones especiales para fortalecer el poder de negociación de los campesinos. Por supuesto, todo esto requeriría un análisis previo y una discusión de los problemas agrarios y de las condiciones de tenencia de la tierra —que son precisamente los temas que los economistas del informe de Iowa trataban de evitar, aunque no dudaron en mencionar quién es el que debe producir los alimentos y fibras.

Pero no satisfechos con omitir el problema de una prioridad muy definida —omisión que nos hace preguntarnos si el informe no tendría como fin apoyar a la élite terrateniente— el documento añade que "los insumos y programas estratégicos deben... estar disponibles... *a los productores que pueden aprovecharlos*... Los programas de investigación, extensión y crédito deben estar dirigidos a los... *productores... de mayor prioridad*".[22] Esto no es sólo una omisión, sino un respaldo a la agricultura tradicional, ya que los únicos productores que pueden "aprovechar" los insumos y progra-

[22] *Ibid.*, p. 90.

mas estratégicos son los miembros de la élite terrateniente. Son los verdaderos productores de "mayor prioridad". Nos vemos obligados a concluir que ese documento desea que la mayor producción (es decir el desarrollo) se lleve a cabo, como en el pasado, por la élite terrateniente. Si esta conclusión es correcta, también puede concluirse que el informe de Iowa a que nos estamos refiriendo también es un panfleto antirreformista, aunque, al igual que muchos otros estudios económicos, se presenta como un análisis económico inocente y apolítico de la agricultura latinoamericana.[23]

¿Resultará el desarrollo agrícola que se fundamente en más y mejores insumos, mejor eficiencia, adaptación de la tecnología de producción agrícola, mejores políticas y estructuras comerciales, más educación e impuestos, en una distribución más equitativa del ingreso? De nuevo podemos preguntarnos si esas supuestas relaciones de causa-efecto no se deben a un concepto equivocado de la forma en que funciona la agricultura. Como dijo Ballesteros, "puede demostrarse con precisión matemática y predecirse con el mayor grado de exactitud que la modernización de la agricultura con la distribución actual de recursos y poder público debe producir inevitablemente más pobreza, más desocupación y más represión de las poblaciones rurales".[24] Los acontecimientos de las dos últimas décadas que hemos tratado de describir, demuestran casi con toda seguridad que las tan mencionadas fuerzas del mercado, guiadas por la élite terrateniente con la ayuda o sin la interferencia del gobierno, resultan en mayores y no menores desigualdades del ingreso y la riqueza. Como las "fuerzas del mercado" funcionan para el beneficio de la élite terrateniente mucho más que en beneficio de los campesinos,

[23] El documento de Iowa es sólo un ejemplo de la literatura antirreformista más o menos sutil que se oculta en ocasiones bajo un manto de respetabilidad económica. Otro ejemplo interesante es de la OCDE, *The food problems of developing countries* (preparado por su secretario general, Thorkil Kristensen), París, diciembre de 1967. Afirma que los problemas de tenencia agraria "con frecuencia son políticamente muy difíciles debido a que están relacionados de modo directo con los intereses algunas veces [*sic*] en conflicto de varios grupos de personas", y que en particular la naturaleza de los derechos y responsabilidades de los campesinos "pueden resolverse mediante legislación, complementada si es necesario con créditos del gobierno para ayudar a que los campesinos compren su tierra". Añade que en general parece que es más fácil introducir nuevas técnicas, incluyendo variedades de alto rendimiento de ciertos granos "con buenos resultados en propiedades rurales grandes" (pp. 77 *ss.*). No explica la frase "más fácil". ¡¿Más fácil en comparación a qué...?! No se menciona la reforma agraria.

[24] Juan Ballesteros, *Productividad marginal, eficiencia e inocencia política*, en *Investigación Económica*, México, UNAM, vol. 27, núm. 107/8, pp. 401 ss. Este artículo es un comentario muy ingenioso sobre el documento de Iowa.

las políticas económicas y las recomendaciones que ignoran esas fuerzas siguen la lógica de que "lo que es bueno para la élite terrateniente es también bueno para los campesinos". No hay nada nuevo en esta lógica. Un importante financiero de los Estados Unidos lo dijo de modo diferente cuando expresó que el "crecimiento económico produce importantes reformas sociales" [25] —divertido ejemplo de la demagogia de los financieros de éxito a quienes les agrada presentarse como intelectuales y grandes líderes sociales—. Por lo tanto, concluimos que los defensores de la modernización de la agricultura latinoamericana, los defensores del síndrome "tecnología por sobre todo, característico de nuestro tiempo", según Félix, también son los publicistas de una nueva versión de la teoría del siglo XIX que postulaba la difusión hacia las clases inferiores de la prosperidad de las clases más poderosas económicamente, ahora aplicada a la agricultura, lo que significa que las clases trabajadoras rurales se beneficiarán por el mayor bienestar de la élite latifundista.

Aunque prácticamente hemos terminado, es necesario hacer algunos comentarios adicionales sobre las recomendaciones políticas y los programas de los modernizadores, con el fin de explicar de modo más completo por qué esas recomendaciones y su ejecución beneficiarán más a la élite terrateniente que a los campesinos, o perjudicarán en realidad a estos últimos en muchos casos. Trataremos con brevedad algunos problemas antiguos y otros nuevos.

Dada la situación política de principios de la octava década, se debe esperar que los "modernistas", los "Revolucionarios verdes" y los "proveedores de los alimentos", cuyo apoyo se debe a los acuerdos internacionales, políticas y programas nacionales, productores y comerciantes de herramientas, compañías de fertilizantes y organismos de crédito —todos con buenas razones para oponerse a las reformas sociales—, tendrán gran influencia en la determinación de las decisiones de la agricultura latinoamericana o los programas agrarios de los próximos años. Estos programas pueden clasificarse en dos grupos: *a*] programas para fortalecer el sector latifundista mediante más insumos, es decir, más insumos "modernos", e incrementar así el mal funcionamiento de ese sector, junto con medidas de incentivos económicos para obtener un mayor esfuerzo de la élite terrateniente; y *b*] programas marginales (que en realidad son fraudulentos de "mejora en la tenencia agraria", tratando así de conservar satisfechos a los campesinos.

Entre las categorías más importantes de insumos "para mejorar

[25] David Rockefeller, *Falsas etiquetas que traban el progreso de la Alianza* [*para el Progreso*], Asociación Interamericana de Prensa, Lima, octubre de 1966, pp. 19 *ss.*

la producción" podríamos referirnos con brevedad a las nuevas tecnologías, fertilizantes y semillas mejoradas, crédito y educación, así como su efecto sobre los campesinos.

Parece existir poca duda de que los próximos años presenciarán una duplicación de las importaciones, manufacturas, ensambles y venta de maquinaria y equipo agrícola, en particular equipo mecanizado como los tractores y cosechadoras, continuando el proceso que se ha presentado en el mercado desde las dos últimas décadas. Por supuesto, debe recalcarse que de ninguna manera nos oponemos a la mecanización de la agricultura. Sólo dudamos de su utilidad en las condiciones que prevalecen actualmente en la agricultura tradicional latinoamericana. Muchos expertos creen —por ejemplo, la FAO de las Naciones Unidas lo ha expresado muchas veces— que pueden obtenerse mejoras espectaculares en la producción agrícola de las naciones en desarrollo por medio de la introducción de instrumentos sencillos y baratos que remplacen las anticuadas herramientas que usan los campesinos en sus cultivos. Pero esta recomendación se enfrenta a las poderosas fuerzas que existen en los países en desarrollo y las naciones industrializadas, como los Estados Unidos, que tratan de aumentar el uso de equipo moderno independientemente de las condiciones en que se les emplee. La verdad es que las naciones en desarrollo de América Latina y otras partes del mundo se han convertido en zonas donde se venden muchos tractores y equipo semejante, bajo el supuesto de que la administración rural se beneficiará por ese hecho.

Las presiones para incrementar la venta de maquinaria provienen en gran medida, aunque no exclusivamente, de los productores y vendedores de ese equipo. Las fábricas más importantes de equipo pesado han ajustado su producción no sólo a sus mercados nacionales, sino también a los internacionales, y tienen vendedores en casi todos los pueblos y ciudades importantes de América Latina; por otra parte, algunos países tienen permitido instalar plantas de ensamblaje. Es obvio que los vendedores locales están o deben estar interesados en aumentar las ventas de equipo para justificar su existencia, y en este respecto se unen a los productores en presionar a los agricultores para que compren ese equipo. La presión para aumentar las ventas es inherente al mecanismo del mercado. Además, los gobiernos nacionales impulsan y subsidian la importación de tractores y equipos similares —por lo general bajo presión de los vendedores nacionales y extranjeros— mediante tarifas reducidas o acuerdos de ayuda internacional, algunos de los cuales ofrecen los tractores y otro equipo gratis. Por ejemplo, un reciente préstamo de la USAID a Colombia se usaría para "financiar las importaciones que necesitan las propiedades rurales comerciales de Colombia" y trataba de "estimular la inversión privada en la agricultura comercial de gran escala".[26] Es obvio que estas importaciones e inversiones representan en gran medida gastos en equipo rural pesado y mecanizado.

Es de gran importancia observar que la mayoría del equipo importado o ensamblado en el país —poderosos tractores, grandes cosechadoras, etc.— se ajusta a las necesidades de una gran agricultura comercial, no a la agricultura del campesino. Los términos de venta del equipo moderno y, por supuesto, los mismos costos de este equipo hacen que los campesinos no puedan comprarlos. Por lo normal el equipo sólo se puede pagar en efectivo, con pagos muy elevados a plazos cortos, pagando una importante suma en el momento de la compra y el resto en pocos meses o cuando mucho en un año. Sólo la élite terrateniente tiene acceso a los recursos que se necesitan para esas transacciones, ya sea usando sus ahorros, que pueden deberse a actividades no agrícolas, o con más frecuencia recurriendo a los prestamistas institucionales. Estos prestamistas dependen a su vez de los tratos con la élite terrateniente. Es sabido que la mayor parte del crédito agrícola sólo está disponible para los grandes productores con prestigio social y político. No existen programas importantes que les permitan a las cooperativas campesinas o a las pequeñas sociedades adquirir esa clase de equipo. Aunque los campesinos representan un mejor sector crediticio que los miembros de la élite terrateniente, los prestamistas institucionales sólo prestan a las cooperativas con la condición de que cada miembro se haga responsable de todo el préstamo, lo que es una forma efectiva de expresarles a los campesinos que no se cuentan entre los clientes favoritos del banco. Si los productores campesinos corren el riesgo de perder su tierra en el proceso, por lo normal no aceptarán esos compromisos. De este modo, la estructura institucional es totalmente hostil a que los campesinos adquieran herramientas modernas. Existen algunos programas que facilitan a los campesinos el uso de tractores, incluyendo algunas agencias de tractores de propiedad pública. Pero esos ejemplos siempre son proyectos piloto. No tienen importancia dentro de la estructura general de la agricultura. Si tienen éxito, este éxito no recibe publicidad, para no alentar entre los campesinos la falsa esperanza de que se les puede realizar en gran escala. En con-

[26] *Colombia, a case history of U. S. Aid*, Survey for the Alliance for Progress, Subcomité sobre asuntos americanos, Comités de Relaciones Exteriores, Senado de los Estados Unidos, 1 de febrero de 1969, U. S. Government Printing Office, Washington, 1969, p. 83.

secuencia, los pequeños propietarios rurales de América Latina sólo obtienen tractores en circunstancias excepcionales.

Por otra parte, hay factores políticos y sociales nacionales que explotan hábilmente los productores y vendedores de equipo rural y que facilitan su trabajo. Para muchos terratenientes se ha convertido en cuestión de prestigio tener uno o varios tractores, como ha sido y sigue siendo asunto de prestigio ocupar un gran número de "brazos" o "azadas". Simultáneamente, muchos patronos admiten que consideran la compra de ese equipo como la "solución a sus problemas de mano de obra", ya que así se reduce —en algunos casos de modo radical— el empleo de la misma. Por lo tanto, concluimos que la introducción de más tecnología en un sistema latifundista se orienta hacia el beneficio de la élite terrateniente.

Ya que antes caracterizamos al latifundismo como un sistema de grandes desperdicios físicos y humanos, debemos observar también que la "infraestructura" de más y más mecanización en esa agricultura no permite la explotación y uso más intensivo de esas máquinas. Es obvio que la mecanización de la agricultura requiere algo más que la simple distribución de tractores y otras máquinas. Por ejemplo, aunque han ocurrido algunas mejoras en años recientes, falta la importación de repuestos para todo este equipo, de manera que una buena parte del mismo queda abandonado y oxidándose. En una agricultura en que el tractor es un artículo de lujo, su compra es más importante que su conservación y uso intensivo.

El efecto de la mecanización ("modernización") sobre los campesinos, en particular a corto plazo, es casi catastrófico en las condiciones en que ocurre. Es cierto que ya ha contribuido a deteriorar la situación de los campesinos durante la séptima década, a lo cual nos referimos antes. Es probable que la mecanización aumente las evidentes desigualdades en la distribución de la riqueza y, por lo tanto, del ingreso. Pero aún más grave es su efecto sobre la ocupación. En agriculturas, donde la mano de obra es excesiva, como la de América Latina, es probable que la mecanización aumente la desocupación y la pérdida de las pequeñas propiedades, o aumente la mano de obra temporal y migratoria, que es la forma menos deseable de ocupación desde el punto de vista de los campesinos, si es que las propiedades rurales comerciales se dedican a cultivos que requieren mucha mano de obra en el momento de la cosecha. La desocupación y la pérdida de las pequeñas propiedades harán que se reduzcan aún más los salarios e ingresos. Otra consecuencia será que algunos grandes productores podrían empezar a cultivar cosechas que hasta ahora han producido tradicionalmente los pequeños propietarios, desplazando a estos últimos gracias a su inmenso poder de negociación en los mercados de insumos y productos. De este modo *los campesinos son marginados cada vez más —extraño resultado para un programa que, según Rostow, desea producir una mayor integración de las economías.* Desde el punto de vista de los campesinos la actual "modernización" de la agricultura es antisocial. Tampoco se debe descuidar el efecto de la mecanización sobre las perspectivas y valores de los campesinos. La enorme publicidad en favor de la mecanización que acompaña a la difusión del costoso equipo que no pueden comprar los campesinos que viven a niveles de subsistencia, tiende a distorsionar su opinión de sus problemas, de modo que creen que con sólo tener acceso a los tractores resolverían éstos.[27] La realidad es que ahí donde los campesinos tienen acceso a tractores propiedad de otras personas, por ejemplo rentándolos, aumentan los costos de operación de sus pequeñas propiedades. Lo mismo sería cierto si compraran este equipo, cuyos costos no guardan relación con sus ingresos. *Está claro que no entienden que los tractores se convierten, en las condiciones que prevalecen, en otro mecanismo para conservar sus ingresos a un nivel de subsistencia.*

Se aplica un razonamiento semejante al creciente uso de semillas y fertilizantes mejorados. En las condiciones que prevalecen en la actualidad, la mayor distribución de mejores semillas, como mejores variedades de maíz, algodón o arroz, implica por lo usual la distribución de semillas para las cosechas que cultivan los agricultores en gran escala. Como demostró un programa mexicano, para obtener mejores variedades de trigo y maíz híbrido —que resultó en la producción de excedentes exportables en ese país— y cuyo éxito recibió mucha publicidad, sus beneficios fluyeron casi exclusivamente hacia los grandes hacendados, en especial los de nuevos distritos de riego.[28] La investigación sobre las cosechas que cultivan princi-

[27] La "fiebre" por la mecanización se estimula sistemáticamente desde las escuelas para niños en las zonas rurales y urbanas.

[28] Desde que se escribieron los párrafos anteriores, una literatura cada vez más numerosa se dedica a ponderar las virtudes de la revolución verde que producirán las VAR (variedades de alto rendimiento) mágicas, los nuevos cereales milagrosos, y el trabajo de ingeniosos agrónomos. Los revolucionarios verdes ven en el desarrollo y distribución de las VAR una forma de erradicar el hambre en el mundo y prácticamente hacen equivalentes el progreso y modernización de la agricultura con la difusión de las nuevas semillas milagrosas. Hasta ahora el libro más elaborado sobre el tema es el de Lester Brown, *Seeds of change* (Pall Mall Press, Londres, 1970) cuyas pretensiones sobre lo que pueden lograr las VAR no pueden tomarse muy en serio. De hecho, podría decirse que a la luz del efecto adverso de la revolución verde sobre las agriculturas del Tercer Mundo, y en particular sobre los campesinos, Lester Brown ha creado una considerable "brecha de credibilidad'. Sin embargo, *Seeds of change* no es de ninguna manera ingenua ni muestra de una moda intelectual pasajera.

palmente los pequeños propietarios es casi desconocida en México y los demás países latinoamericanos. La distribución de fertilizantes también se destina a la élite terrateniente —por lo usual mediante el crédito, donde la participación de los pequeños propietarios es muy pequeña. Por ejemplo, en Perú algunos fertilizantes sólo eran utilizados exclusivamente por los grandes productores de cosechas comerciales de la costa. Los compraban a precios relativamente bajos, ya que el gobierno subsidiaba su venta. Entre 1959 y 1963 el subsidio anual promedio a los operadores en gran escala por empleo de *guano* ascendió a 4.8 millones de dólares, una cantidad conside-

Está escrito en provecho de las grandes empresas. Refleja la peligrosa creencia actual, ya puesta en práctica a través de las estrategias de desarrollo nacionales e internacionales, de que el desarrollo de las agriculturas del Tercer Mundo podría ser resuelto por las grandes industrias de insumos agrícolas y los grandes financieros. Según esa idea, más y mejores insumos, en una escala global, producidos, vendidos y financiados por los productores de fertilizantes junto a la maquinaria de los países industriales (o con su ayuda), impulsarán a las VAR (como Brown lo plantea) para eliminar el hambre y la desnutrición, la desocupación y los conflictos sociales de la agricultura.

Los revolucionarios verdes, de los cuales Brown es un ejemplo, se equivocan desde varios puntos de vista. En primer lugar, como indicó recientemente Barraclough (*Why land reform?*, en *CERES*, FAO, noviembre-diciembre de 1969, p. 21) "varias revoluciones tecnológicas, tan impresionantes como ésta, han ocurrido regularmente durante los 3 o 4 últimos siglos, empezando con la revolución agrícola del siglo XVII en la Europa occidental". Ninguna de esas innovaciones ha reducido el hambre y la pobreza. De este modo la glorificación de las VAR carece de perspectiva histórica. Un error más importante parece encontrarse en los períodos que da Brown. Es cierto que la difusión de las VAR requerirá, y de hecho *debe* requerir, otros insumos más "complejos" (esto es, más caros) producidos por las grandes empresas, ya que las VAR se desarrollan mejor cuando se usan esos insumos. Pero, por ejemplo, las fábricas de equipo agrícola pesado han estado inundando las agriculturas del Tercer Mundo con tractores o cosechadoras antes de la difusión de las VAR. La gran mayoría de este equipo es usada por grandes productores. Los tractores y fertilizantes no seguirán a las semillas; las han precedido desde hace mucho. Han desplazado a la mano de obra rural y aumentado las desigualdades en la riqueza y el ingreso en la agricultura. Es precisamente el efecto adverso de la mecanización o modernización en los países en desarrollo lo que hará imposible que las VAR rectifiquen el mal que ya se ha hecho y eliminen el hambre y la desnutrición o la pobreza. En las condiciones en que se difundirán las VAR, parece inevitable una marginación más rápida de los campesinos (véase por ejemplo W. Ladejinski, *The Green Revolution in Punjab, a field trip*, en *Economics and Politics Weekly*, Bombay, 28 de junio de 1969). El planteamiento de la revolución verde también es demasiado unilateral en su hincapié en la irrigación, necesaria para que las VAR tengan mayor rendimiento. Hay pocos países en que la agricultura irrigada no sea más que una pequeña parte de toda la agricultura. Pero en apariencia lo que ocurre con las zonas no irrigadas y los campesinos que viven en ellas no les preocupa mucho a los revolucionarios verdes. Además, su argumentación de que la difusión de las VAR aumentará la ocupación rural no es muy convincente. Incluso si fuera cierto que algunas operaciones rurales

rable para un pequeño grupo de hacendados.[29] Lo que importa no es sólo el regalo anual que el país hace a la élite terrateniente, sino la desventaja acumulativa para el campesino en el transcurso de los años. Si nuevas fábricas de fertilizantes aumentaran la disponibilidad de este importante insumo, es muy probable que los campesinos de América Latina sólo obtendrían una pequeña parte del mismo, a menos que las políticas del gobierno trataran de distribuirlo a los pequeños productores. Tales políticas son inconcebibles en una agricultura dominada por una pequeña élite terrateniente que tiene una gran influencia sobre las instituciones agrícolas.

Hay muchos científicos sociales y políticos que defienden la teoría de que la *educación para los campesinos* es un "insumo" que los beneficiará en términos de mayores ingresos. Este alegato se basa en la relación obviamente positiva entre la educación y el ingreso que se encuentra tanto en los países desarrollados como en los que están en desarrollo. Por ejemplo, una reciente publicación dice que "la educación agrícola de nivel medio mejoró la capacidad administrativa de las propiedades rurales [en los países industrializados], lo que produjo un mejor funcionamiento de las mismas y una mayor producción por hectárea".[30] Por supuesto, esto no es sorprendente, ya que la meta de la educación es precisamente permitir a los estudiantes un mejor desempeño al terminar su educación. Equivale a decir que cuando llueve está húmedo. Aplicar ese axioma como base para la estrategia del "desarrollo económico" es absurdo si la estructura social es tan desfavorable para la educación como lo es una agricultura de latifundio que está más interesada en la obediencia de los campesinos que en su eficiencia. El latifundismo y

requerirán más insumos de mano de obra (suponiendo que el equipo no ahorra trabajo), es probable que el efecto general sobre la economía sea negativo. Esto parece tan obvio que no merece más comentarios.

¿Resultarán las VAR, como se pretende, en una mayor diversificación agrícola? Es posible. Pero no es menos probable que los productores deseen explotar las nuevas semillas milagrosas en la mayor medida que sea posible para obtener ganancias máximas, e ignoren la diversificación de los cultivos, en especial si el gobierno subsidia la producción y venta de las VAR, como tienden comúnmente ha hacerlo. Si ocurriera esto, debilitaría considerablemente uno de los argumentos que afirman que las VAR producirán más ocupación.

La glorificación de las VAR parece originarse principalmente en quienes tienen intereses creados en el desarrollo de las grandes industrias de insumos. Esto requiere mucha cautela. Un gran número de investigadores experimentados y objetivos ven en la revolución verde un factor que aumentará los conflictos económicos, sociales y políticos.

[29] CIDA, *Peru report*, *op. cit.*, pp. 330 *ss.*

[30] Instituto de Investigaciones para el Desarrollo Social de las Naciones Unidas, *Report Nº 5*, Ram Dayal, *The impact of selected economic and social factors on agricultural output*, Ginebra, noviembre de 1966, p. 51.

la educación agrícola de los campesinos son incompatibles, como lo demuestra por ejemplo, la negativa sistemática y obstinada de la élite terrateniente a incrementar las instalaciones educativas votando a favor de mayores presupuestos para escuelas agrícolas o vocacionales y por el control que ejercen sobre los profesores locales. Por supuesto, no sugerimos que los esfuerzos por educar a la población rural deben detenerse hasta que desaparezca el latifundismo. Incluso un poco de educación ayuda a "debilitar" al sistema predominante. Pero debemos reconocer que en las circunstancias actuales, teniendo en cuenta los obstáculos que crea la élite terrateniente, el progreso para los campesinos en términos de "un mayor ingreso por una mayor educación" requeriría casi tanto tiempo como esperar que los latifundios disminuyeran su tamaño por el proceso de herencia, y pretender que de ese modo se resolvería el problema agrario; esto es, sería un proceso interminable y es dudoso que resolviera en algún momento los problemas de los campesinos.

Es curioso que quienes patrocinan la educación para la población campesina no se den cuenta que los miembros de la élite latifundista también carecen de "educación" —aunque en un sentido diferente. Los miembros de esta élite están bien educados ya que tienen títulos de colegios o universidades nacionales o extranjeras, y es obvio que tienen —por definición— más educación que la población campesina. En la América Latina los colegios y universidades agrícolas casi sólo educan jóvenes de la élite urbana o rural. No son hijos de campesinos.[31] La mayoría de los graduados de las escuelas agrícolas obtienen trabajo como funcionarios del gobierno, en plantaciones de propiedad privada o en industrias procesadoras, y se convierten en parte del "sistema" que trata de evitar que los campesinos reciban educación. Nunca se ha demostrado que esta educación de la clase rural dominante haya tenido algún efecto sobre el funcionamiento del sector latifundista. Pero éste es un problema académico. Para que tuviera algún efecto sobre los campesinos y el proceso agrícola, la "educación" de la élite terrateniente debería concentrarse en temas muy distintos de los que se enseñan en la actualidad en los colegios y universidades agrícolas: en sus responsabilidades sociales y una mayor humildad, en su sentido de justicia, en el conocimiento de la forma en que viven y trabajan los campesinos, así como en la comprensión de sus problemas. Actualmente, desco-

[31] Véase por ejemplo, CIDA, *La educación, la investigación y la extensión agrícolas en el Perú*, UPA, Washington D. C. 1967. Este revelador estudio muestra, entre otras cosas, que los requisitos mismos de admisión para el Colegio Agrícola de Molina impiden que hijos e hijas de campesinos asistan al colegio. Véase en particular las pp. 190 *ss.*

nocen y no les interesan ni agradan esos problemas. Aunque obviamente es utópico esperar una educación de ese tipo, no la podemos omitir en una discusión de la educación agrícola, como hacen muchos estudiosos del desarrollo económico.

Por lo tanto, concluimos que la "educación de la población campesina" tal como la presentan en teoría algunos estudiosos del desarrollo económico podría debilitar el poder de la élite terrateniente en las generaciones futuras, pero como estrategia del desarrollo equivaldría a colocar el carro delante del caballo. Sólo puede esperarse una educación de los campesinos que les permitiera realizar su trabajo básico con más eficiencia e integrarse con el resto de la sociedad, una vez que reformas radicales de la tenencia agraria hayan establecido las bases para una ocupación plena de los recursos humanos y físicos, y el uso de la agricultura científica, asegurando que los campesinos reciban el beneficio de esas reformas. Sólo entonces ocuparán los campesinos educados su lugar en la agricultura.

Veamos ahora brevemente los "programas de tenencia agraria" que los gobiernos nacionales, inspirados y estimulados por los tecnócratas, los "revolucionarios verdes" y los "distribuidores de los alimentos" ofrecerán a los frustrados campesinos durante la octava década para distraer su atención de la mayor desocupación y de su incapacidad para obtener tierra y capital, mejores salarios, viviendas, educación, atención médica, instalaciones sanitarias, tratamiento humano y más poder y prestigio social, y para hacer surgir en ellas falsas esperanzas de que les espera un futuro mejor del que es posible en las condiciones actuales. Se cree que se necesitan estos programas para impedir que la frustración campesina se convierta en rebelión, y la élite terrateniente, ayudada por los tecnócratas, ha aprendido por experiencia que las medidas marginales o falsas, si se hacen con suficiente publicidad, pueden pacificar a los campesinos durante algún tiempo más.

Un programa que defienden mucho los tecnócratas es la "mayor tributación". Es el camino intermedio entre la estrategia, que acabamos de discutir, de invertir más insumos en el sector de la élite terrateniente con el fin de mejorar por una parte el mal funcionamiento del sistema y por otra la tenencia agraria. Su propósito manifiesto es servir como un incentivo económico para que los hacendados produzcan más y puedan pagar mayores impuestos. Pero incluso algunos argumentan que ayuda a fragmentar los latifundios cuando sus propietarios no incrementan su producción y no pueden pagar los impuestos. Ambos argumentos son poco realistas, y casi caen en los límites de la fantasía, lo que podría explicar por qué son tan populares entre los tecnócratas. En un país dominado por una pequeña élite terrateniente, una propuesta para incrementar la tributación —y el incremento debe ser considerable para que sea un incentivo eficaz— es tan realista como la posibilidad de realizar una reforma agraria en favor de los campesinos. No hay experiencia histórica que indique que los ricos se hayan tributado a sí mismos para beneficio de la gran mayoría de la población. La única forma de presionarlos a que lo hagan así es mediante un proceso democrático. Más aún, por lo general sólo aumentan los impuestos *después* de que han aumentado la producción y las ganancias. En Latinoamérica es muy conocida la resistencia a cumplir las leyes tributarias e incrementar los impuestos. Y además ¿quién impediría a un hacendado en bancarrota vender a otro latifundista? Pero si imaginamos por un momento que los impuestos aumentaran, esto tendría poco efecto sobre la producción y perjudicaría a los campesinos —el sector que tiene el menor poder de negociación— ya que los hacendados recuperarían sus impuestos más altos pagando menores salarios (o absteniéndose de aumentarlos). Por ejemplo, el Estatuto da Terra del Brasil de 1964 usa los incentivos tributarios basándose en la teoría de que los impuestos son un "importante determinante de la reforma" —lo que sólo es otra forma de decir que no se está hablando de reformas. Después de 1964 los impuestos no han tenido un aumento importante en Brasil y su recaudación sigue siendo tan azarosa como en el pasado.[32] Tampoco ha dado por resultado la mayor tributación un acceso más fácil a la tierra o más proyectos de reforma agraria. En realidad no se podría haber omitido completamente lo relativo a la tributación en el Estatuto, sin que esto cambiara la situación.[33]

Sin embargo, la mayor publicidad y los mayores recursos se reservan para los proyectos de colonización o asentamiento que son la

[32] Por lo usual, no se sabe que en el estado de São Paulo, a principios de la séptima década, una "ley de reforma agraria" similar fue un total fracaso, debido al sabotaje sistemático de la ley por parte de la élite terrateniente del estado. No sabemos por qué se cree que podrá funcionar a nivel nacional, si ya fracasó al nivel estatal.

[33] La investigación catastral del IBRA del Brasil debió de establecer las bases para mayores impuestos. En realidad la encuesta resultó ser lo que un tecnócrata piensa que debe ser la reforma agraria. El catastro, que no era una investigación catastral, sino un tipo de encuesta agrícola, costó mucho en tiempo y dinero, aunque se emplearon computadoras modernas. Duró años y todavía no se termina. En el proceso el IBRA gastó tres cuartos de millón de dólares en un pequeño avión *jet* bimotor para cinco pasajeros, destinado al uso de los funcionarios del IBRA. El avión se convirtió en el símbolo de los programas agrícolas de América Latina destinados a beneficiar a la población rural, y que son dirigidos por completo desde niveles muy superiores, desde alturas donde no se alcanzan a ver los campesinos. El IBRA empleó más recursos en el catastro que en la distribución o asentamiento de tierras, pero el programa se ajustaba perfectamente

"solución" de los tecnócratas a los problemas agrarios de América Latina. Hay diferentes tipos de proyectos de colonización: en zonas fronterizas alejadas de la civilización; en valles que requieren costosos proyectos de irrigación para muchos fines, además de proyectos de drenaje y energía eléctrica para que se puedan desarrollar en el futuro. Algunos proyectos son financiados con fondos públicos y otros con préstamos internacionales; otros son proyectos de compañías privadas que subdividen y venden su propiedad a los pequeños propietarios a precios enormes, conservando con frecuencia controles dictatoriales sobre el uso de la tierra y la venta del producto.

Es de esperarse que en los próximos años los proyectos de colonización financiados públicamente continúen disfrutando de la mayor prioridad con los gobiernos nacionales y los organismos internacionales de ayuda financiera y técnica, con el pretexto de que son una solución al problema agrario. Por supuesto, no lo son. Incluso los proyectos más grandes de asentamiento sólo absorben a unos cuantos campesinos sin tierras, y con frecuencia se dan parcelas a personas que no son campesinas. No modifican la estructura social, económica y política de la agricultura y, por lo tanto, son medidas de la contrareforma agraria.

Los proyectos de colonización siempre son muy caros, en particular cuando se incluyen en nuevos proyectos de irrigación o drenaje. Pero los mayores costos de esos proyectos benefician a las compañías constructoras o a la industria del cemento mucho más que a los campesinos, y nunca se han impedido, demostrando así que los costos no importan cuando se trata de la preservación del *statu quo*. Sólo se alega escasez de recursos cuando se trata de programas efectivos para ayudar a los campesinos. Tampoco es un obstáculo el hecho de que la mayoría de los proyectos de colonización hayan sido un fracaso desde el punto de vista de los campesinos. Por lo usual son ostentaciones de los gobiernos que desean aparentar que están deseosos de ayudar a los campesinos. En la mayoría de los casos están mal planeados, mal ejecutados y olvidados después del esfuerzo inicial y de que muchos campesinos han abandonado el proyecto después de cierto tiempo. Por sí mismos, los proyectos de asentamiento introducen un elemento de igualdad económica y justicia social en la agricultura, pero dentro de la estructura de una agricultura de latifundio, son pequeñas células insignificantes de equidad, que debido a la hostilidad de la élite terrateniente tienen pocas probabilidades de sobrevivencia como unidades efectivas de producción. Además, como demostramos antes, parece que en la mayoría de los países

al deseo de ganar tiempo y establecer una numerosa burocracia que aparentara estar haciendo algo en favor de los campesinos.

latinoamericanos no se necesita recurrir a esos proyectos de colonización, ya que hay recursos agrarios más que suficientes en las haciendas para distribuirlos a los campesinos. Sólo en un futuro lejano será necesaria la conolización de zonas despobladas, cuando aumente la población agrícola. Los proyectos de colonización sólo serán benéficos para los campesinos una vez que se haya eliminado la estructura agrícola tradicional en las comunidades rurales ya establecidas.

En nuestra opinión, las políticas que siguen los tecnócratas no tendrán, por lo tanto, un efecto benéfico sobre las desigualdades sociales, políticas y económicas que caracterizan en la actualidad a la agricultura latifundista latinoamericana. Por el contrario, parece inevitable que tales políticas aumenten esas desigualdades. Podríamos incluso sostener que en el pasado reciente, cuando los reformistas y tecnócratas empezaron su gigantesca batalla sobre la forma de obtener el progreso, llevando las de perder aparentemente los reformistas, el progreso de la ciencia y la tecnología en la agricultura latinoamericana ya había tendido a incrementar de modo considerable las desigualdades en la distribución del ingreso y la riqueza, la desocupación rural, la amargura del campesino y la potencialidad de conflictos de clase cada vez más violentos. Tales opiniones son herejía para los tecnócratas.

Por supuesto, el problema de la justicia social en la agricultura no responde por completo a la pregunta de qué podría ocurrir a la agricultura latinoamericana en los años futuros a medida que las naciones industriales, coludidas en parte con unos pocos miembros progresistas de la aristocracia terrateniente, continúen introduciendo más y más ciencia y tecnología dentro de un sector fortalecido de la élite terrateniente. Creo que el desarrollo del latifundismo en el futuro inmediato tendrá dos tendencias. Un sector pequeño pero creciente que se dedicará a la agricultura comercial, y empleará equipo y métodos de administración de la propiedad rural modernos además de un número mayor de mano de obra temporal y migratoria, produciendo una creciente proporción de la producción agrícola, tanto para exportación como para consumo nacional que operará con utilidades cada vez mayores, beneficiándose de los subsidios gubernamentales y de los precios sostenidos, de los bajos salarios y de todas las demás ventajas que acompañan la difusión de la ciencia y tecnología. Este pequeño sector formará entonces un *latifundismo tecnocrático* que será favorecido por los gobiernos, disfrutando sus propietarios de lo mejor de los dos mundos: los beneficios de la modernización y las ventajas de una oferta de mano de obra excedente que será resultado de los sectores moderno y tradicional. Es probable que la contribución de este sector a la ocupación rural sea mucho menor que su contribución a la producción y lo mismo sucederá con respecto a su contribución a la intensidad general en el uso de la tierra, como indicaremos a continuación, ya que gran parte de la agricultura comercial se localizará en zonas irrigadas antiguas y nuevas, relativamente pequeñas. En general, el resultado más probable será que la producción de un pequeño número de cosechas especializadas habrá llegado a niveles lo suficientemente altos para exportar excedentes (como ocurrió en México), pero sin aumentar la dieta nacional y el bienestar rural, debido a la creciente desocupación y pobreza entre la población rural que se dirigirá a las zonas urbanas en un proceso continuo de migración rural-urbana. Los excedentes irán acompañados del hambre.

Pero en conjunto el latifundismo es una agricultura de desocupación, y no debemos esperar que el incremento acelerado en el uso de la ciencia y la tecnología resolverán el problema del funcionamiento general del sector agrícola. No debemos esperar que la producción agrícola global, en contraste con la producción de unas pocas cosechas especializadas, aumente espectacularmente, con tasas de crecimiento muy superiores a las históricas. Es más probable que el resto del sector latifundista, continuando las tendencias del pasado, no participará en el proceso de modernización y se dedicará, como antes, tanto en las zonas rurales antiguas como en las nuevas, a mayores usos extensivos de la tierra como la ganadería, a medida que los suelos se agoten y los rendimientos disminuyan; en cambio, los precios de los productos agrícolas aumentarán debido al incremento de la población. Los usos más extensivos de la tierra son el mejor mecanismo para continuar monopolizando la propiedad de la tierra. En consecuencia, es probable que su contribución al producto total disminuirá, aunque quizá no lo haga con tanta rapidez como su contribución a la ocupación rural. Esto no implica por necesidad menos rendimientos monetarios, ya que la ganadería y otras actividades de uso extensivo de la tierra continuarán siendo un excelente negocio para los propietarios de ésta. Es muy probable que la presión de la ciencia y tecnología sobre las empresas ganaderas para que intensifiquen sus operaciones será menor que sobre los agricultores, de modo que podrán continuar prevaleciendo los métodos ganaderos tradicionales sin que disminuyan las utilidades.

El resultado de la política de los tecnócratas, cuya meta es supuestamente la "integración" de las economías, pero cuyo objetivo explícito o implícito es también ignorar y evitar el problema de las injusticias sociales, políticas y económicas, será que las ominosas desigualdades saldrán violentamente a la luz, y quizá los reformistas tendrán entonces la última palabra.

APÉNDICE ESTADÍSTICO

REFORMA AGRARIA EN COLOMBIA Y OTRAS ACTIVIDADES A PRINCIPIOS DE 1965

Nombre del proyecto	*Objetivo*	*Superficie incluida (hectáreas-plan)*	*Número de familias beneficiadas*	*Comentarios*
		A. *Proyectos que no son de reforma agraria*		
Antioquía I	Asistencia en la colonización [a]	164 000	—	Títulos, carreteras, crédito.
Antioquía 3	Asistencia en la colonización [a]	70 000	—	Carreteras, impulso a cultivos.
Arauca 1	Asistencia en la colonización [a]	14 000	—	Impulso a la Cooperativa (217 miembros), los cultivos y la ganadería.
Boyaca 1	Mejora de tierras, crédito	125 000	—	Control de inundaciones e irrigación, crédito supervisado (384 prestatarios), cooperativas (de 190 a 528 miembros cada una), cultivos.
Boyaca 2	Asistencia en la colonización [a]	—	—	Títulos, crédito.
Plan Caldas	Desarrollo regional	—	—	Carreteras, reforestación con ayuda del INCORA.
Caqueta 1	Asistencia en la colonización [a]	700 000	—	Títulos (2 084), carreteras, mejora de cultivos y ganado, cooperativa (525 miembros), crédito supervisado (168 prestatarios).

REFORMA AGRARIA EN COLOMBIA Y OTRAS ACTIVIDADES A PRINCIPIOS DE 1965

Nombre del proyecto	*Objetivo*	*Superficie incluida (hectáreas-plan)*	*Número de familias beneficiadas*	*Comentarios*
Cauca 1	Asistencia en la colonización	—	—	Población de 3 000 familias, impulso a cultivos, títulos, crédito.
Cauca 2	Mejorar el nivel de vida	—	—	1 100 familias.
Cundinamarca 2	Consolidación de superficies en una zona de minifundios [b]	—	95	Reorganización de la zona de minifundios, crédito, mejora de cultivos.
Choco 1	Asistencia en la colonización [a]	62 500	—	Títulos, crédito, mejora de cosechas y ganado.
Meta 1	Asistencia en la colonización [a]	—	—	Títulos (855), cooperativa (229 miembros), crédito (437 prestatarios), carreteras.
Narino 1 [c]	Asistencia en la colonización [a]	100 000	29	Títulos (1 642), donaciones de tierra (29 campesinos en 1 250 hectáreas), carreteras.
Norte Santander 3	Asistencia en la colonización [a]	—	—	Títulos (171), crédito, número estimado de familias beneficiarias, mejora de cultivos.
Santander 1	Asistencia en la colonización [a]	—	—	Crédito (139 prestatarios), impulso a cultivos y ganadería, títulos.

B. *Proyectos de asentamiento de tierras (reforma agraria y colonización)*

Antioquía 2	Distribución de tierras y crédito [d]	4 000	450	Diez familias ya asentadas, crédito (332 prestatarios), cooperativas (292 y 102 miembros respectivamente), adquisición de 2 723 hectáreas (en negociación).
Atlántico 3	Mejora y distribución de tierras	60 000 (43 100)	1 700	Control de inundaciones e irrigación (además 3 000 familias obtienen beneficios indirectos). Se negocia la adquisición de 9 300 hectáreas.
Bolívar 1	Mejora de tierras	25 000	1 800	Control de inundaciones e irrigación que benefician a 4 000 familias adicionales. Se han adquirido 2 126 hectáreas y se negocia la compra de otras 27 130 has.
Córdoba 1	Mejora y distribución de tierras	4 000 (3 200)	300	Parece que 300 familias serán reasentadas en sus minifundios. Irrigación, drenaje, carreteras, crédito, casi 3 000 hectáreas adquiridas y 870 rentadas.
Córdoba 2	Mejora y distribución de tierras	70 000 (68 000)	4 000	No está claro si las 4 000 familias recibirán tierra. Irrigación y control de inundaciones. Se adquirieron 1 036 hectáreas y se negocia la compra de otras 33 000.

REFORMA AGRARIA EN COLOMBIA Y OTRAS ACTIVIDADES A PRINCIPIOS DE 1965

Nombre del proyecto	*Objetivo*	*Superficie incluida (hectáreas-plan)*	*Número de familias beneficiadas*	*Comentarios*
Cundinamarca 1	Distribución de tierras	12 000	—	Zona que antes era ganadera y de minifundios. No se menciona el número de beneficiarios. Se negocia la compra de 5 214 hectáreas.
Huila 1 y 2	Distribución y mejora de tierras	13 000 (11 900)	800	Irrigación. 2 000 familias adicionales se beneficiarán indirectamente. Se negocia la adquisición de 14 845 hectáreas.
Magdalena 2	Distribución y mejora de tierras	12 000	—	Control de inundaciones. No se menciona el número de beneficiarios. Proyecto realizado por la Corporación del Valle de la Magdalena.
Magdalena 3	Distribución de tierra	—	1 000	No se indica el tamaño del proyecto. Se entregaron 7 007 hectáreas al INCORA de las cuales recibieron 4 160 has. 106 familias.
Magdalena 4	Distribución de tierra y crédito	—	—	No se indica el tamaño ni el número de beneficiarios del proyecto. Se entregaron 7 000 has. al INCORA. Se asentaron 43 familias en 900 hectáreas.
Narino 1	Distribución de tierra	6 000	—	No se indica el número total de bene-

				ficiarios. Se adquirieron 4 287 hectáreas y se asentaron 151 familias en 1 903 has.; 357 has. se explotan en conjunto y 1 557 son reserva forestal. Se distribuyó una hacienda de 2 700 has. a 123 familias.
Norte Santander 1	Distribución y mejora de tierras	34 000 (32 510)	1 500	1 500 beneficiarios que probablemente recibirán tierra. Irrigación, control de inundaciones y drenaje. Se adquirieron 7 058 has. que se están rentando a futuros beneficiarios.
Norte Santander 2	Distribución y mejora de la tierra	3 000 (2 000)	400	Irrigación.
Putumayo 1	Distribución y mejora de tierras	8 000	—	No se indica el número de beneficiarios. Control de inundaciones y drenaje. Se está negociando la compra de 2 302 has. Se entregaron 1 125 títulos.
Santander 2	Mejora y distribución de la tierra	17 000	—	Control de inundaciones y drenaje. No se indica el número de beneficiarios.
Tolima 1	Distribución de tierra	10 000	571	571 parcelas en 6 010 has.; 3 116 has. explotadas en común, 1 100 de reservas forestales. Se adquirieron 8 006 has.; se negocia la compra de otras 7 927; se expropiaron 2 719; crédito y cooperativas (327 y 65 miembros respectivamente).

REFORMA AGRARIA EN COLOMBIA Y OTRAS ACTIVIDADES A PRINCIPIOS DE 1965

Nombre del proyecto	*Objetivo*	*Superficie incluida (hectáreas-plan)*	*Número de familias beneficiadas*	*Comentarios*
Tolima 2 y 4	Distribución y mejora de la tierra	8 000	1 900	La descripción del proyecto no es clara. No se aclara si recibirán tierra las 1 900 familias. Se asentaron 65 familias en 934 has. Cooperativas de irrición y drenaje (338 miembros).
Tolima 3	Distribución de la tierra	20 000	—	No se indica la magnitud total del proyecto pero parece ser mayor que la informada. Se adquirieron 1 603 has., y se negocia la compra de 18 714. Se asentaron 58 familias en 852 has.
Valle 1 [e]	Mejora y distribución de tierras	30 000 [e]	—	Se adquirieron 106 has.; se negocia la compra de otras 16 406.

FUENTE: INCORA, *Tercer Año de Reforma Agraria, 1964*, publicado en junio de 1965, e informes anuales siguientes.

NOTA: Las estadísticas entre paréntesis se tomaron del Informe anual para 1965, p. 53; el símbolo (—) indica que las estadísticas no aparecen en los informes anuales.

[a] Significa colonización espontánea.

[b] Aparece en el *Informe anual* como un proyecto de redistribución.

[c] Aparece como parte de Narino 1, que es un proyecto de reforma agraria.

[d] Crédito, significa crédito supervisado.

[e] Probablemente no se llegue a la cifra de las 30 000 hectáreas. Como se dice en el texto, en todo el Departamento del Valle el INCORA sólo había adquirido 5 000 hectáreas.

EMISIÓN DE BONOS Y PAGOS DE COMPENSACIÓN A LOS HACENDADOS EXPROPIADOS EN COLOMBIA

Emisión de bonos			*Pago de la tierra que era propiedad privada*					
Tipos de bonos y valor agregado (pesos)	*Tasa de interés*	*Años*	*Ociosa más de 10 años*	*Otra tierra ociosa*	*Tierra mal administrada*	*Otra tierra* [a]	*Tierra cultivada por arrendatarios y aparceros (1968)*	*Pago de otros activos*
A: 1 mil millones (2 mil millones)	7	15	Ninguna compensación	Toda en bonos tipo B	Se paga en efectivo todo, a un 20 % menos de su valor, pero el máximo es de 75 a 100 000 pesos	Se paga en efectivo a un 20 % menos de su valor, pero el máximo es de 150 a 300 000 pesos	50 % en efectivo 15 pagos anuales, más un 7 % de interés sobre los saldos	Se permite a los propietarios sacar sus cosechas y ganado
B: 200 millones (600 millones)	2	25						
(Ambos son negociables y están libres de impuestos)								
					8 (12)[b] pagos anuales más el 4 % de interés sobre los saldos	5 pagos anuales más el 6 por ciento de interés sobre los saldos	50 % en bonos del tipo B	
					En estos tres casos los propietarios pueden solicitar que se les pague en bonos de tipo A, pero sólo por los saldos en efectivo que deba el Instituto.			

FUENTE: *Ley de reforma agraria de 1961*, enmendada, artículos 62, 67, 74, 75, 77.

NOTA: Las cifras entre paréntesis se refieren a las enmiendas de 1968.

[a] Incluyendo tierra bien administrada, y tierra cultivada por arrendatarios y aparceros, 1961-67.

[b] Reducidos a 8 si los propietarios obtienen la mayor parte de su ingreso de las haciendas expropiadas.

EMISIÓN DE BONOS Y PAGO DE COMPENSACIÓN A LOS HACENDADOS EXPROPIADOS EN PERÚ (LEY DE 1964)

Emisión de bonos				*Compensación por la tierra*			
Valor total	*Tipo*	*Tasa de interés*	*Años*	*Tierra bien administrada por su dueño*	*Tierra mal administrada por su dueño*	*Cultivada por feudatarios, ociosa, abandonada o rentada*	*Compensación por otros activos*
6 mil millones de soles (oro)	A B C	6 5 4	18 20 22	Se paga en efectivo hasta 200 mil soles, el resto en bonos del tipo A	En efectivo hasta 100 000 soles y el resto en bonos tipo B	En efectivo hasta 50 000 soles, y el resto en bonos tipo C	Empresas ganaderas: Se autoriza al Instituto a comprar el ganado en efectivo
(Todos son negociables y están libres de impuestos)							En general: Los propietarios pueden sacar sus cosechas y ganado Pero el ganado, las cosechas permanentes (plantaciones) y las construcciones se valúan por separado y se pagan en efectivo

FUENTE: *Ley de reforma agraria del Perú de 1964*, artículos 16, 18, 31, 61 64, 76, 229, 230, 231, 233.

[a] La interpretación de los artículos que se refieren a las propiedades rurales no ganaderas lleva a la conclusión de que el propietario puede sacar sus cosechas, instalaciones y ganado, pero si no desea hacerlo así el Instituto le deberá pagar en efectivo.

GASTOS DE INVERSIÓN Y DE OTRO TIPO DEL INSTITUTO COLOMBIANO DE REFORMA AGRARIA, 1962-65 Y 1966 (MILES DE DÓLARES Y PORCIENTOS)

Tipo de gasto	*Cantidades totales*		*Porciento*	
	1962-66	*1966*	*1962-65*	*1966*
A. Reforma agraria				
1. Adquisición de tierra	9 157	1 613	20.4	6.8
2. Servicios de asentamiento	717	a	1.5	a
3. Total	9 874	a	21.9	a
B. Títulos y contratos	6 128	a	11.2	a
C. Infraestructura y desarrollo				
1. Infraestructura (irrigación)	11 504 (7 385)	6 411	24.0 (16.5)	27.2
2. Reforestación y "fomento"	3 112	693	6.9	2.9
3. Crédito rural	6 864	9 724	15.6	41.3
4. Mejora de las propiedades y habitaciones rurales	509	239	1.0	1.0
5. Total	21 989	17 067	47.5	72.4
D. Operaciones financieras	1 192	a	2.3	a
E. Administración	8 657	1 301	17.0	5.5
F. Otros	—	3 577	—	15.2
G. Gastos totales	47 840	23 558	600.0	600.0

FUENTES: T. F. Carroll, *Issues of financing agrarian reform, The Latin American experience*, cuadro 4. Para el INCORA, *Cinco años de reforma social agraria*, 1966, p. 36.

[a] Las partidas que no aparecen en esta columna se incluyen en la cifra de 3 577 000 dólares del rubro F.

impreso en vox, s. a.
necaxa 24 – méxico 14, d. f.
dos mil ejemplares
7 de abril de 1975

www.ingramcontent.com/pod-product-compliance
Ingram Content Group UK Ltd.
Pitfield, Milton Keynes, MK11 3LW, UK
UKHW041843190726
13854UKWH00002B/690

9 789682 301032